다락원

중국어에는 '见微知著'라는 말이 있습니다. 작은 단서 속에서 큰 흐름을 읽어 낸다는 뜻입니다. 우리는 지금, 변화의 속도가 일상이 된 시대를 살고 있습니다. 인공 지능이 일자리를 이야기하고, K-콘텐츠가 세계를 움직이며, 인구 구조와 경제 구조가 빠르게 재편되고 있습니다. 일상의 작은 변화 속에는 이미 시대의 방향이 담겨 있습니다. 언어를 배운다는 것은 단순히 문장을 이해하는 일이 아니라, 이러한 흐름을 읽어 내고 스스로 설명할 수 있는 힘을 기르는 과정이라고 생각합니다.

이번 책은 한국 사회를 중심으로 '생활', '사회', '문화', '과학·기술', '경제·정치' 다섯 영역의 다양한 이슈를 담았습니다. 일상 속 트렌드부터 구조적인 변화까지, 한국 사회의 모습을 중국어로 정리하고 이해할 수 있도록 구성했습니다. 익숙한 한국의 이야기를 다른 언어로 다시 바라보는 과정은 생각보다 쉽지 않지만, 바로 그 지점에서 사고의 깊이는 한층 확장됩니다.

『나의 겁 없는 중국뉴스 중국어』를 통해 중국 사회를 읽는 연습을 했다면, 이번 책은 그 시선을 한국 사회로 확장해 보는 또 하나의 시도입니다. 읽는 힘에서 나아가, 이제는 여러분이 살아가는 사회를 중국어로 설명하는 힘을 기르는 단계로 함께 나아가고자 합니다. 이제 필요한 것은 단어 암기나 시험 대비를 넘어, 자신이 속한 사회를 중국어로 설명하고 토론할 수 있는 능력입니다.

언어는 결국 세계를 바라보는 또 하나의 창입니다. 이 책이 여러분의 시야를 더욱 넓히고 소통의 깊이를 더해, 여러분이 살아가는 이 사회의 이야기를 중국어로 자신 있게 설명할 수 있는 힘으로 이어지기를 진심으로 바랍니다. 마지막으로 책 집필 과정에서 소중한 의견과 피드백을 준 출판사 다락원에 감사의 마음을 전합니다.

『나의 겁 없는 한국뉴스 중국어』는 한국의 현재 사회 상황과 시사 뉴스를 중국어로 듣고 이해하고, 표현해보고 싶은 초중급 학습자를 위한 책입니다. 뉴스 주제는 '생활' '사회' '문화' '과학·기술' '경제·정치'의 다섯 분야로 나누어져 있어 일상생활과 관련된 재미있는 주제부터 거시적인 주제까지 폭넓게 접할 수 있습니다. 순차적으로 학습해도 좋고, 차례를 보고 관심이 가는 주제부터 학습해도 좋습니다. 본책의 학습을 마치면 듣기 집중 훈련 워크북으로 복습해 보세요.

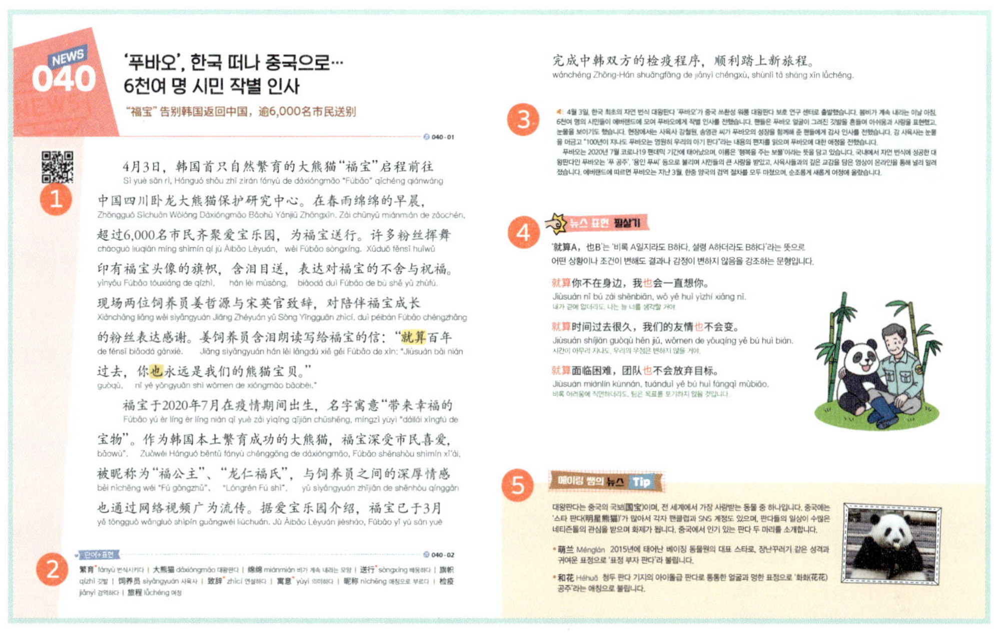

❶ QR코드를 통해 본문과 단어 녹음을 듣고, 내용을 이해하면서 듣기 실력을 키워 보세요. 본문 녹음 음원은 보통 속도와 빠른 속도 두 가지로 제공합니다.

❷ 본문에 나온 단어와 표현을 뉴스에 쓰인 자연스러운 뜻으로 제시하였습니다.
★ 표시된 단어는 뉴스를 이해하는데 도움이 되는 중요 표현입니다.

❸ 뉴스 본문의 해석을 바로 확인할 수 있습니다. 중국어 문장을 직역하기보다는 뉴스 형식으로 어순과 표현을 자연스럽게 제시하였습니다.

❹ 뉴스에 등장한 표현 중 하나를 뽑아 예문을 통해 그 뜻과 쓰임을 살펴봅니다.

❺ 뉴스 내용과 관련된 중국의 사회, 문화 내용 및 중국어 이야기를 담았습니다.

MP3 다운로드

도서바로가기QR

• MP3 음원은 다락원 홈페이지 (www.darakwon.co.kr)에서 무료로 다운로드할 수 있습니다.

• QR코드를 스캔하면 MP3 다운로드 및 실시간 재생 가능한 페이지로 바로 연결됩니다.

오래 앉아 있는 수그리족이라면 '거북목' 주의

久坐低头族小心了，"乌龟颈"正在找上门

🎵 001 - 01

随着现代人长时间使用电脑和智能手机，"乌龟颈
Suízhe xiàndàirén cháng shíjiān shǐyòng diànnǎo hé zhìnéng shǒujī, "wūguī jǐng

综合征"患者逐渐增多。长时间低头或前倾的姿势会导致
zōnghézhēng" huànzhě zhújiàn zēngduō. Cháng shíjiān dītóu huò qián qīng de zīshì huì dǎozhì

颈椎正常的C型曲线消失，颈部和肩部肌肉、韧带过度紧张，
jǐngzhuī zhèngcháng de C xíng qūxiàn xiāoshī, jǐngbù hé jiānbù jīròu、 rèndài guòdù jǐnzhāng,

从而引发疼痛。据专家介绍，头部每向前倾1厘米，颈椎所
cóng'ér yǐnfā téngtòng. Jù zhuānjiā jièshào, tóubù měi xiàng qián qīng yì límǐ, jǐngzhuī suǒ

承受的重量将增加2至3公斤。严重时，甚至会引发
chéngshòu de zhòngliàng jiāng zēngjiā liǎng zhì sān gōngjīn. Yánzhòng shí, shènzhì huì yǐnfā

慢性疼痛、头痛、睡眠障碍、注意力不集中等问题。
mànxìng téngtòng、tóutòng、shuìmián zhàng'ài、zhùyìlì bù jízhōng děng wèntí.

如有不适，可以每隔20至30分钟做一次向后伸展脖子的
Rú yǒu búshì, kěyǐ měi gé èrshí zhì sānshí fēnzhōng zuò yí cì xiàng hòu shēnzhǎn bózi de

动作，有助于缓解症状。为预防该症状，需从日常习惯
dòngzuò, yǒuzhùyú huǎnjiě zhèngzhuàng. Wèi yùfáng gāi zhèngzhuàng, xū cóng rìcháng xíguàn

入手。电脑显示器应调整至与视线齐平，使用字体较大的屏幕，
rùshǒu. Diànnǎo xiǎnshìqì yīng tiáozhěng zhì yǔ shìxiàn qí píng, shǐyòng zìtǐ jiào dà de píngmù,

鼠标与键盘靠近身体摆放；使用手机时应抬头操作，避免低头；
shǔbiāo yǔ jiànpán kàojìn shēntǐ bǎifàng; shǐyòng shǒujī shí yīng táitóu cāozuò, bìmiǎn dītóu;

避免长时间保持同一姿势，适当进行伸展运动以放松紧张
bìmiǎn cháng shíjiān bǎochí tóngyī zīshì, shìdàng jìnxíng shēnzhǎn yùndòng yǐ fàngsōng jǐnzhāng

---

💟 단어+표현　🎵 001 - 02

乌龟颈 wūguī jǐng 거북목 | 综合征 zōnghézhēng 증후군 | 姿势 zīshì 자세 | 颈椎 jǐngzhuī 경추 | 曲线 qūxiàn 곡선 |
韧带 rèndài 인대 | 引发* yǐnfā 유발하다 | 承受 chéngshòu 감당하다, 견디다 | 慢性 mànxìng 만성의 | 障碍* zhàng'ài 장애 |
伸展 shēnzhǎn 뻗다, 늘이다 | 缓解* huǎnjiě 완화하다 | 症状 zhèngzhuàng 증상 | 系统* xìtǒng 체계적인

的肌肉。专家强调，乌龟颈不仅影响外形，更可能对健康造成
de jīròu.　　Zhuānjiā qiángdiào, wūguī jǐng bùjǐn yǐngxiǎng wàixíng, gèng kěnéng duì jiànkāng zàochéng

长期危害，应通过早期预防与生活习惯的改善进行系统管理。
chángqī wēihài, yīng tōngguò zǎoqī yùfáng yǔ shēnghuó xíguàn de gǎishàn jìnxíng xìtǒng guǎnlǐ.

🔊 현대인들이 오랜 시간 컴퓨터와 스마트폰을 사용함에 따라 '거북목 증후군' 환자가 점점 늘고 있습니다. 장시간 고개를 숙이거나 앞으로 내미는 자세는 경추의 정상적인 C자 곡선을 무너뜨리고, 목과 어깨 근육 및 인대를 과도하게 긴장시켜 통증을 유발할 수 있습니다. 전문가에 따르면, 머리가 앞으로 1cm 나올 때마다 경추에 가해지는 하중이 2~3kg 증가한다고 합니다. 심한 경우에는 만성 통증, 두통, 수면 장애, 집중력 저하 등 다양한 문제가 발생할 수 있습니다.

　불편함을 느낄 경우, 20~30분마다 목을 뒤로 젖히는 동작을 해주는 것이 증상 완화에 도움이 됩니다. 이 증상을 예방하려면 일상 속 습관을 개선하는 것이 필요합니다. 컴퓨터 모니터는 눈높이에 맞춰 조절하고, 글자가 큰 화면을 사용하며, 마우스와 키보드는 몸 가까이에 두는 것이 좋습니다. 스마트폰을 사용할 때는 고개를 숙이지 말고 머리를 들고 사용해야 합니다. 같은 자세를 장시간 유지하지 말고, 틈틈이 스트레칭을 통해 긴장된 근육을 풀어주는 것도 효과적입니다. 전문가는 "거북목은 단순히 외형상의 문제를 넘어 건강에 장기적인 해를 끼칠 수 있다"며, "초기 예방과 생활 습관 개선을 통해 체계적인 관리가 필요하다"라고 강조했습니다.

뉴스 표현 필살기

'导致'는 앞의 원인으로 인해 좋지 않은 결과가 발생함을 나타내는 표현입니다.

空气污染可能导致呼吸系统疾病。
Kōngqì wūrǎn kěnéng dǎozhì hūxī xìtǒng jíbìng.
대기 오염은 호흡기 질환을 유발할 수 있습니다.

高层管理失误导致项目进度大幅延迟。
Gāocéng guǎnlǐ shīwù dǎozhì xiàngmù jìndù dàfú yánchí.
고위 경영진의 실수로 인해 프로젝트 진행이 크게 지연되었습니다.

长时间缺乏运动会导致肥胖。
Cháng shíjiān quēfá yùndòng huì dǎozhì féipàng.
오랫동안 운동이 부족하면 비만을 초래합니다.

메이링 쌤의 뉴스 Tip

'导致'와 '造成'은 헷갈리기 쉬운 표현으로, 두 단어 모두 '~을 일으키다/초래하다'라는 의미이고 부정적인 결과가 동반됩니다. 차이점은 전자는 주로 직접적으로 이어지는 원인-결과의 논리적 측면을 강조하고, 후자는 보다 더 구체적인 상태·사태·손상 등 결과를 강조합니다.

近几日，大暴雨导致了多起交通事故。
Jìn jǐ rì, dàbàoyǔ dǎozhìle duō qǐ jiāotōng shìgù.
최근 며칠 동안, 폭우로 인해 여러 건의 교통사고가 발생했다. **(원인 결과 강조)**

这几起交通事故，造成了500万的经济损失。
Zhè jǐ qǐ jiāotōng shìgù, zàochéngle wǔbǎi wàn de jīngjì sǔnshī.
이 교통사고들로 인해 500만 위안의 경제적 손실이 발생했다. **(구체적인 손해 강조)**

한국인 하루 평균 수면 6시간 58분…
수면 건강 '적신호'

韩国人均睡眠时间不足7小时，睡眠质量堪忧

🎵 002-01

据调查显示，韩国人平均睡眠时间为6小时58分钟，
Jù diàochá xiǎnshì, Hánguórén píngjūn shuìmián shíjiān wéi liù xiǎoshí wǔshíbā fēnzhōng,

较OECD平均水平低18%。仅7%受访者表示每日能
jiào OECD píngjūn shuǐpíng dī bǎi fēn zhī shíbā. Jǐn bǎi fēn zhī qī shòufǎngzhě biǎoshì měirì néng

获得深度睡眠，整体睡眠满意度仅为全球平均的75%
huòdé shēndù shuìmián, zhěngtǐ shuìmián mǎnyìdù jǐn wéi quánqiú píngjūn de bǎi fēn zhī qīshíwǔ

左右。调查还显示，近60%的人存在不同程度的睡眠问题，
zuǒyòu. Diàochá hái xiǎnshì, jìn bǎi fēn zhī liùshí de rén cúnzài bùtóng chéngdù de shuìmián wèntí,

其中男性多反映睡眠时间不足，女性则以睡眠障碍为主。
qízhōng nánxìng duō fǎnyìng shuìmián shíjiān bùzú, nǚxìng zé yǐ shuìmián zhàng'ài wéizhǔ.

50至60岁人群中，睡眠障碍尤为突出。主要干扰因素包括
Wǔshí zhì liùshí suì rénqún zhōng, shuìmián zhàng'ài yóuwéi tūchū. Zhǔyào gānrǎo yīnsù bāokuò

心理压力(62.5%)、身体疲劳、代谢紊乱及噪音等。
xīnlǐ yālì (bǎi fēn zhī liùshí'èr diǎn wǔ)、shēntǐ píláo、dàixiè wěnluàn jí zàoyīn děng.

研究显示，理想与实际睡眠时间差距达1小时20分钟，白天
Yánjiū xiǎnshì, lǐxiǎng yǔ shíjì shuìmián shíjiān chājù dá yì xiǎoshí èrshí fēnzhōng, báitiān

小睡20分钟有助于恢复精力。尽管不少人使用智能设备改善
xiǎoshuì èrshí fēnzhōng yǒuzhùyú huīfù jīnglì. Jǐnguǎn bùshǎo rén shǐyòng zhìnéng shèbèi gǎishàn

睡眠，但近半数用户反馈效果不佳。更令人担忧的是，仅有
shuìmián, dàn jìn bànshù yònghù fǎnkuì xiàoguǒ bù jiā. Gèng lìng rén dānyōu de shì, jǐn yǒu

25%的受访者曾寻求专业医生帮助，远低于全球
bǎi fēn zhī èrshíwǔ de shòufǎngzhě céng xúnqiú zhuānyè yīshēng bāngzhù, yuǎn dīyú quánqiú

 🎵 002-02

堪忧 kānyōu 걱정되다 | **受访者** shòufǎngzhě 응답자, 인터뷰 대상자 | **深度** shēndù 깊이, 정도 | **整体** zhěngtǐ 전체, 총체 | **满意度** mǎnyìdù 만족도 | **心理压力** xīnlǐ yālì 심리적 압박 정신적 스트레스 | **代谢紊乱** dàixiè wěnluàn 대사 장애, 신진대사 이상 | **噪音** zàoyīn 소음 | **恢复** huīfù 회복하다 | **智能设备** zhìnéng shèbèi 스마트 기기 | **反馈** fǎnkuì 되돌아오다, 피드백하다 | **提升** tíshēng 올리다, 진급하다 | **认知** rènzhī 인지하다

平均水平。专家呼吁，应加强睡眠教育，提升公众认知，并通过
píngjūn shuǐpíng. Zhuānjiā hūyù, yīng jiāqiáng shuìmián jiàoyù, tíshēng gōngzhòng rènzhī, bìng tōngguò

政策手段推动睡眠健康管理体系建设。
zhèngcè shǒuduàn tuīdòng shuìmián jiànkāng guǎnlǐ tǐxì jiànshè.

🔊 조사에 따르면, 한국인의 평균 수면 시간은 6시간 58분으로 OECD 평균보다 18% 낮은 수준입니다. 매일 깊은 수면을 취한다고 응답한 비율은 단 7%에 불과하며, 전체적인 수면 만족도 역시 글로벌 평균의 약 75% 수준에 그쳤습니다. 또한 전체 응답자의 약 60%는 다양한 형태의 수면 문제를 겪고 있다고 답했으며, 남성은 '수면 시간 부족'을, 여성은 '수면 장애'를 더 많이 호소했습니다. 특히 50~60대 연령층에서 수면 장애가 두드러지게 나타났습니다. 주요 방해 요인으로는 심리적 스트레스(62.5%), 신체적 피로, 신진대사 이상, 외부 소음 등이 꼽혔습니다.

　　연구 결과에 따르면 이상적인 수면 시간과 실제 수면 시간 사이에는 약 1시간 20분의 차이가 있었으며, 낮 동안 20분 정도의 짧은 낮잠이 에너지 회복에 도움이 되는 것으로 나타났습니다. 많은 이들이 수면 개선을 위해 스마트 기기를 사용하고 있으나, 사용자 중 절반가량은 효과를 체감하지 못했다고 응답했습니다. 더욱 우려스러운 점은, 전문 의료진의 도움을 받은 경험이 있는 사람이 25%에 불과해 글로벌 평균보다 훨씬 낮다는 점입니다. 전문가들은 수면 교육과 대국민 인식 제고가 시급하며, 정책적 접근을 통해 수면 건강 관리 체계의 구축이 필요하다고 강조했습니다.

뉴스 표현 필살기

'有助于'는 '～에 도움이 되다'라는 뜻으로 어떤 행동이나 현상이 바람직한 결과를 촉진함을 나타내는 표현입니다.
'对……有帮助 duì……yǒu bāngzhù'와 같은 뜻이며 더 격식 있는 표현입니다.

多边合作**有助于**维护地区稳定。
Duōbiān hézuò yǒuzhùyú wéihù dìqū wěndìng.
다자 협력은 지역 안정을 유지하는 데 도움이 됩니다.

技术创新**有助于**推动产业升级。
Jìshù chuàngxīn yǒuzhùyú tuīdòng chǎnyè shēngjí.
기술 혁신은 산업 고도화를 촉진하는 데 도움이 됩니다.

规律作息**有助于**改善睡眠。
Guīlǜ zuòxī yǒuzhùyú gǎishàn shuìmián.
규칙적인 생활 습관은 수면 개선에 도움이 됩니다.

메이링 쌤의 뉴스 Tip

중국에서는 농경 시대부터 피로를 풀고 효율을 높이기 위한 생활의 지혜로 '午觉 wǔjiào(낮잠)' 문화가 이어져 왔습니다. 지금도 많은 학교와 직장에서 점심시간 이후에 잠깐 눈을 붙이는 낮잠 시간을 허용하고 있어서, 협업을 할 경우 이 점을 고려해 오후 회의 일정을 잡는 것이 좋습니다. 연구에 따르면 15~30분 정도의 낮잠은 '恢复精力 huīfù jīnglì (체력 회복)'와 '提高注意力 tígāo zhùyìlì(집중력 향상)'에 효과가 있다고 합니다. 다만 한 시간을 넘기면 오히려 '失眠 shīmián(불면증)'으로 이어질 수 있으니 이 부분도 주의하세요!

MZ세대 사이 '저속 노화 식단' 유행, 건강한 식습관으로 노화 늦춘다

"低速衰老饮食"在MZ世代中流行 —— 健康饮食习惯助力延缓衰老

♫ 003 - 01

近年来，随着年轻人对健康的关注日益增强，一种被
Jìnnián lái, suízhe niánqīngrén duì jiànkāng de guānzhù rìyì zēngqiáng, yì zhǒng bèi

称为"低速衰老饮食"的生活方式在MZ世代中悄然兴起。
chēngwéi "dīsù shuāilǎo yǐnshí" de shēnghuó fāngshì zài MZ shìdài zhōng qiǎorán xīngqǐ.

这一饮食法主张用均衡、天然的食物取代辛辣、刺激性的食物，
Zhè yī yǐnshífǎ zhǔzhāng yòng jūnhéng、tiānrán de shíwù qǔdài xīnlà、 cìjīxìng de shíwù,

通过健康的饮食和生活习惯来延缓身体的衰老进程。据韩国
tōngguò jiànkāng de yǐnshí hé shēnghuó xíguàn lái yánhuǎn shēntǐ de shuāilǎo jìnchéng. Jù Hánguó

健康保险审查评估院数据显示，20至30多岁的高血压患者
Jiànkāng Bǎoxiǎn Shěnchá Pínggūyuàn shùjù xiǎnshì, èrshí zhì sānshí duō suì de gāoxuèyā huànzhě

从2019年的约23万人增长至2023年的26万
cóng èr líng yī jiǔ nián de yuē èrshísān wàn rén zēngzhǎng zhì èr líng èr sān nián de èrshíliù wàn

余人，增长了11.1%。
yú rén, zēngzhǎngle bǎi fēn zhī shíyī diǎn yī.

"低速衰老饮食"的核心在于摄入低血糖指数的杂粮饭，
"Dīsù shuāilǎo yǐnshí" de héxīn zàiyú shèrù dīxuètáng zhǐshù de záliáng fàn,

搭配蔬菜、少量动物蛋白，并避免加工食品。专家指出，这
dāpèi shūcài、shǎoliàng dòngwù dànbái, bìng bìmiǎn jiāgōng shípǐn. Zhuānjiā zhǐchū, zhè

种高蛋白、低脂肪饮食方式不仅有助于维持健康体重，还能
zhǒng gāo dànbái、dī zhīfáng yǐnshí fāngshì bùjǐn yǒuzhùyú wéichí jiànkāng tǐzhòng, hái néng

保持能量、缓解疲劳，从而改善身体和心理健康，提高生活
bǎochí néngliàng、huǎnjiě píláo, cóng'ér gǎishàn shēntǐ hé xīnlǐ jiànkāng, tígāo shēnghuó

♥ 단어＋표현 ♫ 003 - 02

日益 rìyì 날로, 점점 | 衰老 shuāilǎo 노화 | 悄然 qiǎorán 조용히 | 兴起 xīngqǐ 일어나다, 대두되다 | 均衡 jūnhéng 균형 잡히다 |
取代* qǔdài 대신하다, 대체하다 | 延缓 yánhuǎn 늦추다 | 进程 jìnchéng 경과, 진전 | 审查 shěnchá 심사하다 | 摄入* shèrù 섭취
하다 | 低血糖 dīxuètáng 저혈당 | 搭配* dāpèi 조합하다 곁들이다 | 富含 fùhán 풍부하게 함유하다 | 抗氧化 kàng yǎnghuà 항산화
| 抗炎 kàng yán 항염증 | 潮流 cháoliú 트렌드

质量。同时，富含抗氧化和抗炎成分的天然食物有助于预防心血管
zhìliàng.　　Tóngshí, fùhán kàng yǎnghuà hé kàng yán chéngfèn de tiānrán shíwù yǒuzhùyú yùfáng xīnxuèguǎn

疾病和糖尿病等慢性病，逐渐形成了一种健康的生活潮流。
jíbìng hé tángniàobìng děng mànxìngbìng, zhújiàn xíngchéngle yì zhǒng jiànkāng de shēnghuó cháoliú.

🔊 최근 젊은 세대의 건강에 대한 관심이 점점 높아지면서, '저속 노화 식단'이라 불리는 생활 방식이 MZ세대 사이에서 조용히 확산되고 있습니다. 이 식단은 맵고 자극적인 음식 대신, 균형 잡힌 자연 식품을 섭취함으로써 건강한 식습관과 생활 습관을 통해 신체의 노화 속도를 늦추는 것을 목표로 합니다. 한국 건강보험 심사 평가원의 자료에 따르면, 20~30대 고혈압 환자 수는 2019년 약 23만 명에서 2023년 26만여 명으로 11.1% 증가했습니다.
　'저속 노화 식단'의 핵심은 혈당 지수가 낮은 잡곡밥을 섭취하고, 채소와 소량의 동물성 단백질을 곁들이며 가공식품은 피하는 데 있습니다. 전문가들은 이러한 고단백·저지방 식단이 건강한 체중을 유지하는 데 도움이 될 뿐만 아니라, 에너지 유지와 피로 완화에도 효과적이며, 신체적·정신적 건강을 개선하고 삶의 질을 높여준다고 설명합니다. 또한 항산화 및 항염 성분이 풍부한 자연 식품은 심혈관 질환, 당뇨병 등 만성 질환을 예방하는 데에도 큰 도움이 되어, 점차 하나의 건강한 라이프 스타일을 만들고 있습니다.

뉴스 표현 필살기

'不仅A，还B'는 두 가지 이상의 사실을 연결하며, 앞의 내용에 이어 추가적인 사실을 강조하는 표현입니다.

改革不仅能提升效率，还能推动制度创新。
Gǎigé bùjǐn néng tíshēng xiàolǜ, hái néng tuīdòng zhìdù chuàngxīn.
개혁은 효율을 높일 뿐 아니라 제도 혁신도 추진할 수 있습니다.

报告不仅揭示风险，还提出了解决方案。
Bàogào bùjǐn jiēshì fēngxiǎn, hái tíchūle jiějué fāng'àn.
보고서는 위험을 드러냈을 뿐 아니라 해결 방안도 제시했습니다.

此次会议不仅涉及经济，还包括国际合作等相关内容。
Cǐcì huìyì bùjǐn shèjí jīngjì, hái bāokuò guójì hézuò děng xiāngguān nèiróng.
이번 회의는 경제에 국한되지 않고, 국제 협력 등 관련 내용도 포함했습니다.

메이링 쌤의 뉴스 Tip

중국 젊은 세대 사이에서도 노화를 늦추는 생활 습관이 큰 관심사로 떠오르며, 관련된 재미있는 표현도 온라인에서 유행하고 있습니다.

• 逆生长 nìshēngzhǎng 거꾸로 자라다, 역성장
기사나 인터넷 댓글에서 실제 나이보다 훨씬 어려 보이는 사람을 가리킬 때 "이 사람은 마치 '逆生长'한 것 같다"라고 표현합니다.

• 冻龄 dònglíng 나이가 얼어붙었다, 냉동 인간
나이가 들어 보이지 않는 동안 외모를 가진 사람에게 흔히 쓰입니다.

• 保温杯里泡枸杞 bǎowēnbēi lǐ pào gǒuqǐ
보온병에 구기자를 담아 마시다
겉으로 세련된 젊은 사람이 일찍부터 건강을 염려하며 관리하는 습관을 재미있게 풍자한 말입니다.

봄철 우울증,
2주 이상 지속되면 병원 찾아야

春季抑郁症高发，持续两周以上应及时就医

🎵 004-01

春天是万物复苏的季节，但对于抑郁症患者来说却可能是
Chūntiān shì wànwù fùsū de jìjié, dàn duìyú yìyùzhèng huànzhě lái shuō què kěnéng shì

最危险的时期。韩国国家统计门户数据显示，过去三年自杀率
zuì wēixiǎn de shíqī. Hánguó Guójiā Tǒngjì Ménhù shùjù xiǎnshì, guòqù sān nián zìshālǜ

最高的时间均出现在春季。专家认为，日照时间骤增、气温
zuìgāo de shíjiān jūn chūxiàn zài chūnjì. Zhuānjiā rènwéi, rìzhào shíjiān zhòuzēng、qìwēn

变化以及社会压力等综合因素会打乱大脑内的激素平衡，导致
biànhuà yǐjí shèhuì yālì děng zònghé yīnsù huì dǎluàn dànǎo nèi de jīsù pínghéng, dǎozhì

抑郁症状加剧。高丽大学精神健康科韩教授指出，若抑郁情绪
yìyù zhèngzhuàng jiājù. Gāolì Dàxué jīngshén jiànkāngkē Hán jiàoshòu zhǐchū, ruò yìyù qíngxù

持续两周以上，建议不要硬撑，应尽快就医。他还强调，春季
chíxù liǎng zhōu yǐshàng, jiànyì búyào yìngchēng, yīng jǐnkuài jiùyī. Tā hái qiángdiào, chūnjì

是毕业、就业、搬家等重大变动集中发生的时段，加上人与人
shì bìyè、jiùyè、bānjiā děng zhòngdà biàndòng jízhōng fāshēng de shíduàn, jiāshàng rén yǔ rén

之间接触频繁，容易引发相对剥夺感，进而加重心理负担。
zhījiān jiēchù pínfán, róngyì yǐnfā xiāngduì bōduógǎn, jìn'ér jiāzhòng xīnlǐ fùdān.

韩国是经济合作与发展组织(OECD)中抑郁症发病率最高的
Hánguó shì Jīngjì Hézuò Yǔ Fāzhǎn Zǔzhī (OECD) zhōng yìyùzhèng fābìnglǜ zuìgāo de

国家之一，但接受治疗的患者比例却偏低。韩教授强调，
guójiā zhī yī, dàn jiēshòu zhìliáo de huànzhě bǐlì què piāndī. Hán jiàoshòu qiángdiào,

抑郁症若未及时治疗，可能陷入难以自控的心理状态，甚至
yìyùzhèng ruò wèi jíshí zhìliáo, kěnéng xiànrù nányǐ zìkòng de xīnlǐ zhuàngtài, shènzhì

💛 **단어+표현** 🎵 004-02

抑郁症* yìyùzhèng 우울증 | 就医 jiùyī 진찰을 받다 | 复苏 fùsū 소생하다 | 日照 rìzhào 일조 | 骤增 zhòuzēng 급증하다 | 激素* jīsù 호르몬 | 硬撑* yìngchēng 억지로 버티다 | 频繁* pínfán 빈번하다 | 剥夺感* bōduógǎn 박탈감 | 极端 jíduān 극단적인 | 适度 shìdù 적절하다 | 焦虑* jiāolǜ 근심하다

做出极端行为。 他建议大众维持规律作息、健康饮食与适度运动，
zuòchū jíduān xíngwéi.　Tā jiànyì dàzhòng wéichí guīlǜ zuòxī、　jiànkāng yǐnshí yǔ shìdù yùndòng,

有助于改善焦虑与抑郁情绪。
yǒuzhùyú gǎishàn jiāolǜ yǔ yìyù qíngxù.

🔊 봄은 만물이 소생하는 계절이지만, 우울증 환자에게는 가장 위험한 시기일 수 있습니다. 한국 국가통계포털에 따르면, 지난 3년간 자살률이 가장 높았던 시점은 모두 봄철이었습니다. 전문가들은 일조량 급증, 기온 변화, 사회적 스트레스 등 복합적인 요인들이 뇌 속 호르몬 균형을 무너뜨려 우울 증상을 악화시킨다고 말합니다. 고려대학교 정신건강의학과 한 교수는 "우울감이 2주 이상 지속된다면 무작정 버티지 말고 병원을 찾는 것이 좋다"라고 조언합니다. 그는 또, 봄은 졸업, 취업, 이사 등 큰 변화가 집중되는 시기이자 사람 간 접촉도 늘어나는 시기이므로 상대적 박탈감이 커져 심리적 부담이 더해질 수 있다고 덧붙였습니다.
　한국은 경제협력개발기구(OECD) 국가 중 우울증 발병률이 가장 높은 나라 중 하나지만, 치료를 받는 환자 비율은 낮은 편입니다. 한 교수는 우울증을 제때 치료하지 않으면 감당하기 어려운 심리 상태에 빠져 극단적인 선택으로 이어질 수 있다고 경고했습니다. 그는 규칙적인 생활 습관, 건강한 식습관, 적당한 운동이 불안과 우울 증상 완화에 도움이 된다고 강조했습니다.

👉 뉴스 표현 필살기

'若'는 '如果 rúguǒ'와 같은 의미로, 가정이나 조건을 제시할 때 사용합니다. 다만 '若'는 문어적이고 격식 있는 표현으로, 뉴스 기사나 공식 발표문에서 자주 쓰입니다.

政府若不干预，通胀将难以控制。
Zhèngfǔ ruò bù gānyù, tōngzhàng jiāng nányǐ kòngzhì.
정부가 개입하지 않으면 인플레이션을 통제하기 어려울 것입니다.

企业若忽视安全管理，风险可能增加。
Qǐyè ruò hūshì ānquán guǎnlǐ, fēngxiǎn kěnéng zēngjiā.
기업이 안전 관리를 소홀히 하면 위험이 커질 수 있습니다.

民众若缺乏休息，健康问题或将出现。
Mínzhòng ruò quēfá xiūxi, jiànkāng wèntí huò jiāng chūxiàn.
시민이 충분한 휴식을 취하지 않으면 건강 문제가 생길 수 있습니다.

메이링 쌤의 뉴스 Tip

최근 중국에서는 영어 단어 'emo (감성적인)'가 젊은 층 사이에 확산되어, "오늘 좀 emo 하다(우울하다)!"처럼 일상 표현으로 쓰이고 있습니다. 예전의 '郁闷 yùmèn'이나 '心情不好 xīnqíng bù hǎo'보다 훨씬 가볍고, 스스로의 감정을 표현할 때 자주 쓰이며, 한국의 '멘붕'이나 '무기력하다'와 유사한 단어라고 볼 수 있습니다.

听完那首歌，我整个人都"emo"了。
Tīngwán nà shǒu gē, wǒ zhěnggè rén dōu "emo" le.
그 노래를 듣고 나니 나 완전히 감성적이 되었어.

정기적인 스케일링, 잇몸 건강 지키는 첫걸음

定期洗牙，保护牙龈健康第一步

🎵 005-01

为保持牙龈健康，定期洗牙十分重要。牙结石堆积过多会
Wèi bǎochí yáyín jiànkāng, dìngqī xǐyá shífēn zhòngyào. Yá jiéshí duījī guòduō huì

导致牙龈充血，严重时甚至引发牙槽骨吸收，最终可能导致
dǎozhì yáyín chōngxuè, yánzhòng shí shènzhì yǐnfā yácáogǔ xīshōu, zuìzhōng kěnéng dǎozhì

牙齿脱落。因此，建议每年至少进行一次洗牙，及时去除附着
yáchǐ tuōluò. Yīncǐ, jiànyì měi nián zhìshǎo jìnxíng yí cì xǐyá, jíshí qùchú fùzhuó

在牙齿表面的牙结石，以预防口腔疾病。韩国健康保险制度
zài yáchǐ biǎomiàn de yá jiéshí, yǐ yùfáng kǒuqiāng jíbìng. Hánguó jiànkāng bǎoxiǎn zhìdù

规定，19岁以上的健康保险参保人或被扶养人每年可享受
guīdìng, shíjiǔ suì yǐshàng de jiànkāng bǎoxiǎn cānbǎorén huò bèi fúyǎngrén měi nián kě xiǎngshòu

一次洗牙的健康保险报销，超过1次则需自费。19岁以下虽然
yí cì xǐyá de jiànkāng bǎoxiǎn bàoxiāo, chāoguò yí cì zé xū zìfèi. Shíjiǔ suì yǐxià suīrán

不适用一般洗牙的报销政策，但若为全口或局部洁治，则可
bú shìyòng yìbān xǐyá de bàoxiāo zhèngcè, dàn ruò wéi quánkǒu huò júbù jiézhì, zé kě

按医疗需要申请报销。
àn yīliáo xūyào shēnqǐng bàoxiāo.

此外，65岁以上老年参保人还可享受部分义齿和种植牙的
Cǐwài, liùshíwǔ suì yǐshàng lǎonián cānbǎorén hái kě xiǎngshòu bùfen yìchǐ hé zhòngzhíyá de

保险报销。保险报销周期为7年1次，如因口腔状况严重
bǎoxiǎn bàoxiāo. Bǎoxiǎn bàoxiāo zhōuqī wéi qī nián yí cì, rú yīn kǒuqiāng zhuàngkuàng yánzhòng

变化或因自然灾害等导致义齿遗失或损坏，可提前申请重新
biànhuà huò yīn zìrán zāihài děng dǎozhì yìchǐ yíshī huò sǔnhuài, kě tíqián shēnqǐng chóngxīn

---

♥ 단어+표현 🎵 005-02

洗牙* xǐyá 스케일링 | 牙龈 yáyín 잇몸 | 牙结石 yá jiéshí 치석 | 堆积* duījī 쌓이다 | 牙槽骨 yácáogǔ 치조골, 잇몸 뼈 | 脱落 tuōluò 떨어지다, 빠지다 | 去除* qùchú 제거하다 | 口腔 kǒuqiāng 구강 | 参保人 cānbǎorén 보험 가입자 | 报销* bàoxiāo 정산하다 | 自费 zìfèi 자비, 스스로 부담하다 | 局部 júbù 국부, 일부 | 洁治 jiézhì 치석 제거, 스케일링 | 义齿 yìchǐ 의치 | 种植牙* zhòngzhíyá 임플란트

制作。参保人自付比例为总治疗费用的30%，特定低收入群体可减
zhìzuò.　Cānbǎorén zìfù bǐlì wéi zǒng zhìliáo fèiyòng de bǎi fēn zhī sānshí, tèdìng dī shōurù qúntǐ kě jiǎn

至5%或15%。
zhì bǎi fēn zhī wǔ huò bǎi fēn zhī shíwǔ.

🔊 잇몸 건강을 유지하려면 정기적인 스케일링이 매우 중요합니다. 치석이 과도하게 쌓이면 잇몸이 붓고 충혈되며, 심한 경우 잇몸뼈가 흡수되어 결국 치아가 빠질 수도 있습니다. 구강 질병을 예방하기 위해서는 매년 최소 한 번 스케일링을 받아 치아 표면에 붙은 치석을 제거하는 것이 좋습니다. 한국의 건강 보험 제도에 따르면, 만 19세 이상 건강 보험 가입자 또는 피부양자는 매년 1회 스케일링에 대해 건강 보험 혜택을 받을 수 있으며, 연 1회를 초과할 경우에는 본인이 전액을 부담해야 합니다. 만 19세 미만은 일반적인 스케일링에는 보험 적용이 되지 않지만, 전악 또는 부분 치석 제거와 같이 의료적으로 필요한 경우에는 보험 적용이 가능합니다.

　또한, 만 65세 이상 고령자라면 틀니 및 임플란트 시술에 대해서도 건강 보험 혜택을 받을 수 있습니다. 보험 급여는 7년에 한 번 적용되며, 구강 상태의 급격한 변화나 천재지변 등으로 의치가 분실되거나 파손된 경우에는 예외적으로 재제작이 가능합니다. 본인 부담률은 전체 진료비의 30%이며, 저소득층의 경우 5% 또는 15%까지 경감됩니다.

뉴스 표현 필살기

'至少'는 수량이나 정도의 최소 한도를 나타냅니다. 가끔 '最少 zuìshǎo'와 혼동하는 경우가 있는데요, '至少'는 객관적 최소 기준, '最少'는 비교 대상이 있을 때 사용합니다.

专家建议成年人每年至少体检一次。
Zhuānjiā jiànyì chéngniánrén měi nián zhìshǎo tǐjiǎn yí cì.
전문가는 성인은 최소한 매년 한 번 건강 검진을 받으라고 권장합니다.

项目至少需要六个月完成。
Xiàngmù zhìshǎo xūyào liù gè yuè wánchéng.
프로젝트가 끝나기까지 최소 6개월이 필요합니다.

儿童每天至少应睡八小时。
Értóng měitiān zhìshǎo yīng shuì bā xiǎoshí.
어린이는 매일 최소 8시간은 자야 합니다.

메이링 쌤의 뉴스 Tip

중국에서는 '牙齿 yáchǐ (치아)'가 단순히 신체 일부가 아니라, 인간의 인내·관계·지혜를 상징하는 중요한 이미지로, '牙'와 관련된 성어와 표현도 많습니다.

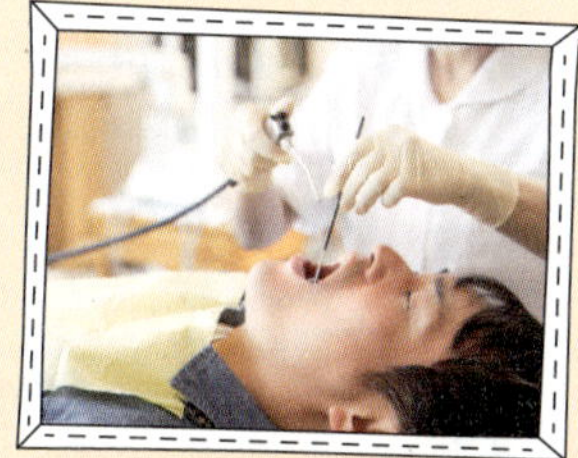

- 唇亡齿寒 chúnwáng chǐhán 입술이 없어지면 이가 시리다
  한쪽이 망하면 다른 쪽도 위태롭다는 의미로, 서로 이해 관계가 깊다는 비유입니다.

- 伶牙俐齿 língyá lìchǐ 민첩한 이와 날카로운 이
  말솜씨가 좋을 때 사용하는 표현으로, 말을 능수능란하게 하고 대응이 빠르다는 의미의 성어입니다.

입법 공백 속 '합성 니코틴' 전자 담배, 청소년도 손쉽게 구매

法律漏洞使合成尼古丁电子烟畅销，青少年轻松获取

🎵 006-01

由于现行法律仅将以烟草叶为原料的制品定义为"烟草"，
Yóuyú xiànxíng fǎlǜ jǐn jiāng yǐ yāncǎo yè wéi yuánliào de zhìpǐn dìngyì wéi "yāncǎo",

利用烟草茎、根或类尼古丁制造的产品未被纳入管制范围。
lìyòng yāncǎo jīng、 gēn huò lèi nígǔdīng zhìzào de chǎnpǐn wèi bèi nàrù guǎnzhì fànwéi.

借此法律空档，含合成尼古丁的液态电子烟在韩国市场上
Jiècǐ fǎlǜ kòngdàng, hán héchéng nígǔdīng de yètài diànzǐ yān zài Hánguó shìchǎng shàng

广泛流通，青少年也可轻松获取。这些产品不受传统烟草
guǎngfàn liútōng, qīngshàonián yě kě qīngsōng huòqǔ. Zhèxiē chǎnpǐn bú shòu chuántǒng yāncǎo

法规约束，不仅可在网上销售，还无需张贴警示图文，甚至
fǎguī yuēshù, bùjǐn kě zài wǎngshàng xiāoshòu, hái wúxū zhāngtiē jǐngshì túwén, shènzhì

被设计成文具、U盘等外形，增加了青少年的接触机会。
bèi shèjì chéng wénjù、 U pán děng wàixíng, zēngjiāle qīngshàonián de jiēchù jīhuì.

疾病管理厅的数据显示，2023年中学及高中男生中
Jíbìng Guǎnlǐtīng de shùjù xiǎnshì, èr líng èr sān nián zhōngxué jí gāozhōng nánshēng zhōng

有3.8%使用液态电子烟，虽然较前一年略降，但整体
yǒu bǎi fēn zhī sān diǎn bā shǐyòng yètài diànzǐ yān, suīrán jiào qián yì nián lüè jiàng, dàn zhěngtǐ

使用率仍处高位。与此同时，合成尼古丁的进口量持续激增，
shǐyònglǜ réng chǔ gāowèi. Yǔcǐ tóngshí, héchéng nígǔdīng de jìnkǒuliàng chíxù jīzēng,

2023年前9个月已达316吨，较去年全年增长
èr líng èr sān nián qián jiǔ gè yuè yǐ dá sānbǎi yīshíliù dūn, jiào qùnián quánnián zēngzhǎng

46.3%。目前，关于将合成尼古丁纳入烟草范畴的修法
bǎi fēn zhī sìshíliù diǎn sān. Mùqián, guānyú jiāng héchéng nígǔdīng nàrù yāncǎo fànchóu de xiūfǎ

  🎵 006-02

尼古丁* nígǔdīng 니코틴 ｜ 畅销 chàngxiāo 잘 팔리다 ｜ 烟草 yāncǎo 연초, 담배 ｜ 液态 yètài 액체 ｜ 流通* liútōng 유통되다 ｜
约束* yuēshù 규제하다 ｜ 张贴 zhāngtiē 붙이다 ｜ 警示 jǐngshì 경고하다 ｜ 激增 jīzēng 급증하다 ｜ 范畴 fànchóu 범주, 유형, 범위 ｜
提交* tíjiāo 제출하다 ｜ 监管* jiānguǎn 감독하고 관리하다

提案已有6项提交国会，等待审议通过。专家呼吁尽快完善法律，
tí'àn yǐ yǒu liù xiàng tíjiāo guóhuì,　　děngdài shěnyì tōngguò. Zhuānjiā hūyù jǐnkuài wánshàn fǎlǜ,

堵住监管漏洞，防止青少年受到更多危害。
dǔzhù jiānguǎn lòudòng, fángzhǐ qīngshàonián shòudào gèng duō wēihài.

🔊 현행 법률은 담배를 '연초의 잎(담뱃잎)'을 원료로 한 제품으로만 정의하고 있어, 연초의 줄기나 뿌리, 또는 유사 니코틴을 이용해 제조된 제품은 규제 대상에 포함되지 않습니다. 이러한 입법 공백을 틈타 합성 니코틴을 포함한 액상형 전자 담배가 한국 시장에서 광범위하게 유통되고 있으며, 청소년도 쉽게 구매할 수 있는 상황입니다. 해당 제품들은 기존 담배 관련 규제를 받지 않아 온라인 판매가 가능하고, 경고 문구나 그림을 부착할 의무도 없습니다. 심지어 필기구나 USB와 같은 형태로 제작되어 청소년의 접근성을 높이고 있습니다.

질병관리청의 자료에 따르면, 2023년 중학생과 고등학생 남학생 중 3.8%가 액상형 전자 담배를 사용한 것으로 나타났습니다. 이는 전년보다 소폭 감소한 수치이지만, 여전히 높은 사용률을 보이고 있습니다. 이와 동시에 합성 니코틴의 수입량도 급증하고 있으며, 2023년 1월부터 9월까지의 누적 수입량은 316톤으로 전년도 연간 수입량 대비 46.3% 증가한 것으로 나타났습니다. 현재 합성 니코틴을 담배 범주에 포함시키려는 법 개정안이 현재까지 총 6건 국회에 제출되었고, 심사 통과를 기다리고 있습니다. 전문가들은 청소년 보호를 위해 관련 법령의 조속한 정비와 규제 강화가 시급하다고 지적하고 있습니다.

뉴스 표현 필살기

'由于'는 원인이나 이유를 설명할 때 사용하는 서면체 연결사입니다. '因为 yīnwèi'와 같은 뜻이지만, '由于'가 더 격식 있고 공식적인 문체에서 사용됩니다.

由于气候变化，农作物减产明显。
Yóuyú qìhòu biànhuà, nóngzuòwù jiǎnchǎn míngxiǎn.
기후 변화로 농작물 생산이 뚜렷이 감소했습니다.

由于管理不善，公司出现亏损。
Yóuyú guǎnlǐ búshàn, gōngsī chūxiàn kuīsǔn.
경영 부실로 인해 회사에 손실이 발생했습니다.

由于政策调整，房价短期上涨。
Yóuyú zhèngcè tiáozhěng, fángjià duǎnqī shàngzhǎng.
정책 조정으로 단기적으로 집값이 올랐습니다.

메이링 쌤의 뉴스 Tip

중국 뉴스의 흡연 관련 통계를 다룰 때 '烟民 yānmín (흡연자)'과 '控烟 kòngyān (흡연을 통제하다)'이라는 표현이 자주 등장합니다. '烟民'은 주로 인구 통계나 보건 자료에서, '控烟'은 정부나 기관의 금연 정책을 말할 때 쓰입니다.

中国现有约3亿**烟民**。
Zhōngguó xiànyǒu yuē sānyì yānmín.
중국에는 약 3억 명의 흡연자가 있습니다.

政府将加强**控烟**立法。
Zhèngfǔ jiāng jiāqiáng kòngyān lìfǎ.
정부는 금연 관련 입법을 강화할 예정입니다.

K-뷰티,
세계로 뻗어나가는 한국 화장품의 힘

K-Beauty，走向世界的韩妆力量

🎵 007 - 01

近年来，韩国化妆品产业(简称"K-Beauty")凭借卓越的
Jìnnián lái, Hánguó huàzhuāngpǐn chǎnyè (jiǎnchēng "K-Beauty")　　píngjiè zhuóyuè de

功能性和韩流文化的全球传播，在国际市场上持续扩大
gōngnéngxìng hé Hánliú wénhuà de quánqiú chuánbō, zài guójì shìchǎng shàng chíxù kuòdà

影响力。美白、抗皱、舒缓等产品深受消费者喜爱，加之
yǐngxiǎnglì.　　Měibái、kàngzhòu、shūhuǎn děng chǎnpǐn shēnshòu xiāofèizhě xǐ'ài, jiāzhī

K-POP、韩剧等韩流内容的全球风靡，进一步提升了韩妆产品
K-POP、　Hánjù děng Hánliú nèiróng de quánqiú fēngmǐ, jìnyíbù tíshēngle Hánzhuāng chǎnpǐn

的关注度和接受度。据韩国产业通商资源部统计，2023年
de guānzhùdù hé jiēshòudù.　　Jù Hánguó Chǎnyè Tōngshāng Zīyuánbù tǒngjì, èr líng èr sān nián

韩国化妆品出口总额达81亿美元，稳居全球第三大出口国。
Hánguó huàzhuāngpǐn chūkǒu zǒng'é dá bāshíyī yì Měiyuán, wěn jū quánqiú dì-sān dà chūkǒuguó.

中国、美国、日本、越南是主要出口市场，同时中东和欧洲
Zhōngguó、Měiguó、Rìběn、Yuènán shì zhǔyào chūkǒu shìchǎng, tóngshí Zhōngdōng hé Ōuzhōu

地区对高端K-Beauty产品的需求也持续增长。
dìqū duì gāoduān K-Beauty　　chǎnpǐn de xūqiú yě chíxù zēngzhǎng.

　韩妆的快速崛起离不开本土企业对研发(R&D)的持续投入
　Hánzhuāng de kuàisù juéqǐ líbùkāi běntǔ qǐyè　duì yánfā　(R&D)　de chíxù tóurù

与全球化营销战略。同时，借助社交媒体传播和K-明星担任
yǔ quánqiúhuà yíngxiāo zhànlüè. Tóngshí, jièzhù shèjiāo méitǐ chuánbō hé K-míngxīng dānrèn

品牌大使，进一步拉近与海外消费者的距离。专家指出，
pǐnpái dàshǐ,　jìnyíbù　lājìn yǔ hǎiwài　xiāofèizhě de jùlí.　Zhuānjiā zhǐchū,

---

💙 단어+표현　　🎵 007 - 02

凭借* píngjiè ~에 힘입어, ~에 근거하여 | 卓越 zhuóyuè 탁월하다, 뛰어나다 | 抗皱 kàngzhòu 주름을 방지하다 | 风靡 fēngmǐ 유행하다, 휩쓸다 | 高端* gāoduān 고급의 | 崛起* juéqǐ 떠오르다 | 研发* yánfā 연구 개발하다

K-Beauty已不仅仅是一种流行趋势，而是逐步发展为以科技为核心
K-Beauty　　　yǐ bùjǐnjǐn shì yì zhǒng liúxíng qūshì,　　érshì zhúbù fāzhǎn wéi yǐ kējì wéi héxīn

的全球产业。
de quánqiú chǎnyè.

🔊 최근 한국 화장품 산업(일명 'K-뷰티')은 뛰어난 기능성과 한류 문화의 세계적 확산을 바탕으로 해외 시장에서 지속적으로 영향력을 확대하고 있습니다. 미백, 주름 개선, 진정 등의 제품이 소비자들에게 큰 인기를 끌고 있으며, K-팝과 한국 드라마 등 한류 콘텐츠의 전 세계적인 인기 역시 한국 화장품에 대한 관심과 수용도를 더욱 높이고 있습니다. 한국 산업통상자원부에 따르면, 2023년 한국 화장품 수출액은 총 81억 달러로 집계되어 세계 3대 수출국의 지위를 공고히 했습니다. 주요 수출 시장은 중국, 미국, 일본, 베트남이며, 중동과 유럽 지역에서도 고급 K-뷰티 제품에 대한 수요가 꾸준히 증가하고 있습니다.

　　K-뷰티의 빠른 성장 배경에는 국내 기업들의 지속적인 연구 개발(R&D) 투자와 글로벌 마케팅 전략이 있습니다. 또한, SNS를 통한 콘텐츠 확산과 K-스타들의 브랜드 앰배서더 활동은 해외 소비자들과의 거리를 더욱 좁히는 데 기여하고 있습니다. 전문가들은 K-뷰티가 단순한 유행을 넘어 기술 중심의 글로벌 산업으로 점차 진화하고 있다고 평가하고 있습니다.

뉴스 표현 필살기

'加之'는 이미 언급한 상황에 또 다른 이유나 조건을 덧붙일 때 사용합니다. '而且 érqiě'나 '并且 bìngqiě'로 단순 연결하는 경우가 많지만, '加之'는 글의 논리적 완결성을 높이는 공식 서면 표현입니다.

产品质量高，加之设计时尚，深受欢迎。
Chǎnpǐn zhìliàng gāo, jiāzhī shèjì shíshàng, shēnshòu huānyíng.
제품 품질이 높고, 디자인도 세련되어 큰 인기를 얻었습니다.

环境优美，加之交通便利，吸引了众多游客。
Huánjìng yōuměi, jiāzhī jiāotōng biànlì, xīyǐnle zhòngduō yóukè.
환경이 아름답고 교통이 편리해 많은 관광객을 끌어모았습니다.

政策支持，加之企业创新，产业发展迅速。
Zhèngcè zhīchí, jiāzhī qǐyè chuàngxīn, chǎnyè fāzhǎn xùnsù.
정책 지원과 기업의 혁신으로 산업이 빠르게 성장했습니다.

메이링 쌤의 뉴스 Tip

중국에서도 외모 관리, 자기 관리 방식이 다양해지면서, SNS를 중심으로 미용과 관련된 새로운 단어들이 늘어나고 있습니다. 그중에서도 젊은 세대의 미의식과 소비 패턴을 잘 보여주는 대표적인 표현을 소개합니다.

- **白幼瘦** bái yòu shòu 동안
  피부가 하얗고, 어려 보이며, 날씬하다는 뜻으로 한국어의 '동안'과 비슷합니다.

- **轻医美** qīng yīměi 쁘띠 성형
  큰 수술이 아니고, 부담 없이 받을 수 있는 가벼운 미용 시술을 가리킵니다.

K-뷰티의 매력:
'10단계 스킨케어'에서 생활 미학까지

韩系美妆的魅力：从"10步护肤法"到生活美学

🎵 008 - 01

韩国的K-Beauty（韩系美妆）凭借细致入微的护肤理念和
Hánguó de K-Beauty　　　（Hánxì měizhuāng) píngjiè xìzhì rùwēi de hùfū lǐniàn hé

卓越的产品效果，受到全球消费者的高度关注。其中，广为
zhuóyuè de chǎnpǐn xiàoguǒ, shòudào quánqiú xiāofèizhě de gāodù guānzhù. Qízhōng, guǎngwéi

人知的"10步护肤法"不仅代表着韩国独有的护肤文化，也成为
rénzhī de "shí bù hùfūfǎ"　　　bújǐn dàibiǎozhe Hánguó dúyǒu de hùfū wénhuà,　　yě chéngwéi

追求健康肌肤的标准流程。这10个步骤分别为：①卸妆油
zhuīqiú jiànkāng jīfū de biāozhǔn liúchéng. Zhè shí gè bùzhòu fēnbié wéi: ① xièzhuāngyóu

清洁、②水性洁面、③去角质、④爽肤水、⑤精华液、⑥安瓶、
qīngjié、② shuǐxìng jiémiàn、③ qù jiǎozhì、④ shuǎngfūshuǐ、⑤ jīnghuáyè、⑥ ānpíng、

⑦精华素、⑧眼霜、⑨面霜、⑩防晒霜。每一步骤都有其特定
⑦ jīnghuásù、⑧ yǎnshuāng、⑨ miànshuāng、⑩ fángshàishuāng. Měi yí bùzhòu dōu yǒu qí tèdìng

功能，层层渗透、互为补充，让肌肤维持水润通透的状态。
gōngnéng, céngcéng shèntòu、hùwéi bǔchōng, ràng jīfū wéichí shuǐrùn tōngtòu de zhuàngtài.

近年来，K-Beauty趋势逐渐向天然成分、低刺激、针对性
Jìnnián lái,　K-Beauty　　qūshì zhújiàn xiàng tiānrán chéngfèn、dī cìjī,　　zhēnduìxìng

功能产品倾斜。例如：用于去除老废角质的擦拭式化妆水、
gōngnéng chǎnpǐn qīngxié. Lìrú:　yòngyú qùchú lǎofèi jiǎozhì de cāshìshì huàzhuāngshuǐ、

舒缓敏感肌的积雪草面霜、集中护理的面膜、高浓缩安瓶等都
shūhuǎn mǐngǎn jī de jīxuěcǎo miànshuāng、jízhōng hùlǐ de miànmó、gāonóngsuō ānpíng děng dōu

深受消费者喜爱。如今，K-Beauty不仅是护肤方法，更代表着
shēnshòu xiāofèizhě xǐ'ài.　Rújīn,　K-Beauty　bùjǐn shì hùfū fāngfǎ,　gèng dàibiǎozhe

---

💜 단어+표현　　　🎵 008 - 02

美妆* měizhuāng 뷰티, 메이크업, 화장 ┃ 细致入微 xìzhì rùwēi 섬세하다, 세심하다 ┃ 广为人知 guǎngwéirénzhī 널리 알려지다 ┃
肌肤 jīfū 근육과 피부 ┃ 流程* liúchéng 과정 ┃ 步骤* bùzhòu 순서, 단계 ┃ 卸妆 xièzhuāng 화장을 지우다 ┃ 安瓶 ānpíng 앰플 ┃
渗透 shèntòu 스며들다, 흡수되다 ┃ 倾斜* qīngxié (한쪽으로) 쏠리다 ┃ 积雪草 jīxuěcǎo 병풀 ┃ 浓缩 nóngsuō 농축(되다) ┃ 细腻 xìnì
섬세하다

韩国人对美的细腻追求与文化自信。

Hánguórén duì měi de xìnì   zhuīqiú yǔ wénhuà zìxìn.

🔊 한국의 K-뷰티(K-Beauty, 한류 화장품)는 섬세한 피부 관리 철학과 우수한 제품 효과를 바탕으로 전 세계 소비자들로부터 큰 주목을 받고 있습니다. 그중에서도 잘 알려진 '10단계 스킨케어 루틴'은 한국만의 독특한 피부 관리 문화를 대표할 뿐만 아니라, 건강한 피부를 추구하는 표준적인 루틴으로 자리 잡았습니다. 이 10단계는 ①오일 클렌징, ②워터 클렌징, ③각질 제거, ④토너, ⑤에센스, ⑥앰플, ⑦세럼, ⑧아이 크림, ⑨크림, ⑩자외선 차단제로 구성되어 있으며, 각 단계는 고유한 기능을 가지고 있어 층층이 흡수되며 서로를 보완해줍니다. 이를 통해 피부는 촉촉하고 맑은 상태를 유지할 수 있습니다.

　최근에는 K-뷰티 트렌드가 천연 성분 기반의 저자극, 기능성 중심 제품으로 이동하고 있습니다. 예를 들어, 묵은 각질을 제거하는 닦아내는 토너, 민감 피부를 진정시키는 시카 크림, 집중 케어용 마스크팩, 고농축 앰플 등이 소비자들 사이에서 큰 인기를 끌고 있습니다. 오늘날 K-뷰티는 단순한 피부 관리 방법을 넘어, 한국인이 추구해 온 아름다움에 대한 섬세한 태도와 문화적 자신감을 상징하고 있습니다.

뉴스 표현 필살기

'凭借'는 '~을 바탕으로' 어떤 성과나 명성을 이루었다는 뜻입니다. '通过 tōngguò'와 달리 '凭借'는 능력·조건·자원을 기반으로 한 결과를 표현할 때 사용됩니다.

K-Beauty凭借创新和品质赢得国际认可。
K-Beauty píngjiè chuàngxīn hé pǐnzhì yíngdé guójì rènkě.
K-뷰티는 혁신과 품질을 바탕으로 국제적 인정을 받았습니다.

企业凭借研发投入增强竞争力。
Qǐyè píngjiè yánfā tóurù zēngqiáng jìngzhēnglì.
기업은 연구 개발 투자를 통해 경쟁력을 강화했습니다.

运动员凭借坚强的意志取得了优异成绩。
Yùndòngyuán píngjiè jiānqiáng de yìzhì qǔdéle yōuyì chéngjì.
선수는 강한 의지를 바탕으로 우수한 성적을 거두었습니다.

메이링 쌤의 뉴스 Tip

한국에서도 '생얼 (素颜 sùyán)'이 자연스러움의 상징으로 여겨지듯, 중국에서도 '素颜风 sùyánfēng'이라는 말이 유행하며, 화장을 하지 않은 건강하고 자신감 있는 모습이 아름답다는 인식이 퍼지고 있습니다. SNS에서는 '素颜自拍 sùyán zìpāi (생얼 셀카)'나 '素颜挑战 sùyán tiǎozhàn (생얼 챌린지)' 같은 해시태그가 인기를 끌며, 이런 흐름은 K-뷰티의 자연스러운 피부 표현과도 맞닿아 있습니다.

越来越多的年轻人喜欢素颜出门，觉得这样更自然。
Yuèláiyuè duō de niánqīngrén xǐhuan sùyán chūmén, juéde zhèyàng gèng zìrán.
점점 더 많은 젊은이들이 화장을 하지 않고 외출하는 것을 선호하며, 더 자연스럽다고 느낍니다.

2025년 MZ세대가 주도하는 패션 트렌드, '개성'과 '실용성'의 조화

2025年MZ世代引领时尚潮流，强调个性与实用并重

🎵 009 - 01

进入2025年，MZ世代依然是引领全球时尚趋势的核心
Jìnrù èr líng èr wǔ nián, MZ shìdài yīrán shì yǐnlǐng quánqiú shíshàng qūshì de héxīn

力量。他们通过社交媒体和时尚博主快速接收并扩散潮流信息，
lìliàng.　Tāmen tōngguò shèjiāo méitǐ hé shíshàng bózhǔ kuàisù jiēshōu bìng kuòsàn cháoliú xìnxī,

展现出高度的时尚敏感度和个性化品味。本年度备受瞩目的
zhǎnxiàn chū gāodù de shíshàng mǐngǎndù hé gèxìnghuà pǐnwèi. Běn niándù bèi shòu zhǔmù de

三大潮流风格为"Gorpcore户外机能风"、"Y2K复古风"以及
sān dà cháoliú fēnggé wéi "Gorpcore　　hùwài jīnéngfēng"、　　"Y2K fùgǔfēng"　　yǐjí

"极简奢华风"。
"jíjiǎn shēhuáfēng"·

Gorpcore主打将登山、徒步等功能性服装融入日常穿搭，
Gorpcore zhǔdǎ jiāng dēngshān、túbù děng gōngnéngxìng fúzhuāng róngrù rìcháng chuāndā,

例如防水外套、登山鞋成为街头穿搭的热门单品。Y2K风则以
lìrú fángshuǐ wàitào、dēngshānxié chéngwéi jiētóu chuāndā de rèmén dānpǐn. Y2K fēng zé yǐ

2000年代元素为灵感，短上衣、阔腿裤、金属材质与霓虹色等
liǎngqiān niándài yuánsù wéi línggǎn, duǎn shàngyī、kuòtuǐ kù、　jīnshǔ cáizhì yǔ níhóng sè děng

大胆设计广受欢迎。而极简奢华风则强调高质感面料与精致
dàdǎn shèjì guǎng shòu huānyíng. Ér jíjiǎn shēhuáfēng zé qiángdiào gāo zhìgǎn miànliào yǔ jīngzhì

剪裁，摒弃大logo，以内敛高级感赢得青睐。
jiǎncái,　bìngqì dà logo,　yǐ nèiliǎn gāojígǎn yíngdé qīnglài.

MZ世代已不再盲目追随流行，而是以"表达自我"为核心，
MZ shìdài　yǐ búzài mángmù zhuīsuí liúxíng,　érshì yǐ　"biǎodá zìwǒ"　wéi héxīn,

---

🔹 단어+표현　🎵 009 - 02

引领* yǐnlǐng 이끌다 | 博主* bózhǔ 블로거, 인플루언서 | 品味* pǐnwèi 재미, 취향 | 瞩目 zhǔmù 주목하다 | 极简 jíjiǎn 미니멀리즘 | 奢华 shēhuá 화려하다 | 徒步 túbù 걷기, 트래킹 | 融入 róngrù 융합하다, 접목하다 | 穿搭 chuāndā 코디네이션, 룩, 스타일링 | 元素 yuánsù 요소 | 灵感* línggǎn 영감 | 阔腿裤 kuòtuǐ kù 와이드 팬츠 | 剪裁 jiǎncái 재단 | 摒弃 bìngqì 버리다, 없애다 | 内敛 nèiliǎn 절제되다 | 青睐* qīnglài 주목, 인기 | 盲目* mángmù 맹목적이다 | 追随 zhuīsuí 따르다 | 变革 biàngé 변화(하다) | 预示 yùshì 보여주다 | 迈 mài 나아가다

重视穿搭背后的价值观与生活态度。他们正引领一场融合个性
zhòngshì chuāndā bèihòu de jiàzhíguān yǔ shēnghuó tàidù. Tāmen zhèng yǐnlǐng yì chǎng rónghé gèxìng

与功能的时尚变革，也预示着全球时尚产业正迈入一个多元的
yǔ gōngnéng de shíshàng biàngé, yě yùshìzhe quánqiú shíshàng chǎnyè zhèng màirù yí gè duōyuán de

新阶段。
xīn jiēduàn.

🔊 2025년에 들어서도 MZ세대는 여전히 전 세계 패션 트렌드를 이끄는 핵심 세력으로 자리매김하고 있습니다. 이들은 소셜 미디어와 패션 인플루언서를 통해 유행 정보를 빠르게 수용하고 확산시키며, 높은 패션 감각과 개성 있는 취향을 드러냅니다. 올해 주목받는 세 가지 주요 패션 스타일은 '고프코어(Gorpcore) 아웃도어 기능성 스타일', 'Y2K 복고풍', 그리고 '미니멀 럭셔리 스타일'입니다.

고프코어는 등산이나 트레킹용 기능성 의류를 일상복에 접목시킨 것으로, 방수 재킷이나 등산화가 스트리트 패션의 인기 아이템이 되었습니다. Y2K 스타일은 2000년대 요소에서 영감을 받은 것으로, 크롭 톱, 와이드 팬츠, 메탈릭 소재, 네온 컬러 등 과감한 디자인이 인기를 끌고 있습니다. 미니멀 럭셔리 스타일은 고급 소재와 정교한 재단을 강조하며, 과시적인 로고보다는 절제된 고급스러움으로 주목받고 있습니다.

MZ세대는 이제 더 이상 무작정 유행을 따르지 않으며, '자기 표현'을 중심에 두고 스타일을 통해 가치관과 삶의 태도를 드러내는 것을 중시합니다. 이들은 개성과 실용성을 조화롭게 결합한 패션 변화를 주도하고 있으며, 전 세계 패션 산업이 보다 다양하고 다층적인 국면으로 나아가고 있음을 보여주고 있습니다.

뉴스 표현 필살기

'不再A，而是B'는 '더 이상 A하지 않고, 대신 B하다'라는 뜻으로, 이전과 현재의 행동이나 상태를 대조하여, 의식의 전환·가치관의 변화를 강조할 때 사용합니다.

现代广告不再单纯追求销量，而是注重品牌形象。
Xiàndài guǎnggào búzài dānchún zhuīqiú xiāoliàng, érshì zhùzhòng pǐnpái xíngxiàng.
현대 광고는 단순히 매출을 추구하지 않고, 브랜드 이미지를 중시합니다.

年轻人不再崇拜偶像，而是关注自己的成长。
Niánqīngrén búzài chóngbài ǒuxiàng, érshì guānzhù zìjǐ de chéngzhǎng.
젊은 세대는 더 이상 아이돌을 숭배하지 않고, 자기 성장에 더 집중합니다.

当代年轻人不再追求名牌，而是注重穿搭的自我风格。
Dāngdài niánqīngrén búzài zhuīqiú míngpái, érshì zhùzhòng chuāndā de zìwǒ fēnggé.
현대의 젊은 세대는 더 이상 명품을 과하게 추구하지 않고, 자신만의 패션 스타일을 중요시합니다.

메이링 쌤의 뉴스 Tip

한국어의 '꾸안꾸(꾸민 듯 안 꾸민 듯)' 스타일은 중국어로 어떻게 표현하면 좋을까요? 자연스러운 옷차림은 '慵懒风 yōnglǎn fēng'으로, 내추럴 메이크업은 '伪素颜 wěi sùyán'으로 표현할 수 있습니다.

她的穿搭带着慵懒风，看起来随意却很时髦。
Tā de chuāndā dàizhe yōnglǎnfēng, kànqǐlái suíyì què hěn shímáo.
그녀의 옷차림은 편안하면서도 세련된 '꾸안꾸' 느낌을 줍니다.

伪素颜妆看起来清新自然，其实步骤一点也不少。
Wěi sùyán zhuāng kànqǐlái qīngxīn zìrán, qíshí bùzhòu yìdiǎn yě bùshǎo.
'꾸안꾸' 메이크업은 자연스러워 보이지만, 사실 (메이크업) 단계가 꽤 많습니다.

2024년 봄·여름 남성 컬렉션에 드러난 '젠더리스 패션' 트렌드

2024春夏男装秀场上的"无性别时尚"潮流

♪ 010-01

近年来，时尚界掀起了一股打破性别界限的潮流，
Jìnniánlái, shíshàngjiè xiānqǐle yì gǔ dǎpò xìngbié jièxiàn de cháoliú.

"无性别(Genderless)"风格正逐步从小众文化演变为主流趋势。
"Wúxìngbié (Genderless)" fēnggé zhèng zhúbù cóng xiǎozhòng wénhuà yǎnbiàn wéi zhǔliú qūshì.

所谓"无性别时尚"，是指不再以传统的性别划分为穿搭依据，
Suǒwèi "wúxìngbié shíshàng", shì zhǐ búzài yǐ chuántǒng de xìngbié huàfēn wéi chuāndā yījù,

而是强调个体的个性与审美偏好，让每个人都能自由表达自己。
érshì qiángdiào gètǐ de gèxìng yǔ shěnměi piānhào, ràng měi gè rén dōu néng zìyóu biǎodá zìjǐ.

在2024春夏男装系列中，无性别元素以多样的形式
Zài èr líng èr sì chūnxià nánzhuāng xìliè zhōng, wúxìngbié yuánsù yǐ duōyàng de xíngshì

频繁出现。越来越多的设计将裙装、飘带、层叠等传统
pínfán chūxiàn. Yuèláiyuè duō de shèjì jiāng qúnzhuāng、piāodài、céngdié děng chuántǒng

"女性化"元素融入男装之中，打破刻板印象。此外，色彩的
"nǚxìnghuà" yuánsù róngrù nánzhuāng zhī zhōng, dǎpò kèbǎn yìnxiàng. Cǐwài, sècǎi de

运用也更加大胆。高饱和度的彩色搭配、柔和的粉色或明亮的
yùnyòng yě gèngjiā dàdǎn. Gāo bǎohédù de cǎisè dāpèi、róuhé de fěnsè huò míngliàng de

黄色，都开始出现在男性服饰中。剪裁上，大廓形长款外套
huángsè, dōu kāishǐ chūxiàn zài nánxìng fúshì zhōng. Jiǎncái shàng, dà kuòxíng chángkuǎn wàitào

搭配贴身内搭的组合，使得男性身体线条更显修长柔和。
dāpèi tiēshēn nèidā de zǔhé, shǐde nánxìng shēntǐ xiàntiáo gèng xiǎn xiūcháng róuhé.

无性别时尚的核心并不是"男女皆可穿"，而是强调"每个
Wúxìngbié shíshàng de héxīn bìng bú shì "nánnǚ jiē kěchuān", érshì qiángdiào "měi gè

단어+표현 ♪ 010-02

掀起* xiānqǐ 물결치다, (흐름이) 일다 | 界限 jièxiàn 경계, 한계 | 小众* xiǎozhòng 소수(대중의 반대말) | 依据* yījù 기반, 근거 | 审美 shěnměi 심미 | 刻板印象 kèbǎn yìnxiàng 고정 관념 | 饱和度 bǎohédù 포화도 | 搭配* dāpèi 조합하다 | 柔和 róuhé 부드럽다 | 服饰 fúshì 복식 | 大廓形 dà kuòxíng 오버 사이즈(의상) | 长款 chángkuǎn 롱 사이즈(의상) | 修长 xiūcháng 가늘고 길다 | 标签* biāoqiān 태그, 라벨, 꼬리표 | 倡导* chàngdǎo 선도하다, 지향하다

人都可以穿"。它是一种打破性别标签、倡导多元表达的社会
rén dōu kěyǐ chuān".　Tā shì yì zhǒng dǎpò xìngbié biāoqiān、chàngdǎo duōyuán biǎodá de shèhuì

文化现象，正深刻影响着时尚产业乃至大众审美。
wénhuà xiànxiàng, zhèng shēnkè yǐngxiǎngzhe shíshàng chǎnyè nǎizhì dàzhòng shěnměi.

🔊 최근 패션계에는 성별의 경계를 허무는 흐름이 확산되고 있으며, '젠더리스(Genderless)' 스타일은 점차 마이너 문화에서 주류 트렌드로 자리 잡고 있습니다. 이른바 '젠더리스 패션'이란 전통적인 성별 구분에 기반하지 않고, 개인의 개성과 심미적 취향을 중시하며 누구나 자유롭게 자신을 표현할 수 있도록 하는 스타일을 의미합니다.

　　2024년 봄·여름 남성 컬렉션에서는 이러한 젠더리스 요소들이 다양한 방식으로 빈번히 등장했습니다. 점점 더 많은 디자인에서 스커트, 리본 장식, 레이어드와 같은 전통적인 '여성적' 요소를 남성복에 도입하면서 기존의 고정 관념을 깨뜨리고 있습니다. 또한 컬러 활용 역시 한층 대담해졌습니다. 채도가 높은 컬러 조합이나 부드러운 핑크, 밝은 옐로우 등 기존에 남성복에서 보기 힘들었던 색상들이 적극 활용되고 있습니다. 재단 면에서는 맥시한 아우터와 몸에 밀착되는 이너웨어의 조합이 남성의 체형을 더욱 길고 부드럽게 표현하는 방식으로 주목받고 있습니다.

　　젠더리스 패션의 핵심은 단순히 '남녀 모두 입을 수 있다'는 개념이 아니라, '누구나 입을 수 있다'는 점에 있습니다. 이는 성별에 따른 고정된 이미지를 해체하고 다채로운 자기 표현을 지향하는 사회 문화적 현상으로, 패션 산업은 물론 대중의 미적 감각 전반에 깊은 영향을 미치고 있습니다.

뉴스 표현 필살기

'不是A，而是B'는 'A가 아니라 B이다'라는 뜻으로, 앞 문장을 부정하고, 그 대신 새로운 사실이나 본질을 강조할 때 사용합니다.

真正的平等不是形式上的一致，而是尊重差异。
Zhēnzhèng de píngděng bú shì xíngshì shàng de yízhì, érshì zūnzhòng chāyì.
진정한 평등은 형식적인 동일함이 아니라, 차이를 존중하는 것입니다.

流行的关键不是价格高，而是风格独特。
Liúxíng de guānjiàn bú shì jiàgé gāo, érshì fēnggé dútè.
유행의 핵심은 비싼 가격이 아니라 독특한 스타일입니다.

教育的目的不是灌输知识，而是培养思考能力。
Jiàoyù de mùdì bú shì guànshū zhīshi, érshì péiyǎng sīkǎo nénglì.
교육의 목적은 지식을 주입하는 것이 아니라 사고력을 기르는 것입니다.

메이링 쌤의 뉴스 Tip

중국의 젊은 세대 사이에서는 자기 옷차림을 사진으로 공유하며 스타일을 표현하는 것이 유행입니다. 옷차림이 단순히 '의복'이 아니라, 자신의 일상·감성·태도를 보여주는 하나의 메시지가 된 것이죠. 그 중에서도 특히 '#今日穿搭 jīnrì chuāndā' 즉 #OOTD(Outfit of the Day) 태그를 많이 씁니다.

- **穿搭** chuāndā 옷을 입고 스타일링하다
  패션 공유나 코디 설명에 자주 등장합니다.

- **日常穿搭** rìcháng chuāndā 일상 옷차림
  SNS에서 #日常穿搭 등의 태그로 자주 쓰입니다.

명품 브랜드, K-스타 앰배서더 열풍…
청소년 소비 문화 우려

韩流明星成奢侈品牌新宠，青少年消费行为引发担忧

♪ 011-01

近年来，全球奢侈品牌纷纷将韩国流行偶像和演员纳入
Jìnnián lái, quánqiú shēchǐ pǐnpái fēnfēn jiāng Hánguó liúxíng ǒuxiàng hé yǎnyuán nàrù

品牌大使行列。与传统广告模特不同，品牌大使不仅代表产品，
pǐnpái dàshǐ hángliè.　Yǔ chuántǒng guǎnggào mótè bùtóng, pǐnpái dàshǐ bùjǐn dàibiǎo chǎnpǐn,

更代表品牌整体形象，通过社交媒体与年轻消费者建立情感
gèng dàibiǎo pǐnpái zhěngtǐ xíngxiàng, tōngguò shèjiāo méitǐ yǔ niánqīng xiāofèizhě jiànlì qínggǎn

连接，成为新时代营销战略的重要一环。这些K-明星在
liánjiē, chéngwéi xīn shídài yíngxiāo zhànlüè de zhòngyào yì huán. Zhèxiē K-míngxīng zài

Instagram等平台发布的品牌相关内容，往往能带来高达
Instagram děng píngtái fābù de pǐnpái xiāngguān nèiróng,　wǎngwǎng néng dàilái gāodá

数千万甚至数亿韩元的媒体价值(MIV)，极大提升品牌的
shù qiān wàn shènzhì shù yì Hányuán de méitǐ jiàzhí (MIV),　jídà tíshēng pǐnpái de

曝光率和年轻化形象。
bàoguānglǜ hé niánqīnghuà xíngxiàng.

然而，伴随K-明星大规模担任奢侈品牌大使，亦引发
Rán'ér,　bànsuí K-míngxīng dàguīmó　dānrèn shēchǐ pǐnpái dàshǐ,　yì yǐnfā

青少年消费观念的担忧。尤其是青少年粉丝群体在模仿偶像
qīngshàonián xiāofèi guānniàn de dānyōu. Yóuqí shì qīngshàonián fěnsī qúntǐ zài mófǎng ǒuxiàng

消费行为的同时，容易产生非理性购买冲动，甚至催生过度
xiāofèi xíngwéi de tóngshí, róngyì chǎnshēng fēilǐxìng gòumǎi chōngdòng, shènzhì cuīshēng guòdù

攀比的心理倾向。专家指出，虽然品牌大使策略可带来商业
pānbǐ de xīnlǐ qīngxiàng.　Zhuānjiā zhǐchū, suīrán pǐnpái dàshǐ　cèlüè kědàilái shāngyè

♥ 단어+표현 ♪ 011-02

奢侈* shēchǐ 사치스럽다 | 品牌* pǐnpái 상표, 브랜드 | 行列 hángliè 행렬 | 曝光率* bàoguānglǜ (매체) 노출 빈도 | 伴随* bànsuí
따라가다 | 担忧 dānyōu 걱정하다 | 冲动* chōngdòng 충동 | 催生 cuīshēng 촉진하다 | 攀比 pānbǐ 허세를 부리며 비교하다 | 倾向
qīngxiàng 경향, 추세 | 策略* cèlüè 전략

回报，但企业亦需关注其社会影响力，推动更加负责任、可持续的
huíbào, dàn qǐyè yì xū guānzhù qí shèhuì yǐngxiǎnglì, tuīdòng gèngjiā fù zérèn、 kěchíxù de

品牌文化。
pǐnpái wénhuà.

🔊 최근 글로벌 명품 브랜드들이 한국의 아이돌과 배우들을 브랜드 앰배서더로 적극 발탁하고 있습니다. 전통적인 광고 모델과 달리, 브랜드 앰배서더는 단순히 제품만 홍보하는 것이 아니라 브랜드 전체 이미지를 대표하며, SNS를 통해 젊은 소비자들과 감성적으로 소통하는 역할을 수행합니다. 이는 새로운 시대의 마케팅 전략에서 핵심 요소로 자리 잡고 있습니다. 이러한 K-스타들이 인스타그램 등 플랫폼에 게시하는 브랜드 관련 콘텐츠는 수천만 원에서 수억 원대에 이르는 미디어 가치(MIV)를 창출하며, 브랜드의 노출도와 젊은 이미지를 크게 향상시키는 데 기여합니다.
　하지만 K-스타들이 대거 명품 브랜드의 앰배서더로 활동하게 되면서, 청소년의 소비 관념에 대한 우려의 목소리도 커지고 있습니다. 특히 청소년 팬층은 아이돌 스타의 소비 행동을 모방하는 과정에서 비합리적인 소비 충동을 겪기 쉬우며, 과도하게 비교하려는 심리를 유발할 수 있습니다. 전문가들은 브랜드 앰배서더 전략이 상업적 이익을 가져다주지만, 기업이 사회적 영향력 또한 고려해야 한다고 강조하며, 보다 책임감 있고 지속 가능한 브랜드 문화를 만들어 나가는 것이 중요하다고 말합니다.

뉴스 표현 필살기

'往往'은 '자주, 흔히, 대체로 그렇다'라는 의미로, 과거 경험이나 일반적인 경향을 말할 때 사용하는 고급 문어체 표현입니다.

心理压力大的人往往更容易失眠。
Xīnlǐ yālì dà de rén wǎngwǎng gèng róngyì shīmián.
심리적 스트레스가 큰 사람은 흔히 불면증에 걸리기 쉽습니다.

看似简单的问题往往隐藏着更深的原因。
Kànsì jiǎndān de wèntí wǎngwǎng yǐncángzhe gèng shēn de yuányīr
겉보기엔 단순한 문제도 종종 더 깊은 원인이 숨어 있습니다.

忙碌的工作往往让人忽略健康。
Mánglù de gōngzuò wǎngwǎng ràng rén hūlüè jiànkāng.
바쁜 업무는 대체로 사람들이 건강을 소홀히 하게 만듭니다.

메이링 쌤의 뉴스 Tip

중국에서도 한국 스타처럼 강한 영향력을 가진 '网红 wǎnghóng (왕훙)', 즉 온라인 인플루언서들이 등장했습니다. 이들이 주도하는 '网红经济 wǎnghóng jīngjì (왕훙 경제)'는 개인의 인기와 SNS 활동을 기반으로 제품 홍보·판매를 연결하는 새로운 소비 트렌드입니다. 중국에서는 제품을 잘 파는 사람을 '带货达人 dàihuò dárén'이라고 부르며, 이들은 라이브 방송을 통해 높은 판매력을 보입니다. 또한 '饭圈文化 fànquān wénhuà (팬덤 문화)'가 확산되면서, 좋아하는 스타나 인플루언서의 소비를 팬들이 적극적으로 따라 하는 현상도 나타났습니다.

패스트 패션 열풍의 이면:
환경 보호와 현명한 소비를 잊지 말아야

快时尚风靡背后：别忘了环保与理性消费

🎵 012-01

随着夏季的到来，ZARA、H&M等SPA品牌即将展开激烈的
Suízhe xiàjì de dàolái, ZARA、 H&M děng SPA pǐnpái jíjiāng zhǎnkāi jīliè de

折扣战。作为"快时尚"代表，这些品牌以快速更新的商品和
zhékòu zhàn. Zuòwéi "kuài shíshàng" dàibiǎo, zhèxiē pǐnpái yǐ kuàisù gēngxīn de shāngpǐn hé

亲民的价格受到消费者青睐。快时尚的特点是迅速捕捉潮流，
qīnmín de jiàgé shòudào xiāofèizhě qīnglài. Kuài shíshàng de tèdiǎn shì xùnsù bǔzhuō cháoliú,

每隔一到两周就推出新款，有时甚至一天内商品就会更替，
měi gé yī dào liǎng zhōu jiù tuīchū xīnkuǎn, yǒushí shènzhì yì tiān nèi shāngpǐn jiù huì gēngtì,

满足大众对时尚的即时需求。但这种消费模式背后，却隐藏着
mǎnzú dàzhòng duì shíshàng de jíshí xūqiú. Dàn zhè zhǒng xiāofèi móshì bèihòu, què yǐncángzhe

严重的环境问题。据韩国环境部数据显示，2023年全国废弃
yánzhòng de huánjìng wèntí. Jù Hánguó Huánjìngbù shùjù xiǎnshì, èr líng èr sān nián quánguó fèiqì

衣物高达12万吨。这些衣物焚烧时释放的二氧化碳等有害物质，
yīwù gāodá shí'èr wàn dūn. Zhèxiē yīwù fénshāo shí shìfàng de èryǎnghuàtàn děng yǒuhài wùzhì,

正加剧地球变暖问题。
zhèng jiājù dìqiú biànnuǎn wèntí.

对此，有人主张提出"慢时尚"概念。慢时尚主张以高质量、
Duìcǐ, yǒurén zhǔzhāng tíchū "màn shíshàng" gàiniàn. Màn shíshàng zhǔzhāng yǐ gāo zhìliàng,

耐穿为原则，关注衣物的使用寿命而非流行趋势，通过改造、
nàichuān wéi yuánzé, guānzhù yīwù de shǐyòng shòumìng ér fēi liúxíng qūshì, tōngguò gǎizào,

捐赠等方式延长寿命。在潮流快速更迭的今天，消费者应
juānzèng děng fāngshì yáncháng shòumìng. Zài cháoliú kuàisù gēngdié de jīntiān, xiāofèizhě yīng

---

💙 단어+표현

🎵 012-02

折扣* zhékòu 할인 | 捕捉 bǔzhuō 잡다, 포착하다 | 更替 gēngtì 바꾸다 | 隐藏* yǐncáng 숨기다 | 废弃* fèiqì 폐기하다 | 焚烧 fénshāo 불태우다 | 捐赠* juānzèng 기부하다 | 更迭 gēngdié 바뀌다, 교체되다 | 衣橱 yīchú 옷장 | 审视* shěnshì 자세히 보다

更加注重环保与理性消费。或许你衣橱里的旧衣某天会重新流行，
gèngjiā zhùzhòng huánbǎo yǔ lǐxìng xiāofèi. Huòxǔ nǐ yīchú lǐ de jiùyī mǒu tiān huì chóngxīn liúxíng,

不如重新审视它们的价值。
bùrú chóngxīn shěnshì tāmen de jiàzhí.

🔊 여름이 다가오면서 ZARA, H&M 등 SPA 브랜드들이 치열한 할인 경쟁을 벌일 예정입니다. '패스트 패션'의 대표 주자인 이들 브랜드는 빠르게 상품을 업데이트하고 합리적인 가격을 제시하여 소비자들에게 큰 인기를 끌고 있습니다. 패스트 패션은 최신 유행을 민첩하게 반영해 보통 1~2주 간격으로 신상품을 출시하며, 때로는 하루 만에 상품이 바뀌기도 합니다. 이는 대중이 원하는 즉각적인 패션 수요를 만족시켜 줍니다. 하지만 이러한 소비 방식의 이면에는 심각한 환경 문제가 숨겨져 있습니다. 환경부 자료에 따르면, 2023년 기준 전국에서 버려진 폐의류는 무려 12만 톤에 달합니다. 이러한 의류가 소각될 때 배출되는 이산화탄소 등 유해 물질은 지구 온난화를 더욱 가속화하고 있습니다.
　이와 관련해 '슬로 패션'이라는 개념을 제시하는 사람들도 있습니다. 슬로 패션은 고품질, 내구성을 중요시하며, 유행보다는 옷의 수명에 집중하고 수선, 리폼, 기부 등의 방법을 통해 옷의 수명을 연장합니다. 유행이 빠르게 바뀌는 오늘날, 소비자들은 환경을 고려한 합리적인 소비에 더욱 주의를 기울여야 합니다. 어쩌면 당신의 옷장 속 오래된 옷이 언젠가 다시 유행할지도 모릅니다. 지금 그 가치에 대해 다시 생각해볼 때입니다.

뉴스 표현 필살기

'不如'는 '~하는 게 낫다, 차라리 ~하는 게 더 좋다'는 뜻으로, 두 가지 선택을 비교하거나 제안을 할 때 사용합니다.

不如减少购物次数，把钱花在真正需要的地方。
Bùrú jiǎnshǎo gòuwù cìshù, bǎ qián huā zài zhēnzhèng xūyào de dìfāng.
차라리 쇼핑 횟수를 줄이고, 진짜 필요한 곳에 돈을 쓰는 게 좋습니다.

不如慢一点生活，享受当下的每个瞬间。
Bùrú màn yìdiǎn shēnghuó, xiǎngshòu dāngxià de měi gè shùnjiān.
조금 느리게 살면서 지금 이 순간을 즐기는 게 좋습니다.

不如重新利用旧衣物，创造自己的时尚风格。
Bùrú chóngxīn lìyòng jiù yīwù, chuàngzào zìjǐ de shíshàng fēnggé.
헌 옷을 다시 활용해서 나만의 패션 스타일을 만드는 게 낫습니다.

메이링 쌤의 뉴스 Tip

한국과 중국 젊은 세대는 모두 '느림(慢)'을 새로운 가치로 재발견하고 있습니다. 끊임없는 경쟁과 효율 중심에서 벗어나 삶의 질을 강조하고, '조금 느리더라도 나답게 살기'가 새로운 라이프 스타일로 자리 잡았습니다. 중국에서는 이런 문화와 함께 '慢'이 들어간 단어가 다양한 문화적 키워드로 확산되고 있습니다.

慢生活 màn shēnghuó　느리게 살아가기, 일상의 여유를 중시하는 태도
慢旅行 màn lǚxíng　한 곳에 머물며 깊이 체험하는 여행
慢阅读 màn yuèdú　빠른 정보 소비 대신 천천히 읽고 생각하는 독서

'마라탕후루' 인기 여전,
건강한 '달달함' 뜬다

"麻辣糖葫芦"热潮未减，健康甜品成新宠

🎵 013-01

在Z世代中，正在兴起一种被称为"真朋友行程"的
Zài Z shìdài zhōng, zhèngzài xīngqǐ yì zhǒng bèi chēngwéi "zhēn péngyǒu xíngchéng" de

社交方式——吃麻辣烫配锅包肉，饭后再来一串糖葫芦，最后
shèjiāo fāngshì　　　chī málàtàng pèi guōbāoròu,　　fànhòu zài lái yí chuàn tánghúlu,　　zuìhòu

一起拍张"人生四格"照片，留下友情的印记。据统计，糖葫芦
yìqǐ pāi zhāng "rénshēng sì gé" zhàopiàn, liúxià yǒuqíng de yìnjì.　　Jù tǒngjì,　　tánghúlu

专卖店的销售额同比增长1,678%，显示出其
zhuānmàidiàn de xiāoshòu'é tóngbǐ zēngzhǎng bǎi fēn zhī yìqiān liùbǎi qīshíbā, xiǎnshì chū qí

惊人的增长势头。
jīngrén de zēngzhǎng shìtóu.

同时，麻辣烫也在外卖平台的搜索量中稳居第一。围绕
Tóngshí, málàtàng yě zài wàimài píngtái de sōusuǒliàng zhōng wěn jū dì-yī.　　Wéirào

"麻辣"口味，各类延伸产品如麻辣炒年糕、方便面、猪蹄、
"málà"　　kǒuwèi,　　gè lèi yánshēn chǎnpǐn rú málà chǎo niángāo、fāngbiànmiàn、zhūtí、

零食等不断推陈出新，形成一股持续的"麻辣热潮"。
língshí děng búduàn tuīchén chūxīn, xíngchéng yì gǔ chíxù de "málà rècháo".

然而，一些专家开始对其对健康的影响表示担忧，尤其是
Rán'ér,　　yìxiē zhuānjiā kāishǐ duì qí duì jiànkāng de yǐngxiǎng biǎoshì dānyōu, yóuqí shì

对正在发育的青少年而言，过量摄入糖分或刺激性调料可能
duì zhèngzài fāyù de qīngshàonián éryán,　　guòliàng shèrù tángfèn huò cìjīxìng tiáoliào kěnéng

带来潜在风险。值得注意的是，Z世代在追求口味的同时，
dàilái qiánzài fēngxiǎn.　　Zhídé zhùyì de shì,　　Z shìdài zài zhuīqiú kǒuwèi de tóngshí,

---

단어+표현　🎵 013-02

甜品 tiánpǐn 단 음식, 디저트 ┃ **印记** yìnjì 기억하다 ┃ **外卖**＊ wàimài 배달 음식, 포장 판매 음식 ┃ **搜索**＊ sōusuǒ 검색하다 ┃ **围绕**＊ wéirào ～을 중심으로, ～을 두고 ┃ **延伸** yánshēn 확대되다, 파생되다 ┃ **猪蹄** zhūtí 족발 ┃ **推陈出新**＊ tuīchén chūxīn 쓸모 없는 낡은 것은 버리고, 좋은 것은 새롭게 발전시키다 ┃ **摄入**＊ shèrù 섭취하다 ┃ **糖分** tángfèn 당분 ┃ **调料** tiáoliào 조미료 ┃ **潜在** qiánzài 잠재되다

也逐渐展现出对健康的重视。以"健康甜品"为理念推出的低糖
yě zhújiàn zhǎnxiàn chū duì jiànkāng de zhòngshì. Yǐ "jiànkāng tiánpǐn" wéi lǐniàn tuīchū de dītáng

冰淇淋和巧克力棒等产品受到热烈欢迎。
bīngqílín hé qiǎokèlì bàng děng chǎnpǐn shòudào rèliè huānyíng.

Z세대 사이에서는 '찐친 코스'라고 불리는 새로운 소셜 문화가 유행하고 있습니다. 마라탕에 꿔바로우를 곁들여 식사를 하고, 후식으로 탕후루를 먹은 뒤, 함께 '인생 네 컷'을 찍으며 우정을 기념하는 방식입니다. 통계에 따르면, 탕후루 전문점의 매출은 전년 대비 1,678% 급증하며 놀라운 성장세를 보였습니다. 마라탕 역시 배달 앱에서 검색 순위 1위를 차지하며 꾸준한 인기를 끌고 있습니다. 마라 맛을 활용한 떡볶이, 라면, 족발, 스낵 등 다양한 제품도 잇따라 출시되며 '마라 열풍'은 계속되고 있습니다.

하지만 일부 전문가들은 이러한 식품이 건강에 미칠 영향을 우려하고 있으며, 특히 성장기 청소년에게는 과도한 당 섭취와 자극적인 조미료가 잠재적인 위험 요소가 될 수 있다고 경고합니다. 주목할 것은, Z세대가 맛을 중시하면서도 점차 건강에도 관심을 기울이고 있다는 점입니다. '건강한 단맛'을 콘셉트로 한 저당 아이스크림과 초코바 등이 큰 인기를 끌고 있습니다.

뉴스 표현 필살기

'值得注意的是'는 '주목할 만한 점은 ~이다, 특히 눈여겨볼 점은 ~이다'라는 뜻이며 현상·수치·변화 중에서 '특히 주목할 점'을 강조할 때 사용합니다. 문장의 앞부분에 자주 위치하며, 뒤에 객관적인 사실이나 결과가 이어집니다.

值得注意的是，越来越多的企业开始使用可再生能源。
Zhídé zhùyì de shì, yuèláiyuè duō de qǐyè kāishǐ shǐyòng kězàishēng néngyuán.
주목할 만한 점은, 점점 더 많은 기업이 재생 에너지를 사용하기 시작했다는 것입니다.

值得注意的是，这项政策对年轻人影响最大。
Zhídé zhùyì de shì, zhè xiàng zhèngcè duì niánqīngrén yǐngxiǎng zuì dà.
주목할 만한 점은, 이 정책이 젊은 세대에게 가장 큰 영향을 미친다는 것입니다.

值得注意的是，网络安全问题已经成为全球性挑战。
Zhídé zhùyì de shì, wǎngluò ānquán wèntí yǐjīng chéngwéi quánqiúxìng tiǎozhàn.
주목할 만한 점은, 사이버 보안 문제가 이미 전 세계적인 과제가 되었다는 것입니다.

메이링 쌤의 뉴스 Tip

길거리 간식으로만 여겨졌던 '糖葫芦 tánghúlu (탕후루)'는 아이돌 노래 가사와 방송 예능 소재로 등장할 만큼 대중화되었습니다. '탕후루'는 주로 '山楂 shānzhā (산사나무 열매)' 등을 대나무 꼬치에 꿰어 설탕을 입혀 만드는 중국의 전통 과자입니다. 전설에 따르면, 남송(南宋) 시기 황제 광종(光宗)이 병든 후비를 위해 산사 열매와 설탕을 끓이는 처방을 먹게 했고, 이후 민간으로 퍼져 간식이 되었다고 전해집니다. 또 다른 기록에는 베이징·톈진(京津) 일대에서 겨울철 노점에서 팔기 시작했는데, 단단해진 설탕이 껍질처럼 과일을 감싸고 바삭한 식감을 주어 '빙탕후루(冰糖葫芦)'라고 불리기 시작했다는 기록도 있습니다.

동네 빵집의 부활:
한국에 불고 있는 '빵지순례' 열풍

街头面包店的复兴: 韩国 "面包巡礼" 热潮兴起

🎵 014-01

在连锁烘焙品牌主导市场的背景下，韩国的 "街头面包店"
Zài liánsuǒ hōngbèi pǐnpái zhǔdǎo shìchǎng de bèijǐng xià, Hánguó de "jiētóu miànbāodiàn"

正以独特魅力悄然复兴。 这不仅是对怀旧情怀的回归， 更反映
zhèng yǐ dútè mèilì qiǎorán fùxīng. Zhè bùjǐn shì duì huáijiù qínghuái de huíguī, gèng fǎnyìng

出消费者对个性化、美味和体验感的追求。 釜山的 "B&C"、
chū xiāofèizhě duì gèxìnghuà、 měiwèi hé tǐyàngǎn de zhuīqiú. Fúshān de "B"C"、

"OPS"、 "Bakers"、 大田的 "圣心堂"、 "汉斯面包房"、
"OPS"、 "Bakers"、 Dàtián de "Shèngxīntáng"、 "Hànsī Miànbāofáng"、

首尔的 "Ugly Bakery" 等地方特色面包店， 因其独家菜单和
Shǒu'ěr de "Ugly Bakery" děng dìfāng tèsè miànbāodiàn, yīn qí dújiā càidān hé

手作风格迅速走红， 并在社交媒体上引发 "面包巡礼" 热潮。
shǒuzuò fēnggé xùnsù zǒuhóng, bìng zài shèjiāo méitǐ shàng yǐnfā "miànbāo xúnlǐ" rècháo.

据韩国金融监督院统计， 大田圣心堂2023年销售额
Jù Hánguó Jīnróng Jiāndūyuàn tǒngjì, Dàtián Shèngxīntáng èr líng èr sān nián de xiāoshòu'é

为1,243亿韩元， 同比激增50%以上， 这是非连锁
wéi yìqiān èrbǎi sìshísān yì Hányuán, tóngbǐ jīzēng bǎi fēn zhī wǔshí yǐshàng, zhè shì fēiliánsuǒ

面包店首次销售额突破1,000亿韩元的事例。 与标准化的连锁
miànbāodiàn shǒucì xiāoshòu'é tūpò yìqiān yì Hányuán de shìlì. Yǔ biāozhǔnhuà de liánsuǒ

品牌相比，街头面包店在产品种类、店铺氛围等方面展现出
pǐnpái xiāngbǐ, jiētóu miànbāodiàn zài chǎnpǐn zhǒnglèi、diànpù fēnwéi děng fāngmiàn zhǎnxiàn chū

更高的自由度和创造力。 它们通过 "差异化生存" 吸引了本地
gèng gāo de zìyóudù hé chuàngzàolì. Tāmen tōngguò "chāyìhuà shēngcún" xīyǐnle běndì

단어＋표현 🎵 014-02

巡礼 xúnlǐ 순례하다 | 连锁* liánsuǒ 프랜차이즈, 체인 | 烘焙 hōngbèi 베이킹, 제과 제빵 | 主导 zhǔdǎo 주도하다 | 悄然 qiǎorán
조용하다 | 怀旧 huáijiù 옛것을 그리워하다, 추억하다 | 情怀 qínghuái 감정, 기분 | 回归* huíguī 회귀하다 | 店铺* diànpù 상점, 가게 |
氛围* fēnwéi 분위기 | 差异* chāyì 차이

顾客和游客的注意，成为体验地方文化的新窗口。

gùkè hé yóukè de zhùyì,　　　　chéngwéi tǐyàn dìfāng wénhuà de xīn chuāngkǒu.

🔊 프랜차이즈 제과 브랜드가 시장을 주도하는 가운데, 한국의 '동네 빵집'이 고유한 매력을 바탕으로 조용히 부활하고 있습니다. 이는 단순한 향수의 귀환이 아니라, 소비자들이 개성 있고 맛있으며 경험적인 요소를 중시하게 된 소비 트렌드의 변화를 보여주는 결과입니다. 부산의 '비앤씨(B&C)', '옵스(OPS)', '베이커스(Bakers)', 대전의 '성심당', '한스 브레드', 서울의 '어글리 베이커리' 등 지역 특색이 살아 있는 빵집들은 고유한 메뉴와 수제 스타일로 빠르게 인기를 끌었으며, SNS를 통해 '빵지순례' 열풍을 일으키고 있습니다.
　금융감독원 통계에 따르면 대전 성심당의 2023년 매출액은 1,243억 원으로 전년 대비 50% 이상 급증했으며, 이는 비프랜차이즈 제과점 최초로 매출 1,000억원을 돌파한 사례입니다. 프랜차이즈와 달리, 동네 빵집은 제품의 다양성과 매장 분위기 등에서 더 큰 자유도와 창의성을 보여주고 있습니다. 이들은 '차별화된 생존 전략'을 통해 지역 주민은 물론 여행객들의 시선을 사로잡으며, 지역 문화를 체험할 수 있는 새로운 창구가 되고 있습니다.

뉴스 표현 필살기

'以'는 어떤 대상을 중심·목표·기준으로 삼는다는 표현입니다. 한국어로는 '〜으로, 〜을 통해'와 같이 해석할 수 있습니다.

这家面包店以手作风格闻名。
Zhè jiā miànbāodiàn yǐ shǒuzuò fēnggé wénmíng.
이 빵집은 수제 스타일로 유명합니다.

我们将以更高的标准改进服务。
Wǒmen jiāng yǐ gèng gāo de biāozhǔn gǎijìn fúwù.
우리는 더 높은 기준으로 서비스를 개선할 것입니다.

许多年轻人以社交媒体获取美食信息。
Xǔduō niánqīngrén yǐ shèjiāo méitǐ huòqǔ měishí xìnxī.
많은 젊은이들이 SNS를 통해 맛집 정보를 얻습니다.

메이링 쌤의 뉴스 Tip

한국에서는 빵집이나 디저트 카페가 '핫플(Hot place)'로 떠오르고 있는데요, 중국어에서는 이러한 '핫플'을 '网红 wǎnghóng'이라는 단어를 붙여 표현합니다. 원래 '网红'은 '인터넷 스타'라는 뜻이지만, 요즘에는 SNS에서 인기를 끈 장소, 가게나 제품을 지칭하는 의미로 자주 쓰입니다. '网红甜品店 wǎnghóng tiánpǐndiàn (SNS에서 유명해진 디저트 가게)', '网红商圈 wǎnghóng shāngquān (인기를 끌고 있는 상권 지역)'과 같이 '网红+명사' 구조로 '핫플'이나 '유행템' 같은 뉘앙스를 자연스럽게 전달할 수 있습니다.

今天来到网红快闪店打卡啦!
Jīntiān láidào wǎnghóng kuàishǎndiàn dǎkǎ la!
오늘은 핫한 팝업 매장에 와서 인증샷을 찍었어요!

K-디저트, 해외 진출…
전 세계 젊은 입맛을 사로잡다

K-甜点出海，俘获全球年轻味蕾

🎵 015-01

随着韩流文化在全球范围内持续升温，韩国传统与现代
Suízhe Hánliú wénhuà zài quánqiú fànwéi nèi chíxù shēngwēn, Hánguó chuántǒng yǔ xiàndài

结合的"K-甜点"正受到海外MZ世代消费者的追捧。从传统的
jiéhé de "K-tiándiǎn" zhèng shòudào hǎiwài MZ shìdài xiāofèizhě de zhuīpěng. Cóng chuántǒng de

药果、蜂蜜年糕、核桃小蛋糕，到新兴品牌"优格家(Yoajeong)
yàoguǒ、fēngmì niángāo、hétao xiǎo dàngāo,　dào xīnxīng pǐnpái "Yōugéjiā (Yoajeong)

(酸奶冰淇淋)"，韩国甜点正大举进军国际市场。
(suānnǎi bīngqílín)",　　Hánguó tiándiǎn zhèng dàjǔ jìnjūn guójì shìchǎng.

韩国甜品的魅力在于将传统食材与现代口味、包装、营销
Hánguó tiánpǐn de mèilì zàiyú jiāng chuántǒng shícái yǔ xiàndài kǒuwèi、bāozhuāng、yíngxiāo

结合。蜂蜜年糕与牛奶搭配制作的"蜂蜜年糕麦片"便是典型
jiéhé.　Fēngmì niángāo yǔ niúnǎi dāpèi zhìzuò de "fēngmì niángāo màipiàn" biàn shì diǎnxíng

例子，这种吃法在海外社交平台YouTube与TikTok上迅速走红，
lìzi,　zhè zhǒng chīfǎ zài hǎiwài shèjiāo píngtái YouTube yǔ TikTok　shàng xùnsù zǒuhóng,

吸引了大量用户模仿尝试。彩色年糕在牛奶中翻滚的画面不仅
xīyǐnle dàliàng yònghù mófǎng chángshì.　Cǎisè niángāo zài niúnǎi zhōng fāngǔn de huàmiàn bùjǐn

吸睛，也带来了趣味性，极具传播力。
xījīng,　yě dàiláile qùwèixìng,　jí jù chuánbōlì.

与此同时，新兴品牌"优格家(Yoajeong)"也在加速海外扩张。
Yǔcǐ tóngshí,　xīnxīng pǐnpái "Yōugéjiā (Yoajeong)"　yě zài jiāsù hǎiwài kuòzhāng.

继去年在夏威夷最大购物中心开出首家直营店后，今年已进驻
Jì qùnián zài Xiàwēiyí zuì dà gòuwù zhōngxīn kāichū shǒujiā zhíyíngdiàn hòu,　jīnnián yǐ jìnzhù

💗 단어+표현 🎵 015-02

甜点 tiándiǎn 디저트, 후식 | **俘获** fúhuò 사로잡다 | **味蕾** wèilěi 미뢰, 미각 | **升温** shēngwēn 열기를 더하다, 인기가 높아지다 | **追捧** zhuīpěng 추종하다, 사랑하다 | **新兴** xīnxīng 새로운 | **翻滚** fāngǔn 구르다 | **吸睛**[*] xījīng 눈길을 끌다, 주목을 받다 | **扩张**[*] kuòzhāng 확장하다 | **进驻**[*] jìnzhù 진입하다 | **拓展**[*] tuòzhǎn 개척하다

36

澳大利亚、中国，进一步拓展市场。

Àodàlìyà、 Zhōngguó, jìnyíbù tuòzhǎn shìchǎng.

🔊 한류 문화가 전 세계적으로 인기를 끌면서, 한국의 전통과 현대를 결합한 'K-디저트'가 해외 MZ세대 소비자들에게 사랑받고 있습니다. 약과, 꿀떡, 호두과자와 같은 전통 디저트부터, '요아정(요거트 아이스크림)'과 같은 신흥 브랜드까지 다양한 한국 디저트들이 본격적으로 해외 시장에 진출하고 있습니다.

한국 디저트의 매력은 전통 재료에 현대적인 맛, 포장, 마케팅을 결합한 점에 있습니다. 꿀떡과 우유를 함께 먹는 '꿀떡 시리얼'은 그 대표적인 예로, 이 독특한 방식은 유튜브와 틱톡 등 해외 SNS를 통해 빠르게 인기를 얻으며, 많은 팔로워들이 따라 먹어 보게 만들었습니다. 알록달록한 꿀떡이 우유 속에서 굴러다니는 모습은 시각적으로도 흥미를 자극하며, 높은 바이럴 효과를 보였습니다.

한편, 새로운 브랜드인 '요아정'은 빠르게 해외 시장을 확장하고 있습니다. 지난해 하와이 최대 쇼핑몰에 첫 직영점을 오픈한 데 이어, 올해는 호주와 중국에도 매장을 열며 시장 확장에 박차를 가하고 있습니다.

🖐️ 뉴스 표현 필살기

'正'은 동작이 진행되고 있음을 강조하는 부사로, 한국어로는 '～하고 있다, 한창 ～중이다'와 같은 의미를 가집니다.
이 표현은 현재뿐 아니라 어떤 시점에서 일이 진행 중임을 나타낼 때도 쓸 수 있습니다.

韩国甜点正走向国际市场。

Hánguó tiándiǎn zhèng zǒuxiàng guójì shìchǎng.
한국 디저트는 현재 세계 시장으로 진출하고 있습니다.

公司正在筹备新的海外分店。

Gōngsī zhèng zài chóubèi xīn de hǎiwài fēndiàn.
회사는 새 해외 지점을 준비하고 있는 중입니다.

我们正经历一场消费文化的变化。

Wǒmen zhèng jīnglì yì chǎng xiāofèi wénhuà de biànhuà.
우리는 소비 문화의 변화를 한창 겪고 있습니다.

메이링 쌤의 뉴스 Tip

중국의 SNS나 뉴스에서 '治愈系甜品 zhìyùxì tiánpǐn'이라는 말을 자주 볼 수 있는데요, 폭신한 수플레 팬케이크나 따뜻한 흑당 밀크티 같은 '힐링 디저트'를 가리킵니다. 먹으면 마음이 치유되는 느낌의 음식을 말할 때, '治愈系(+음식)'라고 표현합니다.

寒冷的冬天，来一杯热可可真是"治愈系"的享受。

Hánlěng de dōngtiān, lái yì bēi rè kěkě zhēn shì "zhìyùxì" de xiǎngshòu.
추운 겨울에 한 잔의 핫초코를 마시면 정말 '힐링'을 느낄 수 있어요.

세 번째 물결:
스페셜티 커피가 뜨고 있다

第三波浪潮：精品咖啡正在兴起

🎵 016-01

随着韩国咖啡市场的迅速发展，咖啡消费趋势也在不断
Suízhe Hánguó kāfēi shìchǎng de xùnsù fāzhǎn,　kāfēi xiāofèi qūshì yě zài búduàn

演变。从早期以三合一速溶咖啡为主，到1990年代末以星巴克、
yǎnbiàn. Cóng zǎoqī yǐ sānhéyī sùróng kāfēi wéizhǔ,　dào yī jiǔ jiǔ líng niándài mò yǐ Xīngbākè、

豪丽斯(Hollys)为代表的现磨咖啡普及，再到如今，以"第三波
Háolìsī (Hollys) wéi dàibiǎo de xiàn mó kāfēi pǔjí,　zài dào rújīn,　yǐ "dì-sān bō

浪潮"著称的精品咖啡正成为焦点。目前韩国咖啡市场
làngcháo" zhùchēng de jīngpǐn kāfēi zhèng chéngwéi jiāodiǎn. Mùqián Hánguó kāfēi shìchǎng

规模突破14万亿韩元，人均年消费量更高达405杯。近年来，
guīmó tūpò shísì wàn yì Hányuán, rénjūn nián xiāofèiliàng gèng gāodá sìbǎi líng wǔ bēi. Jìnnián lái,

消费者不再满足于一般咖啡，而是注重产地、烘焙程度等细节，
xiāofèizhě búzài mǎnzú yú yìbān kāfēi,　érshì zhùzhòng chǎndì、hōngbèi chéngdù děng xìjié,

催生了精品咖啡的热潮。
cuīshēngle jīngpǐn kāfēi de rècháo.

所谓"精品咖啡"，是指在国际精品咖啡协会(SCA)评定中
Suǒwèi "jīngpǐn kāfēi",　shì zhǐ zài Guójì Jīngpǐn Kāfēi Xiéhuì (SCA) píngdìng zhōng

获得80分以上的优质咖啡豆。2019年，美国精品咖啡品牌
huòdé bāshí fēn yǐshàng de yōuzhì kāfēidòu.　Èr líng yī jiǔ nián, Měiguó jīngpǐn kāfēi pǐnpái

蓝瓶(Blue Bottle)在首尔开设首店，引发热潮并推动韩国精品
Lánpíng (Blue Bottle) zài Shǒu'ěr kāishè shǒudiàn,　yǐnfā rècháo bìng tuīdòng Hánguó jīngpǐn

咖啡市场发展。星巴克及多家本土品牌纷纷推出高端定制服务，
kāfēi shìchǎng fāzhǎn.　Xīngbākè jí duō jiā běntǔ pǐnpái fēnfēn tuīchū gāoduān dìngzhì fúwù,

---

단어＋표현　🎵 016-02

浪潮 làngcháo 파도 | 精品咖啡 jīngpǐn kāfēi 스페셜티 커피 | 三合一 sānhéyī (커피, 설탕, 프림이 든) 믹스커피 | 速溶 sùróng 빠르게 녹다 | 现磨咖啡 xiàn mó kāfēi 원두커피 | 著称 zhùchēng 이름나다 | 焦点* jiāodiǎn 초점 | 烘焙 hōngbèi (커피의) 로스팅 | 热潮* rècháo 붐, 인기 | 评定* píngdìng 평가하다 | 优质* yōuzhì 고품질 | 布局* bùjú 포석하다, 배치하다

加速布局精品咖啡市场。 业内人士指出， 精品咖啡不再只是饮品，
jiāsù bùjú jīngpǐn kāfēi shìchǎng.　　Yènèi rénshì zhǐchū,　　jīngpǐn kāfēi búzài zhǐshì yǐnpǐn,

更是一种代表"高性价比心理满足"的文化消费。
gèng shì yì zhǒng dàibiǎo "gāo xìngjiàbǐ xīnlǐ mǎnzú"　　de wénhuà xiāofèi.

한국 커피 시장이 빠르게 성장함에 따라 커피 소비 트렌드도 끊임없이 변화하고 있습니다. 초기에는 믹스커피가 주를 이뤘으나, 1990년대 말부터는 스타벅스와 할리스(Hollys)를 비롯한 원두커피가 보급되었고, 최근에는 '세 번째 물결'이라 불리는 스페셜티 커피가 새로운 중심으로 떠오르고 있습니다. 현재 한국 커피 시장 규모는 14조 원을 넘어섰으며, 국민 1인당 연간 커피 소비량은 405잔에 이르렀습니다. 최근 들어 소비자들이 더 이상 일반 커피에 만족하지 않고, 원두의 산지와 로스팅 정도 등 세부적인 요소를 중요하게 여기면서 스페셜티 커피의 인기가 높아지고 있습니다.
　'스페셜티 커피'란 국제 스페셜티 커피 협회(SCA)의 평가에서 100점 만점 중 80점 이상을 획득한 고품질 원두를 의미합니다. 2019년 미국의 스페셜티 커피 브랜드 블루보틀이 서울에 첫 매장을 열며 큰 인기를 끌었고, 이는 한국 스페셜티 커피 시장 발전에 불을 지피는 계기가 되었습니다. 스타벅스를 비롯해 다양한 국내 브랜드들도 고급 맞춤형 서비스를 도입하며 스페셜티 커피 시장에 적극적으로 진입하고 있습니다. 업계 관계자들은 스페셜티 커피가 더 이상 단순한 음료가 아닌, '가심비'를 만족시키는 문화적 소비로 자리 잡고 있다고 분석합니다.

뉴스 표현 필살기

'随着'는 앞뒤의 두 사건이 서로 연관되어 함께 변화함을 나타내는 표현이며, '~에 따라, ~함에 따라'로 번역할 수 있습니다. 주로 뉴스나 공식 문장에 사용되며, 문어체적인 느낌이 강합니다.

随着咖啡文化的普及，消费者的口味更加多样化。
Suízhe kāfēi wénhuà de pǔjí, xiāofèizhě de kǒuwèi gèngjiā duōyànghuà.
커피 문화의 보급에 따라 소비자 취향이 더 다양해졌습니다.

随着经济的发展，人们的生活水平提高了。
Suízhe jīngjì de fāzhǎn, rénmen de shēnghuó shuǐpíng tígāo le.
경제 발전에 따라 사람들의 생활 수준이 향상되었습니다.

随着天气变冷，热饮的销量不断增加。
Suízhe tiānqì biànlěng, rèyin de xiāoliàng búduàn zēngjiā.
날씨가 추워지면서 따뜻한 음료의 판매량이 계속 늘었습니다.

메이링 쌤의 뉴스 Tip

중국에서도 '上班族 shàngbānzú (직장인)'의 일상 속에는 커피 문화가 깊이 스며들어 있습니다. 온라인에서는 "上班靠咖啡续命 (출근은 커피로 연명한다)" 또는 "不喝咖啡就像没输血一样 (커피를 안 마시면 수혈을 안 받은 기분이다)" 같은 표현이 자주 등장하는데요, 이는 커피 의존도가 높은 현대 직장인의 현실을 유머러스하게 풍자하면서, 커피가 피로와 스트레스를 해소해주는 정신적 에너지원이 되었음을 보여줍니다.

소주·맥주 가격 26년만에 역주행… 왜?

烧酒和啤酒价格时隔26年罕见下跌，原因何在?

🎵 017-01

在韩国经济放缓和外食需求减少的背景下，烧酒与啤酒
Zài Hánguó jīngjì fànghuǎn hé wàishí xūqiú jiǎnshǎo de bèijǐng xià,　shāojiǔ yǔ píjiǔ

价格罕见地同时下跌。烧酒价格的同比下跌，是自2005年7月
jiàgé hǎnjiàn de tóngshí xiàdiē.　Shāojiǔ jiàgé de tóngbǐ xiàdiē, shì zì èr líng líng wǔ nián qī yuè

以来首次；而啤酒价格的下降，更是1999年以来26年首见。
yǐlái shǒucì;　ér píjiǔ jiàgé de xiàjiàng, gèng shì yī jiǔ jiǔ jiǔ nián yǐlái èrshíliù nián shǒu jiàn.

在餐饮整体物价已连续46个月上涨的情况下，酒类价格"逆行"
Zài cānyǐn zhěngtǐ wùjià yǐ liánxù sìshíliù gè yuè shàngzhǎng de qíngkuàng xià, jiǔlèi jiàgé "nìxíng"

尤为突出。
yóuwéi tūchū.

专家分析指出，部分餐饮商家为了吸引顾客，推出了如
Zhuānjiā fēnxī zhǐchū,　bùfen cānyǐn shāngjiā wèile xīyǐn gùkè,　tuīchūle rú

"烧酒半价"、"啤酒免费"等促销活动，这是造成价格下滑的
"shāojiǔ bànjià"、　"píjiǔ miǎnfèi" děng cùxiāo huódòng,　zhè shì zàochéng jiàgé xiàhuá de

重要原因。与主食相比，酒类商品利润率较高，因此更容易
zhòngyào yuányīn. Yǔ zhǔshí xiāngbǐ,　jiǔlèi shāngpǐn lìrùnlǜ jiào gāo,　yīncǐ gèng róngyì

进行价格调整。而主菜单则因原材料和人工成本上涨，价格
jìnxíng jiàgé tiáozhěng.　Ér zhǔcàidān zé yīn yuáncáiliào hé réngōng chéngběn shàngzhǎng, jiàgé

难以下调。同时，低价酒馆的迅速扩张也对酒类价格产生了
nányǐ xiàtiáo.　Tóngshí,　dījià jiǔguǎn de xùnsù kuòzhāng yě duì jiǔlèi jiàgé chǎnshēngle

影响。一位流通业界人士表示："随着外食物价负担增加，过去
yǐngxiǎng. Yí wèi liútōng yèjiè rénshì biǎoshì: "Suízhe wàishí wùjià fùdān zēngjiā,　guòqù

🎵 017-02

💙 단어＋표현

时隔[*] shígé ~만에 | **罕见** hǎnjiàn 보기에 드물다 | **下跌**[*] xiàdiē 하락하다 | **放缓**[*] fànghuǎn 둔화하다 | **餐饮** cānyǐn 음식 | **上涨**
shàngzhǎng 오르다 | **逆行**[*] nìxíng 역행하다 | **商家** shāngjiā 상점, 업체 | **主食** zhǔshí 주식 | **利润率** lìrùnlǜ 수익률, 마진 | **主菜**
单 zhǔcàidān 주메뉴 | **流通**[*] liútōng 유통하다 | **拉动**[*] lādòng 이끌다, 촉진하다 | **抑制**[*] yìzhì 억제하다

能拉动餐饮消费的"低价酒类"如今反而成了抑制消费的因素。"
néng lādòng cānyǐn xiāofèi de "dījià jiǔlèi"　　　rújīn fǎn'ér chéngle yìzhì xiāofèi de yīnsù."

한국 경제 둔화와 외식 수요 감소의 영향으로, 소주와 맥주 가격이 동시에 하락하는 이례적인 현상이 나타났습니다. 소주 가격이 전년 대비 하락한 것은 2005년 7월 이후 처음이며, 맥주 가격의 하락은 1999년 이후 26년 만의 일입니다. 전체 외식 물가가 46개월 연속 상승세를 이어가고 있는 가운데, 주류 가격의 '역주행'은 더욱 눈에 띕니다.
　전문가들은 일부 음식점들이 손님을 유치하기 위해 '소주 반값', '맥주 무료' 등의 판촉 이벤트를 실시한 것이 가격 하락의 주요 요인이라고 분석합니다. 주류는 주식 메뉴에 비해 마진율이 높아 가격 조정이 비교적 용이하지만, 식재료비와 인건비 상승으로 인해 주메뉴 가격은 쉽게 낮추기 어렵다는 현실적인 제약이 있습니다. 또한, 저가형 술집의 빠른 확산도 주류 가격 하락에 영향을 미친 것으로 보입니다. 한 유통업계 관계자는 "외식 물가에 대한 소비자들의 부담이 커지면서, 예전에는 외식 수요를 이끌던 저렴한 주류 가격이 오히려 소비를 억제하는 요인이 되고 있다"라고 말했습니다.

뉴스 표현 필살기

'在……的情况下'는 어떤 행동이나 결과가 발생하는 조건·배경·상황을 나타내는 표현입니다. 한국어로는 '～한 상황에서, ～의 조건하에, ～할 때'로 자연스럽게 옮길 수 있습니다.

在经济放缓的情况下，消费支出明显减少。
Zài jīngjì fànghuǎn de qíngkuàng xià, xiāofèi zhīchū míngxiǎn jiǎnshǎo.
경제가 둔화된 상황에서 소비 지출이 뚜렷이 줄었습니다.

在物价上涨的情况下，企业仍然保持盈利。
Zài wùjià shàngzhǎng de qíngkuàng xià, qǐyè réngrán bǎochí yínglì.
물가가 오르는 상황에서도 기업은 여전히 이익을 유지했습니다.

在外食需求下降的情况下，餐饮业主们推出多样促销活动。
Zài wàishí xūqiú xiàjiàng de qíngkuàng xià, cānyǐn yèzhǔmen tuīchū duōyàng cùxiāo huódòng.
외식 수요가 감소하는 상황에서 외식업주들은 다양한 판촉 이벤트를 내놓았습니다.

메이링 쌤의 뉴스 Tip

1897년 독일은 산둥(山东) 지역을 점령하고 항구 도시 칭다오를 중심으로 상업 및 산업 시설을 건설했습니다. 그중 하나가 바로 1903년 설립한 '青岛啤酒 Qīngdǎo píjiǔ (칭다오 맥주)'로, 독일과 영국 자본이 합작하여 세운 중국 최초의 근대식 맥주 공장입니다. '青岛国际啤酒节 Qīngdǎo guójì píjiǔjié (칭다오 국제 맥주 축제)'는 1991년, 칭다오시 건설 100주년을 기념해 처음 개최되었으며, 매년 8월 둘째 주 주말부터 약 2주간 전 세계 200여 개 브랜드가 참가하는 아시아 최대 규모의 맥주 축제로 성장했습니다. 축제에서는 맥주 시음, 퍼레이드, 공연, 불꽃놀이 등 다양한 행사가 열리며, 중국판 '慕尼黑啤酒节 Mùníhēi píjiǔjié (옥토버페스트)'로 불릴 만큼 세계적인 명성을 얻고 있습니다.

'비건 식품' 새로운 소비 트렌드로 부상

"纯素食"成新潮流

🎵 018-01

近年来，以MZ世代（千禧一代与Z世代）为代表的年轻消费者
Jìnniánlái, yǐ MZ shìdài (qiānxǐ yídài yǔ Z shìdài) wéi dàibiǎo de niánqīng xiāofèizhě

日益关注健康、环境保护与动物福利，"纯素食"逐渐从小众选择
rìyì guānzhù jiànkāng、huánjìng bǎohù yǔ dòngwù fúlì,"chúnsùshí" zhújiàn cóng xiǎozhòng xuǎnzé

演变为主流消费趋势。纯素食指的是完全不含任何动物性
yǎnbiàn wéi zhǔliú xiāofèi qūshì. Chúnsùshí zhǐ de shì wánquán bù hán rènhé dòngwùxìng

成分的食品，不仅有助于身体健康，也被视为一种可持续且
chéngfèn de shípǐn, bùjǐn yǒuzhùyú shēntǐ jiànkāng, yě bèi shìwéi yì zhǒng kěchíxù qiě

具有社会责任感的生活方式。随着"价值消费"理念的普及，
jùyǒu shèhuì zérèngǎn de shēnghuó fāngshì. Suízhe "jiàzhí xiāofèi" lǐniàn de pǔjí,

越来越多消费者愿意为其买单。
yuèláiyuè duō xiāofèizhě yuànyì wèi qí mǎidān.

应对这一变化，食品行业积极推出多样化的纯素产品，
Yìngduì zhè yī biànhuà, shípǐn hángyè jījí tuīchū duōyànghuà de chúnsù chǎnpǐn,

涵盖即食食品、面包甜点、植物肉、酱料乃至酒类等多个领域。
hángài jíshí shípǐn、miànbāo tiándiǎn、zhíwù ròu、jiàngliào nǎizhì jiǔlèi děng duō gè lǐngyù.

不仅在本地市场获得响应，企业也正通过大型超市、电商
Bùjǐn zài běndì shìchǎng huòdé xiǎngyìng, qǐyè yě zhèng tōngguò dàxíng chāoshì、diànshāng

平台及海外渠道拓展国际市场。业内专家指出，纯素食已超越
píngtái jí hǎiwài qúdào tuòzhǎn guójì shìchǎng. Yènèi zhuānjiā zhǐchū, chúnsùshí yǐ chāoyuè

饮食范畴，成为体现环保意识与消费责任感的生活方式，
yǐnshí fànchóu, chéngwéi tǐxiàn huánbǎo yìshí yǔ xiāofèi zérèngǎn de shēnghuó fāngshì,

---

纯素食 chúnsùshí 비건, 채식 | 千禧 qiānxǐ 밀레니엄 | 福利* fúlì 복지 | 演变 yǎnbiàn 변화하고 발전하다 | 主流* zhǔliú 주류 | 买单 mǎidān 지불하다 | 应对* yìngduì 대응하다 | 涵盖* hángài 포함하다 | 即食食品 jíshí shípǐn 즉석식품, 간편식 | 酱料 jiàngliào 소스 | 领域* lǐngyù 영역 | 响应* xiǎngyìng 호응하다 | 渠道* qúdào 경로

未来这一趋势将在全球范围内持续扩大。
wèilái zhè yī qūshì jiāng zài quánqiú fànwéi nèi chíxù kuòdà.

최근 MZ세대(밀레니얼과 Z세대)로 대표되는 젊은 소비자들을 중심으로 건강, 환경 보호, 동물 복지에 대한 관심이 높아지면서 '비건 식품'이 기존의 소수 취향에서 벗어나 주류 소비 트렌드로 자리 잡고 있습니다. 비건 식품은 모든 동물성 성분을 배제한 식품으로, 건강에 도움이 될 뿐 아니라 지속 가능하고 사회적 책임감이 있는 생활 방식으로 인식되고 있습니다. '가치 소비'에 대한 공감대가 확산되면서, 가치 소비에 기꺼이 지갑을 여는 소비자들도 늘고 있습니다.

이런 변화에 맞춰 식품업계는 간편식, 베이커리, 식물성 대체육, 소스, 주류 등 많은 영역에서 다양한 비건 제품을 앞다투어 출시했습니다. 이러한 제품들은 국내에서 좋은 반응을 얻었으며, 대형 마트, 온라인 플랫폼, 해외 유통망을 통해 해외 시장으로 판매 영역을 넓히고 있습니다. 업계 전문가들은 비건 식품이 이미 식단의 범주를 넘어 환경 의식과 소비자의 책임감을 반영한 라이프 스타일로 자리 잡았으며, 앞으로 이 같은 흐름은 전 세계적으로 더욱 확대될 것이라고 전망하고 있습니다.

뉴스 표현 필살기

'演变'은 '시간이 지나면서 서서히 변화하다, 발전하여 다른 형태가 되다'라는 의미로, 주로 역사·문화·제도·사회 현상이 단계적으로 변화하는 상황을 설명할 때 쓰는 격식 있는 문어체 표현입니다.

语言会随着社会发展不断演变。
Yǔyán huì suízhe shèhuì fāzhǎn búduàn yǎnbiàn.
언어는 사회의 발전과 함께 끊임없이 변화합니다.

传统节日的形式正在悄然演变。
Chuántǒng jiérì de xíngshì zhèngzài qiǎorán yǎnbiàn.
전통 명절의 형태가 조용히 변화하고 있습니다.

城市结构在全球化影响下快速演变。
Chéngshì jiégòu zài quánqiúhuà yǐngxiǎng xià kuàisù yǎnbiàn.
도시 구조는 세계화의 영향으로 빠르게 변모하고 있습니다.

메이링 쌤의 뉴스 Tip

중국에서도 환경 보호에 대한 관심이 많아지면서 '绿色生活 lǜsè shēnghuó (녹색 생활)'라는 개념이 빠르게 확산되었습니다. 에코백(环保袋) 사용, 공유 자전거(共享单车) 이용, 저탄소 출퇴근(低碳通勤) 등이 '녹색 생활'의 대표적인 모습으로 꼽힙니다. SNS에서도 #轻食打卡 qīngshí dǎkǎ (가벼운 식사 인증) 등의 해시태그가 인기를 얻고 있어, 중국 젊은 세대들이 건강과 책임의 가치를 중요하게 생각하고, 음식 선택을 통해 자신의 개성과 환경 의식을 표현하고 있음을 보여줍니다.

무인점포 급부상,
창업에 기회와 도전이 공존

无人商店兴起，创业机遇与挑战并存

019-01

自新冠疫情爆发以来， 非接触式消费模式迅速兴起， **无人**
Zì Xīnguān yìqíng bàofā yǐlái,　fēijiēchùshì xiāofèi　móshì xùnsù xīngqǐ,　wúrén

商店作为典型代表，已逐渐成为人们日常生活的重要
shāngdiàn zuòwéi diǎnxíng dàibiǎo, yǐ zhújiàn chéngwéi rénmen rìcháng shēnghuó de zhòngyào

组成部分。无人商店是指无需员工、可24小时自动运营的
zǔchéng bùfen.　Wúrén shāngdiàn shì zhǐ wúxū yuángōng、kě èrshísì xiǎoshí zìdòng yùnyíng de

店铺。据韩国消防厅去年数据显示，官方统计运营中无人
diànpù.　Jù Hánguó Xiāofángtīng qùnián shùjù xiǎnshì, guānfāng tǒngjì yùnyíng zhōng wúrén

商店为6,300余家，实则估算已超过10万家。
shāngdiàn wéi liùqiān sānbǎi yú jiā, shízé gūsuàn yǐ chāoguò shí wàn jiā.

　无人商店的最大优势在于节省人力成本和全天候营业的
　Wúrén shāngdiàn de zuìdà yōushì zàiyú jiéshěng rénlì chéngběn hé quántiānhòu yíngyè de

高效率。此外，其初期投资成本也比有人店铺低一半以上，创业
gāo xiàolǜ.　Cǐwài,　qí chūqī tóuzī chéngběn yě bǐ yǒurén diànpù dī yíbàn yǐshàng,　chuàngyè

门槛相对较低。但与此同时，因缺乏现场人员管理，无人商店
ménkǎn xiāngduì jiào dī. Dàn yǔcǐ tóngshí, yīn quēfá xiànchǎng rényuán guǎnlǐ, wúrén shāngdiàn

在安保方面较为脆弱，盗窃、设备破坏等问题频发。同时，同类
zài ānbǎo fāngmiàn jiàowéi cuìruò, dàoqiè、shèbèi pòhuài děng wèntí pínfā.　Tóngshí, tónglèi

店铺间的激烈竞争，以及中老年群体的使用不便也是当前面临的
diànpù jiān de jīliè jìngzhēng, yǐjí zhōnglǎonián qúntǐ de shǐyòng búbiàn yě shì dāngqián miànlín de

挑战。创业时**虽然**进入门槛较低，**但**若缺乏长期的利润策略和
tiǎozhàn. Chuàngyè shí suīrán jìnrù ménkǎn jiào dī, dàn ruò quēfá chángqī de lìrùn cèlüè hé

💗 단어+표현　019-02

并存[*] bìngcún 공존하다 | **新冠** Xīnguān 코로나 | **疫情** yìqíng 전염병 발생 상황 | **非接触** fēijiēchù 비접촉, 비대면 | **运营** yùnyíng
운영하다, 영업하다 | **估算**[*] gūsuàn 추산하다 | **全天候** quántiānhòu 전천후 | **门槛** ménkǎn 문턱, 장벽 | **与此同时**[*] yǔcǐ tóngshí
이와 동시에 | **脆弱** cuìruò 취약하다 | **盗窃** dàoqiè 절도하다 | **行销** xíngxiāo 상품을 판매하다 | **倒闭** dǎobì 폐업하다

行销手段，也容易导致倒闭。

xíngxiāo shǒuduàn, yě róngyì dǎozhì dǎobì.

🔊 코로나 전염병 발생 이후 비대면 소비 방식이 급속히 확산되었습니다. 무인점포는 그 대표적인 형태로 이미 일상생활의 중요한 일부로 자리 잡았습니다. 무인점포는 직원 없이 24시간 자동으로 운영되는 매장을 의미합니다. 한국 소방청의 작년 자료에 따르면, 공식적으로 운영 중인 무인점포 수는 약 6,300개이지만 실제로는 10만 개 이상일 것으로 추정됩니다.
무인점포의 가장 큰 장점은 인건비 절감과 24시간 운영이라는 높은 효율성에 있습니다. 또한 초기 창업 비용도 유인 점포에 비해 절반 이상 낮아 진입 장벽이 비교적 낮다는 점도 장점으로 꼽힙니다. 그러나 이와 동시에 매장에 상주 인력이 없어 보안이 취약하고, 절도 및 기기 파손 등의 문제가 빈번히 발생하는 단점도 존재합니다. 아울러 유사 업종 간의 경쟁이 치열하며, 중장년층에게는 사용이 다소 불편할 수 있다는 점도 도전 과제입니다. 창업의 진입은 비교적 용이하지만, 장기적인 수익 전략과 마케팅이 부족할 경우 폐업으로 이어질 수 있습니다.

뉴스 표현 필살기

‘虽然A，但(是)B’는 ‘비록 A하지만 B하다’ 또는 ‘A이지만 B이다’라는 의미로, 앞 문장에 양보 또는 사실을 인정하는 내용이 나오고, 뒤 문장은 그와 반대되는 결과나 의견을 나타냅니다. 문장 중 ‘虽然’은 생략될 수 있지만, ‘但是’는 보통 생략하지 않습니다.

虽然无人商店的投资成本较低，**但是**安全问题很多。
Suīrán wúrén shāngdiàn de tóuzī chéngběn jiào dī, dànshì ānquán wèntí hěn duō.
비록 무인점포의 투자 비용은 낮지만, 보안 문제가 많습니다.

虽然天气很冷，**但是**顾客依然不少。
Suīrán tiānqì hěn lěng, dànshì gùkè yīrán bùshǎo.
비록 날씨가 춥지만, 손님은 여전히 많습니다.

虽然创业门槛低，**但是**要想长期经营并不容易。
Suīrán chuàngyè ménkǎn dī, dànshì yào xiǎng chángqī jīngyíng bìng bù róngyì.
비록 창업의 진입 장벽은 낮지만, 장기적으로 운영하기는 쉽지 않습니다.

메이링 쌤의 뉴스 Tip

한국의 스마트 스토어, 무인 카페, 자율 주행 자동차 등을 중국에서는 주로 ‘无人+명사’로 표현하며, 이는 단순히 사람이 없는 공간이 아니라, AI·빅데이터·스마트 시스템이 결합된 새로운 생활 방식을 의미합니다.

无人商店 wúrén shāngdiàn 무인 상점	**无人**驾驶 wúrén jiàshǐ 자율 주행
无人机 wúrén jī 드론	**无人**餐厅 wúrén cāntīng 무인 식당
无人书店 wúrén shūdiàn 무인 서점	**无人**咖啡厅 wúrén kāfēitīng 무인 카페
无人快递柜 wúrén kuàidì guì 무인 택배함	**无人**便利店 wúrén biànlìdiàn 무인 편의점
无人仓库 wúrén cāngkù 무인 창고	**无人**值守停车场 wúrén zhíshǒu tíngchēchǎng 무인 주차장

로또 당첨자 증가에 실수령액 감소…
세금 인하 요구 커져

乐透奖金缩水，公众呼吁降低税负

🎵 020-01

近日，由于乐透一等奖得主人数激增，个人实得奖金低于
Jìnrì, yóuyú lètòu yīděngjiǎng dézhǔ rénshù jīzēng, gèrén shí dé jiǎngjīn dīyú

预期，关于降低税率或提高单注购买金额的呼声不断高涨。
yùqī, guānyú jiàngdī shuìlǜ huò tígāo dān zhù gòumǎi jīn'é de hūshēng búduàn gāozhǎng.

在本月8日开奖的第1162期乐透中，共有36人中得
Zài běn yuè bā rì kāijiǎng de dì-yīqiān yībǎi liùshí'èr qī lètòu zhōng, gòngyǒu sānshíliù rén zhòng dé

一等奖。每人可分得约8亿2,393万韩元，扣除
yīděngjiǎng. Měi rén kě fēndé yuē bāyì liǎngqiān sānbǎi jiǔshísān wàn Hányuán, kòuchú

33%的税金后，实到手金额仅约5亿5,203万
bǎi fēn zhī sānshísān de shuìjīn hòu, shí dàoshǒu jīn'é jǐn yuē wǔyì wǔqiān èrbǎi líng sānwàn

韩元。近年来，多次出现一等奖实得奖金不足5亿韩元的情况，
Hányuán. Jìnnián lái, duō cì chūxiàn yīděngjiǎng shí dé jiǎngjīn bùzú wǔyì Hányuán de qíngkuàng,

引发了公众的不满。
yǐnfāle gōngzhòng de bùmǎn.

尽管公益基金主要用于低收入人群住房支援、残疾人福利
Jǐnguǎn gōngyì jījīn zhǔyào yòngyú dī shōurù rénqún zhùfáng zhīyuán、cánjírén fúlì

等，但消费者普遍认为购买金额既被扣除基金，又需缴税，
děng, dàn xiāofèizhě pǔbiàn rènwéi gòumǎi jīn'é jì bèi kòuchú jījīn, yòu xū jiǎoshuì,

实际上构成了"双重征税"。值得注意的是，包括英国、日本等
shíjì shang gòuchéngle "shuāngchóng zhēngshuì". Zhídé zhùyì de shì, bāokuò Yīngguó、Rìběn děng

国家的乐透奖金均免征所得税。这也促使部分人士提出，韩国
guójiā de lètòu jiǎngjīn jūn miǎnzhēng suǒdéshuì. Zhè yě cùshǐ bùfen rénshì tíchū, Hánguó

🎵 020-02

应效仿这些国家，减少或取消乐透奖金的税负。彩票委员会相关
yīng xiàofǎng zhèxiē guójiā, jiǎnshǎo huò qǔxiāo lètòu jiǎngjīn de shuìfù.　　Cǎipiào wěiyuánhuì xiāngguān

人士表示："如今购买彩票的人，很多是出于公益和捐赠目的，而
rénshì biǎoshì:　"Rújīn gòumǎi cǎipiào de rén,　　hěn duō shì chūyú gōngyì hé juānzèng mùdì,　　ér

不仅仅是为了暴富，因此对于是否下调税率，需要谨慎审视。"
bùjǐnjǐn　　shì wèile bàofù,　　yīncǐ duìyú shìfǒu xiàtiáo shuìlù,　　xūyào jǐnshèn shěnshì."

🔊 최근 로또 1등 당첨자 수가 급증하면서 개인 실수령액이 예상보다 낮아진 가운데, 세율 인하 또는 단일 게임 구매 금액 상향을 요구하는 목소리가 높아지고 있습니다. 이달 8일 추첨한 제1162회 로또에서는 총 36명이 1등에 당첨되었습니다. 이들은 각각 약 8억 2,393만 원을 배분받았으며, 33%의 세금을 공제한 후 실수령액은 약 5억 5,203만 원에 불과했습니다. 최근 몇 년간 1등 당첨금 실수령액이 5억 원을 밑도는 사례가 여러 차례 발생하면서, 이에 대한 국민적 불만이 커지고 있습니다.

　비록 복권 기금이 저소득층 주거 지원, 장애인 복지 등 공익 목적에 사용되고 있으나, 소비자들은 구매 금액에서 기금을 공제하고, 당첨금에서도 세금을 징수하는 현 구조를 사실상 '이중 과세'로 인식하고 있습니다. 특히 영국, 일본 등 일부 국가에서는 복권 당첨금에 대해 소득세를 부과하지 않고 있어, 한국도 이 국가들처럼 복권 당첨금에 대한 세금 부담을 줄이거나 없애야 한다는 주장이 제기되고 있습니다. 이에 대해 복권위원회 관계자는 "요즘은 단순히 일확천금을 기대하기보다는 기부와 나눔의 목적으로 복권을 구매하는 경우가 많아, 세율 인하 문제에 대해서는 신중하게 접근할 필요가 있다"라고 밝혔습니다.

뉴스 표현 필살기

'是否'는 어떤 사실이나 상태가 성립하는지 여부를 묻거나 판단할 때 쓰는 표현으로, 문어체와 공식 문서 및 보고서에 자주 등장합니다.

关键在于项目是否可行。
Guānjiàn zàiyú xiàngmù shìfǒu kěxíng.
핵심은 프로젝트가 실행 가능한지 여부입니다.

他正在评估合作是否继续。
Tā zhèngzài pínggū hézuò shìfǒu jìxù.
그는 협력을 계속할지 여부를 평가하고 있습니다.

我们需要确认数据是否准确。
Wǒmen xūyào quèrèn shùjù shìfǒu zhǔnquè.
우리는 데이터가 정확한지 확인해야 합니다.

메이링 쌤의 뉴스 Tip

로또에 당첨되어 부자가 되고 싶은 마음은 어느 나라 사람이든 똑같습니다. 중국어에도 '暴富 bàofù'라는 말이 있는데요, 원래 '갑자기 큰 부자가 되다, 단숨에 부자가 되다'라는 뜻이었지만, 지금은 단순히 돈의 개념을 넘어, 행운과 희망을 기원하는 표현으로 자리 잡았습니다. 생일이나 새해에 "祝你暴富! Zhù nǐ bàofù! (부자 되세요!)"라는 축하 표현을 보내기도 하고, 티셔츠, 머그컵, 휴대폰 케이스, 스티커 등 각종 '好运周边 hǎoyùn zhōubiān (행운 굿즈)' 디자인에도 자주 등장합니다.

'펫로스 증후군'을 어떻게 극복할까?

宠物离世后…… 如何走出"宠物失落综合征"？

🎵 021 - 01

在现代社会中，宠物早已超越了动物的范畴，成为家庭的
Zài xiàndài shèhuì zhōng, chǒngwù zǎoyǐ chāoyuèle dòngwù de fànchóu, chéngwéi jiātíng de

一员。据统计，韩国养宠家庭已占总家庭的30.7%。
yìyuán.　Jù tǒngjì, Hánguó yǎngchǒng jiātíng yǐ zhàn zǒng jiātíng de bǎi fēn zhī sānshí diǎn qī.

宠物的离世给许多人带来巨大的失落感。美国兽医协会(AVMA)
Chǒngwù de líshì gěi xǔduō rén dàilái jùdà de shīluògǎn.　Měiguó Shòuyī Xiéhuì (AVMA)

研究显示，大约30%的宠物主人在失去宠物后经历严重
yánjiū xiǎnshì,　dàyuē bǎi fēn zhī sānshí de chǒngwù zhǔrén zài shīqù chǒngwù hòu jīnglì yánzhòng

悲伤，这种心理创伤被称为"宠物失落综合征"，常伴有
bēishāng, zhè zhǒng xīnlǐ chuāngshāng bèi chēngwéi "chǒngwù shīluò zōnghézhēng", cháng bànyǒu

慢性疲劳、食欲变化、失眠等身体及心理症状。哈佛医学院的
mànxìng píláo、　shíyù biànhuà, shīmián děng shēntǐ jí xīnlǐ zhèngzhuàng. Hāfó Yīxuéyuàn de

研究指出，失去宠物后人脑的反应模式与失去亲人时非常
yánjiū zhǐchū,　shīqù chǒngwù hòu rén nǎo de fǎnyìng móshì yǔ shīqù qīnrén shí fēicháng

相似；在真实案例中，不少宠物主人深陷自责与抑郁情绪。
xiāngsì; zài zhēnshí ànlì zhōng,　bùshǎo chǒngwù zhǔrén shēnxiàn zìzé yǔ yìyù qíngxù.

专家建议，理解宠物的自然生命周期、定期进行健康检查，
Zhuānjiā jiànyì,　lǐjiě chǒngwù de zìrán shēngmìng zhōuqī、dìngqī jìnxíng jiànkāng jiǎnchá,

并在宠物离世后必要时寻求专业帮助，有助于缓解悲伤。同时，
bìng zài chǒngwù líshì hòu bìyào shí xúnqiú zhuānyè bāngzhù, yǒuzhùyú huǎnjiě bēishāng. Tóngshí,

周围人的支持也非常重要，应以尊重和倾听的态度对待宠物
zhōuwéi rén de zhīchí yě fēicháng zhòngyào, yīng yǐ zūnzhòng hé qīngtīng de tàidù duìdài chǒngwù

💗 단어＋표현　🎵 021 - 02

宠物*chǒngwù 반려동물 ┃ 失落*shīluò 실의하다, 허전하다 ┃ 兽医 shòuyī 수의사 ┃ 创伤*chuāngshāng 외상, 상처 ┃ 伴有 bànyǒu 동반하다 ┃ 慢性*mànxìng 만성의 ┃ 模式*móshì 양식, 유형 ┃ 深陷 shēnxiàn 깊이 빠지다 ┃ 自责 zìzé 자책하다 ┃ 周期 zhōuqī 주기 ┃ 倾听*qīngtīng 경청하다 ┃ 催促 cuīcù 독촉하다 ┃ 领养 lǐngyǎng 입양하다

主人的情感，而非轻率地给予劝导或催促其领养新宠。

zhǔrén de qínggǎn, ér fēi qīngshuài de jǐyǔ quàndǎo huò cuīcù qí lǐngyǎng xīnchǒng.

🔊 현대 사회에서 반려동물은 단순한 동물을 넘어 가족의 일원으로 자리 잡았습니다. 통계에 따르면, 한국의 반려동물 양육 가구는 전체 가구의 30.7%를 차지하고 있습니다. 반려동물의 죽음은 많은 이들에게 깊은 상실감을 안겨줍니다. 미국 수의사협회(AVMA)의 연구에 따르면, 약 30%의 반려인이 반려동물을 잃은 후 심각한 슬픔을 경험합니다. 이러한 심리적 외상은 '펫로스 증후군'이라 불리며, 만성 피로, 식욕 변화, 불면증 등 다양한 신체적·정신적 증상을 동반할 수 있습니다. 하버드 의과대학 연구에 따르면, 반려동물을 잃은 후 인간의 뇌 반응은 가까운 가족을 잃었을 때와 매우 유사한 양상을 보이며, 실제 사례에서도 많은 반려인들이 극심한 죄책감과 우울에 시달립니다.

　전문가들은 반려동물의 자연스러운 생애 주기를 이해하고 정기적인 건강 검진을 실시하며, 이별 후에는 필요할 경우 전문가의 도움을 받는 것이 슬픔을 완화하는 데 도움이 된다고 조언합니다. 또한, 주변인의 지지 역시 매우 중요합니다. 반려동물을 잃은 이들의 감정을 존중하고 경청하는 태도가 필요하며, 섣부른 조언이나 새로운 반려동물 입양을 권유하는 것은 지양해야 합니다.

뉴스 표현 필살기

'据'는 '~에 따르면'이라는 의미로, 뒤에 조사(调查), 보고서(报告), 데이터(数据), 전문가 분석(专家分析) 등 공식적인 정보 출처를 나타내는 표현을 주로 함께 사용합니다.

据专家分析，今年经济将恢复增长。
Jù zhuānjiā fēnxī, jīnnián jīngjì jiāng huīfù zēngzhǎng.
전문가 분석에 따르면, 올해 경제가 회복될 전망입니다.

据报告显示，全球气温持续上升。
Jù bàogào xiǎnshì, quánqiú qìwēn chíxù shàngshēng.
보고서에 따르면, 전 세계 기온이 계속 상승하고 있습니다.

据调查显示，超过一半的人喜欢独处。
Jù diàochá xiǎnshì, chāoguò yíbàn de rén xǐhuan dúchǔ.
조사 결과, 절반 이상의 사람들이 혼자 있는 것을 좋아하는 것으로 나타났습니다.

메이링 쌤의 뉴스 Tip

한국에서는 '무지개 다리를 건너다'라는 표현으로 사랑하는 반려동물과의 이별을 따뜻하게 위로합니다. 중국에는 '**去了汪星** qùle wāng xīng', 직역하면 '멍멍이 별로 떠났다'라는 표현이 있는데요, 인터넷에서 강아지와 고양이를 의인화하여 '**汪星人** wāng xīng rén', '**喵星人** miāo xīng rén'이라고 부르는 것에서, 반려견이나 반려묘가 세상을 떠났을 때 은유적으로 사용하는 표현이 되었습니다. 혹은 '**去天堂了** qù tiāntáng le (천국에 갔다)', '**变成天使了** biàn chéng tiānshǐ le (천사가 되었다)'라고 표현하기도 합니다.

我的狗狗去了汪星。
Wǒ de gǒugou qùle wāng xīng.
우리 강아지가 강아지별로 떠났어요.

중고 거래 사기, 이렇게 예방하자!

二手交易诈骗，这样预防！

🎵 022-01

随着线上二手交易市场的快速发展，人们以低价买卖物品
Suízhe xiàn shàng èrshǒu jiāoyì shìchǎng de kuàisù fāzhǎn, rénmen yǐ dījià mǎimài wùpǐn

的机会大大增加。然而，随之而来的诈骗风险也在不断上升。
de jīhuì dàdà zēngjiā.　　Rán'ér,　suízhī'érlái de zhàpiàn fēngxiǎn yě zài búduàn shàngshēng.

常见的诈骗手法包括：诱导先付款后失联、出示伪造的交易
Chángjiàn de zhàpiàn shǒufǎ bāokuò: yòudǎo xiān fùkuǎn hòu shī lián、chūshì wěizào de jiāoyì

凭证骗取信任、或在名牌商品、电子产品交易中，以假冒品
píngzhèng piànqǔ xìnrèn、huò zài míngpái shāngpǐn、diànzǐ chǎnpǐn jiāoyì zhōng, yǐ jiǎmàopǐn

冒充正品进行销售。
màochōng zhèngpǐn jìnxíng xiāoshòu.

为了安全进行二手交易，必须遵循一些基本原则。首先，
Wèile ānquán jìnxíng èrshǒu jiāoyì,　bìxū zūnxún　yìxiē jīběn yuánzé.　Shǒuxiān,

务必仔细核查交易对象的资料和过往交易记录，必要时要求
wùbì　zǐxì héchá　jiāoyì duìxiàng de zīliào hé　guòwǎng jiāoyì jìlù,　bìyào shí yāoqiú

提供联系方式和身份认证。如果遇到远低于市价的物品或对方
tígōng liánxì fāngshì hé shēnfèn rènzhèng. Rúguǒ yùdào yuǎn dīyú shìjià de wùpǐn huò duìfāng

催促快速付款的情况，应提高警惕。此外，建议尽量选择当面
cuīcù kuàisù fùkuǎn de qíngkuàng, yīng tígāo jǐngtì.　Cǐwài, jiànyì jǐnliàng xuǎnzé dāngmiàn

交易，亲自确认商品实物。在支付环节，应优先使用安全支付
jiāoyì,　qīnzì quèrèn shāngpǐn shíwù. Zài zhīfù huánjié, yīng yōuxiān shǐyòng ānquán zhīfù

服务或支持信用卡支付的平台。信用卡支付在发生问题时可以
fúwù huò zhīchí xìnyòngkǎ　zhīfù de píngtái.　Xìnyòngkǎ zhīfù zài fāshēng wèntí shí kěyǐ

💟 단어＋표현　　　　　　　　　　　　　　　　　　🎵 022-02

二手* èrshǒu 중고의 | 诈骗* zhàpiàn 사기 쳐서 빼앗다 | 低价 dījià 싼값, 저렴한 가격 | 诱导* yòudǎo 유도하다 | 伪造* wěizào 위
조하다 | 凭证 píngzhèng 증명, 증빙 | 骗取 piànqǔ 속여서 빼앗다 | 假冒品 jiǎmàopǐn 위조품 | 冒充 màochōng 사칭하다 | 遵循
zūnxún 따르다 | 认证* rènzhèng 인증 | 警惕* jǐngtì 경계심 | 拒付 jùfù 지불을 거절하다 | 账户 zhànghù 계좌

申请拒付，而通过账户转账或现金交易则几乎无法追回款项。
shēnqǐng jùfù, ér tōngguò zhànghù zhuǎnzhàng huò xiànjīn jiāoyì zé jīhū wúfǎ zhuīhuí kuǎnxiàng.

🔊 온라인 중고 거래 시장이 빠르게 성장하면서, 사람들이 저렴한 가격에 물건을 사고팔 수 있는 기회가 크게 늘어났습니다. 그러나 그에 따라 사기 위험도 지속적으로 증가하고 있습니다. 흔히 발생하는 사기 수법으로는, 선입금을 유도한 뒤 연락을 끊거나, 위조된 거래 증빙을 제시해 신뢰를 얻는 방식, 혹은 명품이나 전자 제품 거래 시 가짜 제품을 정품처럼 속여 판매하는 방식 등이 있습니다.

안전하게 중고 거래를 하기 위해서는 몇 가지 기본 원칙을 반드시 지켜야 합니다. 먼저, 거래 상대방의 정보와 과거 거래 기록을 꼼꼼히 확인하고, 필요할 경우 연락처나 신분 인증을 요청해야 합니다. 시세보다 지나치게 저렴한 상품이거나, 상대방이 빠른 결제를 재촉하는 경우에는 특히 경계해야 합니다. 또한 가능하면 직접 만나서 실물을 확인하는 거래를 추천합니다. 결제 과정에서는 안전 결제 서비스를 이용하거나, 신용 카드 결제가 가능한 플랫폼을 우선 선택해야 합니다. 신용 카드 결제는 문제가 발생했을 때 지불 거절을 신청할 수 있지만, 계좌 이체나 현금 거래는 환불받기 어렵기 때문입니다.

뉴스 표현 필살기

'如果A，应(该)B'는 'A라면 B해야 한다'의 의미로 조건문을 만듭니다. '应'은 '应该 yīnggāi'보다 문어체로 뉴스·보도·조언문에서 자주 사용됩니다.

如果明天下雨，应该取消活动。
Rúguǒ míngtiān xiàyǔ, yīnggāi qǔxiāo huódòng.
내일 비가 오면 행사를 취소해야 합니다.

如果出现问题，应立即报告。
Rúguǒ chūxiàn wèntí, yīng lìjí bàogào.
문제가 발생하면 즉시 보고해야 합니다.

如果被骗，应尽快报警。
Rúguǒ bèi piàn, yīng jǐnkuài bàojǐng.
사기를 당했다면 즉시 경찰에 신고해야 합니다.

메이링 쌤의 뉴스 Tip

한국에서 당근마켓, 중고나라 같은 중고 거래 플랫폼이 일상에 자리 잡은 것처럼, 중국에서도 스마트폰 앱을 통한 '线上二手交易 xiàn shàng èrshǒu jiāoyì (온라인 중고 거래)'가 빠르게 확산되고 있습니다.

• 闲鱼 Xiányú
중국 최대 규모의 C2C 중고 거래 플랫폼으로 모바일 앱을 통해 손쉽게 물품을 사고 팔 수 있습니다.

• 转转 Zhuǎnzhuǎn
주로 전자 제품 중고 거래에 특화된 플랫폼으로, 상품 검수 서비스 등을 제공하여 비교적 안전한 거래를 지원합니다.

• 拍拍 Pāipāi
'京东(JD.com)' 산하의 중고 리테일 플랫폼으로 디지털 기기나 명품 중고 거래에 강점이 있습니다.

도심형 에어 택시,
하늘을 나는 교통 혁신이 현실로

城市空中出租车，飞行交通革命正在成为现实

♪ 023-01

城市空中出租车（简称UAM）是一种利用电动垂直
Chéngshì kōngzhōng chūzūchē (jiǎnchēng UAM) shì yì zhǒng lìyòng diàndòng chuízhí

起降飞行器（eVTOL）在城市上空进行短途运输的新型交通
qǐjiàng fēixíngqì (eVTOL) zài chéngshì shàngkōng jìnxíng duǎntú yùnshū de xīnxíng jiāotōng

方式。相比传统直升机，具有更低的噪音、更高的安全性和零
fāngshì. Xiāngbǐ chuántǒng zhíshēngjī, jùyǒu gèng dī de zàoyīn、gèng gāo de ānquánxìng hé líng

排放等优势，被视为未来城市交通的重要补充。目前，全球
páifàng děng yōushì, bèi shìwéi wèilái chéngshì jiāotōng de zhòngyào bǔchōng. Mùqián, quánqiú

多家企业正积极研发空中出租车。其商业化应用将带来
duō jiā qǐyè zhèng jījí yánfā kōngzhōng chūzūchē. Qí shāngyèhuà yìngyòng jiāng dàilái

多方面的变革。
duōfāngmiàn de biàngé.

首先，它可以缓解城市地面交通拥堵，提升出行效率。
Shǒuxiān, tā kěyǐ huǎnjiě chéngshì dìmiàn jiāotōng yōngdǔ, tíshēng chūxíng xiàolǜ.

其次，空中出租车有助于减少碳排放，推动绿色出行。此外，
Qícì, kōngzhōng chūzūchē yǒuzhùyú jiǎnshǎo tàn páifàng, tuīdòng lǜsè chūxíng. Cǐwài,

空中出租车的普及还将促进低空经济的发展，带动相关产业链
kōngzhōng chūzūchē de pǔjí hái jiāng cùjìn dīkōng jīngjì de fāzhǎn, dàidòng xiāngguān chǎnyè liàn

的成长。尽管城市空中出租车（UAM）在普及过程中仍面临
de chéngzhǎng. Jǐnguǎn chéngshì kōngzhōng chūzūchē (UAM) zài pǔjí guòchéng zhōng réng miànlín

诸多挑战，但预计最快将在2025年于部分城市投入试运营。
zhūduō tiǎozhàn, dàn yùjì zuì kuài jiāng zài èr líng èr wǔ nián yú bùfen chéngshì tóurù shìyùnyíng.

♥ 단어+표현 ♪ 023-02

城市空中出租车 chéngshì kōngzhōng chūzūchē 도심형 에어 택시 | 电动垂直起降飞行器 diàndòng chuízhí qǐjiàng
fēixíngqì 전기 수직 이착륙기(eVTOL) | 上空 shàngkōng 상공 | 短途* duǎntú 근거리 | 直升机 zhíshēngjī 헬리콥터 | 噪音 zàoyīn
소음 | 排放* páifàng 배출하다 | 拥堵* yōngdǔ 꽉 막히다 | 出行* chūxíng 이동하다, 외출하다 | 碳 tàn 탄소 | 低空 dīkōng 저공 |
诸多 zhūduō 수많은 | 科幻 kēhuàn 공상 과학(SF) | 有望* yǒuwàng 가능성이 있다, 기대하다

曾经只存在于科幻电影中的飞行汽车，未来有望在现实生活
Céngjīng zhǐ cúnzài yú kēhuàn diànyǐng zhōng de fēixíng qìchē, wèilái yǒuwàng zài xiànshí shēnghuó

中真正体验到。
zhōng zhēnzhèng tǐyàn dào.

🔊 도심형 에어 택시(약칭 UAM, Urban Air Mobility)는 전기 수직 이착륙기(eVTOL)를 활용해 도심 상공에서 근거리로 수송하는 새로운 교통수
단입니다. 기존 헬리콥터에 비해 소음이 적고, 안전성이 높으며, 탄소 배출이 없는 등의 장점을 갖추고 있어 미래 도시 교통의 중요한 보완 수단이 될
것으로 여겨집니다. 현재 전 세계 여러 기업들이 에어 택시 개발에 적극 나서고 있으며, 상용화될 경우 다방면으로 놀라운 변화를 가져올 것으로 예상
됩니다.
　　먼저, 도시 지상 교통 체증을 완화하고 이동 효율을 높이는 데 기여할 수 있습니다. 또한, 탄소 배출 저감을 통해 친환경 교통수단으로서의 역할을
할 것으로 기대됩니다. 더 나아가, 에어 택시 보급은 저고도 경제 활성화와 관련 산업 생태계 확장에도 긍정적인 영향을 미칠 것입니다. 물론 도심형
에어 택시(UAM)가 대중화되기까지는 여전히 여러 과제가 남아 있지만, 빠르면 2025년부터 일부 도시에서 시범 운행이 시작될 것으로 전망됩니다.
한때 공상 과학 영화 속에서만 존재했던 하늘을 나는 자동차를 현실 속에서 직접 체험할 수 있는 날이 다가오고 있습니다.

뉴스 표현 필살기

'相比'는 '~에 비해, ~와 비교하면'의 뜻으로, 비교 대상의 차이점을 강조할 때 사용합니다. 뒤에는 일반적으로
'更 gèng (더욱)+형용사' 구조가 나옵니다.

相比去年，今年的天气更冷。
Xiāngbǐ qùnián, jīnnián de tiānqì gèng lěng.
지난해에 비해 올해는 더 춥습니다.

相比大城市，小城市生活节奏更慢
Xiāngbǐ dà chéngshì, xiǎo chéngshì shēnghuó jiézòu gèng màn.
대도시에 비해 소도시는 생활 속도가 더 느립니다.

相比价格，我更注重质量。
Xiāngbǐ jiàgé, wǒ gèng zhùzhòng zhìliàng.
나는 가격보다 품질을 더 중요하게 생각합니다.

메이링 쌤의 뉴스 Tip

최근 중국은 1,000m 이하의 저고도(低空) 공역, 심지어 600m 이하를 새로운 산업 개발의 블
루 오션으로 보고 저고도 경제 발전을 적극 추진하고 있습니다. 전기 수직 이착륙기(eVTOL)
는 도시 위를 비행할 수 있어 저고도 교통의 핵심 구성 요소로 꼽히는데요, 중국 정부는 허페
이(合肥), 항저우(杭州), 선전(深圳), 쑤저우(苏州), 청두(成都), 충칭(重庆)의 6개 도시를
eVTOL 상업 시범 도시로 선정하고 시범 운행을 시작했습니다. 중국 SNS 플랫폼 '샤오훙슈
(小红书)'에서 '低空经济', 'eVTOL试飞' 등을 검색하면 시범 비행 영상과 도심형 에어 택시
(UAM)의 실제 체험 후기를 볼 수 있습니다.

'저소비 코어' 확산…
과소비 대신 절제 소비가 새로운 트렌드로

"低消费核心"兴起，拒绝过度消费成新趋势

🎵 024-01

在高物价与高利率并存的经济环境下，韩国MZ世代（1981
Zài gāo wùjià yǔ gāo lìlǜ　bìngcún de jīngjì huánjìng xià,　Hánguó MZ shìdài (yī jiǔ bā yī

年至2010年出生）逐渐形成了一种被称为"低消费核心
nián zhì èr líng yī líng nián chūshēng) zhújiàn xíngchéngle yì zhǒng bèi chēngwéi "dī xiāofèi héxīn

(Low-Consumption Core)"的新生活方式。这种趋势强调
(Low-Consumption Core)"　de xīn shēnghuó fāngshì. Zhè zhǒng qūshì qiángdiào

"只买真正需要的东西"，追求"无心理损失"的理性消费。这股
"zhǐ mǎi zhēnzhèng xūyào de dōngxi", zhuīqiú "wú xīnlǐ sǔnshī"　de lǐxìng xiāofèi.　Zhè gǔ

风潮不仅改变了年轻人的消费观，也正在重塑韩国的零售
fēngcháo bùjǐn gǎibiànle niánqīngrén de xiāofèiguān,　yě zhèngzài chóngsù Hánguó de língshòu

与商品开发模式。
yǔ shāngpǐn kāifā móshì.

便利店行业顺应单人家庭与小额消费的增长趋势，推出
Biànlìdiàn hángyè shùnyìng dānrén jiātíng yǔ xiǎo'é xiāofèi de zēngzhǎng qūshì, tuīchū

多样化的低价便当与简餐产品。例如，GS25推出的"预约式
duōyànghuà de dījià biàndāng yǔ jiǎncān chǎnpǐn. Lìrú,　GS èrshíwǔ tuīchū de "yùyuēshì

便当服务"允许顾客提前在App下单并在指定时间取餐，因精准
biàndāng fúwù" yǔnxǔ gùkè tíqián zài App xiàdān bìng zài zhǐdìng shíjiān qǔ cān, yīn jīngzhǔn

把握"计划型消费"需求而备受欢迎。与此同时，仿制高价品牌
bǎwò "jìhuàxíng xiāofèi"　xūqiú ér bèi shòu huānyíng. Yǔcǐ tóngshí,　fǎngzhì gāojià pǐnpái

设计的"平替(Dupe)"商品、以及"一物足矣(YONO, You Only
shèjì de　"píng tì (Dupe)"　shāngpǐn、yǐjí　"yí wù zú yǐ (YONO, You Only

🎵 024-02

단어＋표현

利率* lìlǜ 이율 | 风潮* fēngcháo 풍조 | 重塑* chóngsù 다시 만들다, 재정립하다 | 零售* língshòu 소매, 낱개로 팔다 | 顺应 shùnyìng 순응하다, 발맞추다 | 小额 xiǎo'é 소액의 | 预约 yùyuē 예약 | 精准 jīngzhǔn 정확하다 | 仿制 fǎngzhì 복제하다, 모방하다 | 平替 píng tì 듀브(Dupe), 고가 상품과 유사하면서 합리적인 가격의 대체품

Need One)"的实用型消费方式也迅速流行。专家指出，对企业而言，
Need One)" de shíyòngxíng xiāofèi fāngshì yě xùnsù liúxíng. Zhuānjiā zhǐchū, duì qǐyè éryán,

这一趋势意味着：价格不再是唯一竞争力，"诚实的构成"与"体验的
zhè yī qūshì yìwèizhe: jiàgé búzài shì wéiyī jìngzhēnglì, "chéngshí de gòuchéng" yǔ "tǐyàn de

真实价值"，才是赢得年轻消费者心的关键。
zhēnshí jiàzhí", cái shì yíngdé niánqīng xiāofèizhě xīn de guānjiàn.

🔊 고물가와 고금리가 동시에 이어지는 경제 환경 속에서, 한국의 MZ세대(1981년~2010년 출생)는 '저소비 코어(Low-Consumption Core)'라 불리는 새로운 생활 방식을 형성하고 있습니다. 이 트렌드는 '정말 필요한 것만 구입한다'라는 원칙을 강조하며, '심리적 손해가 없는' 합리적 소비를 추구합니다. 이러한 흐름은 젊은 세대의 소비 관행을 바꾸는 것을 넘어, 한국 소매업과 상품 개발 방식 전반에도 영향을 미치고 있습니다.
　편의점 업계는 1인 가구 증가와 소액 소비 트렌드에 발맞춰 저가형 도시락 및 간편식 제품을 다양하게 선보이고 있습니다. 예를 들어 GS25가 도입한 '예약식 도시락 서비스'는 고객이 앱을 통해 미리 주문하고 원하는 시간에 픽업할 수 있게 한 시스템으로, '계획형 소비' 성향을 정확히 반영해 큰 호응을 얻고 있습니다. 한편, 고가 브랜드 디자인을 모방한 '듀프(Dupe)' 상품과 '요노(YONO, You Only Need One)'와 같은 실용성을 중심으로 한 소비 방식도 빠르게 확산되고 있습니다. 전문가들은 이 트렌드가 기업에 주는 시사점을 다음과 같이 설명합니다. 즉, 가격만이 경쟁력의 핵심이 아니라 '정직한 제품 구성'과 '진정성 있는 경험 가치'가 젊은 소비자의 마음을 사로잡는 핵심 요소라는 것입니다.

👉 뉴스 표현 필살기

'意味着'는 '~을 의미하다, ~을 뜻하다'라고 해석하며, 어떤 현상·결과·변화가 무엇을 상징하거나 나타낼 때 사용합니다.

这一趋势意味着企业需要改变策略。
Zhè yī qūshì yìwèizhe qǐyè xūyào gǎibiàn cèlüè.
이러한 추세는 기업이 전략을 바꿔야 함을 의미합니다.

价格上涨意味着生活成本的增加。
Jiàgé shàngzhǎng yìwèizhe shēnghuó chéngběn de zēngjiā.
가격 상승은 생활비가 증가했음을 의미합니다.

低消费趋势意味着理性消费观的形成。
Dī xiāofèi qūshì yìwèizhe lǐxìng xiāofèiguān de xíngchéng.
저소비 트렌드는 합리적 소비관이 형성되고 있음을 뜻합니다.

메이링 쌤의 뉴스 Tip

최근 중국에서도 경기 둔화와 물가 상승의 영향으로 소비 패턴이 빠르게 변화하고 있습니다. 과거에는 '많이, 자주' 소비하는 것이 경제 활력의 상징이었다면, 지금은 '합리적이고 실속 있는 소비'를 중시하는 흐름이 강해지고 있으며, 이와 관련하여 다음과 같은 표현이 많이 나옵니다.

理性消费 lǐxìng xiāofèi 합리적 소비
消费降级 xiāofèi jiàngjí 소비 하향
新常态消费 xīn chángtài xiāofèi 뉴노멀 소비
重视性价比 zhòngshì xìngjiàbǐ 가성비를 중요시하다
精明消费 jīngmíng xiāofèi 현명한 소비

'숏폼 콘텐츠' 스마트폰 의존도 높여, 20대 위험성 높아

"短视频"加剧手机依赖，20多岁年轻人风险最高

🎵 025-01

近期研究显示，Instagram Reels、YouTube Shorts等
Jìnqī yánjiū xiǎnshì, Instagram Reels、 YouTube Shorts děng

短视频内容正加剧韩国20多岁年轻群体的智能手机依赖问题。
duǎn shìpín nèiróng zhèng jiājù Hánguó èrshí duō suì niánqīng qúntǐ de zhìnéng shǒujī yīlài wèntí.

根据延世大学研究团队调查的数据显示，短视频具有高度
Gēnjù Yánshì Dàxué yánjiū tuánduì diàochá de shùjù xiǎnshì, duǎn shìpín jùyǒu gāodù

上瘾性，会促使用户频繁使用在线视频平台(OTT)，从而提高
shàngyǐnxìng, huì cùshǐ yònghù pínfán shǐyòng zàixiàn shìpín píngtái (OTT), cóng'ér tígāo

智能手机依赖的风险。
zhìnéng shǒujī yīlài de fēngxiǎn.

研究负责人李教授表示，20多岁人群正处于追求独立和
Yánjiū fùzérén Lǐ jiàoshòu biǎoshì, èrshí duō suì rénqún zhèng chǔyú zhuīqiú dúlì hé

自我管理的阶段，外部对手机使用的干预相对较少，因此更
zìwǒ guǎnlǐ de jiēduàn, wàibù duì shǒujī shǐyòng de gānyù xiāngduì jiào shǎo, yīncǐ gèng

容易陷入依赖；OTT使用频率越高，智能手机依赖风险也随之
róngyì xiànrù yīlài; OTT shǐyòng pínlǜ yuè gāo, zhìnéng shǒujī yīlài fēngxiǎn yě suízhī

上升，而短视频的普及可能在无形中加剧了这一趋势。他还
shàngshēng, ér duǎn shìpín de pǔjí kěnéng zài wúxíng zhōng jiājùle zhè yī qūshì. Tā hái

强调，这不仅是个人自控力或技术成瘾的问题，更应从经济
qiángdiào, zhè bùjǐn shì gèrén zìkònglì huò jìshù chéngyǐn de wèntí, gèng yīng cóng jīngjì

与社会结构角度理解。他建议平台应承担更多社会责任，例如
yǔ shèhuì jiégòu jiǎodù lǐjiě. Tā jiànyì píngtái yīng chéngdān gèng duō shèhuì zérèn, lìrú

添加"观看时间提醒"等功能，同时用户自身也需加强自我调节意识，
tiānjiā "guānkàn shíjiān tíxǐng" děng gōngnéng, tóngshí yònghù zìshēn yě xū jiāqiáng zìwǒ tiáojié yìshí,

以打破依赖的恶性循环。
yǐ dǎpò yīlài de èxìng xúnhuán.

🔊 최근 연구에 따르면, 인스타그램 릴스(Instagram Reels), 유튜브 쇼츠(YouTube Shorts) 등 숏폼 콘텐츠가 한국 20대 젊은 층의 스마트폰 의존을 심화시키고 있는 것으로 나타났습니다. 연세대학교 연구팀이 조사한 자료에 따르면, 숏폼 콘텐츠는 중독성이 매우 강해 이용자들이 온라인 동영상 서비스(OTT)를 더 자주 이용하게 만들어서 스마트폰 의존도를 높이는 위험 요소로 작용합니다.

연구 책임자인 이 교수는 "20대는 자율성과 자기 관리를 중시하는 시기이기 때문에 스마트폰 사용에 대한 외부 통제가 상대적으로 약해서 더 쉽게 의존에 빠지게 된다"라고 지적하며, OTT 이용 빈도가 높아질수록 스마트폰 의존 위험도 증가하고, 숏폼 콘텐츠의 보급이 이러한 현상을 더욱 부추기고 있다고 설명했습니다. 또한 그는 이것은 단순히 개인의 자제력 부족이나 기술 중독으로만 볼 수 없으며, 경제와 사회 구조적 관점에서 이해해야 한다고 강조했습니다. 아울러 플랫폼은 '시청 시간 알림' 기능을 추가하는 등 사회적 책임을 다해야 하며, 이용자 스스로도 사용 시간을 조절하려고 노력해서 의존의 악순환을 끊어야 한다고 덧붙였습니다.

뉴스 표현 필살기

'A，从而B'는 'A하여, (그 결과) B하다'라는 뜻으로 앞 문장에서 제시한 원인·조건·행동의 결과를 나타낼 때 사용합니다.

短视频具有高度上瘾性，从而增加了智能手机依赖。
Duǎn shìpín jùyǒu gāodù shàngyǐnxìng, cóng'ér zēngjiāle zhìnéng shǒujī yīlài.
숏폼 영상은 중독성이 높아, 스마트폰 의존도를 높였습니다.

良好的作息可以稳定情绪，从而提高学习效率。
Liánghǎo de zuòxī kěyǐ wěndìng qíngxù, cóng'ér tígāo xuéxí xiàolǜ.
좋은 생활 습관은 감정을 안정시켜, 학습 효율을 높입니다.

公司改善了工作环境，从而提升了员工满意度。
Gōngsī gǎishànle gōngzuò huánjìng, cóng'ér tíshēngle yuángōng mǎnyìdù.
회사는 근무 환경을 개선하여, 직원 만족도를 높였습니다.

메이링 쌤의 뉴스 Tip

중국의 젊은 세대 사이에서 스마트폰과 SNS 사용 증가에 따른 '信息疲劳 xìnxī píláo (디지털 피로)'와 '信息焦虑 xìnxī jiāolǜ (정보 불안)'가 사회적 이슈로 떠오르면서 '数字断舍离 shùzì duànshělí (디지털 디톡스)'라는 관련 신조어도 등장했습니다. 일본어에서 유래된 '단사리(断舍离)'가 디지털로 확장된 표현으로, 불필요한 앱·SNS·알림을 줄이고, 디지털 환경을 정리하여 마음의 여유를 되찾자는 의미입니다.

越来越多的年轻人开始实行数字断舍离。
Yuèláiyuè duō de niánqīngrén kāishǐ shíxíng shùzì duànshělí.
점점 더 많은 젊은이들이 '디지털 단사리(디톡스)'를 실천하고 있습니다.

노인과 키오스크:
심화되는 디지털 격차 문제

老人与自助服务终端：加剧的数字鸿沟问题

🎵 026-01

随着自助服务终端因节省人工成本、提高服务效率而迅速
Suízhe zìzhù fúwù zhōngduān yīn jiéshěng réngōng chéngběn, tígāo fúwù xiàolǜ ér xùnsù

普及，社会各界也开始关注其带来的数字鸿沟问题。尤其是
pǔjí,　　shèhuì gèjiè yě kāishǐ guānzhù qí dàilái de shùzì hónggōu wèntí.　　Yóuqí shì

老年群体，在使用自助终端时面临诸多困难，正逐渐成为被
lǎonián qúntǐ, zài shǐyòng zìzhù zhōngduān shí miànlín zhūduō kùnnán, zhèng zhújiàn chéngwéi bèi

社会边缘化的对象。由于视力减退、手部动作不便及缺乏电脑
shèhuì biānyuánhuà de duìxiàng. Yóuyú shìlì jiǎntuì,　　shǒubù dòngzuò búbiàn jí quēfá diànnǎo

使用经验，老年人在面对复杂菜单、小字体和触控屏操作时
shǐyòng jīngyàn,　lǎoniánrén zài miànduì fùzá càidān,　　xiǎo zìtǐ hé chùkòngpíng cāozuò shí

感到极大不便。这不仅限制了他们的社会参与机会，也在日常
gǎndào jídà búbiàn.　　Zhè bùjǐn xiànzhìle　tāmen de shèhuì cānyù jīhuì,　　yě zài rìcháng

生活中带来了诸多不便。频繁的失败体验容易让老年人产生
shēnghuó zhōng dàiláile zhūduō búbiàn. Pínfán de shībài tǐyàn róngyì ràng lǎoniánrén chǎnshēng

自卑感与无力感，必须依赖他人协助的情况也常带来羞耻感
zìbēigǎn yǔ wúlìgǎn,　　bìxū yīlài tārén xiézhù de qíngkuàng yě　　cháng dàilái xiūchǐgǎn

和心理压力。
hé xīnlǐ yālì.

为解决这一问题，首先需要推动终端设备的适老化改造，
Wèi jiějué zhè yī wèntí, shǒuxiān xūyào tuīdòng zhōngduān shèbèi de shìlǎohuà gǎizào,

通过扩大按钮尺寸等，提升易用性。其次，应扩大针对老年人
tōngguò kuòdà ànniǔ chǐcùn děng, tíshēng yìyòngxìng.　Qícì,　　yīng kuòdà zhēnduì lǎoniánrén

🎵 026-02

自助服务终端 zìzhù fúwù zhōngduān 키오스크 | 鸿沟 hónggōu 격차 | 边缘化*biānyuánhuà 비주류화, 소외 | 减退*jiǎntuì 감
퇴하다 | 触控屏 chùkòngpíng 터치스크린 | 自卑感*zìbēigǎn 열등감 | 无力感*wúlìgǎn 무력감 | 依赖*yīlài 의존하다 | 羞耻感
xiūchǐgǎn 수치심 | 提升 tíshēng 높이다 | 易用性 yìyòngxìng 사용 편의성 | 障碍*zhàng'ài 장애

的使用培训项目，提供更多实际操作机会缓解使用障碍。 此外，
de shǐyòng péixùn xiàngmù, tígōng gèng duō shíjì cāozuò jīhuì huǎnjiě shǐyòng zhàng'ài.　Cǐwài,

还应提供多元化的服务渠道。
hái yīng tígōng duōyuánhuà de fúwù qúdào.

🔊 키오스크가 인건비 절감과 서비스 효율성 향상을 이유로 빠르게 확산되면서, 이에 따른 디지털 격차 문제에 대한 사회적 관심도 높아졌습니다. 특히 노인층은 키오스크 사용에 많은 어려움을 겪으며 점차 사회로부터 소외되는 대상이 되고 있습니다. 노인들은 시력 감퇴, 손동작 불편, 컴퓨터 사용 경험 부족 등의 이유로 복잡한 메뉴 구성, 작은 글씨, 터치스크린 조작 등에 큰 불편을 느낍니다. 이는 노인들의 사회 참여 기회를 제한할 뿐만 아니라 일상생활에서도 다양한 불편을 초래합니다. 잦은 실패 경험은 노인들에게 열등감과 무력감을 심어줄 수 있으며, 타인의 도움을 받아야 하는 상황은 부끄러움과 심리적 스트레스를 유발하기도 합니다.

　　이 문제를 해결하기 위해서는 우선 키오스크 기기의 고령자 친화적 개편이 필요하며, 버튼 크기 확대 등 사용 편의성을 높이는 조치가 이루어져야 합니다. 또한 노인들을 대상으로 한 키오스크 사용 교육 프로그램을 확대하고, 실제 조작 기회를 제공하여 사용 장벽을 완화해야 합니다. 아울러 키오스크 외에도 다양한 방식의 서비스 이용 경로를 제공해야 합니다.

뉴스 표현 필살기

'尤其'는 '특히, 그중에서도'라는 뜻으로, 여러 사실 중 가장 두드러지거나
강조하고 싶은 대상을 나타낼 때 사용합니다.

我喜欢喝茶，尤其喜欢乌龙茶。
Wǒ xǐhuan hē chá, yóuqí xǐhuan wūlóngchá.
저는 차를 좋아하는데, 특히 우롱차를 좋아합니다.

这个城市的冬天很冷，尤其晚上风更大。
Zhège chéngshì de dōngtiān hěn lěng, yóuqí wǎnshang fēng gèng dà.
이 도시는 겨울에 매우 춥습니다. 특히 밤에는 바람이 더 셉니다.

近几年，环保成为全球热点主题，尤其是年轻人更加重视。
Jìn jǐ nián, huánbǎo chéngwéi quánqiú rèdiǎn zhǔtí, yóuqí shì niánqīngrén gèng jiā zhòngshì.
최근 몇 년 사이 환경 보호가 전 세계적인 화두가 되었으며, 특히 젊은 세대는 더 중시합니다.

메이링 쌤의 뉴스 Tip

요즘은 공항에서 얼굴 인식 시스템을 통해 세관을 통과하거나, 회사에서 출퇴근이나 사무실 출입 시 얼굴을 스캔하여
인증하는 경우도 있습니다. 이러한 '얼굴 인식'을 중국어로는 '刷脸 shuāliǎn'이라고 표현합니다.

现在很多公司都可以"刷脸"打卡，非常方便。
Xiànzài hěn duō gōngsī dōu kěyǐ "shuāliǎn" dǎkǎ, fēicháng fāngbiàn.
요즘 많은 회사에서는 얼굴 인식으로 출퇴근할 수 있어 매우 편리합니다.

OECD 보고서 발표:
한국 인구 '반토막' 우려, 고령화 심화

OECD发布报告：韩国人口或将"腰斩"，老龄化加剧

🎵 027-01

经济合作与发展组织（OECD）近日发布了百页报告，首次
Jīngjì Hézuò Yǔ Fāzhǎn Zǔzhī （OECD） jìnrì fābùle bǎiyè bàogào, shǒucì

针对韩国低出生率问题单独出版专册，并发出严峻警告。
zhēnduì Hánguó dī chūshēnglǜ wèntí dāndú chūbǎn zhuāncè, bìng fāchū yánjùn jǐnggào.

报告指出，2023年韩国的总和生育率仅为0.72，连续刷新
Bàogào zhǐchū, èr líng èr sān nián Hánguó de zǒnghé shēngyùlǜ jǐn wéi líng diǎn qī èr, liánxù shuāxīn

全球最低纪录。
quánqiú zuìdī jìlù.

OECD分析称，教育支出高和房价飙升是主要原因。尽管
OECD fēnxī chēng, jiàoyù zhīchū gāo hé fángjià biāoshēng shì zhǔyào yuányīn. Jǐnguǎn

韩国政府试图通过改善公立教育、改革高考体系等措施应对，
Hánguó zhèngfǔ shìtú tōngguò gǎishàn gōnglì jiàoyù、gǎigé gāokǎo tǐxì děng cuòshī yìngduì,

但劳动市场的两极分化和大学排名固化问题依然严峻。同时，
dàn láodòng shìchǎng de liǎngjí fēnhuà hé dàxué páimíng gùhuà wèntí yīrán yánjùn. Tóngshí,

2013年至2019年间，韩国房价翻倍，进一步打击了年轻人结婚
èr líng yī sān nián zhì èr líng yī jiǔ niánjiān, Hánguó fángjià fān bèi, jìnyíbù dǎjīle niánqīngrén jiéhūn

和生育的意愿。
hé shēngyù de yìyuàn.

报告指出，尽管韩国政府不断加大财政投入以鼓励生育，
Bàogào zhǐchū, jǐnguǎn Hánguó zhèngfǔ búduàn jiādà cáizhèng tóurù yǐ gǔlì shēngyù,

但效果甚微。OECD建议，与其单纯增加现金补贴，不如着重
dàn xiàoguǒ shèn wēi. OECD jiànyì, yǔqí dānchún zēngjiā xiànjīn bǔtiē, bùrú zhuózhòng

 🎵 027-02

腰斩 yāozhǎn 반토막 | 专册 zhuāncè 특집 | 刷新* shuāxīn 경신하다 | 支出 zhīchū 지출 | 飙升* biāoshēng 급등하다 |
公立 gōnglì 공립의 | 分化* fēnhuà 분화, 분열 | 固化* gùhuà 공고화, 고착 | 财政 cáizhèng 재정 | 甚微 shèn wēi 매우 작다 |
补贴* bǔtiē 보조금, 수당 | 着重 zhuózhòng 중점을 두다 | 优化 yōuhuà 최적화하다, 개선하다 | 短缺 duǎnquē 부족

优化育儿支持体系。此外，为缓解劳动力短缺，韩国需提高女性
yōuhuà yù'ér zhīchí tǐxì.　　Cǐwài,　wèi huǎnjiě láodònglì duǎnquē,　Hánguó xū tígāo nǚxìng

就业率并推迟退休年龄。
jiùyèlǜ　bìng tuīchí tuìxiū niánlíng.

🔊 경제협력개발기구(OECD)가 최근 100쪽 분량의 보고서를 발간하여, 처음으로 한국의 저출산 문제를 단독으로 다룬 책자를 출간하며 심각하게 경고했습니다. 보고서에 따르면, 2023년 한국의 합계 출산율은 0.72명으로 세계 최저 기록을 경신했습니다.

OECD는 높은 교육비 지출과 집값 급등이 저출산의 주요 원인이라고 지적하며, 한국 정부가 공교육 개선, 대학 입시 제도 개혁 등을 통해 문제를 해결하려 했지만, 노동 시장의 양극화와 대학 서열화 문제는 여전히 심각하다고 분석했습니다. 특히 2013년부터 2019년까지 집값이 두 배로 상승하면서 젊은 세대의 결혼 및 출산 의욕이 더욱 위축된 것으로 평가했습니다.

보고서는 한국 정부가 출산 장려를 위해 재정 지출을 꾸준히 늘렸음에도 불구하고 효과는 미미하다고 지적했으며, OECD에서는 단순 현금 지원을 늘리기보다 보육 지원 시스템을 개선하는 것에 중점을 두어야 한다고 건의했습니다. 이외에도 노동력 부족을 해결하기 위해 한국은 여성 고용률을 높이고, 은퇴 연령을 연장하는 것이 필요하다고 제안했습니다.

뉴스 표현 필살기

'尽管A，但(是)/仍然B'는 '비록 ～일지라도, 여전히 ～하다'라는 뜻으로 앞 절에서는 사실이나 조건을 제시하고, 뒤 절에서는 그럼에도 불구하고 나타난 결과나 판단을 이어서 말할 때 사용합니다.

尽管政府投入大量资金，但出生率仍然下降。
Jǐnguǎn zhèngfǔ tóurù dàliàng zījīn, dàn chūshēnglǜ réngrán xiàjiàng.
비록 정부가 막대한 예산을 투입했지만, 출산율은 여전히 하락하고 있습니다.

尽管房价不断上涨，许多年轻人仍然坚持留在城市。
Jǐnguǎn fángjià búduàn shàngzhǎng, xǔduō niánqīngrén réngrán jiānchí liú zài chéngshì.
비록 집값이 계속 오르지만, 많은 젊은이들은 여전히 도시에 머물고 있습니다.

尽管经济形势严峻，人们对未来仍然保持信心。
Jǐnguǎn jīngjì xíngshì yánjùn, rénmen duì wèilái réngrán bǎochí xìnxīn.
비록 경제 상황이 어려워도, 사람들은 여전히 미래에 대한 믿음을 유지하고 있습니다.

메이링 쌤의 뉴스 Tip

한국에서 저출산이 심각한 사회 문제로 논의되는 것처럼, 중국에서도 젊은 세대의 가치관 변화가 인구 구조에 큰 영향을 미치고 있습니다. 최근 중국 사회를 이해할 수 있는 키워드로 '躺平文化(탕핑 문화)'라는 말이 있는데요, '躺平 tǎngpíng'은 직역하면 '누워 있다'라는 뜻이지만, 현대 중국 젊은이들 사이에서는 '과도한 경쟁과 스트레스를 거부하고 최소한의 노력으로 살아가자'라는 태도를 의미합니다. 경제 불황, 주택난, 고용 불안 속에서, 승진, 주택 구입, 출산 등 전통적으로 성공이라고 여겨지던 가치관을 거부하며 등장한 일종의 '소극적 저항 문화'로 볼 수 있습니다.

越来越多的年轻人选择"躺平"，以减轻生活压力。
Yuèláiyuè duō de niánqīngrén xuǎnzé "tǎngpíng", yǐ jiǎnqīng shēnghuó yālì.
점점 더 많은 젊은이들이 '탕핑'을 선택하며, 삶의 스트레스를 줄이고 있습니다.

MZ세대 여성, 결혼·출산 기피 현상 지속

MZ世代女性，结婚与生育意愿持续下降

🎵 028-01

近年来，韩国MZ世代女性对结婚与生育的意愿明显降低。
Jìnnián lái, Hánguó MZ shìdài nǚxìng duì jiéhūn yǔ shēngyù de yìyuàn míngxiǎn jiàngdī.

根据庆熙大学的调查，约30%的大学生不打算结婚，
Gēnjù Qìngxī Dàxué de diàochá, yuē bǎi fēn zhī sānshí de dàxuéshēng bù dǎsuàn jiéhūn,

50%不愿意或尚未决定是否生育。其中，大多数女性
bǎi fēn zhī wǔshí bú yuànyì huò shàngwèi juédìng shìfǒu shēngyù. Qízhōng, dàduōshù nǚxìng

受访者表示担心婚后主要负责育儿会影响职业发展，而男性
shòufǎngzhě biǎoshì dānxīn hūn hòu zhǔyào fùzé yù'ér huì yǐngxiǎng zhíyè fāzhǎn, ér nánxìng

则因经济负担选择回避婚育责任。这反映出韩国高学历女性
zé yīn jīngjì fùdān xuǎnzé huíbì hūnyù zérèn. Zhè fǎnyìng chū Hánguó gāo xuélì nǚxìng

在事业与育儿之间面临两难选择。
zài shìyè yǔ yù'ér zhījiān miànlín liǎngnán xuǎnzé.

尽管韩国政府推出了产假和育儿假等政策，但在实际执行
Jǐnguǎn Hánguó zhèngfǔ tuīchūle chǎnjià hé yù'ér jià děng zhèngcè, dàn zài shíjì zhíxíng

过程中存在诸多问题，整体家庭政策的成效十分有限。相比
guòchéng zhōng cúnzài zhūduō wèntí, zhěngtǐ jiātíng zhèngcè de chéngxiào shífēn yǒuxiàn. Xiāngbǐ

之下，德国和法国将国内生产总值的3%至4%投入
zhīxià, Déguó hé Fǎguó jiāng guónèi shēngchǎn zǒngzhí de bǎi fēn zhī sān zhì bǎi fēn zhī sì tóurù

家庭政策，不仅提供充足的育儿假，还通过灵活的工作制度和
jiātíng zhèngcè, bùjǐn tígōng chōngzú de yù'ér jià, hái tōngguò línghuó de gōngzuò zhìdù hé

全民覆盖的支持体系，成功提高了生育率与性别平等水平。
quánmín fùgài de zhīchí tǐxì, chénggōng tígāole shēngyùlǜ yǔ xìngbié píngděng shuǐpíng.

단어+표현 🎵 028-02

生育 shēngyù 출산 | **尚未**＊ shàngwèi 아직 ~하지 않다 | **育儿** yù'ér 육아하다 | **回避**＊ huíbì 회피하다 | **两难** liǎngnán 이러지도 저러지도 못하다 | **执行**＊ zhíxíng 집행하다 | **成效**＊ chéngxiào 효과 | **灵活**＊ línghuó 융통성 있다, 유연하다 | **覆盖** fùgài 전부 포함하다

专家指出，MZ世代并非主动拒绝婚育，而是在缺乏制度支持、社会
Zhuānjiā zhǐchū, MZ shìdài bìngfēi zhǔdòng jùjué hūnyù, érshì zài quēfá zhìdù zhīchí, shèhuì

压力沉重的情况下被迫"选择放弃"。
yālì chénzhòng de qíngkuàng xià bèi pò "xuǎnzé fàngqì".

🔊 최근 한국의 MZ세대 여성들 사이에서 결혼과 출산에 대한 기피 현상이 뚜렷하게 나타나고 있습니다. 경희대학교의 조사에 따르면, 대학생 응답자 중 약 30%는 결혼할 의사가 없다고 밝혔고, 절반가량은 출산을 원치 않거나 아직 결정하지 못한 상태였습니다. 여성 응답자 다수는 결혼 후 주양육자로서의 책임이 경력 단절로 이어질까 우려한다고 답했으며, 남성은 경제적 부담을 이유로 결혼과 출산을 꺼리는 경향을 보였습니다. 이는 고학력 여성들이 커리어와 육아 사이에서 딜레마를 겪고 있음을 보여줍니다.

한국 정부는 출산 휴가, 육아 휴직 등 정책을 내놓고 있으나 실제 적용 과정에 문제가 많아 가족 정책의 실효성에 한계를 드러내고 있습니다. 반면, 독일과 프랑스는 국내총생산(GDP)의 3~4%를 가족 정책에 투자해 충분한 육아 휴직을 제공하고, 유연 근무제, 보편적 돌봄 체계를 구축함으로써 출산율과 양성 평등 수준을 높이는 데 성공했습니다. 전문가들은 MZ세대가 결혼과 출산을 능동적으로 거부하는 것이 아니라, 제도적 뒷받침 부족과 사회적 부담이 높은 상황에서 어쩔 수 없이 '포기를 선택'하는 것이라고 분석합니다.

👉 뉴스 표현 필살기

'并非A，而是B'은 기존의 생각이나 추측(A)을 부정하고, 실제 이유(B)를 제시할 때 사용됩니다. 뉴스 기사, 보고서, 또는 사회 문제 논의에서 자주 등장합니다.

MZ世代并非不想结婚，而是担心结婚后影响事业。
MZ shìdài bìngfēi bù xiǎng jiéhūn, érshì dānxīn jiéhūn hòu yǐngxiǎng shìyè.
MZ세대는 결혼하기 싫어하는 것이 아니라, 결혼 후 커리어에 영향을 받을까 걱정하는 것입니다.

他离职并非因为工资低，而是为了追求更好的发展。
Tā lízhí bìngfēi yīnwèi gōngzī dī, érshì wèile zhuīqiú gèng hǎo de fāzhǎn.
그가 퇴사한 것은 급여가 낮아서가 아니라, 더 나은 발전을 위해서입니다.

学生的沉默并非冷漠，而是因为缺乏表达的机会。
Xuéshēng de chénmò bìngfēi lěngmò, érshì yīnwèi quēfá biǎodá de jīhuì.
학생들의 침묵은 무관심해서가 아니라, 표현할 기회가 부족하기 때문입니다.

메이링 쌤의 뉴스 Tip

한국의 MZ세대가 결혼 및 출산을 미루거나 포기하는 사회 현상은 중국의 '佛系青年(포계청년)'과 닮아 있습니다. '佛系 fóxì'는 본래 불교의 '무욕(無欲)'과 '평정(平靜)' 개념에서 유래한 단어로, 현대 중국에서는 '경쟁보다 마음의 평화를 중시하고, 세상일에 크게 집착하지 않는 태도'를 가리킵니다.

他对升职的态度很佛系，有就有，没有也无所谓。
Tā duì shēngzhí de tàidù hěn fóxì, yǒu jiù yǒu, méiyǒu yě wúsuǒwèi.
그는 승진에 대해 별로 집착하지 않고, 승진하면 좋고 승진하지 않아도 상관없다고 합니다.

소분·소용량 열풍, 새로운 소비 트렌드로 부상

小包装、小容量热潮来袭，成为消费新趋势

🎵 029-01

在高物价时代，"小包装、小容量"产品正在迅速重塑
Zài gāo wùjià shídài, "xiǎo bāozhuāng, xiǎo róngliàng" chǎnpǐn zhèngzài xùnsù chóngsù

韩国零售市场。通过减少购买负担、迎合一两人家庭需求，
Hánguó língshòu shìchǎng. Tōngguò jiǎnshǎo gòumǎi fùdān、yínghé yì liǎng rén jiātíng xūqiú,

少量销售成为热门趋势。今年5月起，韩国餐厅被允许按杯
shǎoliàng xiāoshòu chéngwéi rèmén qūshì. Jīnnián wǔ yuè qǐ, Hánguó cāntīng bèi yǔnxǔ àn bēi

销售烧酒、米酒等所有酒类。随着国务会议通过《酒类许可等
xiāoshòu shāojiǔ、mǐjiǔ děng suǒyǒu jiǔlèi. Suízhe guówù huìyì tōngguò 《Jiǔlèi xǔkě děng

相关法令》修订案，消费者无需整瓶购买，可按杯畅饮。尽管
xiāngguān fǎlìng》xiūdìng'àn, xiāofèizhě wúxū zhěng píng gòumǎi, kě àn bēi chàngyǐn. Jǐnguǎn

这一变化扩大了选择空间，但也引发了对卫生管理的担忧。
zhè yī biànhuà kuòdàle xuǎnzé kōngjiān, dàn yě yǐnfāle duì wèishēng guǎnlǐ de dānyōu.

农产品市场方面，小包装销售也在扩展。政府将
Nóngchǎnpǐn shìchǎng fāngmiàn, xiǎo bāozhuāng xiāoshòu yě zài kuòzhǎn. Zhèngfǔ jiāng

苹果、葡萄、番茄、草莓等水果和部分蔬菜的标准规格从
píngguǒ、pútáo、fānqié、cǎoméi děng shuǐguǒ hé bùfen shūcài de biāozhǔn guīgé cóng

大包装调整为1至4公斤不等的小包装，同时计划允许
dà bāozhuāng tiáozhěng wéi yī zhì sì gōngjīn bù děng de xiǎo bāozhuāng, tóngshí jìhuà yǔnxǔ

分装销售熟成奶酪，以扩大奶农销售渠道。便利店和电视
fēnzhuāng xiāoshòu shúchéng nǎilào, yǐ kuòdà nǎinóng xiāoshòu qúdào. Biànlìdiàn hé diànshì

购物行业也在积极推进小包装战略。韩国零售业正逐步从
gòuwù hángyè yě zài jījí tuījìn xiǎo bāozhuāng zhànlüè. Hánguó língshòuyè zhèng zhúbù cóng

---

💟 단어+표현 ⋯⋯⋯⋯⋯⋯⋯⋯⋯⋯⋯⋯⋯⋯⋯⋯⋯⋯⋯⋯ 🎵 029-02

来袭 lái xí 몰려오다 | 重塑* chóngsù 다시 만들다, 재정립하다 | 零售* língshòu 소매, 낱개로 팔다 | 迎合 yínghé 맞추다, 영합하다 | 许可 xǔkě 허가 | 修订案 xiūdìng'àn 개정안 | 畅饮 chàngyǐn 마음껏 술을 마시다 | 奶农 nǎinóng 낙농업 | 渠道* qúdào 경로, 루트 | 战略* zhànlüè 전략 | 性价比* xìngjiàbǐ 가성비 | 理性 lǐxìng 이성적이다

“越多越好” **转向** “高性价比”和“理性消费”，以抓住消费者的心。

“yuè duō yuè hǎo” zhuǎnxiàng “gāo xìngjiàbǐ” hé “lǐxìng xiāofèi”, yǐ zhuāzhù xiāofèizhě de xīn.

🔊 고물가 시대를 맞아 '소분·소용량' 제품이 한국 소매 시장을 빠르게 재편하고 있습니다. 구매 부담을 줄이고 1~2인 가구 수요를 겨냥해 소량 판매가 인기 트렌드로 자리 잡았습니다. 올해 5월부터 한국 식당에서는 소주, 막걸리 등 모든 주류를 잔으로 판매하는 것이 허용됐습니다. 국무회의를 통해 「주류 면허 등에 관한 법령」 개정안이 통과되면서, 소비자는 이제 병 단위가 아닌 잔으로 술을 즐길 수 있게 됐습니다. 이러한 변화로 선택의 폭이 넓어졌지만, 위생 관리에 대한 우려의 목소리도 나오고 있습니다.

농산물 시장에서도 소포장 판매가 확대되고 있습니다. 정부는 사과, 포도, 토마토, 딸기 등 과일과 일부 채소의 표준 규격을 대포장에서 1~4kg의 소포장으로 조정했으며, 숙성치즈 소분 판매도 허용해 낙농가의 판로를 확대할 계획입니다. 편의점과 홈쇼핑 업계 또한 소포장 전략을 적극 추진하고 있습니다. 한국 유통업계는 '많을수록 좋다'는 기존 방식에서 '가성비'와 '합리적 소비'로 점차 변화하며 소비자 마음을 사로잡고 있습니다.

뉴스 표현 필살기

'从A转向B'는 'A에서 B로 전환되다, 바뀌다'라는 뜻으로 변화의 방향이나 초점 이동을 나타냅니다.

韩国零售业正在从“大包装”转向“小包装”。
Hánguó língshòuyè zhèngzài cóng “dà bāozhuāng” zhuǎnxiàng “xiǎo bāozhuāng”.
한국 유통업계는 '대포장'에서 '소포장'으로 전환되고 있습니다.

消费者的关注点从价格转向品质。
Xiāofèizhě de guānzhùdiǎn cóng jiàgé zhuǎnxiàng pǐnzhì.
소비자의 관심이 가격에서 품질로 옮겨가고 있습니다.

市场结构正在从数量竞争转向价值竞争。
Shìchǎng jiégòu zhèngzài cóng shùliàng jìngzhēng zhuǎnxiàng jiàzhí jìngzhēng.
시장 구조가 '양적 경쟁'에서 '가치 경쟁'으로 바뀌고 있습니다.

메이링 쌤의 뉴스 Tip

한국의 '혼밥'과 비슷하게 중국에는 '一人食 yìrénshí'라는 사회 현상이 있습니다. 이는 1인 가구 증가, 개인주의 확산 및 자기만의 시간을 중시하는 사회적 변화 속에서 나타난 트렌드입니다. 중국의 젊은 세대는 '혼자 밥을 먹는 것'이 외로움의 상징이 아니라 자기 치유(自愈)의 방식으로 여깁니다. 그래서 '1인 전용 식당(一人食餐厅)'이나 '1인 도시락(一人食便当)'이 인기를 끌고 있으며, SNS에서는 “一个人也要好好吃饭。(혼자라도 잘 먹자.)”이라는 문장이 유행어로 쓰이기도 합니다.

한국 유학생 수 첫 25만 명 돌파, 아시아 유학생 비율 최고

在韩留学生首次突破25万，亚洲留学生占比最高

🎵 030-01

韩国教育部近日发布了《留学生教育竞争力提升方案》第二
Hánguó Jiàoyùbù jìnrì fābùle 《Liúxuéshēng jiàoyù jìngzhēnglì tíshēng fāng'àn》dì-èr

周期评估结果。报告显示，截至今年4月，在韩国各类高校就读的
zhōuqī pínggū jiéguǒ. Bàogào xiǎnshì, jiézhì jīnnián sì yuè, zài Hánguó gè lèi gāoxiào jiùdú de

外国留学生人数达到25万3,400人，创下韩国自统计
wàiguó liúxuéshēng rénshù dádào èrshíwǔ wàn sānqiān sìbǎi rén, chuàngxià Hánguó zì tǒngjì

以来的最高纪录。随着疫情缓解，留学生人数连续两年上升，
yǐlái de zuìgāo jìlù. Suízhe yìqíng huǎnjiě, liúxuéshēng rénshù liánxù liǎng nián shàngshēng,

今年较去年增加了2万7,120人。尤其值得关注的是，理工科
jīnnián jiào qùnián zēngjiāle liǎngwàn qīqiān yìbǎi èrshí rén. Yóuqí zhídé guānzhù de shì, lǐgōngkē

专业留学生的比例显著提高，非首都圈大学的留学生人数也
zhuānyè liúxuéshēng de bǐlì xiǎnzhù tígāo, fēi shǒudūquān dàxué de liúxuéshēng rénshù yě

有所增长，从而缓解了留学生集中在首都圈的现象。
yǒusuǒ zēngzhǎng, cóng'ér huǎnjiěle liúxuéshēng jízhōng zài shǒudūquān de xiànxiàng.

从国籍与地区分布来看，留学生主要来自亚洲国家，其中
Cóng guójí yǔ dìqū fēnbù lái kàn, liúxuéshēng zhǔyào láizì Yàzhōu guójiā, qízhōng

越南与中国留学生人数最多。随着学龄人口减少及大学财务
Yuènán yǔ Zhōngguó liúxuéshēng rénshù zuìduō. Suízhe xuélíng rénkǒu jiǎnshǎo jí dàxué cáiwù

压力加大，韩国各高校正积极吸引海外留学生。韩国政府则
yālì jiādà, Hánguó gè gāoxiào zhèng jījí xīyǐn hǎiwài liúxuéshēng. Hánguó zhèngfǔ zé

设定了到2027年将外国留学生人数扩大至30万的目标，
shèdìngle dào èr líng èr qī nián jiāng wàiguó liúxuéshēng rénshù kuòdà zhì sānshí wàn de mùbiāo,

---

💜 단어＋표현 🎵 030-02

突破 tūpò 돌파하다 | **评估**＊ pínggū 평가하다 | **截至** jiézhì ~까지 | **就读** jiùdú 취학하다 | **理工科**＊ lǐgōngkē 이공계 | **首都圈** shǒudūquān 수도권 | **国籍** guójí 국적 | **学龄** xuélíng 학령, 취학 연령 | **财务**＊ cáiwù 재정 | **设定** shèdìng 설정하다, 세우다 | **招生** zhāoshēng 학생을 모집하다 | **定居** dìngjū 정착하다

计划**通过**与地方产业需求相结合的战略性招生以及完善留学生
jìhuà tōngguò yǔ dìfāng chǎnyè xūqiú xiāng jiéhé de zhànlüèxìng zhāoshēng yǐjí wánshàn liúxuéshēng

定居支持体系来实现这一目标。
dìngjū zhīchí tǐxì lái shíxiàn zhè yī mùbiāo.

🔊 한국 교육부는 최근 「유학생 교육 경쟁력 제고 방안」 2주기 평가 결과를 발표했습니다. 발표에 따르면, 올해 4월 기준 한국 내 각급 대학에 재학 중인 외국인 유학생 수는 25만 3,400명으로, 한국이 외국인 유학생 수를 집계하기 시작한 이후 역대 최고치를 기록했습니다. 팬데믹 완화와 함께 유학생 수는 2년 연속 증가했으며, 올해는 전년 대비 2만 7,120명이 늘었습니다. 특히 주목할 것은 이공계 전공 유학생 비율이 눈에 띄게 증가했고, 비수도권 지역 대학의 유학생 수도 확대되면서 수도권 집중 현상이 완화되었다는 점입니다.

다만 국적 및 지역별로 살펴보면, 유학생은 주로 아시아 국가에 집중되어 있으며, 베트남과 중국 출신 유학생이 가장 많습니다. 국내 대학들은 학령 인구 감소와 재정난에 직면하면서 적극적으로 외국인 유학생 유치에 나서고 있습니다. 한국 정부는 2027년까지 외국인 유학생을 30만 명으로 확대한다는 목표를 세우고, 이를 달성하기 위해 지역 산업 수요와 연계한 전략적 유치 및 정주 지원 시스템 강화에 나서고 있습니다.

뉴스 표현 필살기

'通过'는 '～을 통해, ～로써'라는 뜻으로 행동의 수단이나 방법을 나타낼 때 사용합니다.

政府计划**通过**完善制度来吸引更多留学生。
Zhèngfǔ jìhuà tōngguò wánshàn zhìdù lái xīyǐn gèng duō liúxuéshēng.
정부는 제도 개선을 통해 더 많은 유학생을 유치할 계획입니다.

大学**通过**与地方产业合作提高就业率。
Dàxué tōngguò yǔ dìfāng chǎnyè hézuò tígāo jiùyèlǜ.
대학은 지역 산업과의 협력을 통해 취업률을 높이고 있습니다.

学生可以**通过**奖学金项目来减轻经济负担。
Xuéshēng kěyǐ tōngguò jiǎngxuéjīn xiàngmù lái jiǎnqīng jīngjì fùdān.
학생들은 장학금 제도를 통해 경제직 부딤을 줄일 수 있습니다.

메이링 쌤의 뉴스 Tip

'截止 jiézhǐ'와 '截至 jiézhì'는 모두 '～까지'를 의미하는 시간 표현이지만, 한 글자 차이로 품사와 쓰임이 달라 많은 학습자들이 혼동하기 쉽습니다. 아래 표를 통해 두 표현의 정확한 차이를 살펴봅시다.

	截止 jiézhǐ	截至 jiézhì
의미	[동사] 멈추다, 종료하다 행동이나 상태의 끝, 마감, 종료를 강조	[전치사(介词)] ～까지, ～을 기준으로 어떤 시간의 기준, 시점 강조
암기 팁	止 → 정지하다 (행동의 끝)	至 → 도달하다 (시간의 기준점)
예문	报名**截止**日期为5月31日。 신청은 5월 31일로 마감이 된다. 报名工作已经**截止**。 신청이 이미 마감되었다.	**截至**5月31日，已有100人报名。 5월 31일 기준, 이미 100명이 신청했다. **截至**昨日，公司总资产达到1亿元。 어제 기준, 회사 총자산은 1억 위안에 달했다.
틀린 예	截至日期是下周五。(✗)	报名截止5月31日。(✗)

한국 유아 영어 사교육 과열,
발달 지연과 가계 부담 이중 위기 초래

韩国幼儿英语课外辅导过热，带来发育障碍与家庭负担双重隐忧

♫ 031 - 01

韩国幼儿课外辅导市场持续升温，尤其是以高价"英语
Hánguó yòu'ér kèwài fǔdǎo shìchǎng chíxù shēngwēn, yóuqí shì yǐ gāojià "Yīngyǔ

幼儿园"为代表的早教机构迅速扩张，引发了多方面的副作用。
yòu'éryuán" wéi dàibiǎo de zǎojiào jīgòu xùnsù kuòzhāng, yǐnfāle duōfāngmiàn de fùzuòyòng.

政府首次对相关教育效果展开评估，结果显示，这类早教不仅
Zhèngfǔ shǒucì duì xiāngguān jiàoyù xiàoguǒ zhǎnkāi pínggū, jiéguǒ xiǎnshì, zhè lèi zǎojiào bùjǐn

对儿童发育产生负面影响，还加剧了家庭经济压力和社会分化
duì értóng fāyù chǎnshēng fùmiàn yǐngxiǎng, hái jiājùle jiātíng jīngjì yālì hé shèhuì fēnhuà

问题。心理咨询中心指出，近年来因就读英语幼儿园而出现
wèntí. Xīnlǐ zīxún zhōngxīn zhǐchū, jìnnián lái yīn jiùdú Yīngyǔ yòu'éryuán ér chūxiàn

焦虑症状和情绪障碍的幼儿明显增加。
jiāolǜ zhèngzhuàng hé qíngxù zhàng'ài de yòu'ér míngxiǎn zēngjiā.

根据EBS独家获取的政府研究报告，在接受调查的家长中，
Gēnjù EBS dújiā huòqǔ de zhèngfǔ yánjiū bàogào, zài jiēshòu diàochá de jiāzhǎng zhōng,

37.1%为幼儿安排了学科类课外辅导，其中英语占据了
bǎi fēn zhī sānshíqī diǎn yī wèi yòu'ér ānpáile xuékē lèi kèwài fǔdǎo, qízhōng Yīngyǔ zhànjùle

最大的时间和经济投入。但调查同时发现，26.7%的
zuìdà de shíjiān hé jīngjì tóurù. Dàn diàochá tóngshí fāxiàn, bǎi fēn zhī èrshíliù diǎn qī de

家长认为孩子因英语辅导产生了明显的压力。专家警告
jiāzhǎng rènwéi háizǐ yīn Yīngyǔ fǔdǎo chǎnshēngle míngxiǎn de yālì. Zhuānjiā jǐnggào

称，幼儿时期积累的隐性压力一旦未能及时排解，就可能在
chēng, yòu'ér shíqī jīlěi de yǐnxìng yālì yídàn wèi néng jíshí páijiě, jiù kěnéng zài

---

♥ 단어+표현 ♫ 031 - 02

辅导 fǔdǎo 과외하다 | **发育** fāyù 발육(하다), 발달(하다) | **隐忧** yǐnyōu 숨겨진 근심 | **升温** shēngwēn 열기를 더하다, 활발해지다 | **早教** zǎojiào 조기 교육 | **副作用**＊ fùzuòyòng 부작용 | **负面**＊ fùmiàn 부정적인 (측면) | **咨询**＊ zīxún 자문하다 | **焦虑**＊ jiāolǜ 마음을 졸이다, 걱정스럽다 | **独家**＊ dújiā 단독의, 독점의 | **警告** jǐnggào 경고하다 | **隐性** yǐnxìng 잠재적인, 숨겨진

未来演变为严重的脑部发育障碍和心理健康问题。
wèilái yǎnbiàn wéi yánzhòng de nǎobù fāyù zhàng'ài hé xīnlǐ jiànkāng wèntí.

🔊 한국 유아 사교육 시장이 지속적으로 과열되고 있습니다. 특히 고액 '영어 유치원'을 중심으로 한 조기 교육 기관이 빠르게 확산되면서 다양한 부작용이 나타나고 있습니다. 정부는 처음으로 관련 교육 효과에 대한 평가를 실시했으며, 그 결과 이러한 조기 교육이 아동 발달에 부정적 영향을 미칠 뿐 아니라 가계 경제 부담과 사회적 분화 문제도 심화시키고 있다는 사실이 드러났습니다. 심리 상담 센터는 최근 영어 유치원에 다니는 아동들 사이에서 불안 증상과 정서 장애가 눈에 띄게 증가하고 있다고 지적했습니다.

EBS가 단독 입수한 정부 연구 보고서에 따르면, 조사에 참여한 학부모 중 37.1%가 자녀에게 학과 중심 사교육을 시키고 있으며, 이 중 영어가 가장 많은 시간과 비용을 차지하는 것으로 나타났습니다. 그러나 또한 조사에서는 26.7%의 학부모가 영어 사교육으로 인해 자녀가 뚜렷한 스트레스를 겪고 있다고 응답했습니다. 전문가들은 유아기에 쌓인 잠재적 스트레스가 제때 해소되지 않을 경우, 향후 심각한 뇌 발달 장애나 정신 건강 문제로 이어질 수 있다고 경고했습니다.

뉴스 표현 필살기

'一旦A，就B'는 "일단 A하면, 곧 B하다"라는 뜻으로 조건이 성립된 후 결과가 빠르게 이어질 때 사용합니다.
특히 부정적 결과나 돌이키기 어려운 상황을 강조할 때 자주 쓰입니다.

一旦压力没有及时排解，就可能影响心理健康。
Yídàn yālì méiyǒu jíshí páijiě, jiù kěnéng yǐngxiǎng xīnlǐ jiànkāng.
스트레스가 제때 해소되지 않으면, 심리 건강에 영향을 미칠 수 있습니다.

一旦形成错误的学习习惯，就很难改正。
Yídàn xíngchéng cuòwù de xuéxí xíguàn, jiù hěn nán gǎizhèng.
잘못된 학습 습관이 한번 형성되면, 고치기 어렵습니다.

一旦家长过度施压，孩子就会产生反感情绪。
Yídàn jiāzhǎng guòdù shīyā, háizi jiù huì chǎnshēng fǎngǎn qíngxù.
부모가 심하게 스트레스를 주면, 아이는 반발심을 가지게 됩니다.

메이링 쌤의 뉴스 Tip

최근 중국에서는 한국의 조기 사교육과 비슷한 개념으로 '鸡娃 jīwá'라는 단어가 자주 등장합니다. 이 표현은 '打鸡血 dǎ jīxuè (닭 피를 주사하다, 강제로 흥분시키다)'라는 중국어 속담에서 유래되었는데요, 부모가 자녀의 경쟁력을 높이기 위해 아이에게 끊임없이 학습 동기를 주입하고 각종 사교육을 시키는 것을 풍자적으로 이르는 말입니다.

现在很多家长为了不让孩子输在起跑线上，拼命"鸡娃"。
Xiànzài hěn duō jiāzhǎng wèile bú ràng háizi shū zài qǐpǎoxiàn shàng, pīnmìng "jīwá".
요즘 많은 부모가 아이가 출발선에서 지지 않게 하기 위해, 아이를 혹독하게 교육합니다.

2026학년도 수능, '킬러문항' 없애고 사고력 중심 평가

2026年高考取消"杀手题"，核心在于培养思维能力

🎵 032-01

将于11月13日举行的2026学年度韩国高考预计将延续
Jiāng yú shíyī yuè shísān rì jǔxíng de èr líng èr liù xuéniándù Hánguó gāokǎo yùjì jiāng yánxù

去年的出题难度。韩国教育课程评价院近日公布的实施基本
qùnián de chūtí nándù.　Hánguó Jiàoyù Kèchéng Píngjiàyuàn jìnrì gōngbù de shíshī jīběn

计划显示，今年高考将继续维持EBS教材关联率50%，并彻底
jìhuà xiǎnshì, jīnnián gāokǎo jiāng jìxù wéichí EBS jiàocái guānliánlǜ bǎi fēn zhī wǔshí, bìng chèdǐ

排除"杀手题"。所谓"杀手题"，是指仅凭普通学校课堂学习
páichú "shāshǒu tí".　Suǒwèi "shāshǒu tí",　shì zhǐ jǐn píng pǔtōng xuéxiào kètáng xuéxí

难以解答的超高难度题目。虽然今年的考试难度整体将与去年
nányǐ jiědá de chāo gāo nándù tímù.　Suīrán jīnnián de kǎoshì nándù zhěngtǐ jiāng yǔ qùnián

持平，但存在一定变数。受2007年出生的"黄金猪年"
chípíng,　dàn cúnzài yídìng biànshù.　Shòu èr líng líng qī nián chūshēng de "huángjīn zhū nián"

人口高峰影响，今年高三学生人数同比增加11.8%。
rénkǒu gāofēng yǐngxiǎng, jīnnián gāosān xuéshēng rénshù tóngbǐ zēngjiā bǎi fēn zhī shíyī diǎn bā.

同时，由于医学院招生名额可能缩减，复读生(N修生)数量也
Tóngshí, yóuyú yīxuéyuàn zhāoshēng míng'é kěnéng suōjiǎn, fùdúshēng (N xiūshēng) shùliàng yě

将增加，因此高分段竞争预计将更加激烈。
jiāng zēngjiā,　yīncǐ gāofēn duàn jìngzhēng yùjì jiāng gèngjiā jīliè.

那么，考生应如何备考？专家指出，不能因为杀手题被
Nàme, kǎoshēng yīng rúhé bèikǎo?　Zhuānjiā zhǐchū, bùnéng yīnwèi shāshǒu tí bèi

取消就轻视高考的难度。考生需要深入理解高中阶段的核心
qǔxiāo jiù qīngshì gāokǎo de nándù.　Kǎoshēng xūyào shēnrù lǐjiě gāozhōng jiēduàn de héxīn

---

♥ 단어+표현　　🎵 032-02

杀手 shāshǒu 킬러 | **思维** sīwéi 사유하다, 생각하다 | **解答**＊ jiědá 대답하다, 문제를 풀다 | **持平**＊ chípíng (비교하는 수량이) 비슷하다, 맞먹다 | **变数**＊ biànshù 변수 | **高峰** gāofēng 절정, 피크 | **名额** míng'é 정원 | **缩减** suōjiǎn 축소하다 | **复读生** fùdúshēng 재수생 | **备考** bèikǎo 시험을 준비하다 | **死记硬背** sǐjì yìngbèi 무조건 외우다, 기계적으로 암기하다

概念及其相互关联，具备解读复杂情境的能力。单纯死记硬背已无法
gàiniàn jí qí xiānghù guānlián,　jùbèi jiědú fùzá qíngjìng de nénglì.　Dānchún sǐjì yìngbèi yǐ wúfǎ

应对。唯有通过系统性的思维训练，才能真正做好高考准备。
yìngduì.　Wéiyǒu tōngguò xìtǒngxìng de sīwéi xùnliàn,　cái néng zhēnzhèng zuòhǎo gāokǎo zhǔnbèi.

🔊 오는 11월 13일 시행되는 2026학년도 한국 대학수학능력시험은 지난해와 비슷한 난이도로 출제될 예정입니다. 한국 교육과정평가원이 최근 발표한 시행 기본 계획에 따르면, 올해 수능은 EBS 교재 연계율 50%를 유지하고, '킬러문항'을 철저히 배제하기로 했습니다. '킬러문항'이란 일반적인 학교 수업만으로는 풀기 어려운 초고난도 문제를 의미합니다. 올해 수능의 전체적인 난이도가 지난해와 비슷하다고 해도, 몇 가지 변수가 존재합니다. 2007년생 '황금돼지띠' 출생자수의 영향으로 고3 학생 수가 전년 대비 11.8% 증가했으며, 의대 정원 축소 가능성과 함께 재수생(N수생) 증가도 예상되고 있어 상위권 경쟁은 한층 치열해질 전망입니다.
　　그렇다면 수험생들은 어떻게 준비해야 할까요? 전문가들은 킬러문항이 사라졌다고 해서 수능이 쉬워졌다고 방심해서는 안 된다고 강조합니다. 수험생들은 고등학교 과정의 핵심 개념과 그 상호 연계를 깊이 이해하고, 복잡한 상황을 해석하는 능력을 키워야 합니다. 단순한 암기로는 대응할 수 없으며, 체계적인 사고력 훈련을 통해서만 수능에 제대로 대비할 수 있습니다.

👉 뉴스 표현 필살기

'将于'는 '～에 열릴 예정이다, ～에서 진행될 예정이다'라는 뜻으로 미래의 일정·행사·계획 등이 진행되는 시점이나 장소를 나타낼 때 사용하는 표현입니다.

会议将于下周一举行。
Huìyì jiāng yú xià zhōuyī jǔxíng.
회의는 다음 주 월요일에 열릴 예정입니다.

毕业典礼将于六月十五日举行。
Bìyè diǎnlǐ jiāng yú liù yuè shíwǔ rì jǔxíng.
졸업식은 6월 15일에 거행됩니다.

比赛将于首尔进行。
Bǐsài jiāng yú Shǒu'ěr jìnxíng.
경기는 서울에서 열릴 예정입니다.

메이링 쌤의 뉴스 Tip

최근 중국에서는 사회 전반의 경쟁 과열을 상징하는 키워드로 '内卷 nèijuǎn (퇴화, 내권화)'이라는 단어가 자리 잡았습니다. 원래는 학문 용어였으나, 지금은 학업이나 회사에서 '노력해도 나아지지 않는 구조적 피로감', 즉 사회 전반적으로 끝없는 경쟁 속에서 효율이나 보상이 없는 상태를 풍자하는 신조어로 쓰입니다.

现在的社会太"内卷"了，连休息都成了一种奢侈。
Xiànzài de shèhuì tài "nèijuǎn" le, lián xiūxī dōu chéngle yì zhǒng shēchǐ.
요즘 사회는 너무 '내부 과잉 경쟁'이 심해서 쉬는 것조차 사치가 되었습니다.

한국서 여중생 학교 폭력 사건 발생…
경찰 수사 착수

韩国发生初中女生校园暴力事件，警方已介入调查

🎵 033-01

近日，一段关于韩国初中女生校园暴力的视频在社交媒体
Jìnrì, yíduàn guānyú Hánguó chūzhōng nǚshēng xiàoyuán bàolì de shìpín zài shèjiāo méitǐ

上广泛传播，引发舆论关注。视频拍摄于去年11月，内容显示，
shàng guǎngfàn chuánbō, yǐnfā yúlùn guānzhù. Shìpín pāishè yú qùnián shíyī yuè, nèiróng xiǎnshì,

一名被称为A某的女生在疑似一处露天停车场内，连续7次击打
yì míng bèi chēngwéi A mǒu de nǚshēng zài yísì yí chù lùtiān tíngchēchǎng nèi, liánxù qī cì jīdǎ

同班同学B某。尽管B某不断哀求"对不起，请停手"，A某仍伴随
tóngbān tóngxué B mǒu. Jǐnguǎn B mǒu búduàn āiqiú "Duìbuqǐ, qǐng tíngshǒu", A mǒu réng bànsuí

辱骂持续施暴。视频还显示，现场其他学生不仅未进行劝阻，
rǔmà chíxù shībào.　　　Shìpín hái xiǎnshì, xiànchǎng qítā xuéshēng bùjǐn wèi jìnxíng quànzǔ,

反而在一旁笑看或拍摄视频。
fǎn'ér zài yìpáng xiào kàn huò pāishè shìpín.

随着事件持续发酵，自称为A某的当事人通过Instagram发布
Suízhe shìjiàn chíxù fājiào, zìchēng wéi A mǒu de dāngshìrén tōngguò Instagram fābù

道歉声明，表示"这是年幼无知时所犯的错误，至今仍在深刻
dàoqiàn shēngmíng, biǎoshì "Zhè shì niányòu wúzhī shí suǒ fàn de cuòwù, zhìjīn réng zài shēnkè

反省"。她还称："对所有因此感到愤怒的人以及受到伤害的
fǎnxǐng".　　Tā hái chēng: "Duì suǒyǒu yīncǐ gǎndào fènnù de rén　　yǐjí shòudào shānghài de

B某，深感歉意和懊悔。"警方目前已根据网络视频和相关
B mǒu, shēn gǎn qiànyì hé àohuǐ."　　Jǐngfāng mùqián yǐ gēnjù wǎngluò shìpín hé xiāngguān

举报展开调查。警方相关负责人表示，已确认涉事学生的身份，
jǔbào zhǎnkāi diàochá.　　Jǐngfāng xiāngguān fùzérén biǎoshì, yǐ quèrèn shèshì xuéshēng de shēnfèn,

---

💙 단어+표현　　　　　　　　　　　　　　　　　🎵 033-02

校园暴力* xiàoyuán bàolì 학교 폭력 ┃ 介入 jièrù 개입하다 ┃ 舆论 yúlùn 여론 ┃ 疑似 yísì 의심되다 ┃ 露天 lùtiān 노천, 야외 ┃ 哀求
āiqiú 애원하다 ┃ 伴随* bànsuí 수반하다 ┃ 辱骂 rǔmà 욕을 퍼붓다 ┃ 劝阻 quànzǔ 말리다 ┃ 发酵* fājiào 부각되다, 떠오르다 ┃ 当事
人* dāngshìrén 당사자 ┃ 年幼无知 niányòu wúzhī 나이가 어리고 무지하다 ┃ 反省 fǎnxǐng 반성하다 ┃ 愤怒 fènnù 분노하다 ┃ 歉意
qiànyì 유감, 미안함 ┃ 懊悔 àohuǐ 후회하다 ┃ 举报* jǔbào 신고하다, 고발하다 ┃ 涉事* shèshì 사건과 관련되다

将依法依规展开严肃处理。

jiāng yīfǎ yīguī zhǎnkāi yánsù chǔlǐ.

최근 한국 여중생의 학교 폭력 장면이 담긴 영상이 SNS를 통해 빠르게 확산되며 여론의 큰 관심을 받고 있습니다. 해당 영상은 지난해 11월 촬영된 것으로, A양으로 지목된 여학생이 한 야외 주차장으로 추정되는 장소에서 같은 반 B양을 7차례 연속으로 때리는 장면이 담겨 있습니다. B양은 "미안하다, 그만해 달라"라고 반복해서 애원했으나, A양은 욕설과 함께 계속 폭행을 가했습니다. 영상에는 현장에 있던 다른 학생들이 이를 말리기는커녕, 오히려 웃거나 영상을 촬영하는 모습도 담겼습니다.

논란이 확산되자, A양으로 추정되는 인물은 인스타그램을 통해 사과문을 게시하며 "어린 시절 저지른 잘못이며 지금도 깊이 반성하고 있다"라고 밝혔습니다. 이어 "이번 일로 인해 분노하셨을 분들, 그리고 상처를 입은 B양에게 진심으로 죄송하고 후회스럽다"라고 전했습니다. 현재 경찰은 해당 영상과 관련 신고 내용을 토대로 수사에 착수한 상태입니다. 경찰 관계자는 관련 학생의 신원을 이미 확인했으며, 법규에 따라 엄정하게 수사할 예정이라고 밝혔습니다

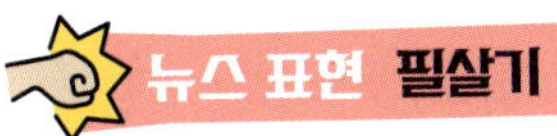

뉴스 표현 필살기

'表示'는 '~을 나타내다, 표현하다'라는 뜻으로 감정·태도·입장을 말할 때 자주 쓰입니다.

她在声明中表示歉意。

Tā zài shēngmíng zhōng biǎoshì qiànyì.

그녀는 성명에서 사과의 뜻을 밝혔습니다.

老师表示会严肃处理此事。

Lǎoshī biǎoshì huì yánsù chǔlǐ cǐshì.

선생님은 이 일을 엄중히 처리하겠다고 밝혔습니다.

政府表示将加强校园安全管理。

Zhèngfǔ biǎoshì jiāng jiāqiáng xiàoyuán ānquán guǎnlǐ.

정부는 학교 안전 관리를 강화하겠다고 밝혔습니다.

메이링 쌤의 뉴스 Tip

영상이나 사진이 인터넷에 업로드되면, 일부 네티즌들은 때로 폭력적이고 감정적인 반응을 보이기도 하는데요, 이런 행동을 하는 네티즌을 중국어로 '网络暴民 wǎngluò bàomín'이라고 합니다. 온라인 공간에서 타인을 공격하거나, 욕설을 퍼붓거나, 개인 정보를 폭로하는 등의 방식으로 자기 감정을 배출하는 사람들을 가리키는 말입니다.

有些网友为了发泄情绪，变成了"网络暴民"。

Yǒuxiē wǎngyǒu wèile fāxiè qíngxù, biànchéngle "wǎngluò bàomín".

일부 네티즌들은 감정 배출을 위해 '온라인 깡패'로 변했습니다.

한국, 세계 최초 AI 교과서 도입 난항…
앞날 불투명

韩国全球首款AI教科书启动受挫，前景堪忧

🎵 034-01

韩国推出了全球首款人工智能数字教科书（AIDT），原本被
Hánguó tuīchūle quánqiú shǒu kuǎn réngōng zhìnéng shùzì jiàokēshū (AIDT), yuánběn bèi

视为教育领域的重大创新，有望通过AI分析学生的学习能力，
shìwéi jiàoyù lǐngyù de zhòngdà chuàngxīn, yǒuwàng tōngguò AI fēnxī xuésheng de xuéxí nénglì,

提供量身定制的个性化教学。然而，随着新学期的开始，这场
tígōng liáng shēn dìngzhì de gèxìnghuà jiàoxué. Rán'ér, suízhe xīn xuéqī de kāishǐ,　　zhè chǎng

"课堂革命"却陷入了混乱。由于学生终端设备供应不足，
"kètáng gémìng" què xiànrùle hùnluàn.　　Yóuyú xuésheng zhōngduān shèbèi gōngyìng bùzú,

教育厅预算短缺，以及供应链问题，AI教科书尚未在大多数
jiàoyùtīng yùsuàn duǎnquē,　yǐjí gōngyìngliàn wèntí,　　AI jiàokēshū shàngwèi zài dàduōshù

教室普及。目前，AI教科书的整体采用率仅为35%，地区差异
jiàoshì pǔjí.　　Mùqián, AI jiàokēshū de zhěngtǐ cǎiyònglǜ jǐn wéi bǎi fēn zhī sānshíwǔ, dìqū chāyì

明显，大邱市实现100%普及，但世宗市仅为8%，反映出
míngxiǎn, Dàqiū shì shíxiàn bǎi fēn zhī bǎi pǔjí, dàn Shìzōng shì jǐn wéi bǎi fēn zhī bā, fǎnyìng chū

地方政府政策取向存在很大差距。
dìfāng zhèngfǔ zhèngcè qǔxiàng cúnzài hěn dà chājù.

更令人担忧的是，生成式人工智能技术本身仍存在
Gèng lìng rén dānyōu de shì, shēngchéngshì réngōng zhìnéng jìshù běnshēn réng cúnzài

诸多限制，包括推理能力薄弱、错误生成（AI幻觉）频发等问题。
zhūduō xiànzhì, bāokuò tuīlǐ nénglì bóruò, cuòwù shēngchéng (AI huànjué) pínfā děng wèntí.

业内专家指出，强行推行未经充分验证的新技术，可能对
Yènèi zhuānjiā zhǐchū, qiángxíng tuīxíng wèi jīng chōngfèn yànzhèng de xīn jìshù, kěnéng duì

💙 단어+표현 ┈┈┈┈┈┈┈┈┈┈┈┈┈┈┈┈┈┈┈┈┈┈┈┈ 🎵 034-02

教科书 jiàokēshū 교과서 | **启动** qǐdòng 시행하다, 시작하다 | **领域*** lǐngyù 영역 | **有望*** yǒuwàng 가능성이 있다, 기대하다 | **混乱** hùnluàn 혼란(하다) | **终端设备** zhōngduān shèbèi 단말기, 단말 장치 | **供应链*** gōngyìngliàn 공급망, 공급 체인 | **推理*** tuīlǐ 추론하다 | **薄弱** bóruò 약하다, 부족하다 | **强行** qiángxíng 강행하다 | **推行** tuīxíng 실시하다, 시행하다 | **验证** yànzhèng 검증하다

学生学习造成系统性风险。
xuésheng xuéxí zàochéng xìtǒngxìng fēngxiǎn.

🔊 한국이 세계 최초로 인공 지능 디지털 교과서(AIDT)를 선보이며 교육 분야의 큰 혁신으로 기대를 모았습니다. AI를 통해 학생의 학습 능력을 분석하고, 맞춤형 교육을 제공하겠다는 계획이었습니다. 그러나 새 학기의 시작과 함께 이른바 '교실 혁명'은 순조롭게 진행되지 못하고 있습니다. 학생용 단말기 공급 부족, 교육청 예산 부족, 공급망 문제 등으로 인해 AI 교과서는 대부분의 교실에 아직 보급되지 못한 상황입니다. 현재 AI 교과서의 전체 채택률은 35%에 불과하며, 지역별 편차도 큽니다. 대구시는 100% 도입을 달성한 반면, 세종시는 8%에 그쳤습니다. 이는 지역 정부의 정책 방향 차이를 반영하는 결과로 분석됩니다.
　더 큰 문제는 생성형 AI 기술 자체에 여전히 추론 능력 부족, 오류 생성(AI 환각) 빈발 등의 문제와 같이 많은 한계가 존재한다는 점입니다. 전문가들은 충분한 검증 없이 새로운 기술을 무리하게 도입할 경우, 학생들의 학습에 체계적인 위험을 초래할 수 있다고 지적했습니다.

뉴스 표현 필살기

'对A造成B'는 A에 B의 영향을 미치다, A에 B를 초래하다'라는 뜻으로 손해, 피해, 문제 등 부정적인 영향을 말할 때 자주 사용합니다.

强行推行新技术，可能对学生学习造成风险。
Qiángxíng tuīxíng xīn jìshù, kěnéng duì xuésheng xuéxí zàochéng fēngxiǎn.
검증되지 않은 신기술의 강제 도입은 학생 학습에 위험을 초래할 수 있습니다.

暴雨对交通造成了严重影响。
Bàoyǔ duì jiāotōng zàochéngle yánzhòng yǐngxiǎng.
폭우가 교통에 심각한 영향을 미쳤습니다.

网络暴力对青少年心理造成伤害。
Wǎngluò bàolì duì qīngshàonián xīnlǐ zàochéng shānghài.
온라인 폭력은 청소년의 정신 건강에 피해를 초래합니다.

메이링 쌤의 뉴스 Tip

인공 지능 기술이 빠르게 발전하면서, AI는 이미 우리의 일상 속에 깊숙이 자리 잡았습니다. 중국 역시 AI 경쟁이 매우 치열하며, 여러 대형 언어모델(LLM)을 중심으로 급속한 발전을 이루고 있습니다.

- **문심일언(文心一言)** 중국 대표 검색 엔진 바이두(Baidu)에서 개발한 대형 모델로, 검색 엔진, 교육, 오피스 등 다양한 분야에서 폭넓게 사용됩니다.

- **반구대모형(盘古大模型)** 화웨이(Huawei)에서 개발한 모델로, 텍스트, 이미지, 멀티모달 기능을 모두 갖춘 '기초형 AI 모델'로 평가받고 있습니다.

- **Qwen(通义千问)** 알리바바(Alibaba)의 언어 모델로 최대 규모 파라미터를 자랑하며, 대규모 멀티모달 학습 능력을 갖춘 차세대 모델로 꼽힙니다.

- **딥시크(深度求索)** '저비용+오픈 소스' 전략으로 빠르게 주목받고 있는 신흥 AI 기업으로, 중국 내에서 가장 혁신적인 후발 주자로 평가받습니다.

한국 교사의 90% 이상 "교실 내 CCTV 설치 의무화 반대"

韩国教师九成以上反对在教室内强制安装监控摄像头

🎵 035-01

自2月韩国大田市发生一名小学教师杀害一年级学生的
Zì èr yuè Hánguó Dàtián shì fāshēng yì míng xiǎoxué jiàoshī shāhài yī niánjí xuésheng de

恶性事件后，韩国国会相继提出多项关于在校园内强制安装
èxìng shìjiàn hòu, Hánguó guóhuì xiāngjì tíchū duō xiàng guānyú zài xiàoyuán nèi qiángzhì ānzhuāng

监控摄像头的法案，旨在提升校园安全。然而，韩国教师工会
jiānkòng shèxiàngtóu de fǎ'àn, zhǐ zài tíshēng xiàoyuán ānquán. Rán'ér, Hánguó Jiàoshī Gōnghuì

联合会的调查显示，92%的教师反对在教室内强制安装
Liánhéhuì de diàochá xiǎnshì, bǎi fēn zhī jiǔshí'èr de jiàoshī fǎnduì zài jiàoshì nèi qiángzhì ānzhuāng

监控摄像头，认为监控摄像头不仅无法有效预防暴力，反而
jiānkòng shèxiàngtóu, rènwéi jiānkòng shèxiàngtóu bùjǐn wúfǎ yǒuxiào yùfáng bàolì, fǎn'ér

可能加剧校内矛盾与信任危机。
kěnéng jiājù xiàonèi máodùn yǔ xìnrèn wēijī.

目前，韩国国会正在审议多项监控摄像头相关法案，
Mùqián, Hánguó guóhuì zhèngzài shěnyì duō xiàng jiānkòng shèxiàngtóu xiāngguān fǎ'àn,

各法案在安装范围和管理主体上存在明显差异。例如，有法案
gè fǎ'àn zài ānzhuāng fànwéi hé guǎnlǐ zhǔtǐ shàng cúnzài míngxiǎn chāyì. Lìrú, yǒu fǎ'àn

主张仅在教室以外区域(如出入口、走廊、楼梯)安装，另一些法案
zhǔzhāng jǐn zài jiàoshì yǐwài qūyù (rú chūrùkǒu, zǒuláng, lóutī) ānzhuāng, lìng yìxiē fǎ'àn

则建议由校务委员会决定是否包括教室在内。教师工会表示，
zé jiànyì yóu xiàowù wěiyuánhuì juédìng shìfǒu bāokuò jiàoshì zài nèi. Jiàoshī Gōnghuì biǎoshì,

若忽视教育现场的声音强推监控摄像头制度，可能会进一步
ruò hūshì jiàoyù xiànchǎng de shēngyīn qiángtuī jiānkòng shèxiàngtóu zhìdù, kěnéng huì jìnyíbù

 🎵 035-02

强制 qiángzhì 강제하다 ǀ 杀害 shāhài 살해하다 ǀ 恶性* èxìng 악질의, 흉악한 ǀ 相继* xiāngjì 잇따르다 ǀ 旨在 zhǐ zài ~을 목적으로 하다 ǀ 审议 shěnyì 심의하다, 심사하다 ǀ 走廊 zǒuláng 복도 ǀ 削弱* xuēruò 약화시키다 ǀ 权威* quánwēi 권위 ǀ 呼吁* hūyù 호소하다 ǀ 对策* duìcè 대책

削弱教师的教学权威与教育信任， 呼吁政府制定更加符合教育现实的
xuēruò jiàoshī de jiàoxué quánwēi yǔ jiàoyù xìnrèn, hūyù zhèngfǔ zhìdìng gèngjiā fúhé jiàoyù xiànshí de

安全对策。
ānquán duìcè.

지난 2월 대전에서 초등학교 교사가 1학년 학생을 살해하는 충격적인 사건이 발생한 이후, 한국 국회에서는 학교 내 CCTV 설치를 의무화하는 여러 법안을 잇따라 발의하며 교내 안전 강화 방안을 모색하고 있습니다. 그러나 한국 교사노조연맹의 조사에 따르면, 92%의 교사가 교실 내 CCTV 설치 의무화에 반대했으며, CCTV가 폭력 예방에 실질적인 효과가 없을 뿐 아니라 오히려 학교 내 갈등과 신뢰 위기를 심화시킬 수 있다고 우려합니다.
현재 국회에서 심사 중인 CCTV 관련 법안들은 설치 범위와 관리 주체 등에서 확연히 구별됩니다. 일부 법안은 출입문, 복도, 계단 등 교실 외 공간에만 설치하도록 하고 있으며, 다른 법안은 학교 운영 위원회의 심의를 통해 교실 포함 여부를 결정할 수 있도록 하고 있습니다. 교사노조연맹은 현장의 목소리를 외면한 채 CCTV 설치를 강행할 경우, 교사의 교육권과 교육 신뢰가 더욱 약화될 것이라며, 정부에서 교육 현실에 더 맞는 안전 대책을 제정해 줄 것을 호소했습니다.

뉴스 표현 필살기

'旨在'는 '~을 목적으로 하다, ~에 목적이 있다'라는 뜻의 격식체 표현입니다.
구어에서는 '是为了shì wèile'로 바꾸어 표현하는 것이 자연스럽습니다.

该政策旨在促进中小企业的发展。
Gāi zhèngcè zhǐ zài cùjìn zhōngxiǎo qǐyè de fāzhǎn.
이 정책은 중소기업의 발전을 촉진하는 데 목적이 있습니다.

这项政策旨在减轻家庭的经济负担。
Zhè xiàng zhèngcè zhǐ zài jiǎnqīng jiātíng de jīngjì fùdān.
이 정책은 가정의 경제적 부담을 줄이는 데 목적이 있습니다.

改革旨在改善教育环境。
Gǎigé zhǐ zài gǎishàn jiàoyù huánjìng.
개혁은 교육 환경을 개선하는 데 그 목적이 있습니다.

메이링 쌤의 뉴스 Tip

한국에서는 감시 카메라를 보통 CCTV라고 부르지만, 중국인에게 이 단어는 전혀 다른 의미로 쓰입니다. 중국에서 CCTV는 공영 방송국인 '中国中央电视台(중국 중앙텔레비전 방송국)'를 가리키는 약자이기 때문입니다. 중국어로 감시 카메라는 '监控摄像头 jiānkòng shèxiàngtóu', 또는 간단히 '监控 jiānkòng', '摄像头 shèxiàngtóu'라고 표현하는 것이 정확합니다.

这个公寓里面有监控摄像头吗?
Zhège gōngyù lǐmiàn yǒu jiānkòng shèxiàngtóu ma?
이 아파트 안에 감시 카메라가 있습니까?

USIM 정보 유출로 불안 확산…
'심스와핑' 범죄 우려 커져

USIM信息泄露引发恐慌，"SIM卡交换"风险受关注

🎵 036-01

韩国SK电讯(SKT)发生大规模USIM信息泄露事件，**引发**全国
Hánguó SK diànxùn (SKT) fāshēng dàguīmó USIM xìnxī   xièlòu shìjiàn,   yǐnfā quánguó

用户不安。根据4月29日民官联合调查团公布的初步调查
yònghù bù'ān.   Gēnjù sì yuè èrshíjiǔ rì mín guān liánhé diàochátuán gōngbù de chūbù diàochá

结果，此次事件中虽然未发生终端设备唯一识别码(IMEI)泄露，
jiéguǒ,   cǐcì shìjiàn zhōng suīrán wèi fāshēng zhōngduān shèbèi wéiyī shíbiémǎ (IMEI) xièlòu,

但用户电话号码等四类可用于USIM复制的信息以及SKT内部
dàn yònghù diànhuà hàomǎ děng sì lèi kě yòngyú USIM fùzhì de xìnxī   yǐjí SKT nèibù

管理用的21类数据已遭泄露。专家指出，此次事件的波及范围
guǎnlǐ yòng de èrshíyī lèi shùjù yǐ zāo xièlòu.   Zhuānjiā zhǐchū,   cǐcì shìjiàn de bōjí fànwéi

可能超过过去KT和LG U+的信息泄露事件，尤其**引发**了关于
kěnéng chāoguò guòqù KT hé LG U+de xìnxī xièlòu shìjiàn,   yóuqí yǐnfāle guānyú

"SIM交换(SIM Swapping)"犯罪的担忧。SIM交换是指黑客利用
"SIM jiāohuàn (SIM Swapping)"   fànzuì de dānyōu.   SIM jiāohuàn shì zhǐ hēikè lìyòng

窃取的USIM信息伪造SIM卡，从而盗取受害人的银行账户
qièqǔ de USIM   xìnxī wěizào SIM kǎ,   cóng'ér dàoqǔ shòuhàirén de yínháng zhànghù

或虚拟货币资产。
huò xūnǐ huòbì zīchǎn.

虽然由于本次未泄露IMEI信息，实际制造克隆手机的可能性
Suīrán yóuyú běn cì wèi xièlòu IMEI   xìnxī,   shíjì zhìzào kèlóng shǒujī de kěnéngxìng

较低，但是专家也提醒，黑客可能利用窃取的信息在未来实施
jiào dī,   dànshì zhuānjiā yě tíxǐng,   hēikè kěnéng lìyòng qièqǔ de   xìnxī zài wèilái shíshī

단어+표현　🎵 036-02

恐慌 kǒnghuāng 두렵다, 무섭다 | 泄露 xièlòu 유출되다 | 此次 cǐcì 이번 | 识别码 shíbiémǎ 식별 번호 | 波及* bōjí 파급하다 | 黑客* hēikè 해커 | 窃取* qièqǔ 훔치다, 탈취하다 | 伪造* wěizào 위조하다 | 盗取* dàoqǔ 훔치다, 탈취하다 | 虚拟货币* xūnǐ huòbì 가상 화폐 | 资产 zīchǎn 자산 | 克隆手机 kèlóng shǒujī 복제폰 | 攻击 gōngjī 공격하다 | 查明 chámíng 조사하여 밝히다

更大规模的网络攻击，呼吁政府尽快查明攻击方式和泄露路径，
gèng dàguīmó de wǎngluò gōngjī, hūyù zhèngfǔ jǐnkuài chámíng gōngjī fāngshì hé xièlòu lùjìng,

并加强对个人信息保护的技术和法律手段。
bìng jiāqiáng duì gèrén xìnxī bǎohù de jìshù hé fǎlǜ shǒuduàn.

🔈 한국 SK텔레콤(SKT)에서 대규모 USIM 정보 유출 사건이 발생하면서 전국 이용자들의 불안이 커지고 있습니다. 4월 29일 발표된 민관 합동 조사단의 1차 조사 결과에 따르면, 이번 사건에서는 단말기 고유 식별 번호(IMEI)는 유출되지 않았으나, 이용자 전화번호 등 USIM 복제에 활용될 수 있는 4종의 정보와 SKT 내부 관리용 정보 21종이 외부로 유출된 것으로 확인됐습니다. 전문가들은 이번 사태의 파급력이 과거 KT와 LG유플러스의 정보 유출 사건보다 클 수 있다고 분석하며, 특히 '심스와핑(SIM Swapping)' 범죄에 대한 우려를 제기하고 있습니다. 심스와핑이란, 해커가 탈취한 USIM 정보를 이용해 복제 SIM카드를 만들어 피해자의 은행 계좌나 가상 자산을 탈취하는 범죄 수법입니다.
　이번 사건에서는 IMEI 정보가 유출되지 않아 실제로 복제폰 제작 가능성은 낮은 것으로 평가되지만, 전문가들은 해커가 유출된 정보를 활용해 향후 더 큰 규모의 사이버 공격을 시도할 가능성도 배제할 수 없다고 경고하면서, 정부가 공격 방식과 유출 경로를 조속히 규명하고, 개인 정보 보호를 위한 기술적·법적 대응을 강화해야 한다고 지적하고 있습니다.

뉴스 표현 필살기

'引发'는 어떤 사건이나 상황이 사람들의 불안, 걱정, 논란 등의 감정을 불러일으킨다는 의미입니다. 주로 '引发+감정 명사' 형식으로 사용되는데 감정 명사로는 '不安(불안하다)', '担忧(걱정스럽다)', '争议(논쟁하다)', '关注(관심을 가지다)', '热议(격렬하게 논쟁하다)' 등이 자주 쓰입니다.

最近发生的网络诈骗事件引发了公众的不安。
Zuìjìn fāshēng de wǎngluò zhàpiàn shìjiàn yǐnfāle gōngzhòng de bù'ān.
최근 발생한 인터넷 사기 사건이 대중의 불안을 불러일으켰습니다.

多家企业的用户资料被泄露，引发了社会的担忧。
Duō jiā qǐyè de yònghù zīliào bèi xièlòu, yǐnfāle shèhuì de dānyōu.
여러 기업의 이용자 정보가 유출되어 사회의 우려를 야기했습니다.

儿童安全问题再次引发了家长们的不安和担忧。
Értóng ānquán wèntí zàicì yǐnfāle jiāzhǎngmen de bù'ān hé dānyōu.
아동 안전 문제가 다시 한 번 학부모들의 불안과 걱정을 불러일으켰습니다.

메이링 쌤의 뉴스 Tip

현재 중국에는 차이나 모바일, 차이나 유니콤, 차이나 텔레콤의 3개 주요 통신사가 있습니다. 중국 현지에서 유심(USIM) 구매나 통신 서비스를 이용할 때 참고하세요!

• 차이나 모바일(中国移动 China Mobile)

가입자 수가 가장 많고 전국 신호 커버리지가 가장 넓습니다. 4G·5G 인프라 구축이 잘 되어 있으며, 도시와 농촌 모두 신호가 안정적인 편입니다.

• 차이나 유니콤(中国联通 China Unicom)

요금이 비교적 저렴하고 데이터 요금제가 유연하며, 한국, 일본, 유럽 등 여러 나라와 해외 로밍 제휴가 잘 되어 있어 외국인에게 편리합니다.

• 차이나 텔레콤(中国电信 China Telecom)

유선망(광대역 인터넷) 분야에서 가장 강력하며, 가정용 Wi-Fi 보급률이 높습니다. 학생 할인 프로그램이 많아 유학생에게 특히 유리합니다.

불법 촬영 반복한 직원, 검찰 '2년형' 구형

屡次非法偷拍，检方请求判刑两年

🎵 037 - 01

首尔地铁三号线某车站的前工作人员李某(33岁)因
Shǒu'ěr dìtiě sān hào xiàn mǒu chēzhàn de qián gōngzuò rényuán Lǐ mǒu (sānshísān suì) yīn

在女职员休息室安装隐藏摄像头拍摄而被判处有期徒刑一年
zài nǚ zhíyuán xiūxíshì ānzhuāng yǐncáng shèxiàngtóu pāishè ér bèi pànchǔ yǒuqī túxíng yì nián

六个月。近日，他又因追加的非法偷拍行为被检方起诉，检方
liù gè yuè. Jìnrì, tā yòu yīn zhuījiā de fēifǎ tōupāi xíngwéi bèi jiǎnfāng qǐsù, jiǎnfāng

在法庭上请求判处其两年有期徒刑。检方当天在庭审中
zài fǎtíng shàng qǐngqiú pànchǔ qí liǎng nián yǒuqī túxíng. Jiǎnfāng dàngtiān zài tíngshěn zhōng

表示，李某的行为严重侵犯了他人隐私权和人格尊严，要求
biǎoshì, Lǐ mǒu de xíngwéi yánzhòng qīnfànle tārén yǐnsīquán hé réngé zūnyán, yāoqiú

法院判处其两年监禁，并禁止其在五年内进入涉及未成年人、
fǎyuàn pànchǔ qí liǎng nián jiānjìn, bìng jìnzhǐ qí zài wǔ nián nèi jìnrù shèjí wèi chéngniánrén、

残疾人的机构工作。李某方面承认所有指控，但请求法院在
cánjírén de jīgòu gōngzuò. Lǐ mǒu fāngmiàn chéngrèn suǒyǒu zhǐkòng, dàn qǐngqiú fǎyuàn zài

量刑时考虑其目前正在服刑的事实与判决间的平衡。
liàngxíng shí kǎolǜ qí mùqián zhèngzài fúxíng de shìshí yǔ pànjué jiān de pínghéng.

据悉，李某在2023年至2024年期间共在女职员休息室
Jùxī, Lǐ mǒu zài èr líng èr sān nián zhì èr líng èr sì nián qījiān gòng zài nǚ zhíyuán xiūxíshì

安装十八次摄像头，偷拍更衣及洗浴画面。去年七月，一名
ānzhuāng shíbā cì shèxiàngtóu, tōupāi gēngyī jí xǐyù huàmiàn. Qùnián qī yuè, yì míng

清洁工在打扫时发现可疑装置后报警，李某随即在次日主动
qīngjiégōng zài dǎsǎo shí fāxiàn kěyí zhuāngzhì hòu bàojǐng, Lǐ mǒu suíjí zài cì rì zhǔdòng

---

💙 단어+표현 🎵 037 - 02

屡次 lǚcì 수차례 | 隐藏* yǐncáng 숨기다 | 判处 pànchǔ 선고하다, 판결하다 | 有期徒刑 yǒuqī túxíng 유기 징역 | 起诉* qǐsù 기소하다, 소송하다 | 庭审 tíngshěn 법정 심문하다, 재판하다 | 隐私权* yǐnsīquán 프라이버시권, 사생활을 보호받을 권리 | 人格 réngé 인격 | 尊严 zūnyán 존엄성 | 监禁 jiānjìn 구류하다, 감금하다 | 涉及 shèjí 관련되다 | 指控* zhǐkòng (죄상을 지목하여) 고발하다 | 服刑* fúxíng 복역하다 | 宣判 xuānpàn 판결을 선고하다

向警方自首，并被停职处理。目前，案件结果尚未宣判，检方预计
xiàng jǐngfāng zìshǒu, bìng bèi tíngzhí chǔlǐ.　Mùqián,　ànjiàn jiéguǒ shàngwèi xuānpàn, jiǎnfāng yùjì

法院将于近期宣判追加案件结果。
fǎyuàn jiāng yú jìnqī xuānpàn zhuījiā ànjiàn jiéguǒ.

서울 지하철 3호선의 역무원으로 근무했던 전 직원 이모 씨(33세)는 여직원 휴게실에 카메라를 설치해 촬영한 혐의로 징역 1년 6개월을 선고받은 바 있습니다. 최근 이 씨는 추가로 드러난 불법 촬영 혐의로 다시 기소됐으며, 검찰은 법정에서 징역 2년형을 선고해 달라고 요청했습니다. 검찰은 이날 재판에서 이 씨의 행위가 타인의 사생활과 인격권을 심각하게 침해한 범죄라고 주장하며, 징역 2년을 구형하고 향후 5년간 아동·청소년·장애인 관련 기관에 취업하지 못하도록 명령해 달라고 법원에 요청했습니다. 이 씨 측은 모든 혐의를 인정하면서도, "현재 이미 복역 중인 형량과의 형평성을 고려해 달라"라고 호소했습니다.
　알려진 바에 따르면, 이 씨는 2023년부터 2024년 사이 여직원 휴게실에 총 18차례에 걸쳐 카메라를 설치해 여성 직원들의 탈의 및 샤워 장면을 불법 촬영한 것으로 드러났습니다. 지난해 7월 한 청소 직원이 청소 도중 휴게실에서 의심스러운 장치를 발견해 경찰에 신고했고, 이 씨는 다음 날 스스로 경찰에 자수한 뒤 직위가 해제됐습니다. 이 사건은 아직 판결이 나지 않았으며, 검찰은 법원이 조만간 추가 판결을 내릴 것으로 예상하고 있습니다.

'尚未'는 '아직 ～하지 않았다, 아직 ～에 이르지 않았다'라는 뜻으로, 뉴스·행정 문서·기업 공지에서 자주 사용되는 격식체 부정 표현입니다. 구어체 '还没(有) hái méi(yǒu)'보다 훨씬 문어적이고 중립적인 표현입니다.

法院尚未作出最终判决。
Fǎyuàn shàngwèi zuòchū zuìzhōng pànjué.
법원은 아직 최종 판결을 내리지 않았습니다.

该项目的招标结果尚未公布。
Gāi xiàngmù de zhāobiāo jiéguǒ shàngwèi gōngbù.
해당 프로젝트의 입찰 결과는 아직 발표되지 않았습니다.

被告人的心理治疗计划尚未开始执行。
Bèigàorén de xīnlǐ zhìliáo jìhuà shàngwèi kāishǐ zhíxíng.
피고인의 심리 치료 계획은 아직 시행되지 않았습니다.

스마트폰이 보급되고 SNS가 유행하면서 불법 촬영, 영상 유포, 온라인 성희롱 등의 범죄도 늘어나고 있습니다. 이렇게 디지털 기술을 이용해 이루어지는 다양한 형태의 '디지털 성범죄'를 중국어로는 '数字性犯罪 shùzì xìngfànzuì'라고 합니다.

随着数字性犯罪的形式越来越多，人们对隐私保护的意识也不断提高。
Suízhe shùzì xìngfànzuì de xíngshì yuèláiyuè duō, rénmen duì yǐnsī bǎohù de yìshí yě búduàn tígāo.
디지털 성범죄의 형태가 점점 다양해짐에 따라, 사람들의 개인 정보 보호 의식도 점차 높아지고 있습니다.

한국 계명대학교 여성학과 폐지 논란, 전국적 관심 불러일으켜

韩国桂明大学女性学科存废争议引发全国关注

🎵 038-01

随着韩国桂明大学女性学科面临被撤销的危机，女性学
Suízhe Hánguó Guìmíng Dàxué nǚxìng xuékē miànlín bèi chèxiāo de wēijī, nǚxìngxué

研究者与在校学生纷纷发声，强调"这是女性主义教育与实践
yánjiūzhě yǔ zài xiào xuésheng fēnfēn fāshēng, qiángdiào "Zhè shì nǚxìng zhǔyì jiàoyù yǔ shíjiàn

最后的公共空间之一，绝不能轻易失去"。学校方面以政策
zuìhòu de gōnggòng kōngjiān zhī yī, jué bù néng qīngyì shīqù". Xuéxiào fāngmiàn yǐ zhèngcè

研究生院关闭为由，计划将女性学并入社会学科下属专业，
yánjiūshēngyuàn guānbì wéi yóu, jìhuà jiāng nǚxìngxué bìngrù shèhuì xuékē xiàshǔ zhuānyè,

引发学术界广泛反对。研究者认为，此举不仅损害了女性学的
yǐnfā xuéshùjiè guǎngfàn fǎnduì. Yánjiūzhě rènwéi, cǐ jǔ bùjǐn sǔnhàile nǚxìngxué de

学术独立性，也削弱了其独特的知识体系。
xuéshù dúlìxìng, yě xuēruòle qí dútè de zhīshi tǐxì.

2015年以后，韩国社会经历了"女性主义重启"浪潮。
Èr líng yī wǔ nián yǐhòu, Hánguó shèhuì jīnglìle "nǚxìng zhǔyì chóngqǐ" làngcháo.

从江南站女性杀人案、数字性犯罪，到权力性侵问题频发，
Cóng Jiāngnán zhàn nǚxìng shārén'àn, shùzì xìngfànzuì, dào quánlì xìngqīn wèntí pínfā,

20至30多岁女性群体对性别议题的关注迅速上升。然而
èrshí zhì sānshí duō suì nǚxìng qúntǐ duì xìngbié yìtí de guānzhù xùnsù shàngshēng. Rán'ér

与此同时，学生会女代被解散、女性学课程减少、性别对立
yǔcǐ tóngshí, xuéshenghuì nǚ dài bèi jiěsàn, nǚxìngxué kèchéng jiǎnshǎo, xìngbié duìlì

舆论加剧，女性主义也遭遇强烈"反扑"。桂明大学事件正是
yúlùn jiājù, nǚxìng zhǔyì yě zāoyù qiángliè "fǎnpū". Guìmíng Dàxué shìjiàn zhèng shì

💙 단어+표현 ······························· 🎵 038-02

存废 cúnfèi 존폐, 존속과 폐지 | 撤销* chèxiāo 폐지하다 | 女性主义 nǚxìng zhǔyì 여성주의, 페미니즘 | 实践* shíjiàn 실천하다 |
并入 bìngrù 편입되다 | 下属 xiàshǔ 하위에 속하다 | 重启* chóngqǐ 재부팅하다 | 性犯罪 xìngfànzuì 성범죄 | 性侵* xìngqīn 성폭력
| 议题* yìtí 의제, 이슈 | 解散 jiěsàn 해체되다 | 缩影 suōyǐng 축소판 | 存续* cúnxù 존속하다

这一社会背景的缩影。 桂明大学女性学科之争不仅关乎一个专业的
zhè yī shèhuì bèijǐng de suōyǐng.　　Guìmíng Dàxué nǚxìng xuékē zhī zhēng bùjǐn guānhū yí gè zhuānyè de

存废， 更是对女性主义知识与教育存续的一场社会性考验。
cúnfèi,　　gèng shì duì nǚxìng zhǔyì zhīshi yǔ jiàoyù cúnxù de yì chǎng shèhuìxìng kǎoyàn.

🔈 한국 계명대학교 여성학과가 폐지 위기에 처하면서, 여성학 연구자들과 재학생들이 "페미니즘 교육과 실천이 이루어지는 마지막 공적 공간 중 하나가 사라져서는 안 된다"라며 우려의 목소리를 높이고 있습니다. 학교 측은 정책대학원 폐지를 이유로 여성학과를 사회학과 산하 전공으로 흡수하려는 계획을 밝혔고, 이에 대해 학계 전반에서 강한 반대가 이어졌습니다. 연구자들은 이 같은 결정이 여성학의 학문적 독립성을 훼손하고, 고유한 지식 체계를 약화시킨다고 지적합니다.

　　2015년 이후 한국 사회는 '페미니즘 리부트'라고 불리는 성평등 운동 조류를 경험했습니다. 강남역 여성 살인 사건, 디지털 성범죄, 권력형 성폭력 등이 이어지면서 20~30대 여성들을 중심으로 성별 이슈에 대한 사회적 관심이 급격히 확대됐습니다. 그러나 동시에 총여학생회 폐지, 여성학 강의 축소, 성별 갈등 담론의 확산 등 페미니즘에 대한 강한 '백래시'도 나타났습니다. 계명대 사태는 바로 이러한 사회적 배경의 축소판입니다. 계명대 여성학과의 존폐를 둘러싼 논쟁은 단순한 학과 폐지 문제가 아니라, 페미니즘적 지식과 교육의 지속 가능성을 가늠하는 사회적 시험대가 되고 있습니다.

⭐ 뉴스 표현 필살기

'⋯⋯的缩影'은 '～의 축소판이다, 단면이다'라는 뜻인데요, 어떤 구체적 사건이 폭넓은 사회 현상을 반영하는 것을 강조할 때 사용됩니다.

一部好书就是一个时代的缩影，一面历史的镜子。
Yí bù hǎo shū jiùshì yí gè shídài de suōyǐng, yí miàn lìshǐ de jìngzǐ.
좋은 책은 한 시대의 축소판이자 역사의 거울입니다.

蒸蒸日上的一汽是整个汽车工业的缩影。
Zhēngzhēngrìshàng de Yīqì shì zhěnggè qìchē gōngyè de suōyǐng.
번창하는 '디이 자동차 그룹(FAW)'은 전체 자동차 산업의 축소판입니다.

在这十字街头，你可看见社会的缩影。
Zài zhè shízì jiētóu, nǐ kě kànjiàn shèhuì de suōyǐng.
이 교차로에서 우리는 사회의 축소판을 볼 수 있습니다.

메이링 쌤의 뉴스 Tip

중국에서는 3월 8일을 '妇女节 Fùnǚ Jié (여성의 날)'로 제정하여 여성의 노동과 공헌을 기립니다. 또한 중국에서는 "妇女能顶半边天. (여성이 하늘의 절반을 떠받친다.)"이라는 말이 있을 정도로 여성의 사회적 지위가 높습니다. 요즘 젊은 여성들 사이에서는 여성의 날을 '女神节 Nǚshén Jié (여신절)'라고 부르는 것이 유행인데요, 이 표현이 더 세련되고, 여성의 자신감과 독립적인 이미지를 잘 보여준다고 생각하기 때문입니다. 한 온라인 쇼핑몰에서 여성의 날을 '女王节 Nǚwáng Jié (여왕절)'라고 부르기 시작한 데서 비롯되어, 여러 쇼핑몰과 브랜드에서 '여신 대축제', '나를 위한 선물' 등을 슬로건으로 내세우며 자기 보상을 주고 자기애를 충전하는 날로 홍보하고 있습니다.

직장 내 괴롭힘 대응의 새로운 흐름: '제로 신고'에서 '제로 발생'으로

职场霸凌应对新趋势: 从 "零申报" 到 "零发生"

🎵 039-01

近年来，韩国在应对职场霸凌问题上呈现出范式转变。
Jìnnián lái, Hánguó zài yìngduì zhíchǎng bàlíng wèntí shàng chéngxiàn chū fànshì zhuǎnbiàn.

过去以"零申报(Zero Case)"为目标的对策，表面上强调"零容忍"，
Guòqù yǐ "líng shēnbào (Zero Case)" wéi mùbiāo de duìcè, biǎomiàn shàng qiángdiào "líng róngrěn",

实则压制举报，隐瞒员工申诉的情况。专家指出，这种方法
shízé yāzhì jǔbào, yǐnmán yuángōng shēnsù de qíngkuàng. Zhuānjiā zhǐchū, zhè zhǒng fāngfǎ

忽视了职场权力结构和心理压力，反而可能加剧霸凌的隐蔽性。
hūshìle zhíchǎng quánlì jiégòu hé xīnlǐ yālì, fǎn'ér kěnéng jiājù bàlíng de yǐnbìxìng.

为应对"零申报"的局限，一些企业转向了"零容忍(Zero
Wèi yìngduì "líng shēnbào" de júxiàn, yìxiē qǐyè zhuǎnxiàngle "líng róngrěn (Zero

Tolerance)"政策，即对所有举报案件进行严厉调查与处罚。
Tolerance)" zhèngcè, jí duì suǒyǒu jǔbào ànjiàn jìnxíng yánlì diàochá yǔ chǔfá.

然而，这种政策往往给受害者带来巨大心理负担，也因资源
Rán'ér, zhè zhǒng zhèngcè wǎngwǎng gěi shòuhàizhě dàilái jùdà xīnlǐ fùdān, yě yīn zīyuán

投入过大、举报被滥用等问题引发争议。如今，越来越多的
tóurù guòdà, jǔbào bèi lànyòng děng wèntí yǐnfā zhēngyì. Rújīn, yuèláiyuè duō de

国家和机构采用"零发生(Zero Occurrence)"策略，即从组织
guójiā hé jīgòu cǎiyòng "líng fāshēng (Zero Occurrence)" cèlüè, jí cóng zǔzhī

文化和工作环境层面预防职场霸凌的发生。
wénhuà hé gōngzuò huánjìng céngmiàn yùfáng zhíchǎng bàlíng de fāshēng.

专家强调，职场霸凌并非个人纷争，而是结构性问题。
Zhuānjiā qiángdiào, zhíchǎng bàlíng bìngfēi gèrén fēnzhēng, érshì jiégòuxìng wèntí.

💜 단어+표현　　　　　　　🎵 039-02

职场霸凌* zhíchǎng bàlíng 직장 내 괴롭힘 | 申报 shēnbào 신고하다, 보고하다 | 范式 fànshì 패러다임 | 容忍 róngrěn 용인하다 | 压制* yāzhì 억제하다 | 隐瞒* yǐnmán 숨기다 | 申诉* shēnsù 신고하다 | 加剧 jiājù 가중시키다 | 隐蔽 yǐnbì 은폐하다 | 局限* júxiàn 국한, 제한 | 滥用* lànyòng 남용하다 | 层面 céngmiàn 방면, 차원 | 纷争* fēnzhēng 분쟁, 갈등 | 营造* yíngzào 수립하다, 만들다 | 氛围* fēnwéi 분위기

唯有从组织顶层开始营造尊重、平等的文化氛围，才能真正
Wéiyǒu cóng zǔzhī dǐngcéng kāishǐ yíngzào zūnzhòng、píngděng de wénhuà fēnwéi, cái néng zhēnzhèng

预防霸凌事件的发生。
yùfáng bàlíng shìjiàn de fāshēng.

🔊 최근 한국에서는 직장 내 괴롭힘에 대한 대응 방식이 새로운 패러다임으로 전환되고 있습니다. 과거에는 '0건 정책(Zero Case)'을 목표로 삼아 겉으로는 '무관용'을 강조했지만, 실제로는 신고를 억제하고 구성원의 문제 제기를 은폐하는 상황이 많았습니다. 전문가들은 이러한 접근이 직장 내 권력 구조와 심리적 압박을 간과해 오히려 괴롭힘의 은폐성을 강화할 수 있다고 지적합니다.

'0건 정책'의 한계를 인식한 일부 기업들은 모든 신고에 대해 엄정하게 조사하고 처벌하는 '무관용(Zero Tolerance)' 정책으로 방향을 전환했습니다. 그러나 이 정책은 때로는 피해자에게 심리적으로 큰 부담을 주며, 과도한 자원 소모와 신고 제도 남용 등의 문제로 논란이 되기도 했습니다. 이에 따라 최근에는 점점 더 많은 국가와 기관들이 '무발생(Zero Occurrence)' 전략을 채택하고 있으며, 이는 조직 문화와 근무 환경 차원에서 직장 내 괴롭힘을 사전에 예방하는 데 중점을 둡니다.

전문가들은 직장 내 괴롭힘이 단순한 개인 간 갈등이 아니라 구조적 문제라는 것을 강조하며, 조직의 최고위층부터 존중과 평등의 문화를 조성할 때 비로소 직장 내 괴롭힘 발생의 실질적인 예방이 가능하다고 말합니다.

뉴스 표현 필살기

'表面上A，实则B'는 '겉으로는 A이지만, 실제로는 B이다'라는 뜻으로 드러난 현상과 실제 상황의 모순이나 괴리를 나타낼 때 사용합니다. 특히 뉴스 기사나 사회 비평문에서 제도·정책·현실 간의 불일치를 지적할 때 자주 쓰입니다.

表面上公司提倡平等，**实则**权力结构十分僵化。
Biǎomiàn shàng gōngsī tíchàng píngděng, shízé quánlì jiégòu shífēn jiānghuà.
표면상 회사는 평등을 강조하지만, 실제로는 권력 구조가 매우 경직되어 있습니다.

表面上是"零容忍"，**实则**是"零申报"。
Biǎomiàn shàng shì "líng róngrěn", shízé shì "líng shēnbào".
표면상으로는 '무관용'을 내세우지만, 실제로는 '무신고'입니다.

表面上看他们合作得很好，**实则**矛盾重重。
Biǎomiàn shàng kàn tāmen hézuò de hěn hǎo, shízé máodùn chóngchóng.
겉으로 보기에는 그들이 잘 협력하는 것 같지만, 실제로는 갈등이 많습니다.

메이링 쌤의 뉴스 Tip

중국에서 직장 생활 관련 화제가 나올 때 자주 쓰이는 두 가지 표현이 있는데요, 이 표현은 중국 젊은 세대가 느끼는 직장 내 압박감과 자조적인 현실 인식을 보여줍니다.

- **画饼** huàbǐng '떡을 그리다' 즉 먹을 수 없는 '그림 속의 떡'을 의미하며 '허황된 약속으로 사람을 속이거나 달래는 행위'를 비유합니다.

- **职场PUA** zhíchǎng PUA 원래 PUA는 영어 Pick-Up Artist의 약자로, 상대의 심리를 조종하는 연애 기술을 뜻합니다. 하지만 중국에서는 이 개념이 확장되어, 직장 내에서 상사가 직원의 자존감을 무너뜨리고 정신적으로 통제하는 행위를 가리키는 말이 되었습니다.

'푸바오', 한국 떠나 중국으로…
6천여 명 시민 작별 인사

"福宝"告别韩国返回中国，逾6,000名市民送别

🎵 040-01

4月3日，韩国首只自然繁育的大熊猫"福宝"启程前往
Sì yuè sān rì, Hánguó shǒu zhī zìrán fányù de dàxióngmāo "Fúbǎo" qǐchéng qiánwǎng

中国四川卧龙大熊猫保护研究中心。在春雨绵绵的早晨，
Zhōngguó Sìchuān Wòlóng Dàxióngmāo Bǎohù Yánjiū Zhōngxīn. Zài chūnyǔ miánmián de zǎochén,

超过6,000名市民齐聚爱宝乐园，为福宝送行。许多粉丝挥舞
chāoguò liùqiān míng shìmín qí jù Àibǎo Lèyuán, wèi Fúbǎo sòngxíng. Xǔduō fěnsī huīwǔ

印有福宝头像的旗帜，含泪目送，表达对福宝的不舍与祝福。
yìnyǒu Fúbǎo tóuxiàng de qízhì, hán lèi mùsòng, biǎodá duì Fúbǎo de bù shě yǔ zhùfú.

现场两位饲养员姜哲源与宋英官致辞，对陪伴福宝成长
Xiànchǎng liǎng wèi sìyǎngyuán Jiāng Zhéyuán yǔ Sòng Yīngguān zhìcí, duì péibàn Fúbǎo chéngzhǎng

的粉丝表达感谢。姜饲养员含泪朗读写给福宝的信："就算百年
de fěnsī biǎodá gǎnxiè. Jiāng sìyǎngyuán hán lèi lǎngdú xiě gěi Fúbǎo de xìn: "Jiùsuàn bǎi nián

过去，你也永远是我们的熊猫宝贝。"
guòqù, nǐ yě yǒngyuǎn shì wǒmen de xióngmāo bǎobèi."

福宝于2020年7月在疫情期间出生，名字寓意"带来幸福的
Fúbǎo yú èr líng èr líng nián qī yuè zài yìqíng qījiān chūshēng, míngzì yùyì "dàilái xìngfú de

宝物"。作为韩国本土繁育成功的大熊猫，福宝深受市民喜爱，
bǎowù". Zuòwéi Hánguó běntǔ fányù chénggōng de dàxióngmāo, Fúbǎo shēnshòu shìmín xǐ'ài,

被昵称为"福公主"、"龙仁福氏"，与饲养员之间的深厚情感
bèi nìchēng wéi "Fú gōngzhǔ"、"Lóngrén Fú shì", yǔ sìyǎngyuán zhījiān de shēnhòu qínggǎn

也通过网络视频广为流传。据爱宝乐园介绍，福宝已于3月
yě tōngguò wǎngluò shìpín guǎngwéi liúchuán. Jù Àibǎo Lèyuán jièshào, Fúbǎo yǐ yú sān yuè

 🎵 040-02

繁育* fányù 번식시키다 | 大熊猫 dàxióngmāo 대왕판다 | 绵绵 miánmián 비가 계속 내리는 모양 | 送行* sòngxíng 배웅하다 | 旗帜 qízhì 깃발 | 饲养员 sìyǎngyuán 사육사 | 致辞* zhìcí 연설하다 | 寓意* yùyì 의미하다 | 昵称 nìchēng 애칭으로 부르다 | 检疫 jiǎnyì 검역하다 | 旅程 lǚchéng 여정

完成中韩双方的检疫程序，顺利踏上新旅程。
wánchéng Zhōng-Hán shuāngfāng de jiǎnyì chéngxù, shùnlì tà shàng xīn lǚchéng.

🔊 4월 3일, 한국 최초의 자연 번식 대왕판다 '푸바오'가 중국 쓰촨성 워룽 대왕판다 보호 연구 센터로 출발했습니다. 봄비가 계속 내리는 이날 아침, 6천여 명의 시민들이 에버랜드에 모여 푸바오에게 작별 인사를 전했습니다. 팬들은 푸바오 얼굴이 그려진 깃발을 흔들며 아쉬움과 사랑을 표현했고, 눈물을 보이기도 했습니다. 현장에서는 사육사 강철원, 송영관 씨가 푸바오의 성장을 함께해 준 팬들에게 감사 인사를 전했습니다. 강 사육사는 눈물을 머금고 "100년이 지나도 푸바오는 영원히 우리의 아기 판다"라는 내용의 편지를 읽으며 푸바오에 대한 애정을 전했습니다.

푸바오는 2020년 7월 코로나19 팬데믹 기간에 태어났으며, 이름은 '행복을 주는 보물'이라는 뜻을 담고 있습니다. 국내에서 자연 번식에 성공한 대왕판다인 푸바오는 '푸 공주', '용인 푸씨' 등으로 불리며 시민들의 큰 사랑을 받았고, 사육사들과의 깊은 교감을 담은 영상이 온라인을 통해 널리 알려졌습니다. 에버랜드에 따르면 푸바오는 지난 3월, 한중 양국의 검역 절차를 모두 마쳤으며, 순조롭게 새롭게 여정에 올랐습니다.

뉴스 표현 필살기

'就算A，也B'는 '비록 A일지라도 B하다, 설령 A하더라도 B하다'라는 뜻으로
어떤 상황이나 조건이 변해도 결과나 감정이 변하지 않음을 강조하는 문형입니다.

就算你不在身边，我也会一直想你。
Jiùsuàn nǐ bú zài shēnbiān, wǒ yě huì yìzhí xiǎng nǐ.
네가 곁에 없더라도, 나는 늘 너를 생각할 거야.

就算时间过去很久，我们的友情也不会变。
Jiùsuàn shíjiān guòqù hěn jiǔ, wǒmen de yǒuqíng yě bú huì biàn.
시간이 아무리 지나도, 우리의 우정은 변하지 않을 거야.

就算面临困难，团队也不会放弃目标。
Jiùsuàn miànlín kùnnán, tuánduì yě bú huì fàngqì mùbiāo.
비록 어려움에 직면하더라도, 팀은 목표를 포기하지 않을 것입니다.

메이링 쌤의 뉴스 Tip

대왕판다는 중국의 국보(国宝)이며, 전 세계에서 가장 사랑받는 동물 중 하나입니다. 중국에는 '스타 판다(明星熊猫)'가 많아서 각자 팬클럽과 SNS 계정도 있으며, 판다들의 일상이 수많은 네티즌들의 관심을 받으며 화제가 됩니다. 중국에서 인기 있는 판다 두 마리를 소개합니다.

- 萌兰 Ménglán　2015년에 태어난 베이징 동물원의 대표 스타로, 장난꾸러기 같은 성격과 귀여운 표정으로 '표정 부자 판다'라 불립니다.

- 和花 Héhuā　청두 판다 기지의 아이돌급 판다로 통통한 얼굴과 멍한 표정으로 '화화(花花) 공주'라는 애칭으로 불립니다.

기후 변화로 인한 산불 위험 증가, 사후 대응보다 예방이 관건

气候变化加剧山火风险，预防比事后应对更关键

♪ 041-01

随着全球气候异常加剧，　包括韩国在内的多个国家频繁
Suízhe quánqiú qìhòu yìcháng jiājù,　bāokuò Hánguó zài nèi de duō gè guójiā pínfán

发生难以预测的大规模山火。　近期，　韩国岭南地区接连爆发
fāshēng nányǐ yùcè de dàguīmó shānhuǒ.　Jìnqī,　Hánguó Lǐngnán dìqū jiēlián bàofā

山火，因强风、高温和干燥气候交织，火势迅速蔓延，造成
shānhuǒ, yīn qiángfēng、gāowēn hé gānzào qìhòu jiāozhī,　huǒshì xùnsù mànyán,　zàochéng

前所未有的破坏。国立山林科学院指出，山火不再局限于特定
qiánsuǒwèiyǒu de pòhuài.　Guólì Shānlín Kēxuéyuàn zhǐchū,　shānhuǒ búzài júxiàn yú tèdìng

季节，正在向全年化、大规模化趋势发展。
jìjié, zhèngzài xiàng quánniánhuà、　dàguīmóhuà qūshì fāzhǎn.

一家气候研究机构在3月报告中指出，3月21日至26日
Yìjiā qìhòu yánjiū jīgòu zài sān yuè bàogào zhōng zhǐchū, sān yuè èrshíyī rì zhì èrshíliù rì

期间，韩日两国出现异常高温，显著提高了山火风险。干燥、
qījiān, Hán-Rì liǎng guó chūxiàn yìcháng gāowēn, xiǎnzhù tígāole shānhuǒ fēngxiǎn.　Gānzào、

高温和风力的结合构成了极易引发山火的"危险三要素"。对此，
gāowēn hé fēnglì de jiéhé gòuchéngle jí yì yǐnfā shānhuǒ de　"wēixiǎn sān yàosù".　Duìcǐ,

国立山林科学院山火研究室室长强调："山火防治的关键在于
Guólì Shānlín Kēxuéyuàn shānhuǒ yánjiūshì shìzhǎng qiángdiào: "Shānhuǒ fángzhì de guānjiàn zàiyú

提前预防。必须提高公众警觉，因为一颗小火星也可能引发
tíqián yùfáng.　Bìxū tígāo gōngzhòng jǐngjué,　yīnwèi yì kē　xiǎo huǒxīng yě kěnéng yǐnfā

灾难性的山火。"气候变化已将山火转变为全年性、高危性
zāinànxìng de shānhuǒ." Qìhòu biànhuà yǐ jiāng shānhuǒ zhuǎnbiàn wéi quánniánxìng、gāowēixìng

♪ 041-02

异常* yìcháng 이상(하다) | 接连* jiēlián 연속하다 | 爆发 bàofā 폭발하다, 돌발하다 | 干燥 gānzào 건조하다 | 蔓延 mànyán 번지다, 퍼지다 | 前所未有* qiánsuǒwèiyǒu 유례가 없다, 전에 없다 | 警觉* jǐngjué 경각, 자각 | 火星 huǒxīng 불씨, 불똥 | 灾难 zāinàn 재난

灾害，唯有强化预防意识与制度建设，才能降低其破坏力。
zāihài,　　wéiyǒu qiánghuà yùfáng yìshí yǔ zhìdù jiànshè,　　cái néng jiàngdī qí pòhuàilì.

🔊 전 세계적으로 기후 이상 현상이 심화되면서, 한국을 포함한 여러 국가에서 예측이 어려운 대형 산불이 빈번하게 발생하고 있습니다. 최근 한국 영남 지역에서는 산불이 연달아 발생했고, 강풍, 고온, 건조한 기후가 겹쳐 불길이 순식간에 번져 유례 없는 수준의 피해가 발생했습니다. 국립산림과학원은 산불이 더 이상 특정 계절에만 발생하는 것이 아니라, 일 년 내내 대형 산불이 발생하는 추세라고 밝혔습니다.

　　한 기후 연구 기관은 3월 보고서에서 지난 3월 21일부터 26일까지 한일 양국에서 이상 고온 현상이 나타나 산불 발생 위험을 크게 높였다고 밝혔습니다. 건조, 고온, 강풍은 산불 확산을 유발하는 '위험 3요소'로 작용합니다. 이에 대해 국립산림과학원 산불연구실장은 "산불 대응의 핵심은 사전 예방이며 작은 불씨 하나도 대형 산불로 번질 수 있다는 경각심을 높여야 합니다"라고 강조했습니다. 기후 변화는 산불을 연중 발생 가능한 고위험 재난으로 만들고 있으며, 예방 의식과 제도적 기반을 강화해야만 그 파괴력을 줄일 수 있습니다.

뉴스 표현 필살기

'唯有A，才B'는 '(오직) A해야만 B하다', 즉 어떤 결과를 얻기 위한 필수 조건을 나타내는 표현입니다. A는 반드시 필요한 조건, B는 그 조건이 충족되어야만 가능한 결과를 나타냅니다.

唯有认真学习，**才**能取得好成绩。
Wéiyǒu rènzhēn xuéxí, cái néng qǔdé hǎo chéngjì.
열심히 공부해야만 좋은 성적을 얻을 수 있습니다.

唯有尊重别人，**才**能得到别人的尊重。
Wéiyǒu zūnzhòng biéren, cái néng dédào biéren de zūnzhòng.
다른 사람을 존중해야만 다른 사람의 존중을 받을 수 있습니다.

唯有保持健康的生活方式，身体**才**会强壮。
Wéiyǒu bǎochí jiànkāng de shēnghuó fāngshì, shēntǐ cái huì qiángzhuàng.
건강한 생활 습관을 유지해야만 몸이 튼튼해집니다.

메이링 쌤의 뉴스 Tip

중국에는 '防患于未然 fánghuàn yú wèirán'이라는 속담이 있습니다. 직역하면 '재해가 아직 발생하지 않았을 때 막는다'라는 뜻으로, 문제가 생기기 전에 미리 예방하는 것의 중요성을 강조하는 표현입니다. 이 속담은 개인의 생활은 물론 사회적 안전 관리나 건강, 환경 문제 등 모든 상황에서 '예방이 치료보다 중요하다'라는 중국인의 생각을 잘 보여줍니다.

老师常说，防患于未然比事后后悔更重要。
Lǎoshī cháng shuō, fánghuàn yú wèirán bǐ shìhòu hòuhuǐ gèng zhòngyào.
선생님은 항상 사후에 후회하는 것보다 미리 예방하는 게 더 중요하다고 말씀하십니다.

북극 빙하 아래서 다량의 메탄 발견, 지구 온난화 가속 우려

北极冰川下发现大量甲烷，或加剧全球变暖

🎵 042-01

近日，挪威研究团队在北极冰川下发现了大量甲烷气体正
Jìnrì, Nuówēi yánjiū tuánduì zài běijí bīngchuān xià fāxiànle dàliàng jiǎwán qìtǐ zhèng

通过冰川融水和地下水泉释放。该研究显示，初期融水中的
tōngguò bīngchuān róng shuǐ hé dìxià shuǐquán shìfàng. Gāi yánjiū xiǎnshì, chūqī róng shuǐ zhōng de

甲烷浓度最高达到3,170纳摩尔，是大气中正常平衡
jiǎwán nóngdù zuìgāo dádào sānqiān yībǎi qīshí nà mó'ěr, shì dàqì zhōng zhèngcháng pínghéng

浓度的最多800倍。甲烷是一种强效温室气体，其锁热效应约
nóngdù de zuìduō bābǎi bèi. Jiǎwán shì yì zhǒng qiáng xiào wēnshì qìtǐ, qí suǒ rè xiàoyìng yuē

为二氧化碳的80倍。此次发现的甲烷来源并非微生物活动，
wéi èryǎnghuàtàn de bāshí bèi. Cǐcì fāxiàn de jiǎwán láiyuán bìngfēi wēishēngwù huódòng,

而是封存数百万年的地质构造。
érshì fēngcún shù bǎi wàn nián de dìzhì gòuzào.

随着冰川融化，融水穿过基岩裂缝，推动甲烷释放，
Suízhe bīngchuān rónghuà, róng shuǐ chuānguò jīyán lièfèng, tuīdòng jiǎwán shìfàng,

研究者称这一过程为"冰川压裂"。研究团队警告，类似释放
yánjiūzhě chēng zhè yī guòchéng wéi "bīngchuān yāliè". Yánjiū tuánduì jǐnggào, lèisì shìfàng

现象可能在北极地区广泛存在，并可能形成"气候反馈回路"：
xiànxiàng kěnéng zài běijí dìqū guǎngfàn cúnzài, bìng kěnéng xíngchéng "qìhòu fǎnkuì huílù":

气候变暖促使冰川融化，释放更多甲烷，进一步加剧全球变暖。
qìhòu biànnuǎn cùshǐ bīngchuān rónghuà, shìfàng gèng duō jiǎwán, jìnyíbù jiājù quánqiú biànnuǎn.

他们强调，需要将冰川甲烷排放纳入北极地区甲烷排放总量
Tāmen qiángdiào, xūyào jiāng bīngchuān jiǎwán páifàng nàrù běijí dìqū jiǎwán páifàng zǒngliàng

---

💙 단어+표현　　　　　　　　　　　　　　　🎵 042-02

冰川 bīngchuān 빙하 | 甲烷 jiǎwán 메탄 | 变暖 biànnuǎn 온난화 | 释放* shìfàng 방출하다 | 纳摩尔 nà mó'ěr 나노몰 | 效应*
xiàoyìng 효과 | 穿过 chuānguò 관통하다 | 裂缝 lièfèng 균열 | 压裂 yāliè 파쇄, 프래킹 | 反馈* fǎnkuì 피드백(feedback) | 纳入*
nàrù 넣다, 포함하다

评估中，以深化对气候变化的理解并制定更有效的应对措施。

pínggū zhōng, yǐ shēnhuà duì qìhòu biànhuà de lǐjiě bìng zhìdìng gèng yǒuxiào de yìngduì cuòshī.

최근 노르웨이 연구팀이 북극 빙하 아래에서 대량의 메탄 가스가 빙하의 녹은 물과 지하수 샘을 통해 방출되고 있는 사실을 밝혀냈습니다. 연구 결과에 따르면, 초기 단계의 융빙수에서 측정된 메탄 농도는 최고 3,170나노몰(nM)로, 대기 중 정상 농도의 최대 800배에 달했습니다. 메탄은 열을 가두는 효과가 이산화탄소보다 약 80배 강한 강력한 온실가스로, 이번에 발견된 메탄은 미생물 활동이 아닌 수백만 년 동안 갇혀 있던 지질 구조에서 기인한 것으로 밝혀졌습니다.

빙하가 녹으며 생겨난 물이 기반암의 균열을 따라 흐르면서 메탄을 대기로 밀어내는 이 과정은 연구진에 의해 '빙하 프래킹(fracking)'으로 불리고 있습니다. 연구팀은 유사한 방출 현상이 북극 전역에서 광범위하게 발생할 가능성이 있으며, 이는 '기후 피드백 루프', 즉 기온 상승으로 빙하가 녹으며 더 많은 메탄이 방출되고, 다시 지구 온난화를 심화시키는 과정을 형성할 수 있다고 경고했습니다. 연구팀은 빙하에서의 메탄 방출 역시 북극 지역의 메탄 배출 총량 평가에 포함되어야 하며, 이를 통해 기후 변화에 대한 이해를 높이고 더욱 효과적인 대응 방안을 수립할 필요가 있다고 강조했습니다.

뉴스 표현 필살기

'以+동사/목적구'는 목적을 나타내는 표현으로, 여기서 '以'는 목적이나 수단·방식을 나타내는 전치사이며 '～하기 위해, ～로써, ～을 통해' 등으로 해석합니다.

他们制定了新政策，以减少碳排放。
Tāmen zhìdìngle xīn zhèngcè, yǐ jiǎnshǎo tàn páifàng.
탄소 배출을 줄이기 위해 그들은 새 정책을 제정했습니다.

请提前告知，以方便我们做准备。
Qǐng tíqián gàozhī, yǐ fāngbiàn wǒmen zuò zhǔnbèi.
우리가 준비할 수 있도록 미리 알려주세요.

科学家们不断研究，以更好地了解北极环境变化。
Kēxuéjiāmen búduàn yánjiū, yǐ gèng hǎo de liǎojiě běijí huánjìng biànhuà.
북극 환경 변화를 더 잘 이해하기 위해 과학자들은 계속 연구합니다.

메이링 쌤의 뉴스 Tip

요즘 환경·지속 가능 경영·기후 뉴스에서 빈번하게 등장하는 핵심 용어가 하나 있는데 바로 '碳足迹 tàn zújì (탄소 발자국)'입니다. '개인, 기업, 국가가 생활·생산 과정에서 배출한 온실가스(이산화탄소 등)의 총량'을 뜻하며, 탄소 배출량을 시각적으로 표현한 개념입니다.

许多公司正在公布自己的碳足迹报告。
Xǔduō gōngsī zhèngzài gōngbù zìjǐ de tàn zújì bàogào.
많은 기업들이 자사의 탄소 발자국 보고서를 공개하고 있습니다.

해양 쓰레기 문제 갈수록 심각…
국제 협력 시급

海洋垃圾问题日益严重，国际合作刻不容缓

♪ 043-01

近年来，海洋垃圾及微塑料问题日益引发全球关注。韩国
Jìnnián lái, hǎiyáng lājī jí wēi sùliào wèntí rìyì yǐnfā quánqiú guānzhù. Hánguó

海洋水产开发院金研究员指出，海洋垃圾的严重性不在于数量，
Hǎiyáng Shuǐchǎn Kāifāyuàn Jīn yánjiūyuán zhǐchū, hǎiyáng lājī de yánzhòngxìng bú zàiyú shùliàng,

而在于其广泛且持续扩大的影响范围。"若未能及时清理，
ér zàiyú qí guǎngfàn qiě chíxù kuòdà de yǐngxiǎng fànwéi. "Ruò wèi néng jíshí qīnglǐ,

塑料垃圾会不断碎裂成数十万个微粒，对海洋生态、食品安全
sùliào lājī huì búduàn suìliè chéng shù shí wàn gè wēilì, duì hǎiyáng shēngtài、shípǐn ānquán

甚至人体健康造成威胁。"根据联合国环境规划署数据，每年
shènzhì réntǐ jiànkāng zàochéng wēixié." Gēnjù Liánhéguó Huánjìng Guīhuàshǔ shùjù, měinián

有超过10万只海洋哺乳动物、百万只海鸟因废弃渔网等海洋
yǒu chāoguò shí wàn zhī hǎiyáng bǔrǔ dòngwù、bǎi wàn zhī hǎi niǎo yīn fèiqì yúwǎng děng hǎiyáng

垃圾死亡。
lājī sǐwáng.

全球约80%的海洋垃圾为塑料。尽管各国正试图加强
Quánqiú yuē bǎi fēn zhī bāshí de hǎiyáng lājī wéi sùliào. Jǐnguǎn gè guó zhèng shìtú jiāqiáng

塑料生产与使用的监管，但受国情差异影响，统一行动仍
sùliào shēngchǎn yǔ shǐyòng de jiānguǎn, dàn shòu guóqíng chāyì yǐngxiǎng, tǒngyī xíngdòng réng

面临挑战。金研究员表示："提前清理已产生的海洋垃圾是有效
miànlín tiǎozhàn. Jīn yánjiūyuán biǎoshì: "Tíqián qīnglǐ yǐ chǎnshēng de hǎiyáng lājī shì yǒuxiào

对策，但受限于洋流和风向变动，难以准确追踪其位置，加之
duìcè, dàn shòu xiànyú yángliú hé fēngxiàng biàndòng, nányǐ zhǔnquè zhuīzōng qí wèizhì, jiāzhī

단어＋표현 ♪ 043-02

刻不容缓 kèbùrónghuǎn 잠시도 늦출 수 없다 | 微塑料* wēi sùliào 미세 플라스틱 | 碎裂 suìliè 쪼개지다 | 微粒 wēilì 미립자 |
生态 shēngtài 생태 | 威胁* wēixié 위협(하다) | 哺乳动物 bǔrǔ dòngwù 포유동물 | 废弃* fèiqì 폐기하다 | 监管* jiānguǎn 감시하
고 감독하다 | 限于 xiànyú ～에 한하다 | 洋流 yángliú 해류 | 追踪* zhuīzōng 추적하다 | 探测* tàncè 탐측하다

相关探测与清理技术掌握在少数国家手中，普及应用存在限制。"
xiāngguān tàncè yǔ qīnglǐ jìshù zhǎngwò zài shǎoshù guójiā shǒuzhōng, pǔjí yìngyòng cúnzài xiànzhì."

🔊 최근 해양 쓰레기와 미세 플라스틱 문제가 전 세계적으로 큰 주목을 받고 있습니다. 한국 해양수산개발원의 김 연구원은 해양 쓰레기의 심각성은 양보다 그 영향 범위가 넓고 지속적으로 확산된다는 데 있다고 지적하며, "제때 수거하지 않으면 플라스틱 쓰레기가 수십만 개의 미세 조각으로 쪼개져 해양 생태계는 물론 식품 안전과 인체 건강까지 위협할 수 있다"라고 경고했습니다. 유엔환경계획(UNEP)에 따르면, 매년 10만 마리 이상의 해양 포유류와 100만 마리 이상의 바닷새가 폐그물 등 해양 쓰레기로 인해 폐사하는 것으로 알려졌습니다.

전체 해양 쓰레기의 약 80%는 플라스틱이며, 각국이 플라스틱 생산과 사용에 대한 규제를 강화하고 있으나, 국가별 상황 차이로 인해 통일된 대응에는 어려움이 따릅니다. 김 연구원은 "이미 발생한 해양 쓰레기를 사전에 수거하는 것이 가장 효과적인 대응책이지만, 해류나 바람의 변동에 제한을 받아 쓰레기 위치를 추적하기 어려우며, 관련된 탐사 및 수거 기술 또한 일부 국가에만 집중돼 있어 보편적 활용에는 한계가 있다"라고 설명했습니다.

뉴스 표현 필살기

'在于'는 '~에 있다, ~에 달려 있다, 핵심은 ~이다'라는 뜻으로 어떤 사물·현상의 핵심, 본질, 원인이 어디에 있는지를 설명할 때 쓰는 표현입니다.

成功的关键在于坚持。
Chénggōng de guānjiàn zàiyú jiānchí.
성공의 핵심은 꾸준함에 달려 있습니다.

城市魅力在于多样的文化体验。
Chéngshì mèilì zàiyú duōyàng de wénhuà tǐyàn.
도시의 매력은 다양한 문화 경험에 있습니다.

问题的本质在于资源分配不均。
Wèntí de běnzhì zàiyú zīyuán fēnpèi bù jūn.
문제의 본질은 자원 배분의 불균형에 있습니다.

메이링 쌤의 뉴스 Tip

쓰레기 분리 수거는 환경 보호의 첫걸음입니다. 2019년 상하이에서 쓰레기 분리 수거 제도가 처음 시행되고, 분류를 혼동하는 사람들이 많아 자원봉사자나 공무원들이 쓰레기를 버리는 시민들에게 자주 이런 질문을 했다고 합니다. "你是什么垃圾(너는 어떤 쓰레기야?)" 사실 이 문장은 "你(扔的)是什么垃圾(당신이 버리는 것은 어떤 쓰레기입니까?)"였지만, 중국어로 들으면 "당신은 쓰레기냐?"처럼 들려서, 빠르게 전국적인 인터넷 밈(meme)으로 퍼졌습니다.
아래 표현은 중국의 쓰레기 분류인데요, 음식물 쓰레기를 '湿垃圾(젖은 쓰레기)'라고 부르는 게 특징입니다.

可回收垃圾 kě huíshōu lājī 재활용 쓰레기
厨余垃圾/湿垃圾 chúyú lājī/shī lājī 음식물 쓰레기

有害垃圾 yǒuhài lājī 유해 쓰레기
其他垃圾/干垃圾 qítā lājī/gān lājī 일반 쓰레기

제로 에너지 건축 주목…
2030년 전면 도입 예정

零能耗建筑引关注：2030年将全面推广

🎵 044-01

随着全球环保意识不断提升，韩国正加快推进"零能耗
Suízhe quánqiú huánbǎo yìshí búduàn tíshēng, Hánguó zhèng jiākuài tuījìn "líng nénghào

建筑 (ZEB, Zero Energy Building)"普及。零能耗建筑是指
jiànzhù (ZEB, Zero Energy Building)"　　　pǔjí.　　Líng nénghào jiànzhù shì zhǐ

通过节能设计与可再生能源的利用，使建筑年能耗接近"零"
tōngguò jiénéng shèjì yǔ kězàishēng néngyuán de lìyòng, shǐ jiànzhù nián nénghào jiējìn "líng"

的环保建筑类型，无需依赖外部电力即可独立运行。此类建筑
de huánbǎo jiànzhù lèixíng, wúxū yīlài　　wàibù diànlì　jí kě　dúlì yùnxíng.　Cǐ lèi jiànzhù

结合三大核心技术：利用高隔热材料设计减少能量损耗；通过
jiéhé sān dà héxīn jìshù:　　lìyòng gāo gérè cáiliào shèjì jiǎnshǎo néngliàng sǔnhào;　tōngguò

LED照明、高效设备等提高能源利用率；以及安装太阳能、
LED zhàomíng、gāoxiào shèbèi děng tígāo néngyuán lìyònglǜ;　yǐjí ānzhuāng tàiyángnéng、

地热等"可再生能源"系统实现自我供能。此外，还引入智能
dìrè děng　"kězàishēng néngyuán" xìtǒng shíxiàn zìwǒ gōng néng. Cǐwài,　　hái yǐnrù zhìnéng

能源管理系统，实现能源的实时监测与自动优化管理。
néngyuán guǎnlǐ xìtǒng,　shíxiàn néngyuán de shíshí jiāncè yǔ zìdòng yōuhuà guǎnlǐ.

零能耗建筑不仅能显著降低冷暖空调等能源开支，
Líng nénghào jiànzhù bùjǐn néng xiǎnzhù jiàngdī lěngnuǎn kòngtiáo děng néngyuán kāizhī,

还能有效减少碳排放，对实现国家碳中和目标具有重要意义。
hái néng yǒuxiào jiǎnshǎo tàn páifàng, duì shíxiàn guójiā tàn zhōnghé mùbiāo jùyǒu zhòngyào yìyì.

根据韩国相关法规，自2030年起，所有建筑面积超过500
Gēnjù Hánguó xiāngguān fǎguī, zì èr líng sān líng nián qǐ, suǒyǒu jiànzhù miànjī chāoguò wǔbǎi

---

단어+표현　　　　🎵 044-02

能耗 nénghào 에너지 소모 ｜ 节能 jiénéng 에너지 절약 ｜ 可再生*kězàishēng 재생 가능, 재활용 가능 ｜ 能源*néngyuán 에너지 ｜
即可*jí kě ~하면 곧 ~할 수 있다 ｜ 隔热 gérè 단열하다 ｜ 照明 zhàomíng 조명 ｜ 监测*jiāncè 모니터링하다 ｜ 开支*kāizhī 비용 ｜
碳中和*tàn zhōnghé 탄소 중립 ｜ 构建*gòujiàn 세우다

平方米的新建筑将全面实行零能耗建筑义务化。政府希望通过
píngfāngmǐ de xīn jiànzhù jiāng quánmiàn shíxíng líng nénghào jiànzhù yìwùhuà. Zhèngfǔ xīwàng tōngguò

此举推动绿色建筑发展，构建更加可持续的生活环境。
cǐ jǔ tuīdòng lǜsè jiànzhù fāzhǎn, gòujiàn gèngjiā kěchíxù de shēnghuó huánjìng.

🔊 전 세계적으로 환경 의식이 계속 높아지는 가운데, 한국이 '제로 에너지 건축물(ZEB, Zero Energy Building)'의 보급을 본격적으로 확대하고 있습니다. 제로 에너지 건축물은 에너지 절감 설계와 신재생 에너지 활용을 통해 연간 에너지 사용량을 '제로'에 가깝게 만든 친환경 건축물로, 외부 전력망에 의존하지 않고 자립 운영이 가능한 것이 특징입니다. 이러한 건축물은 세 가지 핵심 기술을 결합해서 만들어지는데, 고단열 자재로 에너지 손실을 최소화하고, LED 조명 및 고효율 설비를 통해 에너지 활용도를 높이며, 태양광·지열 등 재생 에너지 시스템을 설치해 필요한 에너지를 스스로 생산합니다. 또한, 스마트 에너지 관리 시스템을 도입해 실시간 에너지 사용을 모니터링하고 자동으로 최적화하는 기술도 적용됩니다.

제로 에너지 건축물은 냉난방 등 에너지 비용을 크게 절감할 수 있을 뿐 아니라 탄소 배출 저감에도 효과적이어서, 국가 탄소 중립 목표 달성에 중요한 의미가 있습니다. 관련 법령에 따르면, 2030년부터는 연면적 500㎡ 이상의 모든 신축 건물에 대해 제로 에너지 건축 의무화가 전면 시행될 예정입니다. 정부는 이를 통해 녹색 건축의 활성화와 지속 가능한 생활 환경 조성을 기대하고 있습니다.

뉴스 표현 필살기

'自A起B'는 'A부터 B하다, A 이후 B가 시행되다'라는 뜻으로 공식 문서, 공고, 뉴스 기사 등에서 시행 시점을 표현할 때 자주 사용됩니다.

自明天起，这家商店开始打折。
Zì míngtiān qǐ, zhè jiā shāngdiàn kāishǐ dǎzhé.
내일부터 이 가게는 할인 행사를 시작합니다.

自今年起，学校增加了中文课程。
Zì jīnnián qǐ, xuéxiào zēngjiāle Zhōngwén kèchéng.
올해부터 학교에 중국어 과목이 추가되었습니다.

自上周起，天气突然变冷。
Zì shàngzhōu qǐ, tiānqì tūrán biànlěng.
지난주부터 날씨가 갑자기 추워졌습니다.

메이링 쌤의 뉴스 Tip

'零+단어' 구조는 요즘 중국 뉴스, 정책, 기술, 경제 기사에서 굉장히 자주 등장하는 표현 방식입니다. 이때의 '零'은 단순히 숫자 0의 뜻이 아니라 '없음, 매우 낮음'이라는 상징적 의미를 가집니다. 자주 사용되는 표현들을 살펴보겠습니다.

零基础 líng jīchǔ '왕초보', 기초가 전혀 없음

零距离 íng jùlí 제로 거리, 아주 가까움

零存款 líng cúnkuǎn 통장 잔고가 거의 없음

零风险 líng fēngxiǎn 리스크 제로, 위험 부담 없음

零门槛 líng ménkǎn 문턱이 없음, 가입·참여 조건이 아주 낮음

'그린워싱':
친환경이라는 이름 뒤에 숨겨진 진실

"绿色洗白"：环保标签背后的真相

♪ 045-01

随着环保意识在全球范围内持续升温，不少企业纷纷打出
Suízhe huánbǎo yìshí zài quánqiú fànwéi nèi chíxù shēngwēn, bùshǎo qǐyè fēnfēn dǎchū

"绿色"、"可持续"的口号，以吸引关注环保的消费者。然而，
"lǜsè"、 "kěchíxù" de kǒuhào, yǐ xīyǐn guānzhù huánbǎo de xiāofèizhě. Rán'ér,

部分企业却借此进行"绿色洗白(greenwashing)"，即夸大或
bùfen qǐyè què jiècǐ jìnxíng "lǜsè xǐbái (greenwashing)", jí kuādà huò

歪曲自身产品或服务的环保属性，实质上却缺乏真正的环保
wāiqū zìshēn chǎnpǐn huò fúwù de huánbǎo shǔxìng, shízhì shàng què quēfá zhēnzhèng de huánbǎo

努力。这一现象正引发越来越多关注。专家指出，绿色洗白
nǔlì. Zhè yī xiànxiàng zhèng yǐnfā yuèláiyuè duō guānzhù. Zhuānjiā zhǐchū, lǜsè xǐbái

不仅损害消费者信任，还可能延缓真正的环保技术发展，甚至
bùjǐn sǔnhài xiāofèizhě xìnrèn, hái kěnéng yánhuǎn zhēnzhèng de huánbǎo jìshù fāzhǎn, shènzhì

在某些国家可能被视为违反消费者保护法规，带来法律风险。
zài mǒu xiē guójiā kěnéng bèi shìwéi wéifǎn xiāofèizhě bǎohù fǎguī, dàilái fǎlǜ fēngxiǎn.

为防止绿色洗白，企业应提供透明、具体的数据支持，
Wèi fángzhǐ lǜsè xǐbái, qǐyè yīng tígōng tòumíng、 jùtǐ de shùjù zhīchí,

采用国际认证(如FSC、Energy Star、LEED等)，并进行产品全
cǎiyòng guójì rènzhèng (rú FSC、Energy Star、LEED děng), bìng jìnxíng chǎnpǐn quán

生命周期环境影响评估。消费者则应保持批判性思维，谨慎
shēngmìng zhōuqī huánjìng yǐngxiǎng pínggū. Xiāofèizhě zé yīng bǎochí pīpànxìng sīwéi, jǐnshèn

识别环保宣传背后的真实意图。短期来看，绿色洗白可能有助于
shíbié huánbǎo xuānchuán bèihòu de zhēnshí yìtú. Duǎnqī lái kàn, lǜsè xǐbái kěnéng yǒuzhùyú

♪ 045-02

洗白 xǐbái 세탁하다 ㅣ 标签* biāoqiān 태그, 라벨 ㅣ 歪曲 wāiqū 왜곡하다 ㅣ 属性* shǔxìng 속성 ㅣ 实质上* shízhì shàng 실질적으로 ㅣ 延缓* yánhuǎn 지연시키다 ㅣ 认证* rènzhèng 인증 ㅣ 批判 pīpàn 비판(하다) ㅣ 谨慎* jǐnshèn 신중하다 ㅣ 识别 shíbié 식별하다 ㅣ 有助于 yǒuzhùyú ~에 도움이 되다 ㅣ 销量 xiāoliàng 판매량 ㅣ 致力于* zhìlì yú ~에 힘쓰다 ㅣ 不仅仅 bùjǐnjǐn ~뿐만이 아니다

提升形象与销量，但长期来看，它将削弱市场对环保的信任。
tíshēng xíngxiàng yǔ xiāoliàng, dàn chángqī lái kàn, tā jiāng xuēruò shìchǎng duì huánbǎo de xìnrèn.

真正负责任的企业，应致力于实质性环保行动，而不仅仅停留在口号。
Zhēnzhèng fù zérèn de qǐyè, yīng zhìlì yú shízhìxìng huánbǎo xíngdòng, ér bùjǐnjǐn tíngliú zài kǒuhào.

환경 보호에 대한 관심이 전 세계적으로 높아지면서 많은 기업들이 '친환경'과 '지속 가능성'을 내세우며 환경을 중시하는 소비자들을 끌어들이고 있습니다. 그러나 일부 기업들은 이를 악용해 실제로는 환경 보호 노력이 미흡함에도 불구하고 제품이나 서비스를 친환경적인 것처럼 과장하거나 왜곡하는 '그린워싱(greenwashing)' 행태를 보이고 있습니다. 이러한 현상은 점점 더 많은 주목을 받고 있습니다. 전문가들은 그린워싱이 소비자의 신뢰를 해칠 뿐 아니라, 진정한 친환경 기술 개발을 지연시킬 수 있으며, 일부 국가에서는 소비자 보호법 위반으로 간주되어 법적 위험에 노출될 수 있다고 지적합니다.

그린워싱을 방지하기 위해 기업은 투명하고 구체적인 데이터 근거를 제공하고, FSC(국제 산림관리협의회 인증), 에너지스타(Energy Star, 에너지 절감 제품 인증), LEED(친환경 건축물 인증) 등 국제적인 인증을 활용하며, 제품의 전 생애 주기에 걸친 환경 영향을 평가해야 합니다. 소비자 역시 기업의 친환경 홍보와 그 이면에 있는 의도를 비판적으로 생각하고, 신중하게 파악하려는 노력이 필요합니다. 단기적으로는 그린워싱이 기업의 이미지와 판매를 높이는 데 도움이 될 수 있으나, 장기적으로는 환경에 대한 시장의 신뢰를 약화시킬 수 있습니다. 진정으로 책임 있는 기업이라면 구호에 그치지 않고 실질적인 환경 보호 활동에 힘써야 합니다.

뉴스 표현 필살기

'即'는 앞뒤 내용을 연결하며 '곧 ～이다, 다시 말해, 즉'의 뜻을 나타내는 문어체 연결어입니다.

ESG管理，即环境、社会与公司治理管理。
ESG guǎnlǐ, jí huánjìng、shèhuì yǔ gōngsī zhìlǐ guǎnlǐ.
ESG 경영이란, 환경·사회·기업 지배 구조를 포함한 경영을 뜻합니다.

价格即价值。
Jiàgé jí jiàzhí.
가격은 곧 가치입니다.

混合办公，即员工部分时间在办公室工作，部分时间在家办公。
Hùnhé bàngōng, jí yuángōng bùfen shíjiān zài bàngōngshì gōngzuò, bùfen shíjiān zài jiā bàngōng.
하이브리드 근무란, 직원이 일부 시간은 사무실에서, 일부는 집에서 근무하는 방식을 말합니다.

메이링 쌤의 뉴스 Tip

한자에는 쌍둥이 같이 닮은 글자들이 많습니다. '即'와 '既'도 글자 모양은 비슷하지만 뜻이 매우 다르기 때문에 정확하게 기억하고 구분하는게 좋습니다.

	即 jí	既然 jìrán
의미	즉, 곧, 다시 말해	이미 ～하였으니, ～인 만큼
구조	A，即B	既然A，就B
예문	"KPI管理"，即关键绩效指标管理。 'KPI 관리'란, 핵심 성과 지표 관리를 뜻합니다.	既然决定了，就不要后悔。 이미 결정했으니 후회하지 마세요.

SNS 유해 콘텐츠와의 전쟁, 표현의 자유와 규제 사이

社交平台有害内容之战：自由与监管的博弈

🎵 046-01

近日，法国警方逮捕了Telegram创始人，理由是其未配合
Jìnrì, Fǎguó jǐngfāng dàibǔle Telegram chuàngshǐrén, lǐyóu shì qí wèi pèihé

调查平台上传播的未成年人性剥削内容。这一事件标志着
diàochá píngtái shàng chuánbō de wèichéngniánrén xìng bōxuē nèiróng. Zhè yī shìjiàn biāozhìzhe

社交平台企业对于用户行为的责任正在被重新定义，社交媒体
shèjiāo píngtái qǐyè duìyú yònghù xíngwéi de zérèn zhèngzài bèi chóngxīn dìngyì, shèjiāo méitǐ

时代的"言论自由"与"监管义务"之间的界限日益模糊。
shídài de "yánlùn zìyóu" yǔ "jiānguǎn yìwù" zhījiān de jièxiàn rìyì móhu.

随着人工智能技术的进步，社交媒体中的有害内容激增。
Suízhe réngōng zhìnéng jìshù de jìnbù, shèjiāo méitǐ zhōng de yǒuhài nèiróng jīzēng.

欧盟率先行动，推出相关法律，并对Meta、TikTok、X等展开
Ōuméng shuàixiān xíngdòng, tuīchū xiāngguān fǎlǜ, bìng duì Meta、TikTok、 X děng zhǎnkāi

调查。美国也开始转变态度。长期以来，《通信规范法》保障
diàochá. Měiguó yě kāishǐ zhuǎnbiàn tàidù. Chángqī yǐlái, 《Tōngxìn guīfànfǎ》 bǎozhàng

平台对用户内容不负责任，但近期针对TikTok"昏迷挑战"导致
píngtái duì yònghù nèiróng bú fù zérèn, dàn jìnqī zhēnduì TikTok "hūnmí tiǎozhàn" dǎozhì

青少年死亡的案件中，法院判定受害者家属有权提起诉讼。
qīngshàonián sǐwáng de ànjiàn zhōng, fǎyuàn pàndìng shòuhàizhě jiāshǔ yǒu quán tíqǐ sùsòng.

在韩国，AI技术推动下的"深度伪造"犯罪频发，社会对监管的
Zài Hánguó, AI jìshù tuīdòng xià de "shēndù wěizào" fànzuì pínfā, shèhuì duì jiānguǎn de

呼声日益高涨。
hūshēng rìyì gāozhǎng.

💜 단어＋표현 ··· 🎵 046-02

博弈＊ bóyì 게임, 경쟁 | **逮捕**＊ dàibǔ 체포하다 | **剥削**＊ bōxuē 착취하다 | **言论** yánlùn 언론 | **界限** jièxiàn 경계 | **欧盟** Ōuméng 유럽연합(EU) | **昏迷** hūnmí 혼미하다 | **呼声** hūshēng 의견, 요구의 소리 | **高涨** gāozhǎng 높아지다 | **平衡点**＊ pínghéngdiǎn 균형점 | **前瞻性** qiánzhānxìng 전망성

然而，也有人担忧过度监管会损害言论自由。专家指出，民主
Rán'ér,　　yě yǒurén dānyōu guòdù jiānguǎn huì sǔnhài yánlùn zìyóu.　　Zhuānjiā zhǐchū, mínzhǔ

社会需在信息安全与表达自由之间找到平衡点，制定合理且具前瞻性
shèhuì xū zài xìnxī ānquán yǔ biǎodá zìyóu zhījiān zhǎodào pínghéngdiǎn, zhìdìng hélǐ qiě jù qiánzhānxìng

的政策体系。
de zhèngcè tǐxì.

최근 프랑스 경찰이 텔레그램 내 미성년자 성착취물 유통에 대한 수사 협조를 거부했다는 것을 사유로 들어 텔레그램 창업자를 체포했습니다. 이는 소셜 플랫폼 기업의 이용자에 대한 책임이 새롭게 정의되고, SNS 시대 '표현의 자유'와 '관리 감독 의무' 사이에 경계가 점차 모호해지고 있음을 의미합니다.

AI 기술 발달로 소셜 미디어의 유해 콘텐츠가 급증하는 가운데, 유럽연합(EU)은 관련 법률을 시행하며, 메타(Meta), 틱톡(Tiktok), X 등을 상대로 조사를 벌이는 등 가장 먼저 대응에 나서고 있습니다. 미국도 변화 조짐을 보이고 있습니다. 미국은 오랜 기간 「통신품위법」에 따라 플랫폼이 이용자 콘텐츠에 대한 책임을 면제받았지만, 최근 틱톡의 '기절 챌린지'로 10대 청소년이 사망한 사건에서 법원이 유족의 손을 들어주었습니다. 한국 역시 AI 기반 '딥페이크' 범죄가 확산되면서 규제 필요성에 대한 사회의 요구가 커지고 있습니다.

하지만 일각에서는 정부의 과도한 규제가 표현의 자유를 침해할 수 있다는 우려도 제기됩니다. 전문가들은 민주주의 사회에서는 정보 안전과 표현 자유 사이 균형점을 찾는 것이 중요하며, 합리적이고 전망성을 갖춘 정책 시스템 마련이 필요하다고 강조합니다.

뉴스 표현 필살기

'然而'은 '그러나, 하지만, 그럼에도 불구하고'라는 뜻으로 앞 문장의 내용과 반대되거나 예상과 다른 결과를 나타낼 때 쓰이는 접속어입니다. 주로 문어체나 격식 있는 글에서 사용됩니다.

他努力工作了一年，然而结果并不理想。
Tā nǔlì gōngzuòle yì nián, rán'ér jiéguǒ bìng bù lǐxiǎng.
그는 1년 동안 열심히 일했지만, 결과는 그다지 만족스럽지 않습니다.

这项新技术很先进，然而成本太高，难以推广。
Zhè xiàng xīn jìshù hěn xiānjìn, rán'ér chéngběn tài gāo, nányǐ tuīguǎng.
이 신기술은 매우 앞서 있지만, 비용이 너무 높아 보급하기 어렵습니다.

他通过了笔试，然而在面试中表现一般。
Tā tōngguòle bǐshì, rán'ér zài miànshì zhōng biǎoxiàn yìbān.
그는 필기시험에는 합격했지만, 면접에서는 평범한 실력을 보였습니다.

메이링 쌤의 뉴스 Tip

"좋아요! 구독! 알림 설정 부탁해요!"는 중국어로 어떻게 표현할까요? 중국 SNS에서 자주 쓰이는 표현을 알아봅니다.

点赞 diǎn zàn '좋아요'를 누르다

关注 guānzhù 팔로우하다

评论 pínglùn 댓글을 달다

点赞三连 diǎn zàn sān lián 좋아요·댓글·공유 3종 세트

留言区见 Liúyánqū jiàn! 댓글창에서 봐요!

在线吃瓜 zàixiàn chī guā 온라인 구경 중
(누군가의 사건을 지켜본다는 뜻의 인터넷 용어)

欢迎友善交流 Huānyíng yǒushàn jiāoliú!
댓글 예쁘게 달아 줘!

결혼 없이도 가족…
'생활 동반자법' 아시나요?

不结婚也能成为家人？《生活伴侣法》你了解多少？

🎵 047-01

随着韩国单人户迅速增加，传统以婚姻和血缘为基础的
Suízhe Hánguó dānrénhù xùnsù zēngjiā, chuántǒng yǐ hūnyīn hé xuèyuán wéi jīchǔ de

家庭形态正在发生变化。由配偶与未婚子女组成的核心家庭比例
jiātíng xíngtài zhèngzài fāshēng biànhuà. Yóu pèi'ǒu yǔ wèihūn zǐnǚ zǔchéng de héxīn jiātíng bǐlì

从2016年的32%降至2020年的29.1%。
cóng èr líng yī liù nián de bǎi fēn zhī sānshí'èr jiàng zhì èr líng èr líng nián de bǎi fēn zhī èrshíjiǔ diǎn yī.

与此同时，非婚同居伴侣、亲密朋友等多样化的家庭形式不断
Yǔcǐ tóngshí, fēihūn tóngjū bànlǚ、 qīnmì péngyǒu děng duōyànghuà de jiātíng xíngshì búduàn

涌现。
yǒngxiàn.

为适应这一现实变化，韩国第21届国会曾于2023年
Wèi shìyìng zhè yī xiànshí biànhuà, Hánguó dì-èrshíyī jiè guóhuì céng yú èr líng èr sān nián

提出《生活伴侣关系法案》，旨在赋予非婚伴侣类似于婚姻关系
tíchū 《Shēnghuó bànlǚ guānxì fǎ'àn》, zhǐ zài fùyǔ fēihūn bànlǚ lèisì yú hūnyīn guānxì

的法律地位与权利。根据该法案，生活伴侣关系将由家庭法院
de fǎlǜ dìwèi yǔ quánlì. Gēnjù gāi fǎ'àn, shēnghuó bànlǚ guānxì jiāng yóu jiātíng fǎyuàn

及地方自治团体进行登记和管理。伴侣间将承担同居、扶养、
jí dìfāng zìzhì tuántǐ jìnxíng dēngjì hé guǎnlǐ. Bànlǚ jiān jiāng chéngdān tóngjū、fúyǎng、

合作等义务，并享有日常代理权、债务连带责任、财产分割等
hézuò děng yìwù, bìng xiǎngyǒu rìcháng dàilǐquán、zhàiwù liándài zérèn、 cáichǎn fēngē děng

类似婚姻的权利。
lèisì hūnyīn de quánlì.

💗 단어+표현　🎵 047-02

伴侣*bànlǚ 동반자, 반려 | 单人户 dānrénhù 1인 가구 | 血缘 xuèyuán 혈연 | 配偶 pèi'ǒu 배우자 | 核心家庭 héxīn jiātíng 핵가족 | 涌现 yǒngxiàn 생겨나다 | 赋予*fùyǔ 부여하다, 주다 | 婚姻*hūnyīn 혼인, 결혼 | 扶养*fúyǎng 부양하다 | 享有*xiǎngyǒu 누리다, 향유하다 | 债务 zhàiwù 채무 | 分割 fēngē 분할하다, 나누다 | 变相 biànxiàng 형태를 바꾸다, 모양을 바꾸다

然而，法案在社会上引发激烈争议。支持者认为应保障家庭
Rán'ér,　fǎ'àn zài shèhuì shàng yǐnfā jīliè zhēngyì.　　Zhīchízhě rènwéi yīng bǎozhàng jiātíng

形式的多样性，反对者则担心该法案将动摇传统家庭制度，甚至
xíngshì de duōyàngxìng, fǎnduìzhě zé dānxīn gāi fǎ'àn jiāng dòngyáo chuántǒng jiātíng zhìdù, shènzhì

视为"变相合法化同性婚姻"。
shìwéi "biànxiàng héfǎhuà tóngxìng hūnyīn".

🔊 한국에서 1인 가구가 빠르게 증가하면서 전통적인 혼인과 혈연 중심의 가족 형태에 변화가 일어나고 있습니다. 부부와 미혼 자녀로 구성된 핵가족 비율은 2016년 32%에서 2020년 29.1%로 감소했습니다. 그와 동시에 비혼 동거 커플이나 친한 친구 등 다양한 형태의 가족이 새롭게 등장하고 있습니다.
　　이러한 현실을 반영해, 제21대 국회에서는 2023년 「생활 동반자 관계에 관한 법률」이 발의됐습니다. 이 법안은 혼인하지 않은 동거 파트너에게도 혼인과 유사한 법적 지위와 권리를 부여하는 내용을 담고 있습니다. 법안에 따르면, 생활 동반자 관계는 가정 법원과 지방 자치 단체에서 등록 및 관리하며, 당사자들은 동거, 부양, 협조 의무를 비롯해 일상 가사 대리권, 채무의 연대 책임, 재산 분할 청구권 등 혼인에 준하는 권리를 갖게 됩니다.
　　하지만 이 법안은 사회적으로 큰 논쟁을 불러일으켰습니다. 찬성 측은 가족 형태의 다양성을 보장해야 한다고 주장한 반면, 반대 측은 이 법이 전통적인 가족 제도를 흔들 수 있으며, 나아가 '사실상 동성 결혼을 합법화하려는 시도'라고 주장합니다.

'由'는 '~에 의해, ~가 담당하여'라는 뜻으로, 행동의 주체를 나타내는 전치사입니다.
어떤 일이나 행동이 누구에 의해 이루어지는가를 표현할 때 사용합니다.

本项目由政府投资建设。
Běn xiàngmù yóu zhèngfǔ tóuzī jiànshè.
이 프로젝트는 정부가 투자하고 건설합니다.

比赛结果由专家评定。
Bǐsài jiéguǒ yóu zhuānjiā píngdìng.
시합 결과는 전문가가 평가합니다.

文件由经理签字后生效。
Wénjiàn yóu jīnglǐ qiānzì hòu shēngxiào.
문서는 사장의 서명 후에 효력이 발생합니다.

한국에서는 명절에 친척들을 만나면 "결혼은 언제 하니?"라는 질문이 빠지지 않죠. 중국도 한국과 상황이 비슷해서, '명절 국룰 질문'이라 피할 수 없다는 농담까지 나옵니다. "你有对象了吗?(결혼할 사람 있어?)", "什么时候结婚?(언제 결혼해?)", "房子准备好了吗?(집 마련했어?)"와 같은 '결혼 압박'을 중국에서는 '催婚 cuīhūn'이라고 표현합니다. 요즘은 '防催婚指南(결혼 압박 방지 매뉴얼)'도 등장했는데요, 가짜 이성 친구 사진을 들고 가거나, "요즘은 AI 남친이 대세라서요"라고 농담으로 넘기기도 한답니다.

한국 대기업,
5월 '가정의 달' 맞아 황금연휴 확대
韩国大企业迎"家庭之月"扩展黄金连休

🎵 048-01

随着5月"家庭之月"的到来，韩国主要大企业纷纷推出家庭
Suízhe wǔ yuè "jiātíng zhī yuè" de dàolái, Hánguó zhǔyào dà qǐyè fēnfēn tuīchū jiātíng

友好型福利措施，提供更长的黄金连休，并鼓励员工与家人
yǒuhǎoxíng fúlì cuòshī, tígōng gèng cháng de huángjīn lián xiū, bìng gǔlì yuángōng yǔ jiārén

共度时光。今年儿童节(5月5日)恰逢周日，根据韩国的"代替
gòngdù shíguāng. Jīnnián Értóng Jié (wǔ yuè wǔ rì) qiàféng zhōurì, gēnjù Hánguó de "dàitì

公休日制度"，5月6日(周一)被指定为代替公休日。
gōngxiūrì zhìdù", wǔ yuè liù rì (zhōuyī) bèi zhǐdìng wéi dàitì gōngxiūrì.

一些企业更将5月2日(周四)与7日(周二)一并设为休假日，
Yìxiē qǐyè gèng jiāng wǔ yuè èr rì (zhōusì) yǔ qī rì (zhōu'èr) yíbìng shè wéi xiūjiàrì,

最长可休7天。例如，乐天化学、大韩航空、孝成等公司将2日
zuì cháng kě xiū qī tiān. Lìrú, Lètiān Huàxué、Dàhán Hángkōng、Xiàochéng děng gōngsī jiāng èr rì

定为公司整体休假日，孝成甚至延长至7日，提供整整一周
dìng wéi gōngsī zhěngtǐ xiūjiàrì, Xiàochéng shènzhì yáncháng zhì qī rì, tígōng zhěngzhěng yìzhōu

假期。LG电子与LS集团则鼓励员工使用年假，自由安排连休。
jiàqī. LG Diànzǐ yǔ LS Jítuán zé gǔlì yuángōng shǐyòng niánjià, zìyóu ānpái lián xiū.

此外，多家企业还组织家庭参与型活动。三星电子、LG
Cǐwài, duō jiā qǐyè hái zǔzhī jiātíng cānyùxíng huódòng. Sānxīng Diànzǐ、LG

电子分别在工厂内举办家庭体验日和儿童活动，LG电子更包场
Diànzǐ fēnbié zài gōngchǎng nèi jǔbàn jiātíng tǐyànrì hé értóng huódòng, LG Diànzǐ gèng bāochǎng

昌原机器人乐园，让员工家庭留下特别回忆。虽然部分企业未
Chāngyuán Jīqìrén Lèyuán, ràng yuángōng jiātíng liúxià tèbié huíyì. Suīrán bùfen qǐyè wèi

---

💗 단어+표현 ⋯⋯⋯⋯⋯⋯⋯⋯⋯⋯⋯⋯⋯⋯⋯⋯⋯⋯⋯⋯⋯⋯⋯⋯⋯ 🎵 048-02

连休 lián xiū 연휴 | 福利* fúlì 복지 | 恰逢 qiàféng 마침 만나다 | 一并 yíbìng 모두 | 集团 jítuán (기업) 집단, 그룹 | 回忆* huíyì
추억 | 灵活* línghuó 융통성 있다, 유연하다

设定公司统一假期， 但普遍鼓励员工灵活使用年假。
shèdìng gōngsī tǒngyī jiàqī, dàn pǔbiàn gǔlì yuángōng línghuó shǐyòng niánjià.

🔈 5월 '가정의 달'을 맞아 한국 주요 대기업들이 가족 친화적인 복지 제도를 시행하여 직원들이 더 긴 황금연휴를 가족들과 함께 보내도록 장려하고 있습니다. 올해 어린이날(5월 5일)이 마침 일요일과 겹치면서, '대체 공휴일' 제도에 따라 5월 6일(월요일)이 공휴일로 지정됐습니다.

일부 기업은 5월 2일(목)과 7일(화)까지 휴무일로 추가 지정해 최대 7일을 쉬도록 했습니다. 롯데케미칼, 대한항공, 효성 등 기업은 2일을 전사 휴무일로 지정했으며, 효성은 7일까지 연장해 직원들에게 일주일간의 휴식을 제공합니다. LG전자와 LS그룹은 직원들이 연차를 사용하여 자율적으로 연휴를 계획하도록 권장했습니다.

이외에 가족 참여 프로그램도 다양하게 마련됐습니다. 삼성전자와 LG전자는 사업장에서 가족 초청 행사와 어린이 활동을 개최하였으며, LG전자는 창원의 로봇랜드를 통째로 대관해 직원 가정에 특별한 추억을 제공했습니다. 일부 기업들은 전사 휴무를 설정하지는 않았지만, 보편적으로 직원들의 자율적인 연차 사용을 장려하는 분위기입니다.

뉴스 표현 필살기

'纷纷'은 '잇따라, 계속해서, 앞다투어'라는 뜻의 부사로, 주로 여러 사람이나 단체가 같은 행동을 반복하거나 동시에 하는 상황을 나타낼 때 사용합니다. 비슷한 표현으로는 '陆续 lùxù (차례로)', '接连 jiēlián (연달아)'도 있습니다.

公司们纷纷推出新的假期制度。
Gōngsīmen fēnfēn tuīchū xīn de jiàqī zhìdù.
회사들이 잇따라 새로운 휴가 제도를 내놓았습니다.

学生们纷纷报名参加志愿活动。
Xuéshengmen fēnfēn bàomíng cānjiā zhìyuàn huódòng.
학생들이 잇따라 봉사 활동 참가를 신청했습니다.

新政策公布后，人们纷纷发表意见。
Xīn zhèngcè gōngbù hòu, rénmen fēnfēn fābiǎo yìjiàn.
새 정책이 발표된 후, 사람들이 앞다투어 의견을 냈습니다.

메이링 쌤의 뉴스 Tip

한국에서는 정부가 가끔 임시 공휴일을 지정하죠. 예를 들어 어린이날이 일요일이면, 그다음 월요일을 대체 공휴일(代替公休日)로 정하거나 황금연휴가 되도록 하루를 더 쉬게 합니다. 한국과 다르게 중국은 '调休 tiáoxiū (휴일을 조정)'해서 '앞뒤 근무일을 바꿔 연휴를 만드는 제도'가 있습니다. 예를 들어 '春节(춘절)' 때는 7일을 쉬지만, 그 7일이 완전히 공짜 연휴는 아니에요. 원래 쉬던 주말(토요일·일요일)을 '평일로 바꾸어 일하고', 대신 그 주의 평일을 '휴일로 돌려서' 일주일 연속으로 쉴 수 있게 만드는 거예요. 그래서 중국 사람들이 농담으로 "放假三天, 报复性上班七天! (3일 쉬고 7일 복수하듯 일한다!)"이라고 말하기도 합니다.

한국 전동 킥보드 사고 급증…
안전 규제 강화 요구 커져

韩国电动滑板车事故激增，呼吁加强安全规范

🎵 049-01

随着韩国个人出行设备(PM)使用人数持续上升，由电动
Suízhe Hánguó gèrén chūxíng shèbèi (PM) shǐyòng rénshù chíxù shàngshēng, yóu diàndòng

滑板车引发的严重外伤病例显著增加，引发社会对加强安全
huábǎnchē yǐnfā de yánzhòng wàishāng bìnglì xiǎnzhù zēngjiā, yǐnfā shèhuì duì jiāqiáng ānquán

规范的呼声。据韩国疾病管理厅数据显示，PM相关重度外伤
guīfàn de hūshēng. Jù Hánguó Jíbìng Guǎnlǐtīng shùjù xiǎnshì, PM xiāngguān zhòngdù wàishāng

患者从2016年的34人增长至2023年的103人，
huànzhě cóng èr líng yī liù nián de sānshísì rén zēngzhǎng zhì èr líng èr sān nián de yìbǎi líng sān rén,

增加近三倍。其中头部受伤占比高达42.4%，
zēngjiā jìn sān bèi.　Qízhōng tóubù shòushāng zhànbǐ gāodá bǎi fēn zhī sìshí'èr diǎn sì,

远高于胸部和下肢，反映出佩戴头盔等安全措施的重要性。
yuǎn gāoyú xiōngbù hé xiàzhī, fǎnyìng chū pèidài tóukuī děng ānquán cuòshī de zhòngyàoxìng.

调查还显示，使用者多数为15至24岁年轻人，且部分无证
Diàochá hái xiǎnshì, shǐyòngzhě duōshù wéi shíwǔ zhì èrshísì suì niánqīngrén, qiě bùfen wú zhèng

驾驶情况普遍，凸显出对驾驶资格管理的迫切需求。
jiàshǐ qíngkuàng pǔbiàn, tūxiǎn chū duì jiàshǐ　zīgé　guǎnlǐ de pòqiè xūqiú.

专家指出，为降低事故风险，应将现行法定最高时速从
Zhuānjiā zhǐchū, wèi jiàngdī shìgù fēngxiǎn, yīng jiāng xiànxíng fǎdìng zuìgāo shísù cóng

25公里降至20公里，并在夜间、行人区、非机动车车道等高
èrshíwǔ gōnglǐ jiàng zhì èrshí gōnglǐ, bìng zài yèjiān、xíngrénqū、fēijīdòngchē chēdào děng gāo

风险区域进一步限制至15公里/小时。目前德国、日本等交通
fēngxiǎn qūyù jìnyíbù　xiànzhì zhì shíwǔ gōnglǐ měi xiǎoshí. Mùqián Déguó、Rìběn děng jiāotōng

---

💙 단어+표현　🎵 049-02

电动滑板车 diàndòng huábǎnchē 전동 킥보드 ❘ 出行* chūxíng 이동하다, 외출하다 ❘ 患者 huànzhě 환자 ❘ 下肢 xiàzhī 하지, 다리 ❘ 佩戴 pèidài 착용하다 ❘ 头盔 tóukuī 헬멧 ❘ 无证驾驶* wú zhèng jiàshǐ 무면허 운전 ❘ 凸显* tūxiǎn 부각되다 ❘ 现行* xiànxíng 현행의 ❘ 时速 shísù 시속 ❘ 非机动车 fēijīdòngchē 비동력 차량 ❘ 便捷 biànjié 빠르고 편리하다, 간편하다 ❘ 危及 wēijí 위협하다

安全先进国家已将PM的最高速度限制在20公里/小时。韩国也需
ānquán xiānjìn guójiā yǐ jiāng PM de zuìgāo sùdù xiànzhì zài èrshí gōnglǐ měi xiǎoshí. Hánguó yě xū

通过制度改革，推动安全使用文化的建立，确保新型交通工具在
tōngguò zhìdù gǎigé, tuīdòng ānquán shǐyòng wénhuà de jiànlì, quèbǎo xīnxíng jiāotōng gōngjù zài

便捷出行的同时不危及公共安全。
biànjié chūxíng de tóngshí bù wēijí gōnggòng ānquán.

🔊 한국에서 개인형 이동장치(PM, Personal Mobility) 사용이 증가함에 따라 전동 킥보드로 인한 중증 외상 사례도 크게 늘어나, 안전 규제 강화에 대한 요구가 커지고 있습니다. 한국 질병관리청 데이터에 따르면, PM 관련 중증 외상 환자는 2016년 34명에서 2023년 103명으로 약 세 배 증가했습니다. 특히 머리 부위 손상 비율이 무려 42.4%로 가슴이나 다리 손상보다 월등히 높아, 헬멧 착용 등 기본적인 안전 수칙의 중요성이 부각되고 있습니다. 조사에 따르면, 킥보드 사용자의 대부분이 15세에서 24세 사이의 젊은 층이며, 무면허 운전 사례도 적지 않아 운전 자격에 대한 관리가 시급하다는 지적이 제기되고 있습니다.

  전문가들은 사고 위험을 줄이기 위해 현행 법정 최고 속도를 시속 25km에서 20km로 낮추고, 야간 시간대나 보행자·자전거 겸용도로 등 고위험 구역에서는 15km/h 이하로 제한할 필요가 있다고 강조합니다. 현재 독일, 일본 등 교통안전 선진국은 PM의 최고 속도를 20km/h로 제한하고 있습니다. 한국 역시 제도 개선을 통해 안전한 이용 문화를 조성하고, 새로운 교통수단이 이동 편의를 제공함과 동시에 공공 안전을 위협하지 않도록 해야 합니다.

'高达'는 '최고 ~에 달하다, 무려 ~에 이르다'라는 뜻으로 숫자나 비율 앞에서 쓰이며, 어떤 수치가 매우 높음을 강조하는 부사구입니다. '최저 ~까지 내려가다, ~밖에 안 되다'라는 뜻의 '低至 dīzhì'도 함께 알아두면 좋습니다.

全球网民数量高达50亿人。
Quánqiú wǎngmín shùliàng gāodá wǔshí yì rén.
전 세계 인터넷 이용자 수는 무려 50억 명에 달합니다.

今年的气温低至零下15度。
Jīnnián de qìwēn dīzhì língxià shíwǔ dù.
올해 기온은 최저 영하 15도까지 떨어졌습니다.

这款手机价格低至999元，销量迅速上升。
Zhè kuǎn shǒujī jiàgé dīzhì jiǔbǎi jiǔshíjiǔ yuán, xiāoliàng xùnsù shàngshēng.
이 스마트폰은 가격이 999위안까지 내려가며 판매량이 급증했습니다.

한국에서도 전동 킥보드 사고가 늘면서 헬멧 착용이 의무화 되었지만, 여전히 헬멧을 쓰지 않고 타는 사람이 많습니다. 중국도 2020년부터 여러 도시에서 '一盔一带 yì kuī yí dài' 캠페인이 시행되었습니다. 이는 '하나의 헬멧, 하나의 안전벨트'라는 뜻으로, 오토바이나 전동 자전거를 탈 때 헬멧을 반드시 착용하고, 자동차를 운전할 때 안전벨트를 꼭 매자는 운동입니다. 이 구호는 온라인에서 밈(유행어)처럼 퍼졌고, 중국 네티즌들은 장난스럽게 "今天出门"一盔一带"了吗?(오늘 헬멧이랑 안전벨트 챙겼어?)"라고 말하곤 합니다.

항공기 화재 잇따라…
보조 배터리 기내 반입 규정 강화

航班火灾频发，便携式充电宝登机规定趋严

🎵 050-01

近期，多起航班发生因便携式充电宝(移动电源)引发的
Jìnqī, duō qǐ hángbān fāshēng yīn biànxiéshì chōngdiànbǎo (yídòng diànyuán) yǐnfā de

机舱火灾事故，引起社会广泛关注。由于锂离子电池对冲击、
jīcāng huǒzāi shìgù, yǐnqǐ shèhuì guǎngfàn guānzhù. Yóuyú lǐ lízǐ diànchí duì chōngjī、

压力和温度变化极为敏感，若发生过热，极有可能引发火灾，
yālì hé wēndù biànhuà jíwéi mǐngǎn, ruò fāshēng guòrè, jí yǒu kěnéng yǐnfā huǒzāi,

因此各大航空公司正逐步加强相关管理政策。在金海机场
yīncǐ gè dà hángkōng gōngsī zhèng zhúbù jiāqiáng xiāngguān guǎnlǐ zhèngcè. Zài Jīnhǎi jīchǎng

曾发生一起典型事故，一块存放在头顶行李舱内的充电宝冒烟，
céng fāshēng yì qǐ diǎnxíng shìgù, yíkuài cúnfàng zài tóudǐng xínglǐcāng nèi de chōngdiànbǎo màoyān,

引发乘客恐慌并导致航班紧急迫降。
yǐnfā chéngkè kǒnghuāng bìng dǎozhì hángbān jǐnjí pòjiàng.

根据韩国相关部门规定，可携带上飞机的便携电池容量
Gēnjù Hánguó xiāngguān bùmén guīdìng, kě xiédài shàng fēijī de biànxié diànchí róngliàng

必须符合以下标准：100瓦时(Wh)以下：每人最多可携带5块；
bìxū fúhé yǐxià biāozhǔn: yìbǎi wǎshí (Wh) yǐxià: měi rén zuìduō kě xiédài wǔ kuài;

100瓦时至160瓦时之间：需获得航空公司批准后，每人最多可
yìbǎi wǎshí zhì yìbǎi liùshí wǎshí zhījiān: xū huòdé hángkōng gōngsī pīzhǔn hòu, měi rén zuìduō kě

携带2块；超过160瓦时：禁止携带登机。此外，所有便携电池
xiédài liǎng kuài; chāoguò yìbǎi liùshí wǎshí: jìnzhǐ xiédài dēngjī. Cǐwài, suǒyǒu biànxié diànchí

必须放置于座位下方，不得存放于行李舱，并建议使用独立
bìxū fàngzhì yú zuòwèi xiàfāng, bùdé cúnfàng yú xínglǐcāng, bìng jiànyì shǐyòng dúlì

단어+표현

🎵 050-02

便携式 biànxiéshì 휴대용 | 充电宝* chōngdiànbǎo 보조 배터리 | 机舱 jīcāng 기내 | 锂离子 lǐ lízǐ 리튬 이온 | 极为* jíwéi 매우 |
存放 cúnfàng 보관하다, 놓아두다 | 冒烟 màoyān 연기가 나다 | 迫降 pòjiàng 불시착하다 | 携带* xiédài 휴대하다 | 瓦时 wǎshí
와트시(Wh) | 登机 dēngjī 탑승하다 | 放置* fàngzhì 방치하다 | 绝缘 juéyuán 절연하다 | 端口 duānkǒu 포트, 단자 | 务必* wùbì
반드시

包装或用绝缘胶带包裹电池端口以确保安全。为确保飞行安全，
bāozhuāng huò yòng juéyuán jiāodài bāoguǒ diànchí duānkǒu yǐ quèbǎo ānquán. Wèi quèbǎo fēixíng ānquán,

请务必访问航空公司官网，了解相关信息并严格遵守规定。
qǐng wùbì fǎngwèn hángkōng gōngsī guānwǎng, liǎojiě xiāngguān xìnxī bìng yángé zūnshǒu guīdìng.

🔊 최근 이동식 휴대용 충전기(휴대용 보조 배터리)로 인한 항공기 내 화재 사고가 잇따르면서 사회적 관심이 쏠리고 있습니다. 리튬 이온 배터리는 충격, 압력, 온도 변화에 매우 민감해 과열될 경우 화재로 이어질 수 있어, 각 항공사들은 관련 관리 정책을 점차 강화하는 추세입니다. 김해 공항에서는 실제로 머리 위 수하물 칸에 보관된 보조 배터리에서 연기가 발생해, 승객들이 공포에 휩싸이고 항공기가 긴급 착륙하는 사고가 발생하기도 했습니다.

　한국 관련 기관의 규정에 따르면 기내 반입이 가능한 배터리 용량 기준은 다음과 같습니다. 100Wh 이하의 배터리는 1인당 최대 5개까지 반입할 수 있으며, 100Wh 초과 160Wh 이하 제품은 항공사의 승인을 받은 경우에 한해 최대 2개까지 허용됩니다. 160Wh를 초과하는 제품은 기내 반입이 금지됩니다. 또한, 모든 보조 배터리는 좌석 아래에 보관해야 하며, 수하물 칸에 보관해서는 안 됩니다. 안전을 위해 배터리는 개별 포장하거나 단자를 절연 테이프로 감싸는 것이 권장됩니다. 항공기 안전을 위해 승객들은 반드시 각 항공사 공식 홈페이지에서 관련 정보를 확인한 후 규정을 엄격히 준수하시기 바랍니다.

뉴스 표현 필살기

'必须'는 '반드시 ~해야 한다, 꼭 ~해야 한다'라는 강한 의무를 나타내는 부사입니다.
규정, 법률, 안전 지침, 회사 방침 등 '해야만 하는 행동'을 강조할 때 사용됩니다.

学生上课必须带教材。
Xuésheng shàngkè bìxū dài jiàocái.
학생은 수업에 반드시 교재를 가져와야 합니다.

进入实验室必须戴安全帽。
Jìnrù shíyànshì bìxū dài ānquánmào.
실험실에 들어갈 때는 반드시 안전모를 착용해야 합니다.

乘客必须系好安全带。
Chéngkè bìxū jì hǎo ānquándài.
승객은 반드시 안전벨트를 매야 합니다.

메이링 쌤의 뉴스 Tip

'必须', '应该', '需'는 모두 '~해야 한다'의 뜻을 가지며 규정, 의무, 권장 사항 등에 사용되지만, 강도의 차이가 있습니다.

표현	의미	예문
必须 bìxū	반드시 ~해야 한다 (법적·규정 수준의 강한 의무)	乘客必须系好安全带。 승객은 반드시 안전벨트를 매야 합니다.
应该 yīnggāi	~하는 것이 좋다 (도덕적·상식적 권고)	你应该多喝水，注意休息。 당신은 물을 많이 마시고, 휴식에 신경 써야 합니다.
需(要) xū(yào)	~이 필요하다 (조건이나 절차상의 필요)	申请签证时需提供护照和照片。 비자를 신청할 때는 여권과 사진을 제출해야 합니다.

한강, 노벨 문학상 수상…
한국 및 아시아 여성 작가 최초

韩作家韩江荣获诺贝尔文学奖，韩国及亚洲女性作家首例

🎵 051 - 01

2024年诺贝尔文学奖由韩国作家韩江 (54岁) 获得，
Èr líng èr sì nián Nuòbèi'ěr wénxuéjiǎng yóu Hánguó zuòjiā Hán Jiāng (wǔshísì suì) huòdé,

成为首位获此殊荣的韩国作家及亚洲女性作家。这也是继
chéngwéi shǒuwèi huò cǐ shūróng de Hánguó zuòjiā jí Yàzhōu nǚxìng zuòjiā. Zhè yě shì jì

2000年前总统金大中获得诺贝尔和平奖后，韩国人第二
èr líng líng líng nián qián zǒngtǒng Jīn Dàzhōng huòdé Nuòbèi'ěr hépíngjiǎng hòu, Hánguórén dì-èr

次获诺贝尔奖。瑞典文学院在10日晚宣布，韩江因其"对历史
cì huò Nuòbèi'ěrjiǎng.　Ruìdiǎn Wénxuéyuàn zài shí rì wǎn xuānbù, Hán Jiāng yīn qí "duì lìshǐ

创伤的抗争与对人类脆弱生命的深刻揭示"而获奖。学院
chuāngshāng de kàngzhēng yǔ duì rénlèi cuìruò shēngmìng de shēnkè jiēshì" ér huòjiǎng. Xuéyuàn

评价她为"现代散文的革新者"，指出她以富有诗意和实验性
píngjià tā wéi "xiàndài sǎnwén de géxīnzhě",　zhǐchū tā yǐ fùyǒu shīyì hé shíyànxìng

的文风，展现出"对身体与灵魂、生者与亡者之间联系的独特
de wénfēng, zhǎnxiàn chū "duì shēntǐ yǔ línghún、shēngzhě yǔ wángzhě zhī jiān liánxì de dútè

理解"。
lǐjiě".

韩江1993年以诗人身份出道，次年以短篇小说再次
Hán Jiāng yī jiǔ jiǔ sān nián yǐ shīrén shēnfèn chūdào, cìnián yǐ duǎnpiān xiǎoshuō zàicì

登上文坛，之后获得了李箱文学奖、东里文学奖、万海
dēngshàng wéntán, zhīhòu huòdéle Lǐxiāng wénxuéjiǎng、Dōnglǐ wénxuéjiǎng, Wànhǎi

文学奖等多个文学大奖。面对长期投入创作历史题材的身心
wénxuéjiǎng děng duō gè wénxué dàjiǎng. Miànduì chángqī tóurù chuàngzuò lìshǐ tícái de shēnxīn

消耗，韩江曾表示，《少年来了》和《不告而别》耗时九年完成，
xiāohào, Hán Jiāng céng biǎoshì,《Shàonián láile》hé《Bú gào ér bié》hàoshí jiǔ nián wánchéng,

诺贝尔*Nuòbèi'ěr 노벨 | 首例 shǒulì 최초 사례 | 殊荣*shūróng 특별한 영예 | 创伤*chuāngshāng 상처 | 抗争 kàngzhēng
맞서 싸우다, 투쟁하다 | 脆弱 cuìruò 연약하다 | 揭示*jiēshì 드러내다 | 灵魂 línghún 영혼, 정신 | 出道 chūdào 데뷔하다 | 消耗*
xiāohào 소모하다 | 耗时*hàoshí 시간을 소요하다

令她感到"非常寒冷"，如今她想"走向春天"，写一些更个人、更
lìng tā gǎndào "fēicháng hánlěng", rújīn tā xiǎng "zǒuxiàng chūntiān",　　xiě yìxiē gèng gèrén、gèng

关注生命本身的作品。韩江的获奖，不仅为韩国文学界写下了
guānzhù shēngmìng běnshēn de zuòpǐn.　Hán Jiāng de huòjiǎng, bùjǐn wèi Hánguó wénxuéjiè xiěxià le

历史性一页，也标志着亚洲女性文学的一个重要突破。
lìshǐxìng yí yè,　　yě biāozhìzhe Yàzhōu nǚxìng wénxué de yí gè zhòngyào tūpò.

🔊 2024년 노벨 문학상은 한국 작가 한강(54)에게 돌아갔습니다. 한강은 이 상을 수상한 첫 한국 작가이자 아시아 여성 작가로서도 최초의 수상자가 됐습니다. 이는 2000년 고 김대중 전 대통령이 노벨 평화상을 받은 이후, 한국인으로서는 두 번째 노벨상 수상이기도 합니다. 스웨덴 한림원은 10일 저녁, 한강이 '역사적 트라우마에 맞선 투쟁이자 인간의 연약한 삶을 강렬하게 드러낸 작품'으로 수상자가 되었다고 발표했습니다. 한림원은 한강을 '현대 산문의 혁신가'로 평가하며 시적이고 실험적인 문체로 "몸과 영혼, 산 자와 죽은 자 사이의 연결을 독특하게 표현했다"라고 설명했습니다.
　　한강은 1993년 시인으로 문단에 데뷔했으며, 이듬해 단편 소설로 다시 등단한 이후 이상문학상, 동리문학상, 만해문학상 등 많은 문학상을 수상했습니다. 한강은 오랜 시간 역사적 소재를 다룬 창작 활동에서 오는 정신적·육체적 소모를 언급하며, 『소년이 온다』와 『작별하지 않는다』를 집필하는 데 9년이 걸렸고, 그 시간이 "너무 추운 겨울 같았다"라고 표현했습니다. 이어 "이제는 봄으로 가고 싶다"며, 앞으로는 보다 개인적이고 생명에 관한 이야기를 쓰고 싶다고 밝혔습니다. 한강의 이번 수상은 한국 문학사에 역사적인 한 페이지를 썼을 뿐만 아니라, 아시아 여성 문학의 중요한 진전을 보여주고 있습니다.

뉴스 표현 필살기

'标志着'는 '~을 상징하다, ~을 나타내다'라는 뜻으로, 어떤 사건이 역사적·문화적 전환점임을 강조할 때 사용합니다. 기사, 보도, 평론문에서 매우 자주 쓰이는 문형입니다.

韩江的获奖标志着韩国文学走向世界舞台。
Hán Jiāng de huòjiǎng biāozhìzhe Hánguó wénxué zǒuxiàng shìjiè wǔtái.
한강의 수상은 한국 문학이 세계 무대로 나아감을 상징합니다.

这一事件标志着亚洲女性文学进入新的时代。
Zhè yī shìjiàn biāozhìzhe Yàzhōu nǚxìng wénxué jìnrù xīn de shídài.
이 사건은 아시아 여성 문학이 새로운 시대에 들어서는 것을 의미합니다.

他的作品风格标志着现代散文的一次革新。
Tā de zuòpǐn fēnggé biāozhìzhe xiàndài sǎnwén de yí cì géxīn.
그의 작품 스타일은 현대 산문의 한 차례 혁신을 상징합니다.

메이링 쌤의 뉴스 Tip

한강의 노벨 문학상 수상은 세계가 다시 한 번 아시아 문학에 주목하게 만들었고, 동시에 많은 사람들에게 중국 작가 모옌(莫言)을 떠올리게 했습니다. 2012년 모옌은 소설 『蛙(개구리)』를 출간한 후, 중국 작가로는 처음으로 노벨 문학상을 수상하는 영예를 안았습니다. 그의 작품은 대담하고 생동감 있는 언어와 마술적 리얼리즘 색채로 유명하며, 중국 농촌의 현실을 사실적으로 그리면서, 인간 내면의 복잡함과 모순을 깊이 있게 드러냅니다. 한강 작가는 모옌에 이어 다시 한 번 아시아 문학의 힘과 깊이를 세계에 증명했으며, 이는 문학이 그것이 상처를 기록하는 글이든, 희망을 노래하는 글이든, 언어의 가치가 단지 표현에 있는 것이 아니라 공감에 있다는 사실을 사람들에게 말하고 있습니다.

넷플릭스 'K-콘텐츠', 미국에 이어 세계 2위 인기

奈飞上的 "K-内容" 热度全球第二，仅次于美国

🎵 052-01

韩国电视剧、综艺、电影等 "K-内容" 正在奈飞（Netflix）
Hánguó diànshìjù、 zōngyì、 diànyǐng děng "K-nèiróng" zhèngzài Nàifēi (Netflix)

全球平台上展现强大影响力，仅次于美国本土内容，成为
quánqiú píngtái shàng zhǎnxiàn qiángdà yǐngxiǎnglì, jǐncìyú Měiguó běntǔ nèiróng, chéngwéi

观看时间排名第二的国家内容。全球媒体分析机构Ampere于
guānkàn shíjiān páimíng dì-èr de guójiā nèiróng. Quánqiú méitǐ fēnxī jīgòu Ampere yú

15日（当地时间）发布报告指出，在奈飞上最受欢迎的500部非
shíwǔ rì (dāngdì shíjiān) fābù bàogào zhǐchū, zài Nàifēi shàng zuì shòu huānyíng de wǔbǎi bù fēi

美国产内容中，韩国作品占85部，占比达17%，位居第一。
Měiguó chǎn nèiróng zhōng, Hánguó zuòpǐn zhàn bāshíwǔ bù, zhànbǐ dá bǎi fēn zhī shíqī, wèijū dì-yī.

据统计，自2023年以来，韩国产内容的全球观看时长占比达
Jù tǒngjì, zì èr líng èr sān nián yǐlái, Hánguó chǎn nèiróng de quánqiú guānkàn shícháng zhànbǐ dá

8%至9%，仅次于美国产内容的56%至59%，
bǎi fēn zhī bā zhì bǎi fēn zhī jiǔ, jǐncìyú Měiguó chǎn nèiróng de bǎi fēn zhī wǔshíliù zhì bǎi fēn zhī wǔshíjiǔ,

超越了英国（7%~8%）。其中，《鱿鱼游戏第二季》成为
chāoyuèle Yīngguó (bǎi fēn zhī qī zhì bǎi fēn zhī bā). Qízhōng,《Yóuyú yóuxì dì-èr jì》chéngwéi

代表作，仅在去年下半年便累计观看时间达6.2亿小时。
dàibiǎozuò, jǐn zài qùnián xiàbànnián biàn lěijì guānkàn shíjiān dá liù diǎn èr yì xiǎoshí.

Ampere指出，韩剧受欢迎的另一关键在于奈飞的大规模
Ampere zhǐchū, hánjù shòu huānyíng de lìng yī guānjiàn zàiyú Nàifēi de dàguīmó

投资与原创制作。数据显示，去年下半年在奈飞上线的韩国
tóuzī yǔ yuánchuàng zhìzuò. Shùjù xiǎnshì, qùnián xiàbànnián zài Nàifēi shàngxiàn de Hánguó

단어+표현 🎵 052-02

奈飞 Nàifēi 넷플릭스(Netflix) | 内容* nèiróng 내용, 콘텐츠 | 仅次于 jǐncìyú 버금가다 | 综艺 zōngyì 예능 (프로그램) | 观看 guānkàn 보다, 시청하다 | 累计 lěijì 누적(하다) | 关键 guānjiàn 관건, 키포인트 | 大规模* dàguīmó 대규모의 | 原创* yuánchuàng 오리지널, 처음 창작하다 | 上线* shàngxiàn (온라인에) 출시하다 | 战略* zhànlüè 전략 | 巩固* gǒnggù 공고히 하다, 튼튼하게 다지다 | 热潮* rècháo 붐, 인기

作品前100名中，超过一半为奈飞原创内容。该机构还强调，
zuòpǐn qián yìbǎi míng zhōng, chāoguò yíbàn wéi Nàifēi yuánchuàng nèiróng. Gāi jīgòu hái qiángdiào,

奈飞计划至2028年对韩国内容投资达25亿美元（约合3.56
Nàifēi jìhuà zhì èr líng èr bā nián duì Hánguó nèiróng tóuzī dá èrshíwǔ yì Měiyuán (yuē hé sān diǎn wǔ liù

万亿韩元），这一战略将有助于巩固K-内容在全球的持续热潮。
wàn yì Hányuán), zhè yī zhànlüè jiāng yǒuzhùyú gǒnggù K-nèiróng zài quánqiú de chíxù rècháo.

🔊 한국 드라마, 예능, 영화 등 'K-콘텐츠'가 넷플릭스에서 미국 콘텐츠에 이어 시청 시간 순위에서 2위를 차지하며 전 세계에서 막강한 영향력을 발휘하는 것으로 나타났습니다. 글로벌 미디어 분석 기관 암페어(Ampere)는 15일(현지 시간) 발표한 보고서에서, 넷플릭스에서 가장 인기 있는 비(非) 미국 콘텐츠 500편 중 한국 작품이 85편으로 17%를 차지해 1위를 기록했다고 밝혔습니다. 통계에 따르면, 2023년 이후 한국 콘텐츠의 글로벌 시청 시간 점유율은 8%~9%로, 미국 콘텐츠(56%~59%)에 이어 2위를 기록했으며, 영국(7%~8%)을 앞질렀습니다. 대표작으로는 지난해 하반기에만 누적 시청 시간 6억 2천만 시간을 기록한 《오징어 게임 시즌2》가 꼽혔습니다.
　암페어는 한국 드라마의 인기 요인 중 하나로 넷플릭스의 대규모 투자와 오리지널 제작을 지목했습니다. 실제로 지난해 하반기 넷플릭스에 공개된 한국 작품 상위 100편 중 절반 이상이 넷플릭스 오리지널 콘텐츠였습니다. 암페어는 넷플릭스가 2028년까지 한국 콘텐츠에 약 25억 달러(한화 약 3조 5,600억 원)를 투자할 계획이라며, 이러한 전략이 K-콘텐츠의 글로벌 인기를 지속하는 데 기여할 것으로 전망했습니다.

👆 뉴스 표현 필살기

'仅次于'는 '～에 이어 두 번째'라는 의미로, 어떤 수치나 순위를 나타낼 때 사용합니다. 'A仅次于B'는 'A는 B 다음으로 높다(많다)'로 해석됩니다.

韩国产内容的观看时间仅次于美国产内容。
Hánguó chǎn nèiróng de guānkàn shíjiān jǐncìyú Měiguó chǎn nèiróng.
한국 콘텐츠의 시청 시간은 미국 콘텐츠 다음으로 많습니다.

韩国成为全球影响力仅次于美国的内容强国。
Hánguó chéngwéi quánqiú yǐngxiǎnglì jǐncìyú Měiguó de nèiróng qiángguó.
한국은 전 세계에서 미국 다음으로 영향력 있는 콘텐츠 강국이 되었습니다.

메이링 쌤의 뉴스 Tip

중국은 콘텐츠 산업 구조와 정책 환경이 달라서 해외 OTT를 직접 이용하기 어렵습니다. 그래서 중국만의 '자국 동영상 플랫폼(本土视频平台)'이 발달해 있습니다.

- **爱奇艺** Àiqíyì 아이치이
  '중국의 Netflix'라 불리며, 드라마와 예능을 많이 제작합니다.
- **腾讯视频** Téngxùn shìpín 위티비(We TV)
  위챗(微信)과 연동되어 시청과 공유가 편리합니다.

- **优酷** Yōukù 유쿠
  영화와 예능 프로그램에 강세를 보입니다.
- **哔哩哔哩** Bìlībīlī 빌리빌리(약칭 B站)
  원래 애니메이션, 게임이 중심이었으나, 지금은 다큐·영화·Vlog·강연까지 포괄하는 Z세대 문화 커뮤니티로 발전했습니다. 영상 시청 중 화면에 실시간 댓글(弹幕评论)이 달리는 것이 특징입니다.

웹툰 IP가 흥행 보증은 아니다…
작품 성패 가르는 각색 완성도

网漫IP≠票房保障：改编质量决定作品成败

🎵 053-01

最近，韩国影视圈掀起一股"网漫改编热"。继《财阀家的
Zuìjìn, Hánguó yǐngshìquān xiānqǐ yì gǔ "wǎng màn gǎibiānrè". Jì《Cáifá jiā de

小儿子》《社内相亲》之后，多部人气网漫被搬上大银幕。然而，
xiǎo érzǐ》《Shènèi xiāngqīn》zhīhòu, duō bù rénqì wǎng màn bèi bānshàng dà yínmù. Rán'ér,

今夏上映的《我的僵尸女儿》和《全知读者视角》却呈现出截然
jīnxià shàngyìng de《Wǒ de jiāngshī nǚ'ér》hé《Quánzhī dúzhě shìjiǎo》què chéngxiàn chū jiérán

不同的命运。据韩国电影振兴委员会数据，《我的僵尸女儿》
bùtóng de mìngyùn. Jù Hánguó Diànyǐng Zhènxīng Wěiyuánhuì shùjù,《Wǒ de jiāngshī nǚ'ér》

上映11天突破300万观影人次，稳居票房榜首；而同为
shàngyìng shíyī tiān tūpò sānbǎi wàn guānyǐng réncì, wěn ju piàofáng bǎngshǒu; ér tóng wéi

网漫改编的《全知读者视角》仅吸引约100万名观众，远未
wǎng màn gǎibiān de《Quánzhī dúzhě shìjiǎo》jǐn xīyǐn yuē yìbǎi wàn míng guānzhòng, yuǎn wèi

达到600万的盈亏平衡点。
dádào liùbǎi wàn de yíngkuī pínghéngdiǎn.

业内人士指出，最大分歧来自"改编方式"。《我的僵尸女儿》
Yènèi rénshì zhǐchū, zuìdà fēnqí láizì "gǎibiān fāngshì".《Wǒ de jiāngshī nǚ'ér》

几乎完整还原了原作人物造型与剧情，被粉丝称为"高同步
jīhū wánzhěng huányuánle yuánzuò rénwù zàoxíng yǔ jùqíng, bèi fěnsī chēngwéi "gāo tóngbù

作品"；反观《全知读者视角》则在人物设定和世界观上大幅
zuòpǐn"; fǎnguān《Quánzhī dúzhě shìjiǎo》zé zài rénwù shèdìng hé shìjièguān shàng dàfú

调整，令原作品粉丝感到失落。有网漫业界人士表示，粉丝
tiáozhěng, lìng yuánzuòpǐn fěnsī gǎndào shīluò. Yǒu wǎng màn yèjiè rénshì biǎoshì, fěnsī

💙 **단어+표현** 🎵 053-02

网漫 wǎng màn 웹툰 ｜ **票房** piàofáng (영화의) 흥행 수입 ｜ **影视圈** yǐngshìquān 영화와 드라마 업계 ｜ **改编** gǎibiān 각색하다, 리메이크하다 ｜ **财阀** cáifá 재벌 ｜ **相亲** xiāngqīn 맞선을 보다, 소개팅하다 ｜ **银幕** yínmù (영화의) 스크린 ｜ **僵尸** jiāngshī 강시, 좀비 ｜ **截然不同*** jiérán bùtóng 상반되다, 대조적이다 ｜ **振兴** zhènxīng 진흥하다 ｜ **榜首** bǎngshǒu 1위 ｜ **盈亏*** yíngkuī 손익 ｜ **平衡点*** pínghéngdiǎn 균형점 ｜ **分歧*** fēnqí 엇갈리다, 다르다 ｜ **还原** huányuán 환원하다 ｜ **失落*** shīluò 실망하다, 서운하다 ｜ **质疑*** zhìyí 의문을 제기하다 ｜ **奇幻** qíhuàn 판타지

最在意的是"角色性格是否被尊重"，如果改动过大，质疑的声音
zuì zàiyì de shì　"juésè xìnggé shìfǒu bèi zūnzhòng"，　rúguǒ gǎidòng guòdà，　zhìyí de shēngyīn

在所难免。目前，部分制作公司正考虑将人气奇幻网漫改编为
zàisuǒnánmiǎn.　Mùqián，bùfen zhìzuò gōngsī zhèng kǎolǜ jiāng rénqì qíhuàn wǎng màn gǎibiān wéi

动画形式，以弥补真人化改编的局限。
dònghuà xíngshì, yǐ míbǔ zhēnrénhuà gǎibiān de júxiàn.

🔊 최근 한국 영화·드라마 업계에는 '웹툰 원작 열풍'이 불고 있습니다. 《재벌집 막내아들》, 《사내맞선》의 성공 이후 여러 인기 웹툰이 잇달아 영화로 제작되고 있지만, 올여름 개봉한 《좀비딸》과 《전지적 독자 시점》은 상반된 결과를 보였습니다. 한국 영화진흥위원회에 따르면 《좀비딸》은 개봉 11일 만에 관객 300만 명을 돌파하며 박스 오피스 1위를 지켰고, 반면 《전지적 독자 시점》은 관객 수 약 100만 명에 그쳐 손익 분기점인 600만 명에 크게 못 미쳤습니다.

　업계 관계자들은 두 작품의 가장 큰 차이를 '각색 방식'에서 찾습니다. 《좀비딸》은 원작의 인물과 스토리를 거의 그대로 재현해 팬들로부터 '높은 싱크로율의 작품'이라는 평가를 받았지만, 《전지적 독자 시점》은 등장인물 설정과 세계관을 대폭 수정해 원작 팬들의 아쉬움을 샀습니다. 웹툰 업계 관계자는 "팬들이 가장 중요하게 생각하는 건 캐릭터의 성격이 존중되는가 하는 점"이라며, 각색이 지나치면 반발은 피하기 어렵다고 밝혔습니다. 현재 일부 제작사들은 이러한 한계를 보완하기 위해, 인기 판타지 웹툰을 실사 영화가 아닌 애니메이션 형태로 제작하는 방안을 적극 검토 중입니다.

뉴스 표현 필살기

'继A之后B'는 'A에 이어 B가 일어났다'라는 의미로, 시간적으로 연속되는 것과 사건의 관계성을 함께 표현합니다.

继科技革命**之后**，人类迎来了信息时代。
Jì kējì gémìng zhīhòu, rénlèi yíngláile xìnxī shídài.
과학 기술 혁명에 이어, 인류는 정보화 시대를 맞이했습니다.

继经济复苏**之后**，社会开始思考可持续发展的方向。
Jì jīngjì fùsū zhīhòu, shèhuì kāishǐ sīkǎo kěchíxù fāzhǎn de fāngxiàng.
경제 회복 이후, 사회는 지속 가능한 발전의 방향을 고민하기 시작했습니다.

继前辈作家**之后**，新一代作者正在重塑文学的语言与边界。
Jì qiánbèi zuòjiā zhīhòu, xīn yídài zuòzhě zhèngzài chóngsù wénxué de yǔyán yǔ biānjiè.
선배 작가들에 이어, 새로운 세대의 작가들이 문학의 언어와 경계를 재정의하고 있습니다.

메이링 쌤의 뉴스 Tip

최근 몇 년간, 중국에서 가장 화제가 된 캐릭터를 꼽으라면 단연 '라부부(拉布布, LABUBU)'일 것입니다. 이 캐릭터는 중국의 '팝마트(泡泡玛特, POP MART)'에서 만든 'THE MONSTERS' 시리즈 중 하나로 '丑萌 chǒuméng (못생겼지만 귀여운)' 스타일의 대표 아이콘입니다. 라부부는 뾰족한 귀와 장난꾸러기 같은 얼굴 표정으로 중국 젊은 세대의 마음을 단번에 사로잡았고, 이제는 완구를 넘어 패션 브랜드, 카페, 전시회, 예술 작품 등으로 확장되며 하나의 문화 IP로 자리 잡았습니다. 중국을 여행한다면 대형 쇼핑몰이나 팝마트 매장에 들러보세요! '중국의 MZ세대가 소비하는 감성'이라는 시각으로 보면, 단순한 인형 이상의 감상을 느낄 수 있을 것입니다.

감상에서 소유로,
영화 굿즈 새로운 관람 경험이 되다

从观影到收藏，电影周边成为新型观影体验的一部分

♪ 054-01

电影观众的观影体验，正在从"感受"延伸到"拥有"。
Diànyǐng guānzhòng de guānyǐng tǐyàn, zhèngzài cóng "gǎnshòu" yánshēn dào "yōngyǒu".

如今，电影周边不仅成为记录观影的纪念，更是延续电影感动
Rújīn, diànyǐng zhōubiān bùjǐn chéngwéi jìlù guānyǐng de jìniàn, gèng shì yánxù diànyǐng gǎndòng

的重要载体。各大电影公司在上映前通过赠送宣传品
de zhòngyào zàitǐ.　Gè dà diànyǐng gōngsī zài shàngyìng qián tōngguò zèngsòng xuānchuánpǐn

来提高知名度与观众好感度，原本仅为传单形式的简易周边，
lái tígāo zhīmíngdù yǔ guānzhòng hǎogǎndù, yuánběn jǐn wéi chuándān xíngshì de jiǎnyì zhōubiān,

如今已进化为T恤、海报、钥匙扣、贴纸、模型、音乐专辑、
rújīn yǐ jìnhuà wéi T xù、　　　hǎibào、　yàoshikòu、　tiēzhǐ、　　móxíng、　yīnyuè zhuānjí、

书籍等多种形式，借助角色、道具、标志等电影元素激发收藏
shūjí děng duō zhǒng xíngshì, jièzhù juésè、dàojù、biāozhì děng diànyǐng yuánsù jīfā shōucáng

欲望。观众认为，能将银幕中"无法触碰"的道具实体化，是一
yùwàng.　Guānzhòng rènwéi, néng jiāng yínmù zhōng "wúfǎ chùpèng" de dàojù shítǐhuà, shì yì

种有意义的延伸。影院与发行商也顺势推出强化电影概念
zhǒng yǒu yìyì de yánshēn.　Yǐngyuàn yǔ fāxíngshāng yě shùnshì tuīchū qiánghuà diànyǐng gàiniàn

的"标志性周边"，以吸引更多观众。
de "biāozhìxìng zhōubiān", yǐ xīyǐn gèng duō guānzhòng.

不过，电影周边的热潮也引发了一些副作用。有观众仅
Búguò,　diànyǐng zhōubiān de rècháo yě yǐnfāle yìxiē fùzuòyòng.　　　　Yǒu guānzhòng jǐn

为领取赠品而购票却不观影，甚至有人囤货转售至二手
wèi lǐngqǔ zèngpǐn ér gòu piào què bù guānyǐng, shènzhì yǒurén túnhuò zhuǎnshòu zhì èrshǒu

平台，谋取差价。尽管如此，不可否认的是，电影周边如今已
píngtái,　móuqǔ chājià.　Jǐnguǎn rúcǐ,　bùkě fǒurèn de shì,　diànyǐng zhōubiān rújīn yǐ

💛 단어+표현 ⋯⋯⋯⋯⋯⋯⋯⋯⋯⋯⋯⋯⋯⋯⋯⋯⋯⋯⋯⋯⋯⋯ ♪ 054-02

收藏 shōucáng 소장하다 | 周边* zhōubiān 굿즈, 기념품 | 载体* zàitǐ 매개체 | 知名度* zhīmíngdù 인지도 | 传单 chuándān 전단지, 팸플릿 | 道具 dàojù (영화의) 소품 | 元素 yuánsù 요소 | 激发* jīfā 자극하다 | 欲望* yùwàng 욕구 | 触碰 chùpèng 접촉하다, 만지다 | 顺势 shùnshì 추세에 따르다 | 囤货 túnhuò 사재기하다 | 谋取* móuqǔ (이익을) 취하다

成为电影产业中的核心营销手段之一，也是构建观众长期
chéngwéi diànyǐng chǎnyè zhōng de héxīn yíngxiāo shǒuduàn zhī yī, yěshì gòujiàn guānzhòng chángqī

参与与情感连接的重要媒介。
cānyù yǔ qínggǎn liánjiē de zhòngyào méijiè.

🔊 영화 관람의 경험이 '감상'에서 '소유'로 확장되고 있습니다. 이제 영화 굿즈는 단순한 기념품을 넘어, 영화의 감동을 이어가는 중요한 매개체가 되고 있습니다. 주요 영화사들은 개봉 전부터 굿즈 증정을 통해 인지도와 관객 호감도를 높이려 노력합니다. 전단지 형태의 단순했던 굿즈는 티셔츠, 포스터, 키링, 스티커, 피규어, 음반, 서적 등으로 다양하게 진화했으며, 캐릭터, 소품, 로고 등 영화 속 요소를 활용해 관객의 수집 욕구를 자극하고 있습니다. 관객들은 스크린 속 '만질 수 없는' 소품이 실물로 구현된다는 점에 특별한 의미를 부여합니다. 이에 극장과 배급사들은 영화 콘셉트를 극대화한 '시그니처 굿즈'를 앞다투어 선보이며 관객 유치에 나서고 있습니다.

　하지만 굿즈 열풍에 따른 부작용도 나타나고 있습니다. 일부 관객은 굿즈만 받기 위해 티켓을 구매한 뒤 실제 영화는 관람하지 않거나, 굿즈를 대량 구매해 중고 거래 플랫폼에 되팔아 이득을 취하고 있습니다. 그럼에도 불구하고 영화 굿즈는 현재 영화 산업에서 핵심 마케팅 수단으로 자리 잡았으며, 관객의 장기적 참여와 정서적 관계 형성에 기여하는 중요한 매개가 되고 있습니다.

뉴스 표현 필살기

'成为'는 '～이 되다'라는 의미로, '현상에서 결과'로의 변화를 표현할 때 사용합니다. 뒤에는 '重要手段(중요한 수단)/媒介(매개)/象征(상징)'등의 표현이 많이 사용됩니다.

电影周边成为电影营销的重要手段。
Diànyǐng zhōubiān chéngwéi diànyǐng yíngxiāo de zhòngyào shǒuduàn.
영화 굿즈는 영화 마케팅의 중요한 수단이 되었습니다.

社交媒体成为观众分享观影感受的主要平台。
Shèjiāo méitǐ chéngwéi guānzhòng fēnxiǎng guānyǐng gǎnshòu de zhǔyào píngtái.
SNS는 관객들이 영화 감상을 공유하는 주요 플랫폼이 되었습니다.

메이링 쌤의 뉴스 Tip

아래 단어들은 영화 관련 뉴스, 인터뷰, 리뷰 등에 자주 등장하는 표현으로, 알아두면 콘텐츠 산업이나 한중 문화 비교 등의 주제를 다룰 때 유용하게 활용할 수 있습니다.

爆款 bàokuǎn 대히트작, 흥행작	**剧情** jùqíng 줄거리, 스토리	**提名** tímíng 후보에 오르다
编剧 biānjù 각본가, 시나리오 작가	**口碑** kǒubēi 평판, 입소문	**投资额** tóuzī'é 투자액
场景 chǎngjǐng 장면, 세트	**拍摄** pāishè 촬영하다	**盈亏平衡点** yíngkuī pínghéngdiǎn 손익 분기점
成本 chéngběn 제작비, 비용	**配角** pèijué 조연 배우	**影迷** yǐngmí 영화 팬, 관객층
导演 dǎoyǎn 감독	**票房** piàofáng 박스 오피스, 흥행 수입	**影片** yǐngpiàn 영화(작품)
发行商 fāxíngshāng 배급사	**热映** rèyìng 상영 중, 인기를 끌다	**影评** yǐngpíng 영화평, 리뷰
改编 gǎibiān 각색하다	**上映** shàngyìng 개봉하다	**原著** yuánzhù 원작
观众 guānzhòng 관객	**首映** shǒuyìng 첫 상영, 시사회	**制作方** zhìzuòfāng 제작사
获奖 huòjiǎng 수상하다	**特效** tèxiào 특수 효과, 시각 효과	**主演** zhǔyǎn 주연 배우
奖项 jiǎngxiàng 상, 수상 항목	**题材** tícái 소재, 주제	

요즘 연애, 예능에서 배운다?

现在的恋爱，从综艺中学？

🎵 055-01

恋爱真人秀节目正逐渐超越单纯娱乐的范畴，成为影响
Liàn'ài zhēnrénxiù jiémù zhèng zhújiàn chāoyuè dānchún yúlè de fànchóu, chéngwéi yǐngxiǎng

20至30多岁年轻一代恋爱观的重要媒介。MZ世代相比亲身
èrshí zhì sānshí duō suì niánqīng yídài liàn'àiguān de zhòngyào méijiè. MZ shìdài xiāngbǐ qīnshēn

投入恋爱，更倾向于通过观察他人的恋爱过程来进行间接学习。
tóurù liàn'ài, gèng qīngxiàng yú tōngguò guānchá tārén de liàn'ài guòchéng lái jìnxíng jiànjiē xuéxí.

他们通过节目中出演者的对话方式、情绪表达、冲突解决等
Tāmen tōngguò jiémù zhōng chūyǎnzhě de duìhuà fāngshì、qíngxù biǎodá、chōngtū jiějué děng

场面，将其作为现实恋爱的参考。在这样的趋势下，恋爱
chǎngmiàn, jiāng qí zuòwéi xiànshí liàn'ài de cānkǎo. Zài zhèyàng de qūshì xià,   liàn'ài

真人秀逐渐发挥出"恋爱教科书"的功能。
zhēnrénxiù zhújiàn fāhuī chū "liàn'ài jiàokēshū" de gōngnéng.

　　然而，也有专家指出，此类节目往往过度渲染戏剧化
Rán'ér, yěyǒu zhuānjiā zhǐchū,   cǐ lèi jiémù wǎngwǎng guòdù xuànrǎn xìjùhuà

情节或理想化条件(如外貌、职业)，容易给观众灌输脱离现实
qíngjié huò lǐxiǎnghuà tiáojiàn (rú wàimào、zhíyè),   róngyì gěi guānzhòng guànshū tuōlí xiànshí

的恋爱期待值。节目中出演者的形象与现实存在明显距离，
de liàn'ài qīdàizhí.   Jiémù zhōng chūyǎnzhě de xíngxiàng yǔ xiànshí cúnzài míngxiǎn jùlí,

节目剪辑也常为了收视效果而放大情绪冲突。因此，恋爱
jiémù jiǎnjí yě cháng wèile shōushì xiàoguǒ ér fàngdà qíngxù chōngtū.   Yīncǐ,   liàn'ài

真人秀应被视为观察与反思多样爱情形式的平台，而非真正
zhēnrénxiù yīng bèi shìwéi guānchá yǔ fǎnsī duōyàng àiqíng xíngshì de píngtái, ér fēi zhēnzhèng

---

💙 단어+표현　🎵 055-02

真人秀＊ zhēnrénxiù 리얼리티 쇼 | **范畴** fànchóu 범주, 유형, 범위 | **间接** jiànjiē 간접적인 | **出演者** chūyǎnzhě 출연자 | **情绪**＊
qíngxù 감정, 기분 | **渲染**＊ xuànrǎn 과장하다 | **灌输**＊ guànshū 주입하다, 심다 | **脱离** tuōlí 벗어나다 | **剪辑**＊ jiǎnjí 편집(하다) | **收视**
shōushì (TV를) 보다, 시청하다 | **反思** fǎnsī 반성하다, 되돌아보다 | **等同**＊ děngtóng 동일시하다 | **尤为** yóuwéi 특히

教授恋爱的教材。观众也应保持理性态度，避免将节目中的关系
jiàoshòu liàn'ài de jiàocái.　Guānzhòng yě yīng bǎochí lǐxìng tàidù, bìmiǎn jiāng jiémù zhōng de guānxi

模式等同于现实中的恋爱，建立起平衡、清醒的视角尤为重要。
móshì děngtóng yú xiànshí zhōng de liàn'ài, jiànlì qǐ pínghéng, qīngxǐng de shìjiǎo yóuwéi zhòngyào.

🔊 연애 리얼리티 프로그램은 단순한 오락을 넘어, 20~30대 젊은 세대의 연애관에 영향을 미치는 중요한 매체로 자리 잡았습니다. MZ세대는 직접 연애를 경험하기보다 타인의 연애를 관찰하는 과정에서 간접적으로 배우는 경향이 강합니다. 이들은 프로그램 속 출연자의 대화 방식, 감정 표현, 갈등 해결 장면 등을 현실 연애의 참고 자료로 활용하며, 이러한 흐름 속에서 연애 리얼리티는 점차 '연애 교과서'로 작용하고 있습니다.

　　그러나 일부 전문가들은 이 같은 프로그램이 극적인 전개나 이상적인 조건(외모, 직업 등)을 지나치게 강조함으로써, 현실과는 동떨어진 연애에 대한 기대를 심어줄 수 있다고 지적합니다. 프로그램 출연자의 이미지는 현실과 괴리가 있으며, 프로그램 편집 또한 시청률을 위해 감정 갈등을 극대화하는 방향으로 이루어집니다. 따라서 연애 리얼리티는 연애를 가르치는 교본이 아니라, 다양한 사랑의 형태를 관찰하고 성찰할 수 있는 하나의 플랫폼으로 바라봐야 합니다. 시청자 또한 이성적인 태도를 유지하여, 프로그램 속 관계를 현실 연애와 동일시하지 않고, 균형 잡힌 시각을 유지하는 것이 무엇보다 중요합니다.

뉴스 표현 필살기

'将'은 현대 중국어에서 격식 있는 문어 표현으로, 문장 전체의 격을 올리면서 미래의 계획이나 현상에 대한 판단을 나타내거나, 또는 '把'와 비슷하게 행동의 대상을 이끌어 냅니다. '~을 ~할 것이다', '앞으로 ~할 예정이다' 또는 '~을 가지고/통해 ~하다'라고 번역하면 좋습니다.

平台将推出更严格的内容审核机制。
Píngtái jiāng tuīchū gèng yángé de nèiróng shěnhé jīzhì.
플랫폼은 더 엄격한 콘텐츠 심사 제도를 도입할 예정입니다.

该节目将观众的情绪反应纳入分析。
Gāi jiémù jiāng guānzhòng de qíngxù fǎnyìng nàrù fēnxī.
이 프로그램은 시청자의 간접 반응을 분석에 포함합니다.

心理学家将这种现象称为"替代性体验"。
Xīnlǐxuéjiā jiāng zhè zhǒng xiànxiàng chēngwéi "tìdàixìng tǐyàn."
심리학자는 이 현상을 '대리 경험'이라고 부릅니다.

메이링 쌤의 뉴스 Tip

요즘 중국에서는 '솔로'를 의미하는 '单身狗 dānshēngǒu'라는 라는 단어가 유행입니다. 원래는 "나는 너무 외로워 마치 개처럼 살고 있다"라는 농담에서 출발했지만, 지금은 혼자서도 자유롭게 살겠다는 Z세대의 독립적 연애관을 상징하는 단어로 발전했습니다. 또한 솔로 앞에서 커플이 애정 행각을 벌이는 것을 '撒狗粮 sā gǒuliáng (개밥을 뿌리다)', 솔로가 커플을 보며 괴로움을 느낄 때 '虐狗 nüè gǒu (개를 학대하다)'라고 표현하는 등 여기에서 파생된 어휘도 유행하고 있습니다.

你们两个别在我这个单身狗面前撒狗粮了行吗，虐狗也不能太过分啊。
Nǐmen liǎng gè bié zài wǒ zhège dānshēngǒu miànqián sā gǒuliáng le xíng ma, nüè gǒu yě bù néng tài guòfèn a.
너희 둘, 이 솔로 앞에서 애정 행각 좀 그만 해. 솔로 학대도 정도껏 해야지!

국립중앙박물관, MZ세대의 '놀이터'로 변신

韩国国立中央博物馆变身MZ一代 "游乐场"

🎵 056-01

韩国国立中央博物馆正在迅速崛起为MZ一代的新晋 "打卡
Hánguó Guólì Zhōngyāng Bówùguǎn zhèngzài xùnsù juéqǐ wéi MZ yídài de xīn jìn "dǎkǎ

圣地"。 它不再是中老年人的专属空间, 如今的博物馆正以
shèngdì". Tā bú zài shì zhōnglǎoniánrén de zhuānshǔ kōngjiān, rújīn de bówùguǎn zhèng yǐ

感性布展与高质量文创商品吸引着大量20至30多岁的
gǎnxìng bùzhǎn yǔ gāo zhìliàng wénchuàng shāngpǐn xīyǐnzhe dàliàng èrshí zhì sānshí duō suì de

年轻人。今年1月至7月, 参观人数同比增长45.8%,
niánqīngrén. Jīnnián yī yuè zhì qī yuè, cānguān rénshù tóngbǐ zēngzhǎng bǎi fēn zhī sìshíwǔ diǎn bā,

达到201万人次。其中, 以展示国宝 "半跏思惟像" 为主的 "思惟
dádào èrbǎi líng yīwàn réncì. Qízhōng, yǐ zhǎnshì guóbǎo "bànjiā sīwéi xiàng" wéizhǔ de "sīwéi

之室" 成为人气核心。 这两尊6至7世纪的佛像并列展示在沉静
zhī shì" chéngwéi rénqì héxīn. Zhè liǎng zūn liù zhì qī shìjì de fóxiàng bìngliè zhǎnshì zài chénjìng

的展厅中, 营造出静谧且沉思的氛围, 被年轻观众视为现代
de zhǎntīng zhōng, yíngzào chū jìngmì qiě chénsī de fēnwéi, bèi niánqīng guānzhòng shìwéi xiàndài

"心灵疗愈之所"。
"xīnlíng liáoyù zhī suǒ".

防弹少年团(BTS)成员RM也曾亲访此展, 并购买 "半跏
Fángdàn Shàoniántuán (BTS) chéngyuán RM yě céng qīnfǎng cǐ zhǎn, bìng gòumǎi "bànjiā

思惟像" 手办, 引发粉丝效应。 这款迷你手办结合传统与
sīwéi xiàng" shǒubàn, yǐnfā fěnsī xiàoyìng. Zhè kuǎn mínǐ shǒubàn jiéhé chuántǒng yǔ

时尚设计, 成为 "治愈系文创" 代表, 在社交媒体上引发抢购
shíshàng shèjì, chéngwéi "zhìyùxì wénchuàng" dàibiǎo, zài shèjiāo méitǐ shàng yǐnfā qiǎnggòu

---

 🎵 056-02

变身 biànshēn 변신(하다) | 崛起* juéqǐ 일어나다, 떠오르다 | 新晋* xīn jìn 새로운, 신진의 | 打卡* dǎkǎ 출첵하다, 카드를 사용하다 | 专属 zhuānshǔ 전용, 전속 | 布展 bùzhǎn 전시품을 배치하다 | 文创 wénchuàng 문화 창작, 크리에이티브 | 半跏思惟像 bànjiā sīwéi xiàng 반가 사유상 | 尊 zūn 점, 기(불상을 세는 양사) | 沉静 chénjìng 조용하다 | 静谧 jìngmì 고요하다 | 沉思 chénsī 깊이 생각하다 | 心灵 xīnlíng 정신, 영혼 | 疗愈 liáoyù 치료하여 낫다, 힐링하다 | 手办* shǒubàn 미니어처, 피규어 | 治愈 zhìyù 치유하다, 힐링하다 | 抢购 qiǎnggòu 앞다투어 사다 | 审美 shěnměi 심미 | 与时俱进 yǔshí-jùjìn 시대와 함께 앞으로 나아가다

热潮。国立中央博物馆不再只是传统展览空间，而是逐步演变为
rècháo.　Guólì Zhōngyāng Bówùguǎn bú zài zhǐshì chuántǒng zhǎnlǎn kōngjiān, érshì zhúbù yǎnbiàn wéi

融合审美、疗愈、消费于一体的"文化游乐场"。其与时俱进的转型
rónghé shěnměi、liáoyù、　xiāofèi yú yìtǐ de "wénhuà yóulèchǎng".　Qí yǔshí-jùjìn de zhuǎnxíng

吸引了越来越多MZ一代，也为韩国文化内容的传播注入了全新活力。
xīyǐnle　yuèláiyuè duō MZ yídài,　yě wèi Hánguó wénhuà nèiróng de chuánbō zhùrùle quánxīn huólì.

🔊 국립중앙박물관이 MZ세대의 새로운 '핫 플레이스'로 빠르게 떠오르고 있습니다. 한때 중장년층 중심의 공간이었던 박물관은 이제 감성적인 전시 연출과 고품질의 뭇즈(뮤지엄 굿즈)로 20~30대 젊은 층을 사로잡고 있습니다. 올해 1월부터 7월까지 방문객 수는 전년 동기 대비 45.8% 증가한 201만 명을 기록했습니다. 그중에서도 국보 반가 사유상을 중심으로 한 '사유의 방'은 대표적인 인기 공간입니다. 6~7세기에 제작된 두 점의 불상이 조용한 전시실에 나란히 배치되어, 고요하고 깊은 사색을 이끄는 분위기의 공간으로 젊은 관람객에게 현대적 '힐링 명소'로 인식되고 있습니다.
　　방탄소년단(BTS) 멤버 RM이 직접 전시장을 찾고 반가 사유상 미니어처를 구매한 사실이 알려지며 팬층의 관심도 더욱 높아졌습니다. 전통과 트렌디한 디자인이 결합된 이 미니어처는 '힐링 굿즈'로 주목받으며 SNS에서 구매 열풍이 불고 있습니다. 국립중앙박물관은 이제 단순한 전시 공간을 넘어, 미적 감각과 힐링, 소비가 결합된 '문화 놀이터'로 진화하고 있습니다. 이러한 시대에 따른 변화는 더 많은 MZ세대를 끌어들이는 동력으로 작용하며, 한국 문화 콘텐츠 확산에도 새로운 활력을 불어넣고 있습니다.

'被(A)视为B'는 '(A에 의해) B로 여겨지다/B로 간주되다'라는 뜻으로
평가·인식·사회적 합의 표현에 자주 사용됩니다.

该技术被视为突破。
Gāi jìshù bèi shìwéi tūpò.
해당 기술은 돌파구로 여겨집니다.

这项政策被视为转折点。
Zhè xiàng zhèngcè bèi shìwéi zhuǎnzhédiǎn.
이 정책은 전환점으로 간주됩니다.

他被业内人士视为领军人物。
Tā bèi yènèi rénshì shìwéi lǐngjūn rénwù.
그는 업계 관계자들에 의해 핵심 인물로 여겨집니다.

중국에서도 박물관 굿즈는 이제 단순한 기념품이 아니라, '정서적 소비(情绪消费)'로 여겨지고 있습니다. 대표적인 하나는 '자금성 립스틱(故宫口红)'입니다. 이 굿즈는 청대 궁중 회화와 문양에서 영감을 받아 디자인되었으며, 출시 직후 품절 사태를 일으킬 만큼 큰 인기를 끌었습니다. 또 하나의 인기 아이템인 '삼성퇴(三星堆) 청동 가면 자석'은 고대 문명 이미지를 현대적으로 재해석하여 '예술성과 유머 감각을 동시에 가진 굿즈'로 평가 받고 있습니다. 기회가 된다면 중국 고유의 정서·역사·스토리가 담긴 굿즈를 경험해보시길 바랍니다.

달리는 청춘, '러닝 크루'에 빠진 젊은이들

奔跑的青春，年轻人爱上"跑步团队"

🎵 057-01

随着马拉松季节的到来，奔跑已成为韩国20至30多岁
Suízhe mǎlāsōng jìjié de dàolái, bēnpǎo yǐ chéngwéi Hánguó èrshí zhì sānshí duō suì

年轻人之间备受欢迎的休闲方式。在今年4月举行的首尔半程
niánqīngrén zhījiān bèi shòu huānyíng de xiūxián fāngshì. Zài jīnnián sì yuè jǔxíng de Shǒu'ěr bànchéng

马拉松中，20至30岁参与者占比高达66%，显示出
mǎlāsōng zhōng, èrshí zhì sānshí suì cānyùzhě zhànbǐ gāodá bǎi fēn zhī liùshíliù, xiǎnshì chū

跑步在年轻人中日益火热的趋势。
pǎobù zài niánqīngrén zhōng rìyì huǒrè de qūshì.

尤其值得关注的是"跑步团队(Running Crew)"文化。所谓
Yóuqí zhídé guānzhù de shì "pǎobù tuánduì (Running Crew)" wénhuà. Suǒwèi

跑步团队，是指一群人相约在特定路线或公园、街区等地共同
pǎobù tuánduì, shì zhǐ yìqún rén xiāngyuē zài tèdìng lùxiàn huò gōngyuán, jiēqū děng dì gòngtóng

跑步的社群活动。这不仅提升了运动的趣味性，也在成员之间
pǎobù de shèqún huódòng. Zhè bùjǐn tíshēngle yùndòng de qùwèixìng, yě zài chéngyuán zhījiān

建立起深厚的情感联系。许多新手也能在这种氛围中逐步
jiànlì qǐ shēnhòu de qínggǎn liánxì. Xǔduō xīnshǒu yě néng zài zhè zhǒng fēnwéi zhōng zhúbù

挑战自我，获得成就感。不过，这一趋势也引发了部分争议。
tiǎozhàn zìwǒ, huòdé chéngjiùgǎn. Búguò, zhè yī qūshì yě yǐnfāle bùfen zhēngyì.

一些跑团在居民区或城市街道跑步时，因噪音或阻碍通行问题
Yìxiē pǎotuán zài jūmínqū huò chéngshì jiēdào pǎobù shí, yīn zàoyīn huò zǔ'ài tōngxíng wèntí

引发投诉。
yǐnfā tóusù.

💙 **단어+표현**　　🎵 057-02

奔跑 bēnpǎo 달리다 | **团队** tuánduì 단체, 팀, 크루 | **休闲*** xiūxián 휴식, 레저 | **火热** huǒrè 뜨겁다 | **社群** shèqún 공동체, 커뮤니티 | **趣味性** qùwèixìng 재미, 흥미 | **新手** xīnshǒu 초보자 | **噪音** zàoyīn 소음 | **阻碍*** zǔ'ài 방해하다 | **通行*** tōngxíng 다니다, 통행하다 | **汗水** hànshuǐ 땀 | **昙花一现** tánhuā-yíxiàn 잠깐 나타났다가 사라지다

对MZ世代而言，跑步已不仅是锻炼，更是一种追求"成就感"
Duì MZ shìdài ér yán, pǎobù yǐ bùjǐn shì duànliàn, gèng shì yì zhǒng zhuīqiú "chéngjiùgǎn"

的生活方式。他们通过社交媒体分享汗水换来的记录和变化，将
de shēnghuó fāngshì. Tāmen tōngguò shèjiāo méitǐ fēnxiǎng hànshuǐ huàn lái de jìlù hé biànhuà, jiāng

"自律、成就、健康"融入日常。"跑步团队热"已不再是昙花一现的
"zìlǜ、 chéngjiù、 jiànkāng" róngrù rìcháng. "Pǎobù tuánduì rè" yǐ bú zài shì tánhuā-yíxiàn de

流行，而是演变为可持续的健康生活潮流。
liúxíng, érshì yǎnbiàn wéi kěchíxù de jiànkāng shēnghuó cháoliú.

🔊 마라톤 시즌이 다가오면서 달리기가 20~30대 젊은 층 사이에서 인기 있는 여가 활동으로 자리 잡고 있습니다. 지난 4월 열린 서울 하프 마라톤 대회에서는 20~30세 참가자가 전체의 66%를 차지하며, 젊은 세대의 러닝 열풍을 입증했습니다.

특히 주목할 만한 것은 '러닝 크루(Running Crew)' 문화입니다. 러닝 크루는 특정 코스나 공원, 동네 거리를 함께 달리는 공동체 활동으로, 운동의 재미를 높이는 동시에 구성원 간 유대감을 형성합니다. 처음 달리기를 시작하는 사람들은 이런 분위기 속에서 점차 도전 목표를 높이며 성취감을 얻을 수 있습니다. 하지만 이러한 흐름 속에서 일부 문제도 제기되고 있습니다. 일부 러닝 크루가 주택가나 도심 거리에서 달리며 소음이나 통행 방해 등의 민원이 발생하기도 했습니다.

MZ세대에게 달리기는 단순한 운동을 넘어 '성취감'을 추구하는 삶의 방식입니다. 그들은 SNS를 통해 땀 흘려 얻은 변화와 기록을 공유하며, '자기 관리, 성취, 건강'의 키워드를 일상 속에서 실천합니다. 러닝 크루 열풍은 일시적인 유행을 넘어 지속 가능한 건강 트렌드로 발전하고 있습니다.

'对……而言'은 '~에게 있어서, ~의 입장에서 보면'이라는 뜻으로 평가·의미·중요성을 강조할 때 사용합니다.

对企业而言，效率最重要。
Duì qǐyè ér yán, xiàolǜ zuì zhòngyào.
기업의 입장에서 보면 효율이 가장 중요합니다

对年轻人而言，机会很关键。
Duì niánqīngrén ér yán, jīhuì hěn guānjiàn.
젊은이들에게 있어서 기회는 매우 중요합니다.

这次经历对他而言意义重大。
Zhè cì jīnglì duì tā ér yán yìyì zhòngdà.
이번 경험은 그에게 있어 의미가 매우 큽니다.

중국의 젊은이들 사이에서 '둬마오마오(躲猫猫)'라는 '술래잡기형 오프라인 소셜 게임'이 화제를 모았습니다. 이 게임은 단순한 어린이 놀이의 재현이 아니라, 운동·사교·체험이 결합된 새로운 도시형 레저 활동으로 자리 잡았습니다. 참가자들은 공원이나 거리에서 팀을 나누어 '고양이(술래)'와 '쥐(도망자)' 역할을 맡습니다. 스마트폰 지도 앱(App)을 활용해 위치를 추적하거나 숨으며, 실시간으로 추격전이 벌어집니다. 참가비는 저렴하지만 몰입감이 높고, 한 번에 수십 명에서 수백 명이 함께할 정도로 규모가 큽니다.
'둬마오마오'의 인기 요인은 단순합니다. 첫째, 스마트폰 중심의 온라인 교류 대신, 실제 공간에서 낯선 사람들과 어울릴 수 있다는 점, 둘째, 어릴 적 놀이에 '성인판 재미'를 더해 운동과 추억을 동시에 즐길 수 있다는 점, 셋째, '게임처럼 사는 일상'을 추구하는 Z세대의 새로운 문화 감각을 자극했다는 점입니다.

느림의 미학…
다시 유행하는 뜨개질 열풍

慢生活的美学——重新流行的编织热潮

🎵 058-01

在快节奏的生活中，一股"慢生活"风潮正重新兴起——
Zài kuài jiézòu de shēnghuó zhōng, yì gǔ "màn shēnghuó" fēngcháo zhèng chóngxīn xīngqǐ

那就是编织。只需一根钩针和一团毛线，就能让人沉浸于
nà jiùshì biānzhī.　Zhǐ xū yì gēn gōuzhēn hé yì tuán máoxiàn, jiù néng ràng rén chénjìn yú

专注与疗愈。如今在韩国，Z世代成为编织文化的主力军。
zhuānzhù yǔ liáoyù.　Rújīn zài Hánguó,　Z shìdài chéngwéi biānzhī wénhuà de zhǔlìjūn.

电影院中安静织毛线的年轻人、社交媒体上热门的#编织
Diànyǐngyuàn zhōng ānjìng zhī máoxiàn de niánqīngrén, shèjiāo méitǐ shàng rèmén de #biānzhī

打卡#KnittingHip话题，都显示出这项"老派"手艺正在以全新
dǎkǎ #KnittingHip　　huàtí,　dōu xiǎnshì chū zhè xiàng "lǎopài" shǒuyì zhèngzài yǐ quánxīn

姿态回归。
zītài huíguī.

编织入门简单，许多套装产品包含毛线、针具和图案，
Biānzhī rùmén jiǎndān, xǔduō tàozhuāng chǎnpǐn bāohán máoxiàn, zhēnjù hé tú'àn,

新手也能轻松上手。YouTube上"2小时完成手工包"等
xīnshǒu yě néng qīngsōng shàngshǒu. YouTube shàng "liǎng xiǎoshí wánchéng shǒugōng bāo" děng

教学视频播放量动辄数十万。重复的穿线与绕线动作不仅
jiàoxué shìpín bōfàngliàng dòngzhé shù shí wàn. Chóngfù de chuānxiàn yǔ ràoxiàn dòngzuò bùjǐn

带来成就感，更让人进入专注的冥想状态。
dàilái chéngjiùgǎn, gèng ràng rén jìnrù zhuānzhù de míngxiǎng zhuàngtài.

编织如今也是一种"自我表达"。年轻人把完成的作品
Biānzhī rújīn yě shì yì zhǒng　"zìwǒ biǎodá".　　Niánqīngrén bǎ wánchéng de zuòpǐn

💗 단어+표현　　　　　🎵 058-02

编织 biānzhī 뜨다, 뜨개질하다 ｜ 钩针 gōuzhēn 코바늘, 뜨개 바늘 ｜ 毛线 máoxiàn 털실 ｜ 专注* zhuānzhù 집중하다, 몰입하다 ｜ 老派 lǎopài 구식이다, 올드(old)하다 ｜ 手艺* shǒuyì (수공) 기술, 손재주 ｜ 姿态 zītài 모습, 스타일 ｜ 套装 tàozhuāng 세트, 패키지 ｜ 动辄* dòngzhé 쉽게, 가볍게, 항상 ｜ 穿线 chuānxiàn 실을 꿰다 ｜ 绕线 ràoxiàn 실을 감다 ｜ 冥想* míngxiǎng 명상 ｜ 延禧洞 Yánxǐ-dòng 연희동

上传社交媒体，从钥匙扣、帽子到小包，展现"装饰、治愈、表达"
shàngchuán shèjiāo méitǐ, cóng yàoshikòu、màozi dào xiǎobāo, zhǎnxiàn "zhuāngshì、zhìyù、biǎodá"

的生活态度。延禧洞艺术影院曾举办"编织观影会"，观众在柔和
de shēnghuó tàidù.　Yánxǐ-dòng yìshù yǐngyuàn céng jǔbàn "biānzhī guānyǐnghuì", guānzhòng zài róuhé

灯光下边看电影边编织，成为热门文化活动。对许多Z世代而言，
dēngguāng xià biān kàn diànyǐng biān biānzhī, chéngwéi rèmén wénhuà huódòng. Duì xǔduō Z shìdài ér yán,

编织不只是兴趣，而是让自己慢下来、疗愈心灵的方式。
biānzhī bù zhǐshì xìngqù,　érshì ràng zìjǐ màn xiàlái、　liáoyù xīnlíng de fāngshì.

🔊 빠르게 돌아가는 삶에 '슬로우 라이프'의 바람이 다시 불고 있습니다. 바로 '뜨개질'입니다. 코바늘 하나, 실 한 뭉치만 있으면 몰입과 힐링에 빠질 수 있습니다. 요즘 한국에서는 Z세대가 뜨개 문화의 주역으로 떠오르고 있습니다. 영화관 안에서 조용히 뜨개질을 하는 젊은이들, SNS에서 인기 있는 #뜨개스타그램 #니팅힙 같은 해시태그는 이 '올드한' 취미가 새롭게 재해석되고 있음을 보여줍니다.
　　뜨개질은 입문이 쉽습니다. 실, 바늘, 도안이 모두 포함된 패키지 제품이 많아 초보자도 부담 없이 시작할 수 있습니다. 유튜브에서 '2시간 만에 가방 완성하기' 같은 영상은 조회수 수십만 회를 기록하며 인기를 얻고 있습니다. 반복되는 코 만들기와 실 감기 동작은 성취감을 주는 동시에, 명상하듯 집중과 몰입을 경험하게 합니다.
　　이제 뜨개질은 또한 하나의 '자기 표현' 수단이 되고 있습니다. 젊은 세대는 자신이 만든 키링, 모자, 파우치 등을 SNS에 공유하며 '꾸미기, 힐링, 표현'이라는 삶의 태도를 보여줍니다. 서울 연희동의 예술 영화관에서는 '뜨개 상영회'가 열려, 관객들이 따뜻한 조명 아래 영화와 뜨개질을 함께 즐기며 새로운 문화로 자리 잡고 있습니다. 많은 Z세대에게 뜨개질은 단순한 취미가 아니라, 스스로의 속도를 되찾고 마음을 위로하는 하나의 힐링 방식입니다.

뉴스 표현 필살기

'沉浸于'는 '~에 몰입하다, ~에 흠뻑 빠지다'라는 뜻으로 감정·경험·환경에 깊이 빠진 상태를 표현하며,
뉴스나·에세이 등의 글에 많이 쓰입니다.

人们沉浸于音乐之中。
Rénmen chénjìn yú yīnyuè zhī zhōng.
사람들은 음악에 몰입해 있습니다.

她沉浸于创作的乐趣。
Tā chénjìn yú chuàngzuò de lèqù.
그녀는 창작의 즐거움에 빠져 있습니다.

他沉浸于自己的世界。
Tā chénjìn yú zìjǐ de shìjiè.
그는 자기 세계에 빠져 있습니다.

메이링 쌤의 뉴스 Tip

중국 뉴스나 SNS에서 자주 보이는 '热门'과 '冷门'은 '热(뜨겁다)'와 '冷(차갑다)'이라는 한 글자로 정반대의 의미를 갖습니다.

• 热门 rèmén 인기의, 화제의
　인기가 많거나, 사람들이 많이 관심을 갖는 주제를 말합니다.

　热门话题 rèmén huàtí 화제의 이슈
　热门职业 rèmén zhíyè 인기 직업

• 冷门 lěngmén 비인기의, 마이너의
　관심이 적고 잘 알려지지 않은 분야나 활동을 말합니다.

　冷门专业 lěngmén zhuānyè 비인기 전공
　冷门电影 lěngmén diànyǐng 비주류 영화

느긋하게, 깊이 있게…
요즘 뜨는 여행법 '슬로우 트래블'

慢下来，走得更远——当下流行的旅行方式"慢旅行"

🎵 059 - 01

近年来，"慢旅行(Slow Travel)"正在成为韩国旅游新趋势。
Jìnnián lái, "màn lǚxíng (Slow Travel)" zhèngzài chéngwéi Hánguó lǚyóu xīn qūshì.

这种旅行方式不同于传统的"打卡式"旅游，强调在一个地区
Zhè zhǒng lǚxíng fāngshì bùtóng yú chuántǒng de "dǎkǎshì" lǚyóu, qiángdiào zài yí gè dìqū

长时间停留，深入体验当地文化、与居民交流，并在慢节奏
cháng shíjiān tíngliú, shēnrù tǐyàn dāngdì wénhuà, yǔ jūmín jiāoliú, bìng zài màn jiézòu

中寻找放松与治愈。像"海外生活一个月"这样的慢旅行形式
zhōng xúnzhǎo fàngsōng yǔ zhìyù. Xiàng "hǎiwài shēnghuó yí gè yuè" zhèyàng de màn lǚxíng xíngshì

越来越受到欢迎，整体旅行时间也随之延长。
yuèláiyuè shòudào huānyíng, zhěngtǐ lǚxíng shíjiān yě suízhī yáncháng.

随着长期旅行需求的增加，与当地生活相关的配套服务
Suízhe chángqī lǚxíng xūqiú de zēngjiā, yǔ dāngdì shēnghuó xiāngguān de pèitào fúwù

也逐渐受到关注。例如，全球外汇汇款公司以低手续费和快速
yě zhújiàn shòudào guānzhù. Lìrú, quánqiú wàihuì huìkuǎn gōngsī yǐ dī shǒuxùfèi hé kuàisù

到账优势，为长期旅行者在海外提取现金提供便利。海外租车
dào zhàng yōushì, wèi chángqī lǚxíngzhě zài hǎiwài tíqǔ xiànjīn tígōng biànlì. Hǎiwài zūchē

平台则通过优化预约流程、提升界面便捷性，帮助用户在全球
píngtái zé tōngguò yōuhuà yùyuē liúchéng、tíshēng jièmiàn biànjiéxìng, bāngzhù yònghù zài quánqiú

多个国家、逾千个网点轻松租车。此外，很多AI翻译应用都
duō gè guójiā、yú qiān gè wǎngdiǎn qīngsōng zūchē. Cǐwài, hěnduō AI fānyì yìngyòng dōu

具备图像识别翻译和离线使用功能，能够有效缓解语言障碍，
jùbèi túxiàng shíbié fānyì hé líxiàn shǐyòng gōngnéng, nénggòu yǒuxiào huǎnjiě yǔyán zhàng'ài,

提升旅途中沟通效率。
tíshēng lǚtú zhōng gōutōng xiàolǜ.

단어+표현 🎵 059 - 02

停留 tíngliú 머물다 | 节奏* jiézòu 박자, 템포 | 配套服务* pèitào fúwù 통합 서비스 | 汇款 huìkuǎn 송금하다 | 到账 dào zhàng 입금되다 | 便捷性 biànjiéxìng 편의성 | 逾* yú 초과하다, 넘다 | 网点 wǎngdiǎn 지점망 | 应用 yìngyòng 앱(App) | 离线* líxiàn 오프라인 | 旅途 lǚtú 여행길, 여정 | 沟通* gōutōng 의사소통하다 | 放慢 fàngmàn 늦추다

如今， 慢旅行既是旅游方式， 又是一种生活态度。越来越多的
Rújīn,　　 màn lǚxíng jì shì lǚyóu fāngshì,　　 yòu shì yì zhǒng shēnghuó tàidù. Yuèláiyuè duō de

人选择放慢脚步，在旅行中体验真实的当地生活，寻找身心的
rén xuǎnzé fàngmàn jiǎobù, zài lǚxíng zhōng tǐyàn zhēnshí de dāngdì shēnghuó, xúnzhǎo shēnxīn de

平衡与自由。
pínghéng yǔ zìyóu.

최근 한국에서는 '슬로우 트래블(Slow Travel)'이 새로운 여행 트렌드로 떠오르고 있습니다. 이 여행 방식은 빠르게 여러 관광지를 도는 기존 방식과 달리, 한 지역에 오랜 시간 머물며 현지 문화를 깊이 체험하고 주민들과 교류하며, 천천히 여유와 힐링을 추구하는 것이 특징입니다. '해외에서 한 달 살기'와 같은 슬로우 트래블 형태가 점점 인기를 끌면서 전체 여행 기간도 자연스럽게 길어지는 추세입니다.

장기 여행 수요가 증가하면서 현지 생활과 관련된 다양한 통합 서비스들도 주목받고 있습니다. 예를 들어, 글로벌 환전·송금 서비스 기업들은 저렴한 수수료와 빠른 입금 시스템을 앞세워 해외 체류 중인 여행자들의 현금 인출 편의를 돕고 있습니다. 해외 렌터카 플랫폼도 예약 절차를 간소화하고 인터페이스의 편의성을 높여 사용자가 전 세계 수천 개 지점에서 차량을 손쉽게 빌릴 수 있도록 지원합니다. 또한 AI 번역 앱들은 이미지 인식 번역, 오프라인 사용 기능 등을 갖춰 언어 장벽 해소에 도움을 주며, 여행 중 의사소통의 효율성을 높이고 있습니다.

오늘날 슬로우 트래블은 여행 방식이자, 새로운 삶의 태도이기도 합니다. 점점 더 많은 사람들이 속도를 늦추고, 여행에서 진정한 현지의 삶을 경험하며 균형과 자유를 찾고 있습니다.

뉴스 표현 필살기

'既A又B'는 A와 B의 두 가지 성질이나 상태가 동시에 존재함을 나타내는 표현입니다. 문어적이고 세련된 느낌을 주며, 형용사·동사 모두와 결합 가능합니다.

这座城市既安静又有力量。
Zhè zuò chéngshì jì ānjìng yòu yǒu lìliàng.
이 도시는 조용하면서도 힘이 있습니다.

他的讲话既简洁又深刻。
Tā de jiǎnghuà jì jiǎnjié yòu shēnkè.
그의 말은 간결하면서도 깊이가 있습니다.

新空间既开放又富有设计感。
Xīn kōngjiān jì kāifàng yòu fùyǒu shèjìgǎn.
새로운 공간은 개방적이면서 디자인적 감각이 뛰어납니다.

메이링 쌤의 뉴스 Tip

중국에서는 최근 목적지를 정하지 않고 도시를 천천히 '생활하듯' 거니는 여행 방식이 유행하고 있는데요, 중국어로는 '城市漫步 chéngshì mànbù', 영어로는 citywalk라고 합니다. 거리를 걸으며 분위기를 느끼고, 사진을 찍거나 카페를 탐방하는 등 '도시의 결'을 경험하는 것을 중시하며, 아래와 같은 의미를 추구합니다.

去哪儿不重要，走着走着就到了。
Qù nǎr bú zhòngyào, zǒuzhe zǒuzhe jiù dào le.
어디로 가는지는 중요하지 않다. 걷다 보면 도착한다.

慢一点，生活就会等你。
Màn yìdiǎn, shēnghuó jiù huì děng nǐ.
속도를 늦추면, 삶이 기다려 준다.

'원데이 클래스' 짧지만 확실한 성취, 한국 젊은 층에 인기

"一日体验课" 风靡韩国年轻人，轻松收获小小成就感成新潮流

🎵 060-01

在短时间内体验新兴趣、并亲手完成作品的"一日体验课"，
Zài duǎn shíjiān nèi tǐyàn xīn xìngqù, bìng qīnshǒu wánchéng zuòpǐn de "yírì tǐyànkè",

正成为韩国年轻一代追求生活平衡的新潮流。最初主要
zhèng chéngwéi Hánguó niánqīng yídài zhuīqiú shēnghuó pínghéng de xīn cháoliú. Zuìchū zhǔyào

以烹饪课程为主，如今已扩展至皮革工艺、K-POP舞蹈、毛线
yǐ pēngrèn kèchéng wéizhǔ, rújīn yǐ kuòzhǎn zhì pígé gōngyì、 K-POP wǔdǎo、 máoxiàn

手工、插花等多样主题。只需花费半天时间，便能学习一项新
shǒugōng、chāhuā děng duōyàng zhǔtí. Zhǐ xū huāfèi bàntiān shíjiān, biàn néng xuéxí yí xiàng xīn

技能并获得完成作品的满足感，成为工作繁忙的上班族和
jìnéng bìng huòdé wánchéng zuòpǐn de mǎnzúgǎn, chéngwéi gōngzuò fánmáng de shàngbānzú hé

学生群体的热门选择。在经济与时间成本压力越来越大的情况
xuésheng qúntǐ de rèmén xuǎnzé. Zài jīngjì yǔ shíjiān chéngběn yālì yuèláiyuè dà de qíngkuàng

下，"轻量兴趣"受欢迎也顺理成章。
xià, "qīngliàng xìngqù" shòu huānyíng yě shùnlǐ-chéngzhāng.

值得注意的是，韩国的一日体验课也逐渐吸引外国游客。
Zhídé zhùyì de shì, Hánguó de yírì tǐyànkè yě zhújiàn xīyǐn wàiguó yóukè.

包括书法、韩国民画、K-POP舞蹈在内的课程被纳入文化体验
Bāokuò shūfǎ、 Hánguó mínhuà、K-POP wǔdǎo zài nèi de kèchéng bèi nàrù wénhuà tǐyàn

旅游路线。根据韩国市场调查机构的调查数据显示，
lǚyóu lùxiàn. Gēnjù Hánguó shìchǎng diàochá jīgòu de diàochá shùjù xiǎnshì,

82.3%的19至59岁受访者表示"有意愿参与一日
bǎi fēn zhī bāshí'èr diǎn sān de shíjiǔ zhì wǔshíjiǔ suì shòufǎngzhě biǎoshì "yǒu yìyuàn cānyù yírì

🎵 060-02

단어+표현

风靡 fēngmǐ 유행하다, 휩쓸다 | 烹饪 pēngrèn 요리(하다) | 舞蹈 wǔdǎo 댄스, 춤추다 | 插花 chāhuā 꽃꽂이(하다) | 繁忙* fánmáng 바쁘다, 분주하다 | 轻量 qīngliàng 경량의, 가벼운 | 顺理成章* shùnlǐ-chéngzhāng 자연스럽다, 당연하다 | 纳入* nàrù 넣다, 포함하다 | 小确幸 xiǎo què xìng 소확행, 작고 확실한 행복 | 盛行* shèngxíng 성행하다, 유행하다

体验课程”。在“小确幸”与“工作生活平衡”理念盛行的当下，
tǐyàn kèchéng".　　Zài "xiǎo què xìng" yǔ "gōngzuò shēnghuó pínghéng" lǐniàn shèngxíng de dāngxià,

一日体验课正成为现代人解压与自我成长的全新方式。
yírì tǐyànkè zhèng chéngwéi xiàndài rén jiěyā yǔ zìwǒ chéngzhǎng de quánxīn fāngshì.

🔊 짧은 시간 안에 새로운 취미를 체험하고 결과물을 직접 만들어보는 '원데이 클래스'가 한국 젊은 세대 사이에서 삶의 균형을 추구하는 새로운 트렌드로 자리 잡고 있습니다. 초기에는 쿠킹 클래스 위주였지만, 최근에는 가죽 공예, K-팝 댄스, 털실 공예, 꽃꽂이 등 다양한 주제로 확대되고 있습니다. 한나절 정도의 시간 투자로 새로운 기술을 익히고 작품을 완성하는 만족감을 얻을 수 있어 바쁜 직장인과 학생들에게 특히 인기를 끌고 있습니다. 경제적·시간적 부담이 점점 커지는 상황에서 '가볍게 즐기는 취미'가 각광받는 것도 자연스러운 흐름입니다.
　　특히 한국의 원데이 클래스는 외국인 관광객들 사이에서도 인기를 얻고 있으며, 서예, 민화, K-팝 댄스 등의 과정이 다양한 문화 체험 코스에 포함되고 있습니다. 한국 시장 조사 기관의 데이터에 따르면, 19세에서 59세 사이 응답자의 82.3%가 '향후 원데이 클래스를 수강할 의향이 있다'고 답했습니다. '소확행'과 '워라밸'이 강조되는 요즘, 원데이 클래스는 현대인들에게 힐링과 자기 계발의 새로운 방식으로 자리 잡고 있습니다.

👉 뉴스 표현 필살기

'越来越'는 시간이 지날수록 어떤 상태나 감정이 점점 더 강해지는 변화를 표현하는 문형입니다. 형용사·동사 모두와 결합할 수 있으며, 경향·가치관·심리·취향의 변화 등을 설명할 때 매우 자연스럽고 현대적인 뉘앙스를 줍니다.

越来越注重质感。
Yuèláiyuè zhùzhòng zhìgǎn.
점점 더 느낌을 중시합니다.

人们越来越渴望安静的空间。
Rénmen yuèláiyuè kěwàng ānjìng de kōngjiān.
사람들은 조용한 공간을 점점 더 갈망합니다.

选择也越来越回到“自己想要什么”。
Xuǎnzé yě yuèláiyuè huídào "zìjǐ xiǎngyào shénme".
선택은 점점 더 '내가 진짜 원하는 것'으로 돌아옵니다.

메이링 쌤의 뉴스 Tip

꽃꽂이를 해 집 안에 배치해두면 공간의 분위기가 한층 살아납니다. 사진도 마찬가지로, 같은 장면을 찍어도 어떤 사람은 훨씬 감각적이고 '분위기 있게' 담아내죠. 이렇게 한국어의 '분위기 있다'라는 말을 중국어로는 어떻게 표현할 수 있을까요?

这家咖啡店很有格调。　　　　　　/ 这家咖啡厅氛围很好。
Zhè jiā kāfēidiàn hěn yǒu gédiào.　　/ Zhè jiā kāfēitīng fēnwéi hěn hǎo.
이 카페는 분위기가 훌륭합니다.

这张照片很有质感。　　　　　　　/ 这张照片很有氛围感。
Zhè zhāng zhàopiàn hěn yǒu zhìgǎn. / Zhè zhāng zhàopiàn hěn yǒu fēnwéigǎn.
이 사진은 매우 분위기가 살아 있습니다.

한국 여자 양궁, 단체전 금메달, 올림픽 10연패 신화 달성

韩国女子射箭团体夺金，实现奥运"十连冠"神话

🎵 061 - 01

在2024年巴黎奥运会上，韩国女子射箭代表队再度登顶，
Zài èr líng èr sì nián Bālí Àoyùnhuì shàng, Hánguó nǚzǐ shèjiàn dàibiǎoduì zàidù dēngdǐng,

以5比4战胜老对手中国队，摘得团体项目金牌，连续第十次
yǐ wǔ bǐ sì zhànshèng lǎo duìshǒu Zhōngguó duì, zhāidé tuántǐ xiàngmù jīnpái, liánxù dì-shí cì

站上奥运最高领奖台，创造了奥运史上前所未有的纪录。自
zhànshàng Àoyùn zuìgāo lǐngjiǎngtái, chuàngzàole Àoyùn shǐ shàng qiánsuǒwèiyǒu de jìlù. Zì

1988年汉城奥运会将女子团体射箭列为正式项目以来，韩国
yī jiǔ bā bā nián Hànchéng Àoyùnhuì jiāng nǚzǐ tuántǐ shèjiàn lièwéi zhèngshì xiàngmù yǐlái, Hánguó

从未在该项目中失手，牢牢占据世界最强宝座。由林时贤、
cóng wèi zài gāi xiàngmù zhōng shīshǒu, láoláo zhànjù shìjiè zuì qiáng bǎozuò. Yóu Lín Shíxián、

南秀贤、全勋英组成的韩国队，于当地时间7月28日在法国
Nán Xiùxián、Quán Xūnyīng zǔchéng de Hánguó duì, yú dāngdì shíjiān qī yuè èrshíbā rì zài Fǎguó

巴黎荣军院射箭场展开决赛对决。
Bālí Róngjūnyuàn shèjiànchǎng zhǎnkāi juésài duìjué.

奥运团体射箭比赛由每队三名选手轮流射箭，每人射两
Àoyùn tuántǐ shèjiàn bǐsài yóu měi duì sān míng xuǎnshǒu lúnliú shèjiàn, měi rén shè liǎng

箭，共四局。每局胜方得2分，平局各得1分，先得5分者胜；
jiàn, gòng sì jú. Měi jú shèngfāng dé liǎng fēn, píngjú gè dé yì fēn, xiān dé wǔ fēn zhě shèng;

若四局后双方打平，则进行一轮每人一箭的加赛，得分高者
ruò sì jú hòu shuāngfāng dǎpíng, zé jìnxíng yì lún měi rén yí jiàn de jiāsài, défēn gāo zhě

获胜。尽管除了在去年杭州亚运会上获得三金的林时贤外，
huòshèng. Jǐnguǎn chúle zài qùnián Hángzhōu Yàyùnhuì shàng huòdé sān jīn de Lín Shíxián wài,

---

 🎵 061 - 02

射箭 shèjiàn 활을 쏘다, 양궁 ｜ 夺金 duójīn 금메달을 따다 ｜ 登顶* dēngdǐng 정상에 오르다 ｜ 战胜* zhànshèng 싸워서 이기다 ｜ 摘 zhāi 따다 ｜ 领奖台 lǐngjiǎngtái 시상대 ｜ 牢牢 láoláo 확실하다 ｜ 占据* zhànjù 차지하다 ｜ 打平 dǎpíng 비기다 ｜ 获胜 huòshèng 승리하다, 우승하다 ｜ 征战 zhēngzhàn 싸우다, 출전하다 ｜ 收入囊中* shōurù-nángzhōng 수중에 넣다, 손에 넣다 ｜ 粉碎* fěnsuì 분쇄하다

其他两名选手缺乏国际大赛经验，但三人首次征战奥运便展现
qítā liǎng míng xuǎnshǒu quēfá guójì dàsài jīngyàn, dàn sān rén shǒucì zhēngzhàn Àoyùn biàn zhǎnxiàn

出强大实力与冷静心态，成功将金牌收入囊中，粉碎了外界对
chū qiángdà shílì yǔ lěngjìng xīntài, chénggōng jiāng jīnpái shōurù-nángzhōng, fěnsuìle wàijiè duì

经验不足的质疑。
jīngyàn bùzú de zhìyí.

🔊 2024 파리올림픽에서 한국 여자 양궁 대표팀이 다시 한 번 정상을 차지했습니다. 대표팀은 숙명의 라이벌인 중국을 5대 4로 꺾고 단체전 금메달을 따내, 연속 10회 올림픽 최고 시상대에 올라서는 올림픽 역사에서 전례 없는 대기록을 세웠습니다. 1988년 서울올림픽에서 여자 단체전이 정식 종목으로 채택된 이후, 한국은 이 종목에서 단 한 번도 금메달을 놓치지 않고 세계 최정상의 자리를 지켰습니다. 임시현, 남수현, 전훈영으로 구성된 대표팀은 현지 시간 7월 28일, 프랑스 파리 레쟁발리드 양궁장에서 열린 결승전에서 중국과 맞붙었습니다.

단체전은 세 명의 선수가 교대로 한 사람당 두 발씩 쏘면서 총 네 세트를 치르며, 한 세트를 이기면 2점, 비기면 1점을 얻고, 먼저 5점을 얻는 팀이 승리합니다. 4세트까지 승부가 나지 않을 경우 각 팀이 선수당 한 발씩 추가로 쏘는 슛 오프로 승부를 가립니다. 이번 경기에서 작년 항저우 아시안 게임에서 3개의 금메달을 딴 임시현을 제외하면, 나머지 두 선수는 국제 대회 경험이 부족했지만, 세 명 모두 처음 출전한 올림픽 무대에서 뛰어난 실력과 침착함을 보이며 성공적으로 금메달을 손에 넣어, 실력 부족에 대한 세간의 의혹을 잠재웠습니다.

뉴스 표현 필살기

'以来'는 어떤 시점부터 지금까지 상태나 상황이 계속 이어지고 있음을 나타내는 표현입니다. 문어체에서 자주 쓰이며, 역사·기록·추세 등을 설명할 때 이 표현을 사용하는 것이 자연스럽습니다.

自比赛开始**以来**，气氛一直紧张。
Zì bǐsài kāishǐ yǐlái, qìfēn yìzhí jǐnzhāng.
경기 시작 이후 분위기는 줄곧 긴장되었습니다.

自上个赛季**以来**，他的状态明显回升。
Zì shàng gè sàijì yǐlái, tā de zhuàngtài míngxiǎn huíshēng.
지난 시즌 이후 그의 컨디션은 눈에 띄게 회복되었습니다.

自新规实施**以来**，比赛更具观赏性。
Zì xīnguī shíshī yǐlái, bǐsài gèng jù guānshǎngxìng.
새 규정이 시행된 이후 경기는 더 볼거리가 생겼습니다.

메이링 쌤의 뉴스 Tip

한국 양궁은 세계 대회에서 압도적인 성적을 거두고 있습니다. 어떤 조합으로 나와도 흔들림 없는 멘탈과 정확성을 보여, 네티즌들은 "경기 시작 전에 이미 결과가 정해져 있다"라고 표현하거나, 심지어 '현실 버그(오류)', '게임 난이도 조작'과 같은 농담을 하기도 합니다.

射箭决赛？其实就是"韩国队 vs 随便一个国家"。
Shèjiàn juésài? Qíshí jiùshì "Hánguó duì bǐ suíbiàn yí gè guójiā".
양궁 결승? 그냥 '한국 vs 다른 나라 중 한 나라'임.

한국 프로 야구, 사상 첫 '천만 관중' 시대 열다

韩国职业棒球迎来历史性时刻：首次突破"1,000万观众"大关

🎵 062-01

韩国职业棒球迎来历史性突破。　根据KBO（韩国职业棒球
Hánguó zhíyè bàngqiú yínglái lìshǐxìng tūpò.　Gēnjù KBO(Hánguó zhíyè bàngqiú

联盟）9月15日发布的数据，2024年KBO联赛累计观众人数
liánméng) jiǔ yuè shíwǔ rì fābù de shùjù, èr líng èr sì nián KBO liánsài lěijì guānzhòng rénshù

正式突破1,000万，达到10,020,758人。这是自1982年
zhèngshì tūpò yìqiān wàn, dádào yìqiān líng èrwàn qībǎi wǔshíbā rén. Zhè shì zì yī jiǔ bā èr nián

KBO成立以来，时隔42年的首次突破。截至14日，累计观众为
KBO chénglì yǐlái,　shígé sìshí'èr nián de shǒucì tūpò. Jiézhì shísì rì,　lěijì guānzhòng wéi

994万3,674人，仅差5万6,326人即可突破纪录。
jiǔbǎi jiǔshísì wàn sānqiān liùbǎi qīshísì rén, jǐn chà wǔwàn liùqiān sānbǎi èrshíliù rén jíkě tūpò jìlù.

15日当天，全国4个棒球场共吸引超过7万7,000名观众，
Shíwǔ rì dàngtiān, quánguó sì gè bàngqiúchǎng gòng xīyǐn chāoguò qīwàn qīqiān míng guānzhòng,

最终促成了这一具有历史意义的时刻。
zuìzhōng cùchéngle zhè yī jùyǒu lìshǐ yìyì de shíkè.

　　2024赛季KBO联赛从开幕之初便势头强劲，首日5场
　　Èr líng èr sì sàijì KBO liánsài cóng kāimù zhī chū biàn shìtóu qiángjìng, shǒurì wǔ chǎng

比赛共吸引103,841名观众，全部售罄。
bǐsài gòng xīyǐn shíwàn líng sānqiān bābǎi sìshíyī míng guānzhòng, quánbù shòuqìng.

8月18日更是刷新联赛历史累计观众纪录，8月28日突破900万，
Bā yuè shíbā rì gèng shì shuāxīn liánsài lìshǐ lěijì guānzhòng jìlù, bā yuè èrshíbā rì tūpò jiǔbǎi wàn,

最终于中秋假期的9月15日跨越千万大关。
zuìzhōng yú Zhōngqiū jiàqī de jiǔ yuè shíwǔ rì kuàyuè qiānwàn dàguān.

🎵 062-02

迎来 yínglái 맞이하다 ┃ 联盟 liánméng 연맹, 리그 ┃ 联赛 liánsài 리그전 ┃ 时隔* shígé ~만에 ┃ 截至 jiézhì ~에 이르다 ┃ 最终
zuìzhōng 최후, 최종 ┃ 促成* cùchéng 빠르게 이루어지게 하다, 달성시키다 ┃ 赛季 sàijì 시즌, 경기가 있는 시기 ┃ 开幕 kāimù 개막하다 ┃
势头 shìtóu 기세 ┃ 强劲 qiángjìng 강하다, 거세다 ┃ 售罄* shòuqìng 매진되다 ┃ 刷新* shuāxīn (기록을) 경신하다 ┃ 跨越* kuàyuè
뛰어넘다 ┃ 创立 chuànglì 출범하다 ┃ 起伏 qǐfú 기복이 있다, 오르내리다 ┃ 低迷* dīmí 저조하다, 침체되다 ┃ 低谷 dīgǔ 바닥세, 침체기

自1982年KBO创立以来，联赛观众人数经历起伏。1995年
Zì yī jiǔ bā èr nián KBO chuànglì yǐlái,　liánsài guānzhòng rénshù jīnglì qǐfú.　Yī jiǔ jiǔ wǔ nián

首次突破500万。2000年代初期陷入低迷，但2008年北京奥运
shǒucì tūpò wǔbǎi wàn.　Liǎngqiān niándài chūqī xiànrù dīmí, dàn èr líng líng bā nián Běijīng Àoyùn

韩国队夺金后逐步回暖，2017年创下当时的最高纪录。如今，韩国
Hánguó duì duójīn hòu zhúbù huínuǎn, èr líng yī qī nián chuàngxià dāngshí de zuìgāo jìlù. Rújīn,　Hánguó

职业棒球不仅克服了低谷，更迎来了"1,000万观众"时代，标志着
zhíyè bàngqiú bùjǐn　kèfúle dīgǔ,　gèng yíngláile "yìqiān wàn guānzhòng" shídài,　biāozhìzhe

人气与影响力的新高峰。
rénqì yǔ yǐngxiǎnglì de xīn gāofēng.

한국 프로 야구가 역사적인 순간을 맞이했습니다. KBO(한국야구위원회)가 9월 15일 발표한 자료에 따르면, 2024 KBO 리그 누적 관중 수가 1,002만 758명을 기록하며 처음으로 시즌 1,000만 관중을 돌파했습니다. 이는 1982년 KBO 출범 이후 42년 만의 최초 기록입니다. 14일까지 누적 관중 수는 994만 3,674명으로, 1,000만 돌파까지 5만 6,326명을 남겨두고 있었습니다. 15일 하루 동안 전국 4개 구장에 7만 7,000명 이상의 관중이 입장하면서 마침내 역사적인 대기록 달성의 마침표를 찍었습니다.

2024 시즌 KBO 리그는 개막부터 흥행세가 두드러졌습니다. 개막일 다섯 경기에는 총 10만 3,841명의 관중이 몰리며 전 구장이 매진됐습니다. 8월 18일에는 누적 관중 신기록을 경신했고, 8월 28일에는 900만 명을 넘어섰으며, 마침내 추석 연휴인 9월 15일 천만 고지를 돌파했습니다.

KBO 리그는 1982년 출범 이후 관중 수가 오르내리다가 1995년에 처음으로 500만 명을 넘겼습니다. 이후 2000년대 초반 침체기를 겪었으나, 2008년 베이징올림픽에서 한국 야구가 금메달을 따내며 다시 관중이 늘기 시작했고, 2017년에는 당시 최다 관중 기록을 세운 바 있습니다. 이제 한국 프로 야구는 부침을 딛고 마침내 '천만 관중' 시대를 맞이하며 인기와 영향력에서 또 하나의 이정표를 세우게 됐습니다.

뉴스 표현 필살기

'首次'는 어떤 일이나 기록이 역사상 처음 발생했음을 나타내는 표현으로, 뉴스·보고서·공식 문체에서 자주 사용됩니다.

该纪录首次被刷新。
Gāi jìlù shǒucì bèi shuāxīn.
해당 기록은 처음으로 경신되었습니다.

观众人数首次突破预期。
Guānzhòng rénshù shǒucì tūpò yùqī.
관중 수가 처음으로 예상을 넘어섰습니다.

球队首次实现主场全胜。
Qiúduì shǒucì shíxiàn zhǔchǎng quánshèng.
구기 팀이 처음으로 홈 경기 전승을 달성했습니다.

메이링 쌤의 뉴스 Tip

중국어에서 '职业 zhíyè (전문적인, 프로)'와 '业余 yèyú (비전문적인, 아마추어)'는 예술·콘텐츠·직업·기술·취미·학습 등 다양한 영역에서 폭넓게 사용됩니다. 예를 들면 '职业博主 (프로 블로거)', '业余摄影师 (아마추어 사진가)'와 같이 평소 구어체에서도 매우 자주 사용되는 표현입니다.

你的处事方式太业余了。
Nǐ de chǔshì fāngshì tài yèyú le.
너의 일 처리 방식이 너무 아마추어 같아.

손흥민 LAFC 데뷔골
'MLS 올해의 골' 선정…아시아 선수 최초

孙兴慜LAFC出道进球当选"MLS年度最佳进球"——亚洲球员首例

♫ 063 - 01

韩国足球运动员孙兴慜(现效力于LAFC)在美国职业足球
Hánguó zúqiú yùndòngyuán Sūn Xīngmǐn (xiàn xiàolì yú LAFC) zài Měiguó zhíyè zúqiú

大联盟(MLS)的首粒进球，被评为2024赛季"MLS 年度最佳
dà liánméng (MLS) de shǒu lì jìnqiú,　　bèi píngwéi èr líng èr sì sàijì "MLS niándù zuì jiā

进球"。这是自1996年该奖项设立以来，首次由亚洲球员获得
jìnqiú".　　Zhè shì zì yī jiǔ jiǔ liù nián gāi jiǎngxiàng shèlì yǐlái, shǒucì yóu Yàzhōu qiúyuán huòdé

这一荣誉。2024年8月24日，孙兴慜在与达拉斯队的比赛中，
zhè yī róngyù.　　Èr líng èr sì nián bā yuè èrshísì rì, Sūn Xīngmǐn zài yǔ Dálāsī duì de bǐsài zhōng,

于上半场第6分钟通过一记右脚任意球打入个人在MLS的首球。
yú shàngbànchǎng dì-liù fēnzhōng tōngguò yí jì yòu jiǎo rènyìqiú dǎrù gèrén zài MLS de shǒu qiú.

在本赛季MLS常规赛的510场比赛中共打入1,530粒
Zài běn sàijì MLS chángguīsài de wǔbǎi yīshí chǎng bǐsài zhōng gòng dǎrù yìqiān wǔbǎi sānshí lì

进球，孙兴慜的进球最终被选为年度最佳。在由球迷参与的
jìnqiú, Sūn Xīngmǐn de jìnqiú zuìzhōng bèi xuǎnwéi niándù zuì jiā.　　Zài yóu qiúmí cānyù de

投票中，他也以43.5%的高支持率展示了其在北美地区
tóupiào zhōng, tā yě yǐ bǎi fēn zhī sìshísān diǎn wǔ de gāo zhīchílǜ zhǎnshìle qí zài Běiměi dìqū

的高人气。
de gāo rénqì.

近期，孙兴慜在某YouTube频道的视频中提到，他对离开
Jìnqī,　　Sūn Xīngmǐn zài mǒu YouTube píndào de shìpín zhōng tí dào,　tā duì líkāi

效力十年的托特纳姆热刺时未能正式向主场球迷告别感到
xiàolì shí nián de Tuōtènàmǔ Rècì shí wèi néng zhèngshì xiàng zhǔchǎng qiúmí gàobié gǎndào

♥ **단어+표현** ♫ 063 - 02

进球 jìnqiú 골 | 效力于* xiàolì yú ~에 소속되다 | 粒 lì 골을 세는 단위 | 荣誉 róngyù 명예 | 达拉斯 Dálāsī 댈러스 | 上半场 shàngbànchǎng 전반전 | 记 jì (운동 경기 등에서) 골, 타격 등을 세는 양사 | 任意球 rènyìqiú 프리 킥 | 常规 chángguī 정규의 | 支持率* zhīchílǜ 지지율 | 频道 píndào 채널 | 托特纳姆热刺 Tuōtènàmǔ Rècì 토트넘 홋스퍼 | 遗憾* yíhàn 유감 | 转会 zhuǎnhuì 이적하다, 소속 팀을 옮기다 | 加之* jiāzhī 게다가 | 致意* zhìyì 인사를 드리다 | 道别 dàobié 이별하다 | 心愿 xīnyuàn 소원, 염원

遗憾。 他表示， 之所以没来得及， 是因为当时转会进程较为突然，
yíhàn.　　Tā biǎoshì,　　zhīsuǒyǐ méi láidejí,　　shì yīnwèi dāngshí zhuǎnhuì jìnchéng jiàowéi tūrán,

加之当时最后一场比赛是在韩国进行的， 因此无法回到伦敦在主场
jiāzhī dāngshí zuìhòu yì chǎng bǐsài shì zài Hánguó jìnxíng de,　　yīncǐ wúfǎ huídào Lúndūn zài zhǔchǎng

向球迷致意。 他也表达了希望未来有机会亲自到场向球迷道别的心愿。
xiàng qiúmí zhìyì.　　Tā yě biǎodále xīwàng wèilái yǒu jīhuì qīnzì dàochǎng xiàng qiúmí dàobié de xīnyuàn.

🔊 한국 축구 선수 손흥민(현 LAFC 소속)의 미국 프로축구(MLS) 첫 득점이 2024 시즌 'MLS 올해의 골'로 선정되었습니다. 1996년 이 상이 제정된 이후 아시아 선수가 수상한 것은 이번이 처음입니다. 2024년 8월 24일, 손흥민은 달라스와의 경기에서 전반 6분 오른발 프리킥으로 MLS 데뷔 첫 골을 기록했습니다. 올 시즌 MLS 정규 리그는 총 510경기에서 1,530골이 나왔으며, 이 가운데 손흥민의 득점이 최종적으로 '올해의 골'로 선택되었습니다. 또한 그는 팬 투표에서도 43.5%의 높은 지지를 받으며 북미 지역에서의 높은 인기를 입증했습니다.

　최근 손흥민은 한 유튜브 채널 영상에서, 10년간 몸담은 토트넘 홋스퍼를 떠날 당시 홈팬들에게 공식적으로 작별 인사를 하지 못한 점이 아쉽다고 말했습니다. 그는 당시 이적이 갑작스럽게 진행된 데다, 마지막 경기가 한국에서 열렸기 때문에 런던으로 돌아가 홈팬들에게 직접 인사할 시간이 없었다고 설명했습니다. 또, 언젠가 꼭 직접 찾아가 팬들에게 작별 인사를 전하고 싶다는 마음도 밝혔습니다.

👉 뉴스 표현 필살기

'于+시간'은 '~에, ~일 때'라는 뜻으로 뉴스 보도에 쓰이는 문어체 표현입니다. 회화에서는 보통 '在 zài'를 사용합니다.

他于开场第3分钟射门得分。
Tā yú kāichǎng dì-sān fēnzhōng shèmén défēn.
그는 경기 시작 3분에 슈팅으로 득점했습니다.

他于下半场第70分钟进球。
Tā yú xiàbànchǎng dì-qīshí fēnzhōng jìnqiú.
그는 후반 70분에 득점했습니다.

该决定于本周公布。
Gāi juédìng yú běn zhōu gōngbù.
해당 결정은 이번 주에 발표됐습니다.

메이링 쌤의 뉴스 Tip

중국 팬들은 손흥민을 단순히 축구 선수가 아니라 대중문화적 영향력을 가진 '顶流明星 dǐngliú míngxīng (톱스타)'으로 생각합니다. 외모와 실력을 동시에 칭찬할 때는 '又帅又能打(잘생겼고 실력도 뛰어나다)'라는 유행어를 사용합니다. 또한 팬들은 손흥민을 친근하게 여러 애칭으로 부르는데요, 장난꾸러기 같은 모습을 보며 '孙三岁 Sūn sān suì (손세살)', 강한 존재감을 강조할 때는 '孙霸王 Sūn bàwáng (손패왕)', 스피드와 돌파력을 칭찬할 때는 '亚洲飞翼 Yàzhōu fēiyì (아시아의 날개)'라고 부릅니다. 손흥민의 인터뷰, 훈련 영상, 팬서비스 장면 등은 중국 팬들에게 '电子榨菜 diànzǐ zhàcài (밥 친구 영상)'로 여겨지며, 일상 속에서 반복해서 보며 즐길 만큼 큰 위로와 즐거움을 주는 콘텐츠가 되고 있습니다.

골프 강국으로 떠오른 한국, 그 인기의 배경은?

韩国高尔夫崛起为世界强国，热潮背后的原因是什么？

🎵 064-01

韩国高尔夫如今已从"强国"跃升为世界舞台上的主导者
Hánguó gāo'ěrfū rújīn yǐ cóng "qiángguó" yuèshēng wéi shìjiè wǔtái shàng de zhǔdǎozhě

地位。以朴世莉、朴仁妃、崔京周、金柱亨等世界级选手为
dìwèi. Yǐ Piáo Shìlì、Piáo Rénfēi、Cuī Jīngzhōu、Jīn Zhùhēng děng shìjièjí xuǎnshǒu wéi

代表的一代又一代顶尖高尔夫球员，不仅在国际大赛中屡获
dàibiǎo de yídài yòu yídài dǐngjiān gāo'ěrfū qiúyuán, bùjǐn zài guójì dàsài zhōng lǚ huò

佳绩，也激发了国民的自豪感与参与热情。尤其是在IMF外汇
jiājì, yě jīfāle guómín de zìháogǎn yǔ cānyù rèqíng. Yóuqí shì zài IMF wàihuì

危机时期，朴世莉在海外赛场上的胜利给身处困境的韩国民众
wēijī shíqī, Piáo Shìlì zài hǎiwài sàichǎng shàng de shènglì gěi shēn chǔ kùnjìng de Hánguó mínzhòng

带来了莫大的鼓舞。她的成功成为无数"第二个朴世莉"诞生
dàiláile mòdà de gǔwǔ. Tā de chénggōng chéngwéi wúshù "dì-èr gè Piáo Shìlì" dànshēng

的起点，也推动了高尔夫运动在韩国的飞跃发展。
de qǐdiǎn, yě tuīdòngle gāo'ěrfū yùndòng zài Hánguó de fēiyuè fāzhǎn.

在韩国高尔夫为何如此受欢迎呢？首先，在高强度工作
Zài Hánguó gāo'ěrfū wèihé rúcǐ shòu huānyíng ne? Shǒuxiān, zài gāo qiángdù gōngzuò

和城市密集生活的双重压力下，高尔夫球场作为远离喧嚣、
hé chéngshì mìjí shēnghuó de shuāngchóng yālì xià, gāo'ěrfū qiúchǎng zuòwéi yuǎnlí xuānxiāo、

亲近自然的空间，为人们提供了宝贵的心理解放区。此外，
qīnjìn zìrán de kōngjiān, wèi rénmen tígōngle bǎoguì de xīnlǐ jiěfàngqū. Cǐwài,

随着中产阶级的崛起，这项原本属于上层社会的运动逐渐
suízhe zhōngchǎn jiējí de juéqǐ, zhè xiàng yuánběn shǔyú shàngcéng shèhuì de yùndòng zhújiàn

---

단어+표현　🎵 064-02

跃升* yuèshēng 뛰어오르다, 부상하다 | 顶尖 dǐngjiān 최고의, 최상의 | 屡* lǚ 누차 | 激发* jīfā 불러 일으키다 | 自豪感 zìháogǎn 자부심 | 困境 kùnjìng 곤경 | 莫大 mòdà 막대하다, 크다 | 鼓舞 gǔwǔ 고무하다, 격려하다 | 飞跃 fēiyuè 비약하다 | 密集 mìjí 밀집하다 | 喧嚣 xuānxiāo 시끄럽다 | 崛起* juéqǐ 굴기하다, 우뚝 솟다 | 竞技* jìngjì 경기

走向大众。再加上电视、YouTube等媒体也大量推出高尔夫综艺
zǒuxiàng dàzhòng. Zài jiāshàng diànshì、YouTube děng méitǐ yě dàliàng tuīchū gāo'ěrfū zōngyì

节目，人气也十分高。综合来看，强大的竞技实力、压力释放功能、
jiémù, rénqì yě shífēn gāo. Zònghé lái kàn, qiángdà de jìngjì shílì、 yālì shìfàng gōngnéng、

社会象征性与媒体扩散，共同推动了韩国高尔夫热度持续升高。
shèhuì xiàngzhēngxìng yǔ méitǐ kuòsàn, gòngtóng tuīdòngle Hánguó gāo'ěrfū rèdù chíxù shēnggāo.

🔊 한국 골프는 이제 '강국'을 넘어 세계 무대의 주도적인 위치에 올라섰습니다. 박세리, 박인비, 최경주, 김주형 등 세계적 선수들로 대표되는 최고 선수들이 세대별로 국제 대회에서 여러 차례 우수한 성적을 거두었고, 이는 국민들에게 큰 자긍심과 골프에 대한 높은 관심을 불러일으켰습니다. 특히 IMF 외환 위기 당시, 박세리가 해외 무대에서 거둔 승리는 시련 속에 있던 국민들에게 큰 격려와 희망을 안겼습니다. 그녀의 성공은 수많은 '제2의 박세리'를 탄생시키는 계기가 되었고, 한국 골프가 비약적으로 발전하는 추진력이 되었습니다.

그렇다면 한국에서 골프는 왜 이토록 사랑받는 것일까요? 우선, 고강도의 업무와 도시의 밀집된 생활 환경 속에서 골프장은 도시의 소음에서 벗어나 자연과 함께하는 심리적 해방구로 작용합니다. 또한 중산층의 성장과 함께 상류층의 운동이었던 골프가 점차 대중화되었습니다. 여기에 TV와 유튜브 등 다양한 미디어에서 골프 예능 콘텐츠가 많아지고 인기도 높아졌습니다. 이처럼 선수들의 탄탄한 경기력, 스트레스를 해소시키는 환경적 특성, 사회적 계층적 상징성과 미디어의 확산이 한국의 골프 열기가 지속적으로 높아지는 데 중요한 원인으로 작용하고 있습니다.

뉴스 표현 필살기

'为何'는 '왜, 무엇 때문에'라는 뜻의 의문 표현입니다. '为什么 wèi shénme'보다 격식을 갖춘 문어적 표현으로, 신문기사·논설문·설명문 등에서 자주 사용됩니다.

为何韩国高尔夫能够在世界占据主导地位？
Wèihé Hánguó gāo'ěrfū nénggòu zài shìjiè zhànjù zhǔdǎo dìwèi?
왜 한국 골프는 세계에서 주도적 위치를 차지할 수 있을까요?

他**为何**突然决定退役？
Tā wèihé tūrán juédìng tuìyì?
그는 왜 갑자기 은퇴를 결정했을까요?

这项运动**为何**在年轻人中如此受欢迎？
Zhè xiàng yùndòng wèihé zài niánqīngrén zhōng rúcǐ shòu huānyíng?
이 운동이 왜 젊은 층에게 이처럼 인기가 있을까요?

메이링 쌤의 뉴스 Tip

골프는 단순히 스포츠를 넘어 사회적 관계를 만들어주는 '소셜 명함'으로 자리 잡았습니다. 비즈니스 현장에서는 골프가 신뢰를 쌓는 접점으로 활용되며 중요성이 커졌으며, SNS에서는 골프 라운딩 인증이 일종의 라이프 스타일의 상징이 되기도 합니다. 아래의 기본적인 골프 용어는 중국어로 꼭 알아둡시다.

标准杆 biāozhǔn gān 파(par)	**一号木杆** yīhào mùgān 드라이버
小鸟球 xiǎoniǎoqiú 버디(birdie)	**上果岭** shàng guǒlǐng 온 그린
柏忌 bǎijì 보기(bogey)	**开球** kāiqiú 티샷
老鹰球 lǎoyīngqiú 이글(eagle)	**一杆进洞** yì gān jìndòng 홀인원

여전히 높은 인기…
'페이커'가 보여준 e스포츠의 저력

人气仍如此之高?——Faker展现电竞的真正力量

🎵 065-01

电子竞技早已不是小众娱乐，而是发展迅猛的全球文化
Diànzǐ jìngjì zǎoyǐ bú shì xiǎozhòng yúlè, érshì fāzhǎn xùnměng de quánqiú wénhuà

现象。其中，以《英雄联盟》为代表的赛事成为全球关注的
xiànxiàng. Qízhōng, yǐ 《Yīngxióng Liánméng》 wéi dàibiǎo de sàishì chéngwéi quánqiú guānzhù de

焦点，而韩国选手"Faker"李相赫无疑是这一潮流的象征。
jiāodiǎn, ér Hánguó xuǎnshǒu "Faker" Lǐ Xiànghè wúyí shì zhè yī cháoliú de xiàngzhēng.

自2013年出道以来，Faker始终活跃在顶级赛场，至今已有11年。
Zì èr líng yī sān nián chūdào yǐlái, Faker shǐzhōng huóyuè zài dǐngjí sàichǎng, zhìjīn yǐ yǒu shíyī nián.

2024年《英雄联盟》全球总决赛中，Faker所效力的T1
Èr líng èr sì nián 《Yīngxióng Liánméng》 quánqiú zǒngjuésài zhōng, Faker suǒ xiàolì de T1

战队起初并不被看好。首战更是败给中国队。然而，真正的
zhànduì qǐchū bìng bú bèi kànhǎo. Shǒuzhàn gèng shì bài gěi Zhōngguó duì. Rán'ér, zhēnzhèng de

传奇总是在逆境中诞生。Faker在关键时刻展现实力，带领T1
chuánqí zǒng shì zài nìjìng zhōng dànshēng. Faker zài guānjiàn shíkè zhǎnxiàn shílì, dàilǐng T1

连赢三场挺进八强，并以3:0复仇中国队。尤其是在八
lián yíng sān chǎng tǐngjìn bā qiáng, bìng yǐ sān bǐ líng fùchóu Zhōngguó duì. Yóuqí shì zài bā

强赛中，Faker使用英雄"阿狸"时的表现堪称神级，尤其是
qiáng sài zhōng, Faker shǐyòng yīngxióng "Ālí" shí de biǎoxiàn kānchēng shén jí, yóuqí shì

第二局，他堪称致胜功臣。
dì-èr jú, tā kānchēng zhìshèng gōngchén.

Faker的胜利引爆巴黎现场，粉丝热情高涨，欢呼声
Faker de shènglì yǐnbào Bālí xiànchǎng, fěnsī rèqíng gāozhǎng, huānhūshēng

---

　🎵 065-02

电竞 diànjìng e스포츠 | 电子竞技 diànzǐ jìngjì e스포츠 | 迅猛* xùnměng 맹렬하다, 급격하다 | 焦点* jiāodiǎn 초점 | 无疑 wúyí
틀림없다, 당연하다 | 活跃 huóyuè 활약하다 | 顶级* dǐngjí 최고의, 정상의 | 起初* qǐchū 처음에는 | 传奇 chuánqí 전기 | 逆境 nìjìng
역경, 곤경 | 诞生 dànshēng 탄생하다 | 挺进 tǐngjìn (군대가) 힘차게 나아가다 | 堪称* kānchēng ~라고 할 만하다 | 致胜 zhìshèng
승리하다 | 功臣* gōngchén 공신 | 引爆* yǐnbào 폭발을 일으키다 | 欢呼声 huānhūshēng 환호성 | 此起彼伏* cǐqǐ-bǐfú 여기저기
에서 일어나다 | 罕见 hǎnjiàn 보기 드물다

此起彼伏。 尽管他不是法国本土选手， 却能收获如此多的欢呼与
cǐqǐ-bǐfú.　　　Jǐnguǎn tā bú shì Fàguó běntǔ xuǎnshǒu,　què néng shōuhuò rúcǐ duō de huānhū yǔ

支持， 这在全球电竞史上也极为罕见。Faker不仅是一位传奇选手，
zhīchí,　　zhè zài quánqiú diànjìng shǐshàng yě jíwéi hǎnjiàn. Faker bùjǐn shì yí wèi chuánqí xuǎnshǒu,

更是全球电竞文化的象征。
gèng shì quánqiú diàn jìng wénhuà de xiàngzhēng.

🔊 e스포츠는 더 이상 마니아층의 전유물이 아닌, 전 세계적으로 빠르게 성장하고 있는 문화 현상입니다. 특히 '리그 오브 레전드(LoL)'로 대표되는 e스포츠 대회는 전 세계적인 각광을 받고 있으며, 그 중심에는 당연히 인기의 아이콘 '페이커' 이상혁이 있습니다. 2013년 데뷔 이후 그는 무려 11년간 정상급 무대에서 활약해왔습니다.

　2024 리그 오브 레전드 월드 챔피언십에서 그가 속한 T1 팀은 대회 초반 다소 낮은 평가를 받았고, 첫 경기에서는 중국 팀에 패배하였습니다. 하지만 진정한 레전드는 위기 속에서 탄생하듯 페이커는 중요한 순간마다 탁월한 실력을 선보였고, 팀을 3연승으로 이끌며 8강에 진출하여 중국 팀을 상대로 3대 0 완승을 거두며 통쾌한 복수를 해냈습니다. 특히 8강전에서 페이커가 선택한 챔피언 '아리'를 활용한 플레이는 신의 경지로 보일만큼 압도적이었으며, 2세트에서의 활약으로 그는 팀 승리의 일등 공신이 되었습니다.

　페이커의 승리는 파리 현장을 뜨겁게 달궜고, 경기장은 열광하는 팬들의 함성으로 가득 찼습니다. 프랑스 선수가 아님에도 불구하고 그에게 응원이 쏟아진 것은 전 세계 e스포츠 경기에서도 보기 드문 현상입니다. 페이커는 지금 레전드 선수의 개념을 넘어 글로벌 e스포츠의 상징으로 자리 잡고 있습니다.

👆 뉴스 표현 필살기

'无疑是'는 '의심할 여지 없이 ～이다, 분명히 ～이다'라는 뜻으로,
어떤 인물이나 사물의 대표성·상징성·탁월함을 강조하는 표현입니다.

他无疑是本季表现最稳定的选手。
Tā wúyí shì běn jì biǎoxiàn zuì wěndìng de xuǎnshǒu.
그는 의심할 여지 없이 이번 시즌 가장 안정적인 선수입니다.

这次合作无疑是公司的重要突破。
Zhè cì hézuò wúyí shì gōngsī de zhòngyào tūpò.
이번 협업은 회사의 중요한 돌파구임이 분명합니다.

她无疑是团队中最具领导力的人。
Tā wúyí shì tuánduì zhōng zuì jù lǐngdǎolì de rén.
그녀는 분명히 팀에서 가장 리더십이 뛰어난 사람입니다.

메이링 쌤의 뉴스 Tip

최근 뉴스 보도나 일상 대화에서 특정 문화나 취향, 혹은 대중적이지는 않지만 충성도 높은 팬층과 뚜렷한 개성을 지닌 영역을 설명할 때 '小众 xiǎozhòng (소수·마니아층)'이라는 단어가 자주 등장합니다. 개인화 소비가 강해진 최근에는 '小众文化 (마니아 문화)'가 하나의 사회적 키워드로 자리 잡고 있습니다. 뉴스에서 자주 등장하는 '小众' 관련 표현에는 '细分领域 (세분화된 분야)', '垂直领域 (버티컬 분야/특화 분야)', '利基市场 (니치 시장)' 등이 있습니다.

如今，小众文化正在被更多年轻人接受，他们愿意为独特体验买单。
Rújīn, xiǎozhòng wénhuà zhèngzài bèi gèng duō niánqīngrén jiēshòu, tāmen yuànyì wèi dútè tǐyàn mǎidān.
요즘 마니아 문화는 더 많은 젊은이들에게 받아들여지고 있으며, 그들은 독특한 경험에 기꺼이 비용을 지불합니다.

전통과 현대의 조화, '2024 한복 상점' 젊은 세대 눈길 사로잡다

传统与现代交融，2024 "韩服商店" 吸引大量年轻观众

🎵 066-01

韩国规模最大的韩服文化博览会——"2024韩服商店"于
Hánguó guīmó zuìdà de hánfú wénhuà bólǎnhuì "èr líng èr sì hánfú shāngdiàn" yú

8月9日在首尔东大门设计广场(DDP)拉开帷幕。此次博览会由
bā yuè jiǔ rì zài Shǒu'ěr Dōngdàmén Shèjì Guǎngchǎng (DDP) lākāi wéimù. Cǐcì bólǎnhuì yóu

文化体育观光部主办，韩国工艺设计文化振兴院承办，
Wénhuà Tǐyù Guānguāngbù zhǔbàn, Hánguó Gōngyì Shèjì Wénhuà Zhènxīngyuàn chéngbàn,

共有112个韩服相关品牌参展，展示内容涵盖传统韩服、
gòngyǒu yìbǎi yīshí'èr gè hánfú xiāngguān pǐnpái cānzhǎn, zhǎnshì nèiróng hángài chuántǒng hánfú、

饰品、配件等，同时配合时装秀、特别展览等多种活动。
shìpǐn、 pèijiàn děng, tóngshí pèihé shízhuāng xiù、tèbié zhǎnlǎn děng duō zhǒng huódòng.

传统婚礼服或王妃服等形式不再是唯一焦点，特别是融合现代
Chuántǒng hūnlǐfú huò wángfēifú děng xíngshì bú zài shì wéiyī jiāodiǎn, tèbié shì rónghé xiàndài

服饰元素的"现代韩服"，如结合衬衫设计的上衣、改良式
fúshì yuánsù de "xiàndài hánfú", rú jiéhé chènshān shèjì de shàngyī、 gǎiliángshì

短上衣、改良版韩服裤等，深受年轻人欢迎。
duǎn shàngyī、gǎiliángbǎn hánfú kù děng, shēnshòu niánqīngrén huānyíng.

目前，围绕"传统"与"现代"韩服之间的界限仍然存在争议。
Mùqián, wéirào "chuántǒng" yǔ "xiàndài" hánfú zhī jiān de jièxiàn réngrán cúnzài zhēngyì.

有专家指出，仅强调传统样式未必能扩大韩服普及度，但如果
Yǒu zhuānjiā zhǐchū, jǐn qiángdiào chuántǒng yàngshì wèibì néng kuòdà hánfú pǔjídù, dàn rúguǒ

完全由"融合韩服"主导，反而可能弱化韩服的文化本质。
wánquán yóu "rónghé hánfú" zhǔdǎo, fǎn'ér kěnéng ruòhuà hánfú de wénhuà běnzhì.

 🎵 066-02

交融 jiāoróng 어우러지다, 조화가 되다 | 帷幕 wéimù 막 | 主办* zhǔbàn 주최하다 | 承办* chéngbàn 대행하다, 맡아서 처리하다 |
涵盖* hángài 포함하다 | 融合* rónghé 융합하다 | 服饰 fúshì 복식 | 围绕* wéirào 둘러싸다 | 前提 qiántí 전제, 선결 조건 | 纹样
wényàng 문양 | 协调 xiétiáo 조화롭다

大众文化评论家表示，生活韩服因其实用性和视觉独特性具有
Dàzhòng wénhuà pínglùnjiā biǎoshì, shēnghuó hánfú yīn qí shíyòngxìng hé shìjué dútèxìng jùyǒu

广阔发展空间，但前提是应保留韩服的曲线美与传统纹样，
guǎngkuò fāzhǎn kōngjiān, dàn qiántí shì yīng bǎoliú hánfú de qūxiàn měi yǔ chuántǒng wényàng,

并与现代服饰协调融合。
bìng yǔ xiàndài fúshì xiétiáo rónghé.

🔊 국내 최대 규모의 한복 문화 박람회 '2024 한복 상점'이 8월 9일 서울 동대문디자인플라자(DDP)에서 막을 올렸습니다. 이번 행사는 문화체육관광부가 주최하고 한국 공예·디자인 문화진흥원이 주관했으며, 총 112개 한복 관련 브랜드가 참여해 전통 한복부터 액세서리, 소품 등 다양한 제품을 선보였습니다. 전시와 함께 패션쇼, 특별 기획전 등 다양한 부대 행사도 진행됐습니다. 이번 박람회에서는 혼례복이나 왕비 복식 등 전통 한복만 주목받은 것이 아니라, 셔츠형 저고리, 크롭 저고리, 개량 한복 바지 등 현대적인 감각을 더한 '모던 한복'이 젊은 층에 큰 인기를 끌었습니다.
　한편, 전통 한복과 현대 한복의 경계에 관해서는 여전히 의견이 엇갈리고 있습니다. 일부 전문가들은 전통 양식만을 고수해서는 한복의 저변 확대가 어렵다고 지적하는 한편, 퓨전 한복만이 주류가 될 경우 오히려 한복 고유의 문화 정체성이 희석될 수 있다고 우려합니다. 한 대중문화 평론가는 생활한복이 실용성과 독특한 미감을 동시에 갖춰 성장 가능성이 크다고 평가하며, 한복 고유의 곡선미와 전통 문양을 살리면서 현대적 스타일과 조화롭게 융합하는 것이 앞으로의 과제라고 강조했습니다.

뉴스 표현 필살기

'仍然'은 어떤 상황이나 상태가 변하지 않은 채 지속됨을 나타내는 표현으로, 설명문·보도문·분석 기사에서 매우 자주 사용됩니다.

许多问题仍然没有定论。
Xǔduō wèntí réngrán méiyǒu dìnglùn
많은 문제가 여전히 결론이 나지 않았습니다.

这项设计的价值仍然受到关注。
Zhè xiàng shèjì de jiàzhí réngrán shòudào guānzhù.
이 디자인의 가치는 여전히 주목받고 있습니다.

他对手工技艺的坚持仍然不变。
Tā duì shǒugōng jìyì de jiānchí réngrán bú biàn.
그의 수공예에 대한 고집은 여전히 변함이 없습니다.

메이링 쌤의 뉴스 Tip

최근 중국에서는 '国潮文化 guócháo wénhuà (국조 문화)'라는 트렌드가 빠르게 확산되고 있습니다. '国潮'는 중국 전통 문화 요소에 현대적 디자인을 더한 스타일을 의미하며, 대표적인 상징이 바로 전통 의상인 '汉服 Hànfú (한푸)'입니다. Z세대가 '한푸'를 문화적 정체성 표현이자 개성적인 취향을 드러내는 라이프 스타일로 받아들이면서, 거리에서 일상 패션으로 '한푸'를 입은 젊은 사람들을 많이 볼 수 있게 되었습니다.
중국 각 도시에는 '한푸'를 중심으로 한 체험 산업이 다양해지고 있으며, 한푸 대여점과 한푸 메이크업 및 전통 헤어 스타일링, '古风 gǔfēng (앤티크)' 스타일 사진 촬영 등 하나의 '한푸 체험 생태계'가 형성될 정도입니다. 특히 시안(西安), 청두(成都), 항저우(杭州) 같은 도시는 한푸를 입고 사진을 찍는 테마 여행이 필수 코스로 자리 잡았습니다.

영화 「파묘」 흥행 속,
한국 장례 문화 변화에 관심 집중

《破墓》票房大热，引发对韩国殡葬文化变迁的关注

🎵 067-01

韩国电影《破墓》上映至今已吸引超850万名观众，
Hánguó diànyǐng《Pòmù》shàngyìng zhìjīn yǐ xīyǐn chāo bābǎi wǔshí wàn míng guānzhòng,

逼近千万大关。随着电影热度飙升，片中出现的特殊职业
bījìn qiānwàn dàguān. Suízhe diànyǐng rèdù biāoshēng, piàn zhōng chūxiàn de tèshū zhíyè

"地官（风水师）"和整体殡葬文化也引发了观众的广泛讨论。
"dìguān (fēngshuǐshī)" hé zhěngtǐ bìnzàng wénhuà yě yǐnfāle guānzhòng de guǎngfàn tǎolùn.

所谓"破墓"，是指为迁坟或火化而将祖先坟墓开启的行为。
Suǒwèi "pòmù", shì zhǐ wèi qiānfén huò huǒhuà ér jiāng zǔxiān fénmù kāiqǐ de xíngwéi.

在韩国，多数人选择在农历闰月进行破墓，将遗骨火化后安置在
Zài Hánguó, duōshù rén xuǎnzé zài nónglì rùnyuè jìnxíng pòmù, jiāng yígǔ huǒhuà hòu ānzhì zài

骨灰堂，或重新迁葬至新墓地。
gǔhuītáng, huò chóngxīn qiānzàng zhì xīn mùdì.

影片中，由崔岷植饰演的"地官"角色尤为引人注目。
Yǐngpiàn zhōng, yóu Cuī Mínzhí shìyǎn de "dìguān" juésè yóuwéi yǐnrénzhùmù.

地官即传统意义上的风水师，依据地理形势与水脉来为逝者
Dìguān jí chuántǒng yìyì shàng de fēngshuǐshī, yījù dìlǐ xíngshì yǔ shuǐmài lái wèi shìzhě

选定"风水宝地"。在20世纪80～90年代，韩国土葬文化盛行，
xuǎndìng "fēngshuǐ bǎodì". Zài èrshí shìjì bāshí zhì jiǔshí niándài, Hánguó tǔzàng wénhuà shèngxíng,

地官活动频繁，甚至有政治人物在选举前借助地官的建议
dìguān huódòng pínfán, shènzhì yǒu zhèngzhì rénwù zài xuǎnjǔ qián jièzhù dìguān de jiànyì

迁移祖坟以求好运。然而，进入2000年代后，韩国火葬率大幅
qiānyí zǔfén yǐ qiú hǎoyùn. Rán'ér, jìnrù liǎngqiān niándài hòu, Hánguó huǒzànglǜ dàfú

 🎵 067-02

殡葬 bìnzàng 장례를 지내다 ｜ 变迁 biànqiān 변천, 변화 ｜ 逼近* bījìn 접근하다, 가깝다 ｜ 飙升* biāoshēng 높아지다 ｜ 迁坟 qiānfén 이장하다, 무덤을 옮기다 ｜ 坟墓 fénmù 무덤 ｜ 开启 kāiqǐ 열다 ｜ 遗骨 yígǔ 유골 ｜ 安置 ānzhì 안치하다 ｜ 骨灰堂 gǔhuītáng 납골당 ｜ 迁葬 qiānzàng 이장하다 ｜ 饰演 shìyǎn 역을 맡아서 연기하다 ｜ 水脉 shuǐmài 수맥 ｜ 土葬 tǔzàng 토장, 매장 ｜ 边缘化* biānyuánhuà 주류에서 밀려나다 ｜ 仪式 yíshì 의식 ｜ 悼念 dàoniàn 추모하다 ｜ 慰藉 wèijiè 위로(하다) ｜ 殡仪馆 bìnyíguǎn 장의사

提升，地官的角色逐渐边缘化。如今的殡葬仪式更强调家属的悼念
tíshēng, dìguān de juésè zhújiàn biānyuánhuà. Rújīn de bìnzàng yíshì gèng qiángdiào jiāshǔ de dàoniàn

与心理慰藉，地官的职能也逐步被现代殡仪馆所取代。
yǔ xīnlǐ wèijiè, dìguān de zhínéng yě zhúbù bèi xiàndài bìnyíguǎn suǒ qǔdài.

🔊 영화 《파묘》가 850만 관객을 돌파하며 천만 관객을 눈앞에 두고 있습니다. 영화의 흥행과 함께 극 중 등장한 특수 직업인 '지관(地官)'과 한국 장례 문화 전반에 대한 관심도 높아지고 있습니다. '파묘'는 묘를 이장하거나 화장하기 위해 조상의 무덤을 파내는 것을 뜻합니다. 한국에서는 주로 음력 윤달에 파묘를 하고, 파묘 후 유골은 화장해 봉안당에 안치하거나 새로운 묘로 이장하는 것이 일반적입니다.
영화 속에서 최민식은 '지관' 역할을 연기하여 주목을 받았는데요, 지관은 전통적 의미의 '풍수사'로, 산세와 수맥 등을 고려해 죽은 사람을 위한 '명당 묏자리'를 정하는 사람입니다. 1980~90년대 한국의 장례는 매장이 일반적이어서 지관의 활동이 활발했으며, 심지어 정치인들은 선거를 앞두고 당선을 기원하며 지관의 조언에 따라 조상의 묘를 옮기는 사례도 있었습니다. 하지만 2000년대 이후 화장 문화가 확산되면서 지관의 역할은 점차 줄어들었습니다. 오늘날 장례는 유족의 추모와 정서적 위로를 중시하는 방향으로 바뀌었으며, 지관의 역할은 점차 장례 지도사가 대체하고 있습니다.

뉴스 표현 필살기

'逐步'는 어떤 과정이 단계적으로, 차츰차츰 진행됨을 나타내는 부사입니다. '점차'라는 뜻을 가진 '逐渐 zhújiàn'보다 과정의 단계·순서가 더 강조되는 표현이며, 정책·계획·절차 등의 체계적인 발전을 설명할 때 자주 사용됩니다.

工程正在逐步推进。
Gōngchéng zhèngzài zhúbù tuījìn.
공정은 단계적으로 진행되고 있습니다.

政策的效果正在逐步显现。
Zhèngcè de xiàoguǒ zhèngzài zhúbù xiǎnxiàn.
정책의 효과가 차츰차츰 나타나고 있습니다.

品牌正在逐步建立自己的识别度。
Pǐnpái zhèngzài zhúbù jiànlì zìjǐ de shíbiédù.
브랜드는 자신만의 정체성을 차근차근 구축해 가고 있습니다.

메이링 쌤의 뉴스 Tip

중국 SNS와 뉴스에서는 '폭발적 인기'나 '급상승하는 화제성'을 표현하는 단어들이 많이 쓰입니다. 중국에서 자주 쓰이는 표현들을 살펴보며, 직역 의미와 실제 사용될 때의 뉘앙스를 함께 알아봅시다.

- **直接爆了** zhíjiē bàole 바로 폭발하다, 바로 터지다
  (갑자기 대박 나고 순식간에 화제가 되다, 바로 히트치다)

- **强势霸屏** qiángshì bàpíng 강하게 스크린을 장악하다
  (SNS·포털·미디어 화면을 완전히 점령할 만큼 압도적 인기를 얻거나, 실시간 검색어·추천 알고리즘을 독식할 때 쓰는 말)

- **全网都在刷** quánwǎng dōu zài shuā 전 인터넷이 계속 새로고침하고 있다 (요즘 인터넷에 이 얘기뿐이다, 모든 SNS에 같은 콘텐츠가 보일 정도로 화제가 되다)

- **火到出圈** huǒ dào chūquān 불타서 원 밖으로 나갔다
  (아이돌, 게임, 패션과 같은 특정 분야의 이슈가 전체 연령의 일반 대중에게 사회적 이슈로 확산되는 상황)

'죽음을 빌린 저항'…
시위 현장의 새로운 상징, 근조 화환

"借死亡之名抗议"——韩国抗议现场的新象征：挽联花圈

🎵 068-01

象征哀悼与死亡的"挽联花圈"，如今已逐渐从葬礼现场
Xiàngzhēng āidào yǔ sǐwáng de "wǎnlián huāquān", rújīn yǐ zhújiàn cóng zànglǐ xiànchǎng

走向韩国社会各类抗议活动，成为一种引人注目的抗议象征。
zǒuxiàng Hánguó shèhuì gè lèi kàngyì huódòng, chéngwéi yì zhǒng yǐnrénzhùmù de kàngyì xiàngzhēng.

原本用于表达吊唁之情的花圈，如今却频繁出现在校园、
Yuánběn yòngyú biǎodá diàoyàn zhī qíng de huāquān, rújīn què pínfán chūxiàn zài xiàoyuán、

政治集会乃至娱乐圈事件的抗议现场，引发社会广泛关注。
zhèngzhì jíhuì nǎizhì yúlèquān shìjiàn de kàngyì xiànchǎng, yǐnfā shèhuì guǎngfàn guānzhù.

韩国抗议现场首次大规模使用挽联花圈可追溯至2006年，
Hánguó kàngyì xiànchǎng shǒucì dàguīmó shǐyòng wǎnlián huāquān kě zhuīsù zhì èr líng líng liù nián,

此后，在新冠疫情期间因无法组织大规模集会，人们开始借此
cǐhòu,　zài xīnguān yìqíng qījiān yīn wúfǎ　zǔzhī dàguīmó jíhuì,　rénmen kāishǐ jiècǐ

代替人群表达诉求，挽联花圈逐渐成为"非面对面抗议"的有效
dàitì rénqún biǎodá sùqiú, wǎnlián huāquān zhújiàn chéngwéi "fēi miànduìmiàn kàngyì" de yǒuxiào

手段。近年来，从反对校园男女合校、偶像公司人事问题到各
shǒuduàn. Jìnnián lái, cóng fǎnduì xiàoyuán nánnǚ hé xiào、ǒuxiàng gōngsī rénshì wèntí dào gè

类社会事件，挽联花圈广泛出现在抗议中。
lèi shèhuì shìjiàn, wǎnlián huāquān guǎngfàn chūxiàn zài kàngyì zhōng.

其简洁而强烈的视觉效果使其能在小规模抗议中也吸引
Qí jiǎnjié ér qiángliè de shìjué xiàoguǒ shǐ qí néng zài xiǎoguīmó kàngyì zhōng yě xīyǐn

公众和媒体注意。同时，写在挽联上的标语也能直接传达具体
gōngzhòng hé méitǐ zhùyì.　Tóngshí, xiě zài wǎnlián shàng de biāoyǔ yě néng zhíjiē chuándá jùtǐ

🎵 068-02

抗议 kàngyì 항의 ｜ 挽联花圈 wǎnlián huāquān 근조 화환 ｜ 哀悼 āidào 애도 ｜ 葬礼 zànglǐ 장례식 ｜ 吊唁 diàoyàn 조문하다, 문상하다 ｜ 集会 jíhuì 집회 ｜ 追溯* zhuīsù 거슬러 올라가다 ｜ 诉求* sùqiú 요구하다, 주장하다 ｜ 简洁* jiǎnjié 간결하다 ｜ 标语 biāoyǔ 표어 ｜ 利润* lìrùn 이윤 ｜ 花卉* huāhuì 화훼, 화초 ｜ 蓝海* lánhǎi 블루 오션

诉求。由于花圈制作成本低、利润空间大，再加上合法合规，花圈
sùqiú.　　Yóuyú huāquān zhìzuò chéngběn dī、lìrùn kōngjiān dà,　　zài jiāshàng héfǎ héguī,　　huāquān

抗议也意外成为花卉业界的"蓝海市场"。一些商家甚至开始主动
kàngyì yě yìwài chéngwéi huāhuì yèjiè de "lánhǎi shìchǎng".　　Yìxiē shāngjiā shènzhì kāishǐ zhǔdòng

推出"定制抗议花圈"服务。
tuīchū "dìngzhì kàngyì huāquān" fúwù.

애도와 죽음을 의미하는 '근조 화환'이 이제 장례식장에서 한국 사회 곳곳의 시위 현장으로 옮겨지며 사람들의 이목을 끄는 시위의 상징으로 떠오르고 있습니다. 원래 조의를 의미하던 근조 화환은 최근 대학가, 정치 집회, 연예계 이슈까지 다양한 항의 현장에 등장하여 사회의 주목을 받고 있습니다. 근조 화환이 시위에서 처음 대규모로 사용된 것은 2006년으로, 이후 코로나19 팬데믹 시기 대규모 인원이 모이기 어려운 상황에서 사람들이 이를 통해 요구를 전달하면서 '비대면 시위'에서 효과적인 수단으로 주목받기 시작했습니다. 최근에는 남녀 공학 전환 반대, 연예 기획사 인사 문제, 정치적 사안 등 다양한 이슈에 대응하기 위한 항의 방식으로 자리 잡고 있습니다.

근조 화환은 시각적으로 눈에 띄어 소규모 시위에서 쉽게 대중과 매체의 주목을 받을 수 있으며, 화환에 적힌 문구를 통해 직접적이고 구체적인 메시지를 전달할 수 있습니다. 제작 비용이 낮고 수익률이 높으며 법적으로도 문제가 없다는 점에서, 근조 화환은 뜻밖에도 화훼업계의 '블루오션'이 되어가고 있습니다. 최근에는 아예 시위용 맞춤 화환을 전문적으로 제작·판매하는 업체까지 등장하고 있는 실정입니다.

뉴스 표현 필살기

'借此'는 '이를 빌려, 이를 통해'라는 뜻의 문어적 표현으로, 뉴스, 보고서, 연설문 등에서 수단·계기·경로를 나타낼 때 사용하는 고급 표현입니다.

品牌借此强化了自己的核心形象。
Pǐnpái jiècǐ qiánghuàle zìjǐ de héxīn xíngxiàng.
브랜드는 이를 통해 주요 이미지를 강화했습니다.

城市借此展示了文化更新的方向。
Chéngshì jiècǐ zhǎnshìle wénhuà gēngxīn de fāngxiàng.
도시는 이를 계기로 문화적 갱신 방향을 보여주었습니다.

团队借此重新审视了工作方式。
Tuánduì jiècǐ chóngxīn shěnshìle gōngzuò fāngshì.
팀은 이를 통해 작업 방식을 다시 점검했습니다.

메이링 쌤의 뉴스 Tip

한국과 중국 모두 '화환(花圈)'이라는 어휘를 사용하지만, 그 용도와 상징성이 다릅니다. 한국에서 '화환(花圈)'은 축하와 위로를 모두 나타내며, 결혼식, 개업식, 공연, 행사와 장례식에 사용되는 꽃을 모두 화환이라고 부를 수 있습니다. 하지만 중국에서 '花圈 huāquān'이라고 하면 애도·추모·사별의 의미를 지니며, 장례식에서만 사용됩니다. 중국에서 결혼식이나 개업식에 보내는 꽃은 '花篮 huālán (꽃바구니)'이라고 표현합니다.

스몰 웨딩은 옛말,
지금은 '노 웨딩'이 대세

小型婚礼已成为过去，现在流行"无婚礼"

♪ 069-01

近年来，韩国婚礼文化正在发生显著变化。曾一度受到
Jìnnián lái, Hánguó hūnlǐ wénhuà zhèngzài fāshēng xiǎnzhù biànhuà. Céng yídù shòudào

欢迎的小型婚礼逐渐被"无婚礼"趋势所取代。所谓"无婚礼"，
huānyíng de xiǎoxíng hūnlǐ zhújiàn bèi "wú hūnlǐ" qūshì suǒ qǔdài.　　Suǒwèi "wú hūnlǐ",

并不意味着不结婚，而是指不举行传统婚礼仪式，只通过结婚
bìng bú yìwèizhe bù jiéhūn,　　érshì zhǐ bù jǔxíng chuántǒng hūnlǐ yíshì,　　zhǐ tōngguò jiéhūn

登记便开始共同生活。这一趋势的兴起不仅是为了节省成本，
dēngjì biàn kāishǐ gòngtóng shēnghuó. Zhè yī qūshì de xīngqǐ bùjǐn shì wèile jiéshěng chéngběn,

更是反映出人们价值观的转变。越来越多的年轻夫妇选择避免
gèng shì fǎnyìng chū rénmen jiàzhíguān de zhuǎnbiàn. Yuèláiyuè duō de niánqīng fūfù xuǎnzé bìmiǎn

繁琐且花费巨大的婚礼准备，趋向以更务实和个性化的方式
fánsuǒ qiě huāfèi jùdà de hūnlǐ zhǔnbèi,　　qūxiàng yǐ gèng wùshí hé gèxìnghuà de fāngshì

纪念结婚这一人生重要时刻。
jìniàn jiéhūn zhè yī rénshēng zhòngyào shíkè.

许多"无婚礼"夫妇会选择拍摄婚纱照或进行简约的承诺
Xǔduō "wú hūnlǐ"　　fūfù huì xuǎnzé pāishè hūnshāzhào huò jìnxíng jiǎnyuē de chéngnuò

仪式来纪念结婚，而不是举办正式典礼。这不仅减少了因婚礼
yíshì lái jìniàn jiéhūn,　　ér bú shì jǔbàn zhèngshì diǎnlǐ.　　Zhè bùjǐn jiǎnshǎole yīn hūnlǐ

引发的家庭纷争和社会压力，也使新人能够将有限的预算投入
yǐnfā de jiātíng fēnzhēng hé shèhuì yālì,　　yě shǐ xīnrén nénggòu jiāng yǒuxiàn de yùsuàn tóurù

到共同生活或旅行等更具实际意义的方面。随着婚礼形式的
dào gòngtóng shēnghuó huò lǚxíng děng gèng jù shíjì yìyì de fāngmiàn. Suízhe hūnlǐ xíngshì de

---

❤ 단어+표현

♪ 069-02

登记* dēngjì 등기하다, (법률적으로) 신고하다 ┃ 繁琐* fánsuǒ 번거롭다 ┃ 务实 wùshí 실용적이다 ┃ 拍摄 pāishè 촬영하다 ┃ 婚纱照 hūnshāzhào 웨딩 촬영, 웨딩 사진 ┃ 承诺 chéngnuò 약속하다 ┃ 纷争* fēnzhēng 분쟁, 갈등 ┃ 预算 yùsuàn 예산 ┃ 回归* huíguī 돌아오다 ┃ 婚姻* hūnyīn 혼인, 결혼 ┃ 本质* běnzhì 본질 ┃ 风尚* fēngshàng 풍습, 풍조

多样化，越来越多的年轻人开始根据自身情况和价值观，选择
duōyànghuà, yuèláiyuè duō de niánqīngrén kāishǐ gēnjù zìshēn qíngkuàng hé jiàzhíguān, xuǎnzé

真正适合自己的结婚方式。无婚礼，正在成为现代人回归婚姻本质、
zhēnzhèng shìhé zìjǐ de jiéhūn fāngshì. Wú hūnlǐ, zhèngzài chéngwéi xiàndàirén huíguī hūnyīn běnzhì,

追求内在幸福的新风尚。
zhuīqiú nèizài xìngfú de xīn fēngshàng.

🔊 최근 한국의 결혼 문화가 급격한 변화를 겪고 있습니다. 한때 인기를 끌었던 스몰 웨딩(Small Wedding)은 이제 '노 웨딩(No Wedding)'이라는 새로운 트렌드로 대체되고 있습니다. 노 웨딩은 결혼을 하지 않는 것이 아니라, 전통적인 예식을 생략하고 혼인 신고만으로 결혼 생활을 시작하는 방식을 의미합니다. 이러한 변화는 단순히 비용 절감 차원을 넘어, 사람들의 가치관 변화를 반영합니다. 복잡하고 비용이 과도한 결혼 준비 과정을 피하고, 보다 실용적이고 개성 있는 방식으로 인생의 중요한 순간을 기념하려는 젊은 부부가 늘고 있습니다.
　실제로 많은 커플이 결혼식 대신 웨딩 스냅 촬영이나 간단한 서약식 등으로 결혼을 기념하며, 이를 통해 가족 갈등이나 사회적 부담을 줄이고 한정된 예산을 공동 생활이나 신혼여행 등 실용적인 방면에 사용할 수 있습니다. 결혼 문화가 다양해지면서, 점점 더 많은 젊은이들이 자신의 상황과 가치관에 맞는 결혼 방식을 선택하고 있습니다. 노 웨딩은 결혼의 본질에 집중하고, 진정한 행복을 추구하려는 현대인의 새로운 결혼 문화로 자리 잡고 있습니다.

뉴스 표현 필살기

'趋向'은 '~하는 경향을 보이다, ~쪽으로 향하다'라는 의미로, 사회 트렌드·문화 흐름·집단 행동 변화를 설명할 때 유용합니다.

消费**趋向**更加理性。
Xiāofèi qūxiàng gèngjiā lǐxìng.
소비는 더욱 이성적인 방향으로 나아가고 있습니다.

设计**趋向**简洁与功能并重。
Shèjì qūxiàng jiǎnjié yǔ gōngnéng bìngzhòng.
디자인은 간결함과 기능성을 동시에 중시하는 흐름을 보입니다.

社会讨论**趋向**包容与多元。
Shèhuì tǎolùn qūxiàng bāoróng yǔ duōyuán.
사회적 논의는 포용과 다양성을 향해 움직이고 있습니다.

메이링 쌤의 뉴스 Tip

한국에서는 결혼식 준비 과정이 힘들고 복잡해서 '결혼식이 아니라 전쟁식'이라고 표현하기도 하는데요, 중국에서도 이와 비슷하게 결혼식(婚礼)을 '스트레스 페스티벌(压力大会)'이라고 표현합니다. 또한 결혼식에 대해, 예식·하객·사진·비용·부모 의견 등을 모두 챙기느라 "결혼식 절차가 승진보다 더 복잡하다(婚礼流程比升官还复杂)"라고 과장해서 말하거나, 기쁨의 행사라기보다 인맥·체면·돈·예절·친척 관계가 총집합된 "결혼식은 대형 사회적 스트레스의 현장이다(婚礼是大型社交压力现场)"라고 자조적으로 표현합니다.

김밥부터 초코파이까지…
전 세계를 사로잡은 K-푸드 열풍

从紫菜包饭到巧克力派，K-Food风靡全球

🎵 070-01

继K-POP与韩剧之后，K-Food也在全球范围内掀起热潮。
Jì K-POP yǔ hánjù zhīhòu, K-Food yě zài quánqiú fànwéi nèi xiānqǐ rècháo.

冷冻紫菜包饭在美国大型超市上市仅十个月便售出超过
Lěngdòng zǐcài bāofàn zài Měiguó dàxíng chāoshì shàngshì jǐn shí gè yuè biàn shòu chū chāoguò

250吨，一段在TikTok上传播的吃紫菜包饭视频更是引发巨大
èrbǎi wǔshí dūn, yíduàn zài TikTok shàng chuánbō de chī zǐcài bāofàn shìpín gèng shì yǐnfā jùdà

关注，带动美国消费者抢购。火鸡面则凭借其独特的辛辣口感
guānzhù, dàidòng Měiguó xiāofèizhě qiǎnggòu. Huǒjīmiàn zé píngjiè qí dútè de xīnlà kǒugǎn

和粉色包装，在美国各大超市持续热卖，被当地人称为"高级
hé fěnsè bāozhuāng, zài Měiguó gè dà chāoshì chíxù rèmài, bèi dāngdìrén chēngwéi "gāojí

口味的拉面"。其爆红也离不开社交媒体传播，一位美国少女
kǒuwèi de lāmiàn". Qí bào hóng yě líbukāi shèjiāo méitǐ chuánbō, yí wèi Měiguó shàonǚ

在生日派对上收到火鸡面的画面更是收获千万点击，
zài shēngrì pàiduì shàng shōudào huǒjīmiàn de huàmiàn gèng shì shōuhuò qiānwàn diǎnjī,

成为网络话题。
chéngwéi wǎngluò huàtí.

在俄罗斯，杯装拉面"Dosirak"拥有压倒性人气，从1990
Zài Èluósī, bēizhuāng lāmiàn "Dosirak" yǒngyǒu yādǎoxìng rénqì, cóng yī jiǔ jiǔ líng

年代起持续热销，甚至成为"方便面"的代名词。有监狱因囚犯
niándài qǐ chíxù rèxiāo, shènzhì chéngwéi "fāngbiànmiàn" de dàimíngcí. Yǒu jiānyù yīn qiúfàn

坚持要吃Dosirak而引发诉讼，显示其地位非凡。而在越南，
jiānchí yào chī Dosirak ér yǐnfā sùsòng, xiǎnshì qí dìwèi fēifán. Ér zài Yuènán,

---

단어+표현 · 🎵 070-02

紫菜包饭 zǐcài bāofàn 김밥 | 掀起* xiānqǐ 물결치다, (흐름이) 일다 | 抢购 qiǎnggòu 앞다투어 사다 | 辛辣 xīnlà 맵다 | 口感
kǒugǎn 입맛, 식감 | 爆红* bào hóng 갑자기 유행하다 | 派对 pàiduì 파티 | 点击 diǎnjī 클릭하다 | 监狱 jiānyù 감옥 | 囚犯 qiúfàn
구금된 죄수 | 供品 gòngpǐn 제물, 제수 | 高档* gāodàng 고급의 | 祭祀 jìsì 제사를 드리다 | 郑重 zhèngzhòng 정중하다 | 加持
jiāchí 뒷받침하다 | 口碑 kǒubēi 입소문, 평판

巧克力派不仅是一种日常零食，更常被视为节日供品和高档礼物。
Qiǎokèlìpài bùjǐn shì yì zhǒng rìcháng língshí, gèng cháng bèi shìwéi jiérì gòngpǐn hé gāodàng lǐwù.

许多家庭会在祭祀祖先的桌上郑重地摆上巧克力派，象征敬意与
Xǔduō jiātíng huì zài jìsì zǔxiān de zhuō shàng zhèngzhòng de bǎishàng Qiǎokèlìpài, xiàngzhēng jìngyì yǔ

祝福。随着社交媒体的加持与消费者口碑传播，K-Food的国际
zhùfú. Suízhe shèjiāo méitǐ de jiāchí yǔ xiāofèizhě kǒubēi chuánbō, K-Food de guójì

影响力仍在不断扩大。
yǐngxiǎnglì réng zài búduàn kuòdà.

K-팝과 K-드라마에 이어, K-푸드가 전 세계에서 뜨거운 인기를 얻고 있습니다. 미국의 대형 마트에 출시된 냉동 김밥은 출시 10개월 만에 250톤 이상이 팔려나갔으며, 틱톡에서 퍼진 '김밥 먹방' 영상은 큰 화제를 모으며 미국 현지 소비자들의 구매를 이끌었습니다. 불닭볶음면은 특유의 매운맛과 분홍색 패키지로 미국 여러 대형 마트에서 꾸준한 판매량을 기록하며, 현지에서 '고급스러운 맛의 라면'으로 불리고 있습니다. 그 폭발적인 인기 역시 SNS에서 시작되었는데요, 한 미국 소녀가 생일 파티에서 선물로 불닭볶음면을 받은 영상은 천만 뷰를 기록하며 화제가 되기도 했습니다.

러시아에서는 컵라면 '도시락'이 압도적인 인기를 얻으며 1990년대부터 꾸준히 판매되면서 인스턴트 라면의 대명사가 되었습니다. 일부 교도소에서는 수감자가 도시락을 요구하며 소송을 제기한 일도 있어 그 위상을 보여줍니다. 베트남에서는 초코파이가 일상의 간식을 넘어 명절 제사상에 올려지는 제물이자 고급 선물로 여겨집니다. 많은 가정에서 조상을 기리는 자리에 정성스럽게 초코파이를 올리며, 존경과 감사의 뜻을 표현합니다. SNS와 소비자 입소문이 더해지며 K-푸드의 글로벌 영향력은 계속해서 확장되고 있습니다.

뉴스 표현 필살기

'其'는 문어적이고 격식 있는 대명사로, 주로 '그~'의 의미로 사용됩니다.

团队表现优异，其成果值得关注。
Tuánduì biǎoxiàn yōuyì, qí chéngguǒ zhídé guānzhù.
팀의 실적이 우수하여, 그 성과가 주목할 만합니다.

方案已确定，其细节稍后公布。
Fāng'àn yǐ quèdìng, qí xìjié shāohòu gōngbù.
방안은 이미 확정되었고, 그 세부 사항은 추후 공개됩니다.

项目顺利推进，其风险仍需评估。
Xiàngmù shùnlì tuījìn, qí fēngxiǎn réng xū pínggū.
프로젝트는 순조롭게 진행되고 있으나, 그 리스크는 여전히 모니터가 필요합니다.

메이링 쌤의 뉴스 Tip

한국의 불닭볶음면에 버금가는 인기를 누리는 중국 음식이 있는데요, 바로 뤄쓰펀입니다. '螺蛳粉 luósī fěn (뤄쓰펀)'은 중국 광시(广西)성 류저우(柳州) 지역을 대표하는 전통 음식으로, 고추와 여러 향신료, 그리고 '뤄쓰(민물 우렁)'를 오래 끓여 만든 국물에, 매콤함·새콤함·감칠맛이 조화를 이루는 것이 특징입니다. 특유의 강한 향 때문에 호불호가 갈리지만, 산순(酸笋), 땅콩, 푸주(腐竹) 등 다양한 토핑을 더해 다채로운 식감을 즐기면서 빠져들 수도 있습니다. 최근에는 즉석 제품도 나와서 한국·일본·미국 등 다양한 나라에 '류저우의 맛'을 널리 알리고 있습니다.

한국이 개발에 참여한 우주 망원경 스피어엑스, 발사 성공!

韩国参与开发的太空望远镜SPHEREx成功发射!

🎵 071 - 01

由韩国参与共同开发的美国NASA太空望远镜SPHEREx
Yóu Hánguó cānyù gòngtóng kāifā de Měiguó NASA tàikōng wàngyuǎnjìng SPHEREx

终于顺利升空。2025年3月11日（当地时间），SPHEREx搭乘
zhōngyú shùnlì shēngkōng. Èr líng èr wǔ nián sān yuè shíyī rì (dāngdì shíjiān), SPHEREx dāchéng

SpaceX猎鹰9号火箭在美国加州成功发射，随后也顺利与地面
SpaceX Lièyīng jiǔ hào huǒjiàn zài Měiguó Jiāzhōu chénggōng fāshè, suíhòu yě shùnlì yǔ dìmiàn

成功建立通信。这次任务将研究太阳与宇宙两大领域，同时
chénggōng jiànlì tōngxìn. Zhè cì rènwù jiāng yánjiū tàiyáng yǔ yǔzhòu liǎng dà lǐngyù, tóngshí

搭载SPHEREx和PUNCH两项科学卫星，被认为是NASA高效
dāzài SPHEREx hé PUNCH liǎng xiàng kēxué wèixīng, bèi rènwéi shì NASA gāoxiào

研究策略的典范之一。SPHEREx接下来将在为期两年的主要
yánjiū cèlüè de diǎnfàn zhī yī. SPHEREx jiēxiàlái jiāng zài wéiqī liǎng nián de zhǔyào

任务中，探索宇宙的起源与生命的线索。该卫星将通过
rènwù zhōng, tànsuǒ yǔzhòu de qǐyuán yǔ shēngmìng de xiànsuǒ. Gāi wèixīng jiāng tōngguò

红外线观测收集肉眼所无法看到的遥远星系与恒星信息，绘制
hóngwàixiàn guāncè shōují ròuyǎn suǒ wúfǎ kàndào de yáoyuǎn xīngxì yǔ héngxīng xìnxī, huìzhì

宇宙总光分布图。
yǔzhòu zǒng guāng fēnbùtú.

这项国际合作项目由全球13个研究机构共同参与，其中
Zhè xiàng guójì hézuò xiàngmù yóu quánqiú shísān gè yánjiū jīgòu gòngtóng cānyù, qízhōng

韩国天文研究院是美国以外唯一参与开发阶段的机构，凭借
Hánguó Tiānwén Yánjiūyuàn shì Měiguó yǐwài wéiyī cānyù kāifā jiēduàn de jīgòu, píngjiè

🎵 071 - 02

단어+표현

太空 tàikōng 우주 | 发射 fāshè 발사하다 | 升空 shēngkōng 이륙하다 | 搭乘 dāchéng 탑승하다 | 猎鹰 lièyīng 보라매 | 火箭 huǒjiàn 로켓 | 搭载* dāzài 탑재하다 | 策略* cèlüè 전략, 방책 | 典范 diǎnfàn 모범 | 探索* tànsuǒ 탐색하다 | 起源* qǐyuán 기원 | 线索* xiànsuǒ 단서, 실마리 | 观测 guāncè 관측하다 | 收集 shōují 수집하다 | 肉眼 ròuyǎn 육안 | 遥远 yáoyuǎn 머나멀다 | 星系 xīngxì 은하계 | 恒星 héngxīng 항성 | 绘制 huìzhì 그리다 | 自研* zì yán 자체 연구하다 | 极低温 jí dīwēn 극저온 | 真空 zhēnkōng 진공 | 光谱 guāngpǔ 분광, 스펙트럼

自研的极低温真空设备与光谱性能测试技术，展示了世界一流的
zì yán de jí dīwēn zhēnkōng shèbèi yǔ guāngpǔ xìngnéng cèshì jìshù，　zhǎnshìle shìjiè yīliú de

科研实力。此次发射成功，不仅是人类探索宇宙的重要一步，
kēyán shílì.　Cǐcì fāshè chénggōng，　bùjǐn shì rénlèi tànsuǒ yǔzhòu de zhòngyào yíbù，

也象征着韩国在宇宙科学领域作为国际研究伙伴的地位正不断
yě xiàngzhēngzhe Hánguó zài yǔzhòu kēxué lǐngyù zuòwéi guójì yánjiū huǒbàn de dìwèi zhèng búduàn

上升。
shàngshēng.

🔊 한국이 공동 개발에 참여한 미국 나사(NASA)의 우주 망원경 스피어엑스(SPHEREx)가 드디어 우주로 향했습니다. 2025년 3월 11일(현지 시간), 스피어엑스는 미국 캘리포니아에서 스페이스엑스(SpaceX) 팰컨9(Falcon 9) 로켓에 실려 성공적으로 발사됐으며, 이후 지상국과의 교신에도 성공했습니다. 이번 임무는 태양과 우주를 연구하기 위해 '스피어엑스'와 '펀치(PUNCH)' 2개의 위성을 하나의 로켓에 동시에 탑재하는 것으로, 나사(NASA)의 효율적인 연구 접근법을 보여주는 사례로 평가받습니다. 스피어엑스는 2년간 우주의 기원과 생명의 단서를 찾기 위한 임무를 수행할 예정입니다. 특히 적외선 관측을 통해 우리가 눈으로 볼 수 없는 먼 은하와 별의 정보를 수집하고, 전체 우주의 광원 분포도를 그려낼 계획입니다.

이번 국제 협력 프로젝트에는 전 세계 13개 연구 기관이 참여했으며, 그중 한국 천문연구원은 자체 개발한 극저온 진공 설비와 분광 성능 테스트 기술로 미국 외 국가 중 유일하게 개발 단계에 참여해, 세계적인 기술력을 입증했습니다. 이번 발사 성공은 인류의 우주 탐색에 중요한 한 걸음이자, 한국이 우주 과학 분야에서도 국제적 연구 파트너로서 인정받고 있음을 보여주는 쾌거로 평가됩니다.

뉴스 표현 필살기

'所＋동사' 구조는 행위의 대상이나 행위의 결과물을 강조할 때 사용됩니다. 문어체에서 자주 사용되며, 객관적·기술적 서술에 적합합니다.

这是团队所提出的最新假设。
Zhè shì tuánduì suǒ tíchū de zuìxīn jiǎshè.
이것은 팀이 제시한 최신 가설입니다.

这些文件所包含的内容非常关键。
Zhèxiē wénjiàn suǒ bāohán de nèiróng fēicháng guānjiàn.
이 문서들이 담고 있는 내용은 매우 중요합니다.

数据所显示的趋势值得关注。
Shùjù suǒ xiǎnshì de qūshì zhíde guānzhù.
데이터가 보여주는 추세는 주목할 만합니다.

메이링 쌤의 뉴스 Tip

'중국 톈옌(中国天眼)'은 중국 구이저우성에 위치한 세계 최대 규모의 단일 구경 전파 망원경입니다. 정식 명칭은 '500m 구경 구면 전파 망원경(약칭 FAST)'으로, 축구장 30개가 들어갈 만큼 거대한 크기를 자랑하며, 외형이 하늘을 향해 열린 거대한 '눈'처럼 보여 '중국의 눈(天眼)'이라는 별칭이 붙었습니다.
이 망원경은 매우 미세한 우주 신호까지 포착할 수 있어 멀리 떨어진 은하·펄서·블랙홀 등에서 오는 전파를 관측하는 데 활용되고 있으며, 이미 여러 개의 새로운 펄서를 발견하여 우주 기원과 은하의 진화, 중력파 연구 등 다양한 분야에 중요한 자료를 제공하였습니다. FAST 프로젝트는 중국의 천문 기술력을 보여줄 뿐만 아니라 전 세계 연구자들이 함께 참여하는 국제 협력의 중심 역할도 하고 있습니다.

'힐링템' 향초,
알고 보면 '미세 먼지 제조기'?

"治愈系" 香薰蜡烛，可能也是 "微尘制造机"？

🎵 072-01

香薰蜡烛因其温暖的火光和淡淡的香气，常被用于
Xiāngxūn làzhú yīn qí wēnnuǎn de huǒguāng hé dàndàn de xiāngqì, cháng bèi yòngyú

家庭或咖啡店中营造浪漫、放松的氛围。它不仅有助于缓解
jiātíng huò kāfēidiàn zhōng yíngzào làngmàn、fàngsōng de fēnwéi. Tā bùjǐn yǒuzhùyú huǎnjiě

压力，还能去除空气中的异味，因此深受大众喜爱。但最近的
yālì, hái néng qùchú kōngqì zhōng de yìwèi, yīncǐ shēnshòu dàzhòng xǐ'ài. Dàn zuìjìn de

研究显示，如果在没有通风的环境下长时间点燃香薰蜡烛，
yánjiū xiǎnshì, rúguǒ zài méiyǒu tōngfēng de huánjìng xià cháng shíjiān diǎnrán xiāngxūn làzhú,

反而可能对健康产生不良影响。
fǎn'ér kěnéng duì jiànkāng chǎnshēng bùliáng yǐngxiǎng.

韩国世明大学研究团队发现，香薰蜡烛点燃后，室内空气
Hánguó Shìmíng Dàxué yánjiū tuánduì fāxiàn, xiāngxūn làzhú diǎnrán hòu, shìnèi kōngqì

中的微尘浓度会明显上升。特别是在距离蜡烛3米和6米远
zhōng de wēichén nóngdù huì míngxiǎn shàngshēng. Tèbié shì zài jùlí làzhú sān mǐ hé liù mǐ yuǎn

的地方，超细颗粒物(PM2.5)和极细颗粒物(PM1)浓度会上升
de dìfāng, chāo xì kēlìwù (PM èr diǎn wǔ) hé jí xì kēlìwù (PM yī) nóngdù huì shàngshēng

到较高水平，并持续一段时间。这些微粒因体积小，更容易被
dào jiào gāo shuǐpíng, bìng chíxù yíduàn shíjiān. Zhèxiē wēilì yīn tǐjī xiǎo, gèng róngyì bèi

人体吸入，对健康可能造成影响。此外，研究还发现，蜡烛
réntǐ xīrù, duì jiànkāng kěnéng zàochéng yǐngxiǎng. Cǐwài, yánjiū hái fāxiàn, làzhú

燃烧后，空气中细菌和细菌释放出的 "细胞外囊泡" 数量也
ránshāo hòu, kōngqì zhōng xìjūn hé xìjūn shìfàng chū de "xìbāo wài nángpào" shùliàng yě

💟 단어+표현　　　　　　　　　　　　　　　　　　　　　🎵 072-02

香薰蜡烛 xiāngxūn làzhú 향초 | **微尘*** wēichén 미세 먼지 | **淡淡** dàndàn 은은하다 | **营造*** yíngzào 만들다 | **浪漫** làngmàn 낭만적이다, 로맨틱하다 | **异味** yìwèi 잡내 | **点燃** diǎnrán 불을 붙이다 | **浓度*** nóngdù 농도 | **超细颗粒物** chāo xì kēlìwù 초미세 먼지 | **极细颗粒物** jí xì kēlìwù 극초미세 먼지 | **微粒** wēilì 미립자 | **体积** tǐjī 체적, 부피 | **释放*** shìfàng 방출하다 | **囊泡** nángpào 소포 | **掉以轻心*** diàoyǐqīngxīn 소홀하게 여기다

有所增加。 这种物质被认为与多种疾病有关，若通过皮肤或呼吸道
yǒusuǒ zēngjiā.　Zhè zhǒng wùzhì bèi rènwéi yǔ duō zhǒng jíbìng yǒuguān, ruò tōngguò pífū huò hūxīdào

进入人体，可能带来健康风险。研究人员建议，在室内使用香薰
jìnrù réntǐ,　kěnéng dàilái jiànkāng fēngxiǎn. Yánjiū rényuán jiànyì,　zài shìnèi shǐyòng xiāngxūn

蜡烛时，一定要保持良好通风，即使坐得较远，也不能掉以轻心。
làzhú shí,　yídìng yào bǎochí liánghǎo tōngfēng, jíshǐ zuò de jiào yuǎn,　yě bù néng diàoyǐqīngxīn.

🔊 향초는 따뜻한 불빛과 은은한 향기로 집이나 카페에서 로맨틱하고 편안한 분위기를 연출할 때 자주 사용됩니다. 스트레스를 줄이는 데 도움이 되고, 공기 중 냄새도 없앨 수 있어 많은 사람들이 찾습니다. 하지만 최근 연구에서 환기가 잘 되지 않는 실내에 향초를 오래 켜두면 오히려 건강에 해로울 수 있다는 우려가 제기됐습니다.
　한국 세명대 연구팀은 향초를 켜면 실내 공기 중 미세 먼지 농도가 크게 증가하는 것을 발견했습니다. 특히 향초에서 3미터, 6미터 떨어진 장소의 초미세 먼지(PM2.5)과 극초미세 먼지(PM1) 농도가 높아지고, 그 상태가 일정 시간 유지된 것으로 나타났습니다. 이 같은 미세 입자는 쉽게 인체로 흡입되어 건강에 영향을 줄 수 있습니다. 또한 향초 연소 이후 공기 중 세균 및 세균에서 나온 '세포 외 소포체' 수치도 함께 증가한 것으로 확인되었는데, 이는 다양한 질병과 관련된 물질로, 피부나 호흡기를 통해 인체로 유입되면 건강을 해칠 가능성이 있습니다. 연구진은 "실내에서 향초를 사용할 때는 반드시 환기를 자주 해야 하며, 멀리 떨어져 있다고 해도 방심해서는 안 된다"고 조언했습니다.

뉴스 표현 필살기

'即使A也B'는 상황이나 조건(A)이 불리하더라도, 결과(B)는 변하지 않는다는 의미의 표현입니다. 강한 대비, 강조, 의지를 드러낼 때 자주 사용되며 뉴스·논평·학술문에서도 자연스럽게 쓰입니다.

即使条件有限，也能找到最优解。
Jíshǐ tiáojiàn yǒuxiàn, yě néng zhǎodào zuìyōujiě.
조건이 제한적이어도 최적해를 찾을 수 있습니다.

即使数据波动，也不影响整体判断。
Jíshǐ shùjù bōdòng, yě bù yǐngxiǎng zhěngtǐ pànduàn.
데이터가 변농하더라도 전체 판단에는 영향을 주지 않습니다.

即使无人提醒，他也会严格执行。
Jíshǐ wúrén tíxǐng, tā yě huì yángé zhíxíng.
아무도 일깨워 주지 않아도 그는 철저히 실행합니다.

메이링 쌤의 뉴스 Tip

'掉以轻心'은 주의가 필요한 상황을 가볍게 여기거나 충분히 경계하지 않는 태도를 말합니다. 상황에 따라 '大意 dàyì (부주의하다, 방심하다)', '轻视 qīngshì (가볍게 보다, 과소평가하다)', '疏忽 shūhū (소홀히 하다)'로 바꿔 사용할 수 있습니다.

他因一次大意，错过了关键细节。
Tā yīn yí cì dàyì, cuòguòle guānjiàn xìjié.
그는 한 번의 부주의로 핵심적인 부분을 놓쳤습니다.

不能轻视初期的微小变化。
Bù néng qīngshì chūqī de wēixiǎo biànhuà.
초기의 미세한 변화를 가볍게 보아서는 안 됩니다.

任何疏忽都可能影响最终结果。
Rènhé shūhū dōu kěnéng yǐngxiǎng zuìzhōng jiéguǒ.
어떤 소홀함도 최종 결과에 영향을 줄 수 있습니다.

기억력이 뛰어난 뇌의 비밀은?

记忆力超群的大脑有何秘密?

♪ 073-01

为什么有些人总是健忘，而另一些人却能轻松记住电影
Wèishéme yǒuxiē rén zǒngshì jiànwàng, ér lìng yìxiē rén què néng qīngsōng jìzhù diànyǐng

情节或陌生人的名字？最近，来自加拿大和韩国的研究团队
qíngjié huò mòshēngrén de míngzi? Zuìjìn, láizì Jiānádà hé Hánguó de yánjiū tuánduì

揭示了记忆力差异背后的大脑机制。加拿大研究人员发现了
jiēshìle jìyìlì chāyì bèihòu de dànǎo jīzhì. Jiānádà yánjiū rényuán fāxiànle

一种新型脑细胞，在帮助大脑识别和记住事物方面起着关键
yì zhǒng xīnxíng nǎo xìbāo, zài bāngzhù dànǎo shíbié hé jìzhù shìwù fāngmiàn qǐzhe guānjiàn

作用。这种被称为"卵形细胞"的神经元，只在面对新物品
zuòyòng. Zhè zhǒng bèi chēngwéi "luǎnxíng xìbāo" de shénjīngyuán, zhǐ zài miànduì xīn wùpǐn

时才会被激活，若物品变得熟悉，细胞便不再反应。研究人员
shí cái huì bèi jīhuó, ruò wùpǐn biàn dé shúxī, xìbāo biàn búzài fǎnyìng. Yánjiū rényuán

认为，这种细胞可能与阿尔茨海默病等记忆障碍有关，为未来
rènwéi, zhè zhǒng xìbāo kěnéng yǔ ā'ěrcíhǎimò bìng děng jìyì zhàng'ài yǒuguān, wèi wèilái

治疗提供了新思路。
zhìliáo tígōngle xīn sīlù.

与此同时，韩国研究团队则通过脑成像技术观察人们
Yǔcǐ tóngshí, Hánguó yánjiū tuánduì zé tōngguò nǎo chéngxiàng jìshù guānchá rénmen

观看电视剧时的脑活动，发现记忆形成的关键在于大脑对"新
guānkàn diànshìjù shí de nǎo huódòng, fāxiàn jìyì xíngchéng de guānjiàn zàiyú dànǎo duì "xīn

信息"的处理和"记忆储存"过程是否能够顺利同步。研究指出，
xìnxī" de chǔlǐ hé "jìyì chǔcún" guòchéng shìfǒu nénggòu shùnlì tóngbù. Yánjiū zhǐchū,

---

■ 단어+표현 ♪ 073-02

超群 chāoqún 뛰어나다 ｜ **健忘** jiànwàng 잘 잊어버리다 ｜ **机制**＊ jīzhì 메커니즘 ｜ **神经元** shénjīngyuán 신경원 ｜ **激活** jīhuó 활성화
하다 ｜ **阿尔茨海默病** ā'ěrcíhǎimò bìng 알츠하이머병 ｜ **思路**＊ sīlù 생각의 방향 ｜ **脑成像** nǎo chéngxiàng 뇌 영상 ｜ **储存**＊ chǔcún
저장하다 ｜ **天赋**＊ tiānfù 선천적인 것, 타고난 것

那些记忆力较好的人，在大脑中这两种信号更协调统一，因此更
nàxiē jìyìlì jiào hǎo de rén,　　　zài dànǎo zhōng zhè liǎng zhǒng xìnhào gèng xiétiáo tǒngyī, yīncǐ gèng

容易记住内容。专家表示，这些发现说明记忆不仅仅依赖天赋，
róngyì jìzhù nèiróng.　　Zhuānjiā biǎoshì, zhèxiē fāxiàn shuōmíng jìyì　bùjǐnjǐn　yīlài tiānfù,

更与大脑内部信息处理的效率密切相关。
gèng yǔ dànǎo nèibù xìnxī chǔlǐ de xiàolǜ mìqiè xiāngguān.

🔊 왜 어떤 사람은 쉽게 잊어버리는 반면, 어떤 사람은 영화 줄거리나 처음 본 사람의 이름까지 쉽게 기억할까요? 최근 캐나다와 한국의 연구팀이 기억력 차이의 뇌 속 메커니즘을 밝혀냈습니다. 캐나다 연구진은 대뇌에서 사물을 인식하고 기억하는 데 중요한 역할을 하는 새로운 형태의 뇌세포를 발견했습니다. '타원 세포'로 불리는 이 신경 세포는 새로운 물체를 마주했을 때만 활성화되며, 익숙해지면 반응을 멈추는 특성을 지닙니다. 연구진은 이 세포가 알츠하이머병 등 기억 장애와 관련이 있을 수 있으며, 미래 치료법 개발에 실마리를 줄 수 있다고 설명했습니다.
　　한편, 한국 연구팀은 뇌 영상 기술로 드라마 시청 중 뇌의 활동을 관찰해, 대뇌의 '새 정보'의 처리와 '기억 저장' 과정이 동시에 진행될 수 있는지가 기억력 형성의 관건이라는 것을 발견했습니다. 연구 결과, 기억력이 뛰어난 사람은 뇌에서 새 정보 처리와 기억 저장의 두 가지 신호가 조화롭게 작동하여 더 쉽게 내용을 기억한다고 합니다. 전문가들은 기억력이 타고난 것보다 뇌의 정보 처리 효율에 더 좌우된다는 사실을 이 연구가 보여준다고 분석했습니다.

뉴스 표현 필살기

'有关'은 사람, 기관, 사건 등과 연관되었음을 나타내며, 한국어의 '～와 관련된, ～에 관한'에 해당되며 공식 문체에서 자주 쓰입니다.

有关环境保护的政策正在讨论中。
Yǒuguān huánjìng bǎohù de zhèngcè zhèngzài tǎolùn zhōng.
환경 보호와 관련된 정책이 논의 중입니다.

他负责处理与客户有关的事务。
Tā fùzé chǔlǐ yǔ kèhù yǒuguān de shìwù.
그는 고객 관련 업무를 담당합니다.

有关数据显示，物价正在上升。
Yǒuguān shùjù xiǎnshì, wùjià zhèngzài shàngshēng.
관련 통계에 따르면 물가가 상승하고 있습니다.

메이링 쌤의 뉴스 Tip

중국 SNS에서는 '记忆碎片 jìyì suìpiàn (기억 조각)'이라는 표현을 자주 볼 수 있습니다. 이 말은 정보를 온전히 기억하지 못하고, 장면·단어·느낌 같은 일부 조각만 머릿속에 남아 있는 상태를 가볍게 자조하는 표현입니다. 예를 들어 드라마를 다 봤는데 줄거리는 기억나지 않고 특정 대사만 남아 있거나, 사람 얼굴은 떠오르는데 이름이 전혀 기억나지 않는 상황을 말할 때 사용됩니다.

我现在全靠记忆碎片生活。
Wǒ xiànzài quán kào jìyì suìpiàn shēnghuó.
요즘 나는 기억 조각으로 살아간다.

"더울수록 더 빨리 늙는다"…
폭염이 생물학적 노화를 앞당긴다

"越热越老"：高温竟加速生物老化

🎵 074-01

最新研究显示， 持续高温不仅令人不适， 甚至可能让人
Zuìxīn yánjiū xiǎnshì, chíxù gāowēn bùjǐn lìng rén búshì, shènzhì kěnéng ràng rén

"加速变老"。美国南加州大学研究团队对3600名56岁
"jiāsù biànlǎo". Měiguó Nán Jiāzhōu Dàxué yánjiū tuánduì duì sānqiān liùbǎi míng wǔshíliù suì

以上美国居民进行了长达6年的追踪研究， 结果发现， 居住在
yǐshàng Měiguó jūmín jìnxíngle cháng dá liù nián de zhuīzōng yánjiū, jiéguǒ fāxiàn, jūzhù zài

高温日数较多地区的老年人， 其"生物年龄"上升得更快。
gāowēn rìshù jiào duō dìqū de lǎoniánrén, qí "shēngwù niánlíng" shàngshēng de gèng kuài.

研究通过检测血液中的DNA甲基化变化来推算生物年龄， 发现
Yánjiū tōngguò jiǎncè xuèyè zhōng de DNA jiǎjīhuà biànhuà lái tuīsuàn shēngwù niánlíng, fāxiàn

高温天数每增加10%， 生物年龄平均每年加快老化约
gāowēn tiānshù měi zēngjiā bǎi fēn zhī shí, shēngwù niánlíng píngjūn měinián jiākuài lǎohuà yuē

0.115岁。
líng diǎn yī yī wǔ suì.

研究特别分析了热指数， 并将其分为"注意"、"高度注意"
Yánjiū tèbié fēnxīle rè zhǐshù, bìng jiāng qí fēn wéi "zhùyì"、 "gāodù zhùyì"

和"危险"三类。 其中， "危险"热指数在一年中占一半以上天数
hé "wéixiǎn" sān lèi. Qízhōng, "wéixiǎn" rè zhǐshù zài yì nián zhōng zhàn yíbàn yǐshàng tiānshù

的地区居民， 其生物年龄比一年中极端高温日少于10天的
de dìqū jūmín, qí shēngwù niánlíng bǐ yì nián zhōng jíduān gāowēn rì shǎo yú shí tiān de

地区居民平均多老化了近14个月。 此外， 研究还发现， 高温所
dìqū jūmín píngjūn duō lǎohuàle jìn shísì gè yuè. Cǐwài, yánjiū hái fāxiàn, gāowēn suǒ

단어+표현 🎵 074-02

加速*jiāsù 가속하다, 빠르게 하다 | 老化*lǎohuà 노화 | 追踪*zhuīzōng 추적하다 | DNA甲基化 DNA jiǎjīhuà DNA 메틸화 | 推算*
tuīsuàn 추산하다 | 极端 jíduān 극단적인 | 基因 jīyīn 유전자 | 暴露*bàolù 노출하다 | 深层次*shēn céngcì 심층적

导致的基因变化不仅在短期(7天)内可观察到， 随着暴露时间的
dǎozhì de jīyīn　　biànhuà bùjǐn zài duǎnqī (qītiān) nèi kě guānchá dào,　suízhe bàolù shíjiān de

增加， 这种影响还会逐渐积累。研究人员指出， 这项发现提醒我们，
zēngjiā, zhè zhǒng yǐngxiǎng hái huì zhújiàn jīlěi.　Yánjiū rényuán zhǐchū, zhè xiàng fāxiàn tíxǐng wǒmen,

气候变暖对健康的影响远不止中暑或疲劳， 还可能深层次
qìhòu biànnuǎn duì jiànkāng de yǐngxiǎng yuǎn bùzhǐ zhòngshǔ huò píláo, hái kěnéng shēn céngcì

影响人体老化过程。
yǐngxiǎng réntǐ lǎohuà guòchéng.

🔊 최근 연구에 따르면, 지속적인 고온은 단순히 불쾌감을 주는 수준을 넘어 노화를 빠르게 할 수 있는 것으로 나타났습니다. 미국 서던캘리포니아대학 연구팀은 56세 이상 미국인 3,600명을 대상으로 6년에 걸쳐 추적 조사한 결과, 폭염 일수가 많은 지역에 사는 고령자일수록 생물학적 나이가 더 빠르게 증가하는 경향을 보였다고 밝혔습니다. 연구진은 혈액 내 DNA 메틸화 변화를 분석해 생물학적 연령을 산출했으며, 고온 일수가 10% 늘어날 때마다 생물학적 연령이 매년 평균 0.115년씩 노화가 빨라지는 것으로 나타났습니다.

　연구에서는 특별히 '열지수'를 기준으로 '주의', '매우 주의', '위험' 세 단계로 나눠 분석했으며, '위험' 수준의 폭염이 연중 절반 이상 지속되는 지역에 사는 사람들은 폭염 일수가 10일 미만인 지역에 사는 이들보다 생물학적으로 약 14개월 더 노화된 것으로 확인됐습니다. 또한, 고온 노출에 따른 유전자 변화는 단기(7일 이내)에도 관찰됐으며, 노출 시간이 길어질수록 그 영향이 점차 누적되는 것으로 나타났습니다. 연구진은 기후 변화가 건강에 미치는 영향이 단순히 더위나 피로를 넘어, 인체 노화 과정에 심층적으로 영향을 줄 수 있다는 점을 경고했습니다.

👉 뉴스 표현 필살기

'来'는 기본적으로 움직임을 나타내는 동작 동사이지만, '来＋동사' 구조에서는 상대에게 행동을 유도하거나, 특정 수단을 강조하거나, 행동의 주체를 드러내는 기능을 합니다.

来， 跟我读。
Lái, gēn wǒ dú.
자, 저를 따라 읽으세요. [행동 유도]

我来试一下。
Wǒ lái shì yíxià.
제가 한번 해볼게요. [행동 주체 강조]

用数据来分析。
Yòng shùjù lái fēnxī.
데이터로 분석하다. [수단 강조]

메이링 쌤의 뉴스 Tip

'令'은 '～하게 하다'라는 의미로, 감정·느낌을 유발하거나, 결과·상태를 설명할 때 사용되는 격식 있는 문어체 표현입니다. '令'을 '让 ràng'으로 바꿔 쓸 수도 있지만, '让'은 일상적 구어 표현이며, '令'은 감정·상태를 더 강조하는 뉘앙스를 가집니다.

令人为难 lìng rén wéinán 사람을 난처하게 만들다
结果令人担忧 jiéguǒ lìng rén dānyōu 결과가 우려스럽다

'令'은 이런 용법 외에도 상대방의 가족을 높여 부르는 존칭으로도 쓰입니다. 이 표현들은 구어체에서는 거의 사용되지 않으며, 격식 있는 자리나 공식 문건에서만 쓰입니다.

令尊 lìngzūn (상대방의) 아버님
令堂 lìngtáng (상대방의) 어머님
令爱 lìng'ài (상대방의) 따님

뇌 과학이 말하는 '디지털 디톡스'의 필요성

脑科学揭示 "数字排毒" 的必要性

🎵 075-01

在现代社会，智能手机已成为人们生活中不可或缺的
Zài xiàndài shèhuì, zhìnéng shǒujī yǐ chéngwéi rénmen shēnghuó zhōng bùkěhuòquē de

存在。然而，随着依赖程度不断加深，其背后的 "上瘾危机"
cúnzài. Rán'ér, suízhe yīlài chéngdù búduàn jiāshēn, qí bèihòu de "shàngyǐn wēijī"

也愈加严重。从脑科学的角度来看，这种过度依赖其实是一种
yě yùjiā yánzhòng. Cóng nǎo kēxué de jiǎodù lái kàn, zhè zhǒng guòdù yīlài qíshí shì yì zhǒng

"奖赏系统失衡" 的现象。不论是智能手机、毒品、酒精还是
"jiǎngshǎng xìtǒng shīhéng" de xiànxiàng. Búlùn shì zhìnéng shǒujī、dúpǐn、jiǔjīng háishì

游戏，它们都会反复刺激大脑的奖赏回路，促使多巴胺大量
yóuxì, tāmen dōu huì fǎnfù cìjī dànǎo de jiǎngshǎng huílù, cùshǐ duōbā'àn dàliàng

分泌。随着刺激频率增加，大脑对多巴胺的反应逐渐迟钝，
fēnmì. Suízhe cìjī pínlǜ zēngjiā, dànǎo duì duōbā'àn de fǎnyìng zhújiàn chídùn,

为了获得相同的愉悦感，人们会不断追求更强烈的刺激，
wèile huòdé xiāngtóng de yúyuè gǎn, rénmen huì búduàn zhuīqiú gèng qiángliè de cìjī,

最终形成上瘾。
zuìzhōng xíngchéng shàngyǐn.

尤其是智能手机因接触门槛低、使用频率高，对儿童和
Yóuqí shì zhìnéng shǒujī yīn jiēchù ménkǎn dī, shǐyòng pínlǜ gāo, duì értóng hé

成人都造成显著影响。儿童的大脑若长期只对强烈的感官
chéngrén dōu zàochéng xiǎnzhù yǐngxiǎng. Értóng de dànǎo ruò chángqī zhǐ duì qiángliè de gǎnguān

刺激产生反应，可能会阻碍正常发育；成年人则容易罹患
cìjī chǎnshēng fǎnyìng, kěnéng huì zǔ'ài zhèngcháng fāyù; chéngnián rén zé róngyì líhuàn

---

단어+표현　🎵 075-02

排毒 páidú 독소를 배출하다, 디톡스 하다 | 不可或缺 bùkěhuòquē 없어서는 안되다 | 加深* jiāshēn 심화되다 | 上瘾 shàngyǐn 중독되다 | 愈加 yùjiā 더욱 | 依赖* yīlài 의존하다 | 奖赏 jiǎngshǎng 상을 주다 | 失衡 shīhéng 균형을 잃다 | 酒精 jiǔjīng 알코올 | 多巴胺 duōbā'àn 도파민 | 分泌 fēnmì 분비(하다) | 迟钝 chídùn 둔하다 | 门槛 ménkǎn 문턱 | 频率* pínlǜ 빈도 | 感官 gǎnguān 감각 기관 | 阻碍* zǔ'ài 방해하다 | 罹患 líhuàn 병에 걸리다 | 冥想* míngxiǎng 명상 | 血清素 xuèqīngsù 세로토닌

"VDT综合征"，即视力下降、睡眠障碍、颈椎和腕关节疾病等。
"VDT zōnghézhēng",　　jí shìlì xiàjiàng、　　shuìmián zhàng'ài、jǐngzhuī hé wàn guānjié jíbìng děng.

为解决这一问题，专家建议主动减少手机使用，转而多晒太阳、
Wèi jiějué zhè yī wèntí,　　zhuānjiā jiànyì zhǔdòng jiǎnshǎo shǒujī shǐyòng, zhuǎn'ér duō shài tàiyáng、

散步、阅读、冥想等。这些行为可促进"幸福激素"血清素分泌，
sànbù、yuèdú、míngxiǎng děng.　Zhèxiē xíngwéi kě cùjìn　"xìngfú jīsù"　xuèqīngsù fēnmì,

有助于重建健康的奖赏系统。
yǒuzhùyú chóngjiàn jiànkāng de jiǎngshǎng xìtǒng.

🔊 현대 사회에서 스마트폰은 사람들에게 없어선 안 될 필수품이 되었지만, 의존도가 심해짐에 따라 숨겨진 '중독 위험성'도 커지고 있습니다. 뇌 과학적으로 중독은 '보상 회로의 이상'으로 설명됩니다. 스마트폰, 마약, 알코올, 게임 모두 뇌의 보상 회로를 반복 자극해 도파민을 다량 분비하게 만듭니다. 자극이 반복되면 대뇌의 도파민 반응은 둔화되고, 같은 쾌락을 느끼기 위해 더 강한 자극을 원하게 되며, 이는 곧 중독으로 이어집니다.
　특히 스마트폰은 일상에서 쉽게 자주 접할 수 있고, 아동부터 고령자까지 전 연령에 상당한 영향을 끼칩니다. 어린이의 뇌가 장기간 강한 감각 자극에만 반응하면 정상적인 발육이 저해될 수 있으며, 성인들 또한 시력 저하, 수면 장애, 경추 및 손목 관절 질병 등 'VDT 증후군'에 걸리기 쉽습니다. 전문가들은 문제 해결 방법으로 스마트폰 사용을 의식적으로 줄이고, 햇빛을 쬐고 산책하거나 독서,·명상 등 활동을 할 것을 제안합니다. 이런 활동은 '행복 호르몬'인 세로토닌의 분비를 유도하여, 건강한 보상 체계를 다시 만드는데 도움이 됩니다.

👉 뉴스 표현　필살기

'促使'는 '~하게 하다, 야기하다, 재촉하다'라는 뜻으로 어떤 요인이 행동·변화·결과를 유도할 때 사용하는 문어적 표현입니다.

变化促使团队调整策略。
Biànhuà cùshǐ tuánduì tiáozhěng cèlüè.
변화가 팀이 전략을 조정하도록 했습니다.

需求增长促使市场扩大。
Xūqiú zēngzhǎng cùshǐ shìchǎng kuòdà.
수요 증가가 시장 확대를 이끌었습니다.

竞争加剧促使价格下调。
Jìngzhēng jiājù cùshǐ jiàgé xiàtiáo.
경쟁 심화가 가격 인하를 유도했습니다.

메이링 쌤의 뉴스 Tip

한국어의 '중독'이라는 표현을 중국어로 번역할 때, 많은 학습자가 한자 그대로 '中毒 zhòngdú'라고 쓰는 실수를 합니다. 하지만 '中毒'는 '독이나 유독성 물질로 인한 중독 상태'를 뜻하며, 독성 음식·약물·독성 반응처럼 의학적·물질적 중독에만 사용됩니다. 따라서 스마트폰·게임·커피·쇼핑과 같이 행동이나 습관을 뜻하는 '중독'에는 반드시 '上瘾 shàngyǐn'을 사용해야 자연스럽습니다.

玩手机很上瘾，你要下意识地控制自己。
Wán shǒujī hěn shàngyǐn, nǐ yào xiàyìshí de kòngzhì zìjǐ.
휴대폰은 정말 중독성이 강하니까, 무의식적으로라도 스스로 통제해야 해요.

한국 연구진
"전기차 배터리 화재, 섭씨 110도에서 시작"

韩研究：电动车电池火灾始于110℃

♪ 076-01

韩国研究团队首次科学揭示了电动汽车电池起火的初始
Hánguó yánjiū tuánduì shǒucì kēxué jiēshìle diàndòng qìchē diànchí qǐhuǒ de chūshǐ

机制，受到学术界和产业界广泛关注。研究指出，电池内部
jīzhì, shòudào xuéshùjiè hé chǎnyèjiè guǎngfàn guānzhù. Yánjiū zhǐchū, diànchí nèibù

保护层在温度达到摄氏110度左右时开始发生分解反应，进而
bǎohùcéng zài wēndù dádào shèshì yìbǎi yīshí dù zuǒyòu shí kāishǐ fāshēng fēnjiě fǎnyìng, jìn'ér

引发热失控，成为火灾的起点。研究团队通过实验和模拟分析，
yǐnfā rè shīkòng, chéngwéi huǒzāi de qǐdiǎn. Yánjiū tuánduì tōngguò shíyàn hé mónǐ fēnxī,

追踪了电池内部保护层在高温下的反应过程，并确认了其在
zhuīzōngle diànchí nèibù bǎohùcéng zài gāowēn xià de fǎnyìng guòchéng, bìng quèrènle qí zài

特定温度下释放大量热量和可燃气体的现象。
tèdìng wēndù xià shìfàng dàliàng rèliàng hé kěrán qìtǐ de xiànxiàng.

电动车电池火灾的主要原因之一是"热失控"——电池温度
Diàndòngchē diànchí huǒzāi de zhǔyào yuányīn zhī yī shì "rè shīkòng" diànchí wēndù

不断上升，导致内部反应连锁发生，最终引起起火甚至爆炸。
búduàn shàngshēng, dǎozhì nèibù fǎnyìng liánsuǒ fāshēng, zuìzhōng yǐnqǐ qǐhuǒ shènzhì bàozhà.

然而，过去这一过程的起始机制并不明确。随着电动车市场
Rán'ér, guòqù zhè yī guòchéng de qǐshǐ jīzhì bìng bù míngquè. Suízhe diàndòngchē shìchǎng

的持续扩大，电池安全问题愈发受到重视。此次研究成果有望
de chíxù kuòdà, diànchí ānquán wèntí yùfā shòudào zhòngshì. Cǐcì yánjiū chéngguǒ yǒuwàng

为开发更安全的下一代电池技术奠定坚实基础。
wèi kāifā gèng ānquán de xià yídài diànchí jìshù diàndìng jiānshí jīchǔ.

　♪ 076-02

电动汽车 diàndòng qìchē 전기 자동차 ｜ 初始 chūshǐ 초기 ｜ 摄氏 shèshì 섭씨 ｜ 分解* fēnjiě 분해(하다) ｜ 热失控 rè shīkòng 열
폭주 ｜ 模拟* mónǐ 모의, 시뮬레이션 ｜ 可燃 kěrán 가연성 ｜ 连锁* liánsuǒ 연쇄적인 ｜ 爆炸 bàozhà 폭발 ｜ 愈发* yùfā 더욱 ｜ 奠定
diàndìng (기초를) 다지다 ｜ 坚实 jiānshí 견고하다

🔊 한국 연구팀이 처음으로 전기 자동차 배터리 화재의 초기 메커니즘을 과학적으로 규명해 학계와 산업계의 주목을 받고 있습니다. 연구에 따르면, 배터리 내부 분리막이 섭씨 110도 가량의 온도에서 분해 반응을 일으키며 열 폭주가 발생하고, 이것이 화재로 이어지는 것으로 나타났습니다. 연구팀은 실험과 시뮬레이션 분석을 통해 배터리 내부 분리막이 고온에서 반응하는 과정을 추적하고, 특정 온도에서 다량의 열과 가연성 가스를 방출하는 사실을 확인했습니다.

전기차 배터리 화재의 주요 원인 중 하나인 '열 폭주'는 배터리 온도가 계속 상승하면서 내부 반응이 연쇄적으로 일어나 화재나 폭발로 이어지는 현상입니다. 하지만 그동안 이 현상이 어떻게 시작되는지는 명확히 밝혀지지 않았습니다. 전기차 시장이 확대되면서 배터리 안전성 확보는 점점 더 중요한 과제가 되고 있습니다. 이번 연구는 보다 안전한 차세대 배터리 기술 개발을 위한 중요한 기반이 될 것으로 기대됩니다.

뉴스 표현 필살기

'奠定……基础'는 발전이나 변화가 가능하도록 '기초나 토대를 마련하다'라는 의미로, 뉴스·학술·정책 설명에서 매우 널리 사용되는 격식 있는 표현입니다.

这项发现为后续研究奠定了基础。
Zhè xiàng fāxiàn wèi hòuxù yánjiū diàndìngle jīchǔ.
이번 발견은 후속 연구의 기초를 마련했습니다.

合作协议为技术转化奠定基础。
Hézuò xiéyì wèi jìshù zhuǎnhuà diàndìng jīchǔ.
협력 협약은 기술 이전의 토대를 구축합니다.

新的标准体系为产业升级奠定了坚实基础。
Xīn de biāozhǔn tǐxì wèi chǎnyè shēngjí diàndìngle jiānshí jīchǔ.
새로운 표준 체계가 산업 고도화를 위한 탄탄한 기반을 마련했습니다.

메이링 쌤의 뉴스 Tip

중국은 현재 세계 최대의 '新能源车 xīnnéngyuán chē (신에너지 자동차)' 시장으로, 전기차(EV)·플러그인 하이브리드(PHEV)·수소차를 포함하여 모든 분야에서 빠르게 성장하고 있습니다. 특히 '비야디(比亚迪 BYD)'는 2023년 기준 글로벌 전기차 판매량 1위를 기록하며 테슬라와 함께 세계 전기차 시장을 이끄는 핵심 브랜드로 자리 잡았으며, 배터리·모터·전력 제어 시스템을 자체적으로 생산하는 강점을 바탕으로 중저가 전기차부터 프리미엄 모델까지 라인업을 확장하고 있습니다. 중국 내에서는 이 외에도 배터리 교환 스테이션 및 충전기로 유명한 '니오(蔚来 NIO)', 자율 주행 기술에 포커스를 둔 '샤오펑(小鹏 Xpeng)', 장거리 주행에 강한 하이브리드 전기차로 인기 있는 '리 오토(理想 Li Auto)' 등 다양한 혁신 기업이 빠르게 성장하고 있습니다.

백신 접종은 어느 팔에?
"같은 팔에 계속 맞는 것이 효과적"

疫苗接种打哪只手臂好? 同一侧手臂接种更有效

🎵 077-01

疫苗接种哪只手臂更好? 澳大利亚最新研究发现, 如果
Yìmiáo jiēzhòng nǎ zhī shǒubì gèng hǎo? Àodàlìyǎ zuìxīn yánjiū fāxiàn, rúguǒ

第一针和第二针疫苗接种在同一侧手臂, 免疫系统会更快、
dì-yī zhēn hé dì-èr zhēn yìmiáo jiēzhòng zài tóngyī cè shǒubì, miǎnyì xìtǒng huì gèng kuài、

更强烈地产生反应, 从而带来更好的保护效果。相关研究
gèng qiángliè de chǎnshēng fǎnyìng, cóng'ér dàilái gèng hǎo de bǎohù xiàoguǒ. Xiāngguān yánjiū

指出, 疫苗接种后, 负责记忆功能的B细胞会集中在离注射
zhǐchū, yìmiáo jiēzhòng hòu, fùzé jìyì gōngnéng de B xìbāo huì jízhōng zài lí zhùshè

部位最近的"引流淋巴结"中, 并与那里的巨噬细胞发生相互
bùwèi zuìjìn de "yǐnliú línbājié" zhōng, bìng yǔ nàlǐ de jùshì xìbāo fāshēng xiānghù

作用。这一过程有助于激活免疫系统并迅速产生抗体。
zuòyòng. Zhè yī guòchéng yǒuzhùyú jīhuó miǎnyì xìtǒng bìng xùnsù chǎnshēng kàngtǐ.

相反, 如果在另一侧手臂接种第二针, 免疫细胞需要重新
Xiāngfǎn, rúguǒ zài lìng yī cè shǒubì jiēzhòng dì-èr zhēn, miǎnyì xìbāo xūyào chóngxīn

启动识别过程, 因此反应相对较慢、较弱。30名临床实验
qǐdòng shíbié guòchéng, yīncǐ fǎnyìng xiāngduì jiào màn、jiào ruò. Sānshí míng línchuáng shíyàn

参与者中, 有20人两次注射在同一侧手臂, 10人则在不同侧。
cānyùzhě zhōng, yǒu èrshí rén liǎng cì zhùshè zài tóngyī cè shǒubì, shí rén zé zài bùtóng cè.

结果显示, 同侧接种者在接种后一周内生成中和抗体的
Jiéguǒ xiǎnshì, tóng cè jiēzhòngzhě zài jiēzhòng hòu yìzhōu nèi shēngchéng zhōnghé kàngtǐ de

速度更快。研究团队表示, 这项发现不仅有助于优化疫苗接种
sùdù gèng kuài. Yánjiū tuánduì biǎoshì, zhè xiàng fāxiàn bùjǐn yǒuzhùyú yōuhuà yìmiáo jiēzhòng

---

❤ 단어＋표현 🎵 077-02

疫苗 yìmiáo 백신 ┃ 接种* jiēzhòng 접종하다 ┃ 侧 cè 쪽, 측 ┃ 手臂 shǒubì 팔 ┃ 免疫 miǎnyì 면역 ┃ 注射 zhùshè 주사(하다) ┃
引流 yǐnliú 배농(하다) ┃ 淋巴结 línbājié 림프절 ┃ 巨噬细胞 jùshì xìbāo 대식 세포 ┃ 抗体* kàngtǐ 항체 ┃ 临床 línchuáng 임상 ┃
高效* gāoxiào 고효율

策略，还为未来设计更高效、接种次数更少的新型疫苗提供了重要
cèlüè,　hái wèi wèilái shèjì gèng gāoxiào, jiēzhòng cìshù gèng shǎo de xīnxíng yìmiáo tígōngle zhòngyào

线索。
xiànsuǒ.

🔊 백신은 어느 쪽 팔에 맞는 것이 더 좋을까요? 호주의 최신 연구에 따르면, 1차와 2차 백신을 같은 쪽 팔에 접종할 경우 면역 체계가 더 빠르고 강하게 반응하여 더 좋은 보호 효과를 얻을 수 있다고 합니다. 연구에 따르면 백신을 맞은 후 기억 기능을 담당하는 B세포가 주사 부위에 가장 가까운 '배액 림프절'에 집중되며, 이곳의 대식 세포와 상호 작용해 면역 체계를 활성화하고 항체 생성이 빠르게 이루어진다는 사실을 밝혔습니다.

반면, 2차 접종을 반대쪽 팔에 맞을 경우 면역 세포가 새롭게 인식하는 과정이 필요하기 때문에 반응이 상대적으로 느리고 약하게 나타난다고 설명했습니다. 30명의 임상 실험 참가자 중 20명은 같은 팔에, 10명은 서로 다른 팔에 백신을 맞았으며, 같은 팔에 접종한 그룹이 접종 후 일주일 내에 중화 항체가 더 빨리 형성됐습니다. 연구팀은 이번 결과가 백신 접종 전략을 개선하는 데 도움이 될 뿐 아니라, 향후 더 효과적이면서도 접종 횟수가 적은 신형 백신 개발에도 중요한 실마리를 제공할 수 있다고 밝혔습니다.

뉴스 표현 필살기

'优化'는 '최적화하다'라는 뜻으로 단순히 좋게 하는 것이 아니라, 효율·구조·절차·성능 등을 더 합리적이고 효과적으로 만드는 것을 뜻합니다.

公司正在优化内部流程，以提升整体效率。
Gōngsī zhèngzài yōuhuà nèibù liúchéng, yǐ tíshēng zhěngtǐ xiàolǜ.
회사는 전체 효율을 높이기 위해 내부 프로세스를 최적화하고 있습니다.

为了降低成本，我们需要优化资源配置。
Wèile jiàngdī chéngběn, wǒmen xūyào yōuhuà zīyuán pèizhì.
비용 절감을 위해 우리는 자원 배분을 최적화할 필요가 있습니다.

企业正在优化海外布局，强化全球竞争力。
Qǐyè zhèngzài yōuhuà hǎiwài bùjú, qiánghuà quánqiú jìngzhēnglì.
기업은 글로벌 경쟁력을 강화하기 위해 해외 전략을 최적화하고 있습니다.

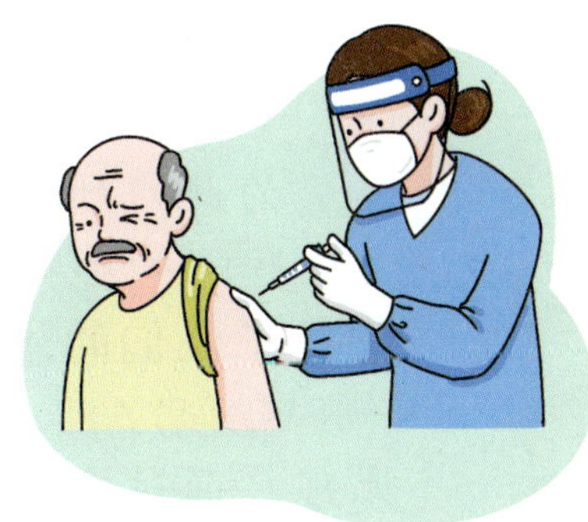

메이링 쌤의 뉴스 Tip

'백신 접종'이라는 말은 2021년 중국 뉴스의 10대 어휘에 선정될 정도로 많이 사용되었습니다. 백신 접종과 관련하여 아래와 같은 표현을 익혀 두면 뉴스 읽기에 도움이 될 수 있습니다.

打疫苗 dǎ yìmiáo 백신을 맞다

补种 bǔzhǒng 추가 접종하다

第二针 dì-èr zhēn 2차 접종

加强针 jiāqiángzhēn 부스터샷

不良反应 bùliáng fǎnyīng 거부 반응, 부작용

抵抗力 dǐkànglì 저항력

传染病 chuánrǎnbìng 전염병

群体免疫 qúntǐ miǎnyì 집단 면역

乙肝疫苗 yǐgān yìmiáo B형 간염 백신

流感疫苗 liúgǎn yìmiáo 독감 백신

AI로 감정 스트레스 모니터링, 감정 노동자의 정신 건강 지킨다

AI监测情绪压力，守护情绪劳动者的心理健康

♪ 078-01

韩国研究团队开发出一项人工智能技术，可实时监测情绪
Hánguó yánjiū tuánduì kāifā chū yí xiàng réngōng zhìnéng jìshù, kě shíshí jiāncè qíngxù

劳动者的心理压力。KAIST（韩国科学技术院）与中央大学、
láodòngzhě de xīnlǐ yālì.　　KAIST　（Hánguó Kēxué Jìshùyuàn）　yǔ Zhōngyāng Dàxué、

美国阿克伦大学的研究人员合作，成功推出可识别呼叫中心
Měiguó Ākèlún Dàxué de yánjiū rényuán hézuò,　　chénggōng tuīchū kě shíbié hūjiào zhōngxīn

客服等情绪劳动者"情绪性工作负荷"的AI模型。一直以来，
kèfú děng qíngxù láodòngzhě "qíngxùxìng gōngzuò fùhè" de AI móxíng.　　Yìzhí yǐlái,

单靠表情或语音很难准确判断情绪劳动者的压力程度，
dān kào biǎoqíng huò yǔyīn hěn nán zhǔnquè pànduàn qíngxù láodòngzhě de yālì chéngdù,

难以实现有效监测。
nányǐ shíxiàn yǒuxiào jiāncè.

为此，研究团队对31名呼叫中心客服人员进行了实验，
Wèi cǐ, yánjiū tuánduì duì sānshíyī míng hūjiào zhōngxīn kèfú rényuán jìnxíngle shíyàn,

采集了他们的语音、行为、皮肤反应、体温等多种数据。结果
cǎijíle tāmen de yǔyīn、　　xíngwéi、　pífū fǎnyìng、　　tǐwēn děng duō zhǒng shùjù. Jiéguǒ

发现，通过分析皮肤电导和体温变化等生理信号，AI模型能够
fāxiàn,　　tōngguò fēnxī pífū diàndǎo hé tǐwēn biànhuà děng shēnglǐ xìnhào,　AI móxíng nénggòu

以87%的准确率识别出高强度情绪负荷状态。该AI技术
yǐ bǎi fēn zhī bāshíqī de zhǔnquèlǜ shíbié chū gāoqiángdù qíngxù fùhè zhuàngtài. Gāi AI jìshù

未来有望应用于情绪劳动者的心理健康监测App，无需问卷或
wèilái yǒuwàng yìngyòng yú qíngxù láodòngzhě de xīnlǐ jiànkāng jiāncè App,　　wúxū wènjuàn huò

 ♪ 078-02

监测* jiāncè 모니터링하다 | 情绪* qíngxù 정서, 감정 | 守护 shǒuhù 지키다 | 实时* shíshí 실시간으로 | 呼叫中心 hūjiào zhōngxīn 콜센터 | 负荷 fùhè 부하 | 模型 móxíng 모델 | 采集* cǎijí 수집하다 | 皮肤电导 pífū diàndǎo 피부 전도도 | 生理 shēnglǐ 생리 | 问卷 wènjuàn 설문

自我报告，也能实时把握心理变化。研究团队表示，这项技术将为
zìwǒ bàogào, yě néng shíshí bǎwò xīnlǐ biànhuà. Yánjiū tuánduì biǎoshì, zhè xiàng jìshù jiāng wèi

改善情绪劳动者的工作环境与心理健康保护提供切实帮助。
gǎishàn qíngxù láodòngzhě de gōngzuò huánjìng yǔ xīnlǐ jiànkāng bǎohù tígōng qièshí bāngzhù.

🔊 감정 노동자의 심리 스트레스를 실시간으로 측정할 수 있는 인공 지능 기술이 국내 연구진에 의해 개발되었습니다. 한국 과학기술원(KAIST), 중앙대학교, 미국 애크런대가 협력한 이번 연구에서 연구진은 콜센터 상담사 등 감정 노동자의 '감정적 작업 부하'를 실시간으로 파악할 수 있는 AI 모델을 선보이는데 성공했습니다. 그동안 표정이나 음성만으로는 감정노동자의 스트레스 수준을 정확하게 판단하기 어려워, 효과적인 모니터링이 쉽지 않았습니다.

이를 위해 연구팀은 31명의 콜센터 상담사를 대상으로 음성, 행동, 피부 반응, 체온 등 다양한 데이터를 수집하는 실험을 진행했고, 그 결과 피부 전도도와 체온 변화 같은 생체 신호를 통해 AI 모델이 감정적 피로가 높은 상태를 87%의 정확도로 구분할 수 있었습니다. 이 AI 기술은 앞으로 감정 노동자의 정신 건강 모니터링 앱(App)에 활용하여, 설문이나 자진 신고 없이 실시간으로 심리 변화를 측정할 수 있을 것으로 보입니다. 연구진은 이 기술이 감정 노동자의 업무 환경 개선과 심리 건강 보호에 실제적인 도움이 될 것이라고 밝혔습니다.

뉴스 표현 필살기

'有望'은 '~할 전망이다, ~이 기대된다'라는 뜻으로 긍정적 가능성을 나타내는 문어적 표현이며, 연구·경제·산업·기술 전망에서 자주 사용되는 고급 표현입니다.

新政策有望提升投资信心。
Xīn zhèngcè yǒuwàng tíshēng tóuzī xìnxīn.
새 정책은 투자 신뢰를 높일 전망입니다.

该技术有望减少能源浪费。
Gāi jìshù yǒuwàng jiǎnshǎo néngyuán làngfèi.
이 기술은 에너지 낭비를 줄일 것으로 기대됩니다.

合作项目有望提前完成。
Hézuò xiàngmù yǒuwàng tíqián wánchéng.
협력 프로젝트는 앞당겨 완료될 전망입니다.

메이링 쌤의 뉴스 Tip

중국에서는 '情绪病 qíngxùbìng (감정성 질환)'이라는 표현이 젊은 세대를 중심으로 널리 사용되고 있습니다. 이는 의학적 진단명이 아니라, 스트레스·불안·감정 소진으로 인한 심리적 문제를 가볍게 표현하는 신조어입니다. 주로 치열한 경쟁, 장시간 근무 환경 등에서 나타나는 무기력, 예민함, 감정 기복, 감정 노동의 피로 등에 사용하는데요, 중국 SNS에서는 다음과 같은 문장도 자주 쓰입니다.

我情绪病又犯了。
Wǒ qíngxùbìng yòu fàn le.
감정병이 또 도졌다.

情绪要上班，我也要上班。
Qíngxù yào shàngbān, wǒ yě yào shàngbān.
감정도 출근하고, 나도 출근한다.

AI가 인간의 모든 일자리를 대체할 것인가?

AI会取代人类的所有工作吗?

♫ 079-01

随着AI技术的飞速发展，其对就业市场的影响日益显著。
Suízhe AI jìshù de fēisù fāzhǎn, qí duì jiùyè shìchǎng de yǐngxiǎng rìyì xiǎnzhù.

专家普遍认为，AI将在以重复性和标准化为主的工作中
Zhuānjiā pǔbiàn rènwéi, AI jiāng zài yǐ chóngfùxìng hé biāozhǔnhuà wéizhǔ de gōngzuò zhōng

取代大量职位。例如，数据录入员、呼叫中心客服、会计与
qǔdài dàliàng zhíwèi. Lìrú, shùjù lùrùyuán、 hūjiào zhōngxīn kèfú、 kuàijì yǔ

税务分析师、组装及制造工人、运输与快递员等岗位被认为最
shuìwù fēnxīshī、 zǔzhuāng jí zhìzào gōngrén、 yùnshū yǔ kuàidìyuán děng gǎngwèi bèi rènwéi zuì

易被自动化替代。牛津大学预测，美国近47%的岗位在未来
yì bèi zìdònghuà tìdài. Niújīn Dàxué yùcè, Měiguó jìn bǎi fēn zhī sìshíqī de gǎngwèi zài wèilái

20年内可能被AI取代；韩国银行则指出，韩国约12%的
èrshí nián nèi kěnéng bèi AI qǔdài; Hánguó yínháng zé zhǐchū, Hánguó yuē bǎi fēn zhī shí'èr de

就业者从事的职业属于高替代风险群体。
jiùyèzhě cóngshì de zhíyè shǔyú gāo tìdài fēngxiǎn qúntǐ.

相反，需要面对面沟通或具备创意性的职业则相对安全。
Xiāngfǎn, xūyào miànduìmiàn gōutōng huò jùbèi chuàngyìxìng de zhíyè zé xiāngduì ānquán.

同时，AI的进步也带来了新的就业机会，如大数据分析师、
Tóngshí, AI de jìnbù yě dàiláile xīn de jiùyè jīhuì, rú dàshùjù fēnxīshī、

信息安全专家等，并能在部分领域中起到辅助人类工作的
xìnxī ānquán zhuānjiā děng, bìng néng zài bùfen lǐngyù zhōng qǐdào fǔzhù rénlèi gōngzuò de

作用。专家强调，为了与AI共存，社会应积极开展职业再培训
zuòyòng. Zhuānjiā qiángdiào, wèile yǔ AI gòngcún, shèhuì yīng jījí kāizhǎn zhíyè zài péixùn

---

단어+표현 ♫ 079-02

取代* qǔdài 대체하다 | 就业* jiùyè 취업하다 | 普遍 pǔbiàn 보편적이다 | 录入 lùrù 입력하다 | 税务 shuìwù 세무 | 组装 zǔzhuāng 조립하다 | 运输 yùnshū 운송(하다) | 快递 kuàidì 택배 | 替代* tìdài 대체하다 | 沟通* gōutōng 의사소통하다 | 辅助 fǔzhù 보조하다 | 共存* gòngcún 공존하다 | 应对* yìngduì 대응하다

与岗位转型支持，提前做好应对准备。
yǔ gǎngwèi zhuǎnxíng zhīchí, tíqián zuò hǎo yìngduì zhǔnbèi.

🔊 AI 기술의 비약적인 발전이 고용 시장에 미치는 영향이 날로 커지고 있습니다. 전문가들은 AI가 반복적이고 정형화된 업무를 중심으로 상당수 일자리를 대체할 수 있으며, 대표적으로 데이터 입력원, 콜센터 상담원, 회계 및 세무 분석가, 조립·제조 작업자, 운송·배달원 등의 직업은 자동화 가능성이 높다고 분석합니다. 옥스퍼드대는 미국 내 일자리의 47%가 20년 내 AI로 대체될 수 있다고 전망했고, 한국은행은 국내 취업자의 12%가 AI 대체 가능성이 높은 직군에서 일한다고 분석했습니다.

반면, 대면 접촉이나 창의성이 필요한 직종은 비교적 대체 위험이 낮습니다. AI의 발전은 동시에 빅 데이터 분석가, 정보 보안 전문가 등 새로운 일자리를 창출하고, 일부 직종에서 인간 업무를 보완하는 역할을 할 것으로 기대됩니다. 전문가들은 AI와의 공존을 위해 적극적으로 직업 재교육, 직무 전환 지원 등을 실시하여, 미리 대응할 것을 강조합니다.

뉴스 표현 필살기

'日益'는 '날로, 갈수록, 점점 더'라는 뜻으로, 시간이 지날수록 어떤 현상이나 정도가 지속적으로 증가할 때 쓰는 격식 있는 표현입니다.

公众对数据隐私的关注日益增强。
Gōngzhòng duì shùjù yǐnsī de guānzhù rìyì zēngqiáng.
대중의 데이터 프라이버시에 대한 관심이 날로 높아지고 있습니다.

这家企业的国际影响力日益扩大。
Zhè jiā qǐyè de guójì yǐngxiǎnglì rìyì kuòdà.
이 기업의 국제적 영향력이 점점 더 확대되고 있습니다.

城市交通压力日益突出。
Chéngshì jiāotōng yālì rìyì tūchū.
도시의 교통 혼잡이 갈수록 두드러지고 있습니다.

메이링 쌤의 뉴스 Tip

한국 학습자가 가장 자주 혼동하는 단어 중 하나가 바로 '应对 yìngduì'와 '对应 duìyìng'입니다. 두 표현은 발음도 비슷하고 모두 '대응'이라는 느낌이 있지만, 의미와 쓰임이 완전히 다릅니다.

- **应对 yìngduì** 대응하다, 대처하다
  문제·위기·상황 변화 등에 '행동으로 반응하는 것', 즉 대응·대처를 의미합니다. 항상 문제·위험·과제·압력과 함께 등장합니다.

  应对风险 위험에 대응하다
  应对挑战 도전에 대처하다
  应对突发事件 돌발 상황에 대응하다

- **对应 duìyìng** 대응하다, 상응하다
  한쪽과 다른 쪽이 서로 짝을 이루거나, 서로 맞아 떨어지는 관계를 말합니다. 즉, 대조·매칭·일치에 사용되며, 문제 해결 행동과는 무관합니다.

  数字与图表对应 숫자와 도표가 서로 대응하다
  职位与薪资对应 직급과 급여가 상응하다
  原因与结果不对应 원인과 결과가 맞지 않는다

'얼굴 패스' 시대 개막…
토스, 콘서트에 안면 인식 도입

"刷脸入场" 时代开启，Toss将人脸识别引入演唱会

🎵 080-01

韩国移动金融平台"Toss"近期在演唱会中引入了"刷脸
Hánguó yídòng jīnróng píngtái "Toss" jìnqī zài yǎnchàng huì zhōng yǐnrùle "shuāliǎn

入场"服务。用户只需提前在应用程序中注册面部信息，
rùchǎng" fúwù.　　Yònghù zhǐ xū tíqián zài yìngyòng chéngxù zhōng zhùcè miànbù xìnxī,

现场无需出示门票，仅通过平板设备进行人脸识别即可入场。
xiànchǎng wúxū chūshì ménpiào, jǐn tōngguò píngbǎn shèbèi jìnxíng rénliǎn shíbié jí kě rùchǎng.

这一服务不仅提高了便捷性，也被视为未来面部识别支付体系
Zhè yī fúwù　bùjǐn tígāole biànjiéxìng,　　　yě bèi shìwéi wèilái　miànbù shíbié zhīfù tǐxì

扩展的前哨。过去虽有部分企业尝试推出刷脸支付服务，
kuòzhǎn de qiánshào. Guòqù suī yǒu bùfen qǐyè chángshì tuīchū shuāliǎn zhīfù fúwù,

但由于设备成本高、用户接受度低等问题，普及进展缓慢。
dàn yóuyú shèbèi chéngběn gāo、yònghù jiēshòudù dī děng wèntí,　pǔjí jìnzhǎn huǎnmàn.

　　为此，Toss选择从非金融场景切入，如演出现场、机场、
　　Wèi cǐ,　Toss xuǎnzé cóng fēi jīnróng chǎngjǐng qiērù,　rú yǎnchū xiànchǎng、jīchǎng、

住宅社区等，逐步降低用户对人脸识别的抵触情绪。同时，
zhùzhái shèqū děng, zhúbù jiàngdī yònghù duì rénliǎn shíbié de dǐchù qíngxù.　　Tóngshí,

公司已开发将人脸图像转换为支付或身份验证信息的技术，
gōngsī yǐ kāifā jiāng rénliǎn túxiàng zhuǎnhuàn wéi zhīfù huò shēnfèn yànzhèng xìnxī de jìshù,

并通过旗下终端机设备加速基础设施的铺设。人脸识别技术
bìng tōngguò qíxià zhōngduānjī shèbèi jiāsù jīchǔ shèshī de pūshè.　　Rénliǎn shíbié jìshù

也被视为未来可向金融基础设施薄弱地区输出的"金融科技
yě bèi shìwéi wèilái kě xiàng jīnróng jīchǔ　shèshī bóruò dìqū shūchū de　"jīnróng kējì

　🎵 080-02

刷脸* shuāliǎn 얼굴 스캔 | 人脸识别* rénliǎn shíbié 얼굴 인식 | 金融 jīnróng 금융 | 注册 zhùcè 등록하다 | 面部 miànbù 얼굴 |
平板 píngbǎn 태블릿 | 便捷性 biànjiéxìng 편리성 | 前哨 qiánshào 전초, 포석 | 场景 chǎngjǐng 장면, 현장 | 切入 qiērù 파고들
다 | 抵触情绪* dǐchù qíngxù 반발, 저항 | 验证 yànzhèng 검증하다 | 基础设施* jīchǔ shèshī 인프라 | 铺设 pūshè 부설하다, 설
치하다 | 隐私* yǐnsī 프라이버시, 사생활 | 构建* gòujiàn 세우다, 구축하다 | 潜力 qiánlì 잠재력

武器"。在隐私意识相对较弱、亟需构建金融系统的发展中国家，
wǔqì".　　　Zài yǐnsī yìshí xiāngduì jiào ruò,　　　jíxū gòujiàn jīnróng xìtǒng de fāzhǎnzhōng guójiā,

该技术具备较大应用潜力。
gāi jìshù jùbèi jiào dà yìngyòng qiánlì.

🔊 모바일 금융 플랫폼 '토스'가 최근 콘서트에 '얼굴 패스' 서비스를 도입했습니다. 관람객이 앱에 얼굴을 미리 등록하면, 공연장에 티켓 없이 태블릿 얼굴 인식으로 입장이 가능한 방식입니다. 이 서비스는 단순 입장 확인의 편리성을 넘어, 앞으로 얼굴 인식 기반 결제 시스템 확장을 위한 포석으로 주목받고 있습니다. 과거 일부 기업들이 얼굴 인식 결제 서비스를 시범 도입했지만, 높은 장비 가격과 소비자들의 반발로 보급에 어려움을 겪었습니다.
　　이에 토스는 금융 결제보다 공연장, 공항, 아파트 커뮤니티 등 일상 공간에서부터 얼굴 인식 서비스를 확산하며 소비자 거부감 줄이기에 나섰습니다. 또한 얼굴 데이터를 결제나 신분 확인 정보로 전환하는 기술을 이미 개발하고, 자회사 단말기 보급을 통해 인프라 확장에도 속도를 내고 있습니다. 얼굴 인식 기술은 향후 금융 인프라가 부족한 지역의 디지털 결제 솔루션으로도 주목됩니다. 특히 개인 정보 보호에 대한 민감도가 낮고 금융 시스템 구축이 시급한 개발도상국에서 사용될 가능성이 큽니다.

뉴스 표현 필살기

'亟需'는 '시급히 필요하다, 절실히 요구되다'라는 뜻으로, 매우 격식 있고 문어적인 표현입니다.

老旧城区亟需升级基础设施。
Lǎojiù chéngqū jíxū shēngjí jīchǔ shèshī.
노후 도심 지역은 기초 인프라의 시급한 개선이 필요합니다.

公司亟需引入新的管理模式。
Gōngsī jíxū yǐnrù xīn de guǎnlǐ móshì.
회사는 새로운 경영 방식을 시급히 도입해야 합니다.

医疗系统亟需增加专业人力。
Yīliáo xìtǒng jíxū zēngjiā zhuānyè rénlì.
의료 시스템은 전문 인력 확충이 절실히 필요합니다.

메이링 쌤의 뉴스 Tip

'刷 shuā'는 '문지르다, 닦다, 칠하다'라는 뜻으로, '刷牙 (이를 닦다)', '刷墙 (벽을 칠하다)'처럼 표면을 문지르는 동작에 사용됩니다. 하지만 최근 디지털·SNS 문화와 함께 의미가 확장되어 '빠르게 지나가다, 계속 새로고침하다, 반복적으로 소비하다'와 같이 추상적 뜻으로도 쓰이게 되었습니다.

- 刷卡 shuākǎ 카드를 긁다, 결제하다

  카드를 기계에 긁는 동작에서 확장되어 지불·결제의 의미로 굳어졌습니다.

  刷卡 카드 결제하다
  刷交通卡 교통 카드를 태그하다

- 刷脸 shuāliǎn 얼굴을 스캔하다, 안면 인식하다

  결제·출입·본인 확인 등 기술 분야에 쓰입니다.

  刷脸入场 얼굴 인식으로 입장하다,
  刷脸支付 얼굴 인식 결제

- 刷剧 shuājù, 드라마를 몰아 보다, 정주행하다

  周末在家刷剧 주말에 집에서 드라마를 정주행하다

- 刷存在感 shuā cúnzàigǎn 존재감을 드러내다

  SNS·대화·모임에서 존재감을 과시하거나 드러낸다는 뜻입니다.

경찰, 딥페이크·가짜 뉴스 단속 나서…
판별 시스템 개발에 91억 투입

韩国警方出手打击深度伪造与假新闻，斥资91亿韩元开发识别系统

🎵 081 - 01

韩国警方将投入91亿韩元，开发可识别"深度伪造"与假
Hánguó jǐngfāng jiāng tóurù jiǔshíyī yì Hányuán, kāifā kě shíbié "shēndù wěizào" yǔ jiǎ

新闻的内容检测系统，以应对日益复杂的人工智能技术犯罪。
xīnwén de nèiróng jiǎncè xìtǒng, yǐ yìngduì rìyì fùzá de réngōng zhìnéng jìshù fànzuì.

警方表示，该项目将为期三年，重点研发可自动识别虚假视频、
Jǐngfāng biǎoshì, gāi xiàngmù jiāng wéiqī sān nián, zhòngdiǎn yánfā kě zìdòng shíbié xūjiǎ shìpín,

合成音频及假新闻的AI检测技术。目前，调查人员仍需人工
héchéng yīnpín jí jiǎ xīnwén de AI jiǎncè jìshù. Mùqián, diàochá rényuán réng xū réngōng

逐一分析仿真视频和伪造语音，效率低下。
zhúyī fēnxī fǎngzhēn shìpín hé wěizào yǔyīn, xiàolǜ dīxià.

为此，警方计划引入多模态检测算法，提升对深度伪造
Wèi cǐ, jǐngfāng jìhuà yǐnrù duōmótài jiǎncè suànfǎ, tíshēng duì shēndù wěizào

视频的自动识别能力；同时通过语音频率与时间分析等手段，
shìpín de zìdòng shíbié nénglì; tóngshí tōngguò yǔyīn pínlǜ yǔ shíjiān fēnxī děng shǒuduàn,

精准辨别伪造音频。针对假新闻，警方还将借助生成式AI分析
jīngzhǔn biànbié wěizào yīnpín. Zhēnduì jiǎ xīnwén, jǐngfāng hái jiāng jièzhù shēngchéngshì AI fēnxī

"回音室效应(信息被重复扩散的现象)"，并追踪原始发布源，
"huíyīnshì xiàoyìng (xìnxī bèi chóngfù kuòsàn de xiànxiàng)", bìng zhuīzōng yuánshǐ fābùyuán,

从而实现假新闻的早期拦截。本次系统开发有望大幅提升警方
cóng'ér shíxiàn jiǎ xīnwén de zǎoqī lánjié. Běn cì xìtǒng kāifā yǒuwàng dàfú tíshēng jǐngfāng

对网络性犯罪和虚假信息的应对能力。
duì wǎngluò xìng fànzuì hé xūjiǎ xìnxī de yìngduì nénglì.

단어＋표현 🎵 081 - 02

深度伪造 shēndù wěizào 딥페이크 | 斥资* chìzī 자금을 투입하다 | 虚假* xūjiǎ 허위의, 거짓의 | 音频 yīnpín 음성 | 仿真* fǎngzhēn 모방, 복제 | 低下 dīxià 낮다 | 多模态 duōmótài 멀티모달 | 算法* suànfǎ 알고리즘 | 精准 jīngzhǔn 정확하다 | 辨别* biànbié 판별하다 | 回音室 huíyīnshì 반향실, 에코 체임버 | 效应* xiàoyìng 효과 | 扩散* kuòsàn 확산하다 | 拦截 lánjié* 막다, 제지하다

🔊 경찰이 나날이 진화하는 AI 기술 범죄에 대응하기 위해 91억원을 투입해 '딥페이크'와 가짜 뉴스 콘텐츠 탐지 시스템 개발에 착수합니다. 경찰청은 사업 계획을 통해 3년 동안 딥페이크 영상, 딥보이스 음성, 가짜 뉴스 등을 자동으로 식별하는 AI 기반 기술을 개발한다고 밝혔습니다. 현재는 수사 인력이 딥페이크나 변조 음성 콘텐츠를 일일이 분석해야 해서 수사 효율성이 낮았습니다.

이에 경찰은 복합 정보를 처리하는 멀티모달 탐지 알고리즘을 도입하여 딥페이크를 자동으로 식별하고, 음성 주파수와 시간 분석 등으로 딥보이스를 정밀 판별할 계획입니다. 또한 가짜 뉴스 대응을 위해 생성형 AI를 활용해 '에코 체임버 효과(유사한 뉴스가 반복 확산되는 현상)'를 분석하고, 원본 게시물을 추적해 가짜 뉴스를 조기에 차단할 것이라고 밝혔습니다. 경찰은 이번 기술 개발을 통해 사이버 성범죄와 정보 왜곡에 대한 대응력을 한층 높일 수 있을 것으로 기대하고 있습니다.

뉴스 표현 필살기

'借助'는 '~의 도움을 빌려, ~을 활용하여'라는 뜻으로, 수단·도구·기술·자원을 이용해 목표를 달성하는 상황을 표현합니다.

公司借助新平台扩大海外业务。

Gōngsī jièzhù xīn píngtái kuòdà hǎiwài yèwù.
회사는 새로운 플랫폼을 활용해 해외 사업을 확장했습니다.

研究团队借助模拟数据验证模型。

Yánjiū tuánduì jièzhù mónǐ shùjù yànzhèng móxíng.
연구팀은 시뮬레이션 데이터를 통해 모델을 검증했습니다.

城市管理者借助大数据优化交通规划。

Chéngshì guǎnlǐzhě jièzhù dàshùjù yōuhuà jiāotōng guīhuà.
도시 관리자는 빅데이터를 활용해 교통 계획을 최적화합니다.

메이링 쌤의 뉴스 Tip

최근 중국의 뉴스·정부 발표·기업 보고서에서 '助力 zhùlì'라는 표현이 매우 빈번하게 등장합니다. 한국어로는 '힘을 보태다, 지원하다, 촉진하다'에 해당하며, 목표 달성을 위해 도움·추진력·지원의 역할을 한다는 의미를 담고 있습니다. 단순히 '돕다(帮助)'라는 의미가 아니라, 정책적·기술적·전략적 지원의 뉘앙스가 더 강하고, 문어체·공식 발표에서 많이 사용되는 고급 표현입니다. 아래는 중국 보도문 , 특히 기술·AI·디지털 전환 관련 기사에 많이 등장하는 문장입니다.

新技术正在助力城市管理。
Xīn jìshù zhèngzài zhùlì chéngshì guǎnlǐ.
신기술이 도시 관리를 지원하고 있다

新平台有望助力产业升级。
Xīn píngtái yǒuwàng zhùlì chǎnyè shēngjí.
새로운 플랫폼이 산업 업그레이드를 촉진할 전망이다.

'무료 와이파이' 해커 표적…
공공장소 보안 경보

"免费Wi-Fi" 成黑客目标，网络安全拉响警报

🎵 082-01

随着中秋临近，民众外出与线上活动增加，公用网络
Suízhe Zhōngqiū línjìn, mínzhòng wàichū yǔ xiàn shàng huódòng zēngjiā, gōngyòng wǎngluò

安全风险也随之上升。网络安全公司Surfshark近日警告称，
ānquán fēngxiǎn yě suízhī shàngshēng. Wǎngluò ānquán gōngsī Surfshark jìnrì jǐnggào chēng,

公共场所的免费Wi-Fi与不明来源的应用程序正在成为
gōnggòng chǎngsuǒ de miǎnfèi Wi-Fi yǔ bùmíng láiyuán de yìngyòng chéngxù zhèngzài chéngwéi

黑客攻击的主要入口。尤其是在机场、酒店等人流密集场所，
hēikè gōngjī de zhǔyào rùkǒu.　Yóuqí shì zài jīchǎng、　jiǔdiàn děng rénliú mìjí chǎngsuǒ,

未开启VPN的情况下连接免费Wi-Fi，电子邮件、账户密码乃至
wèi kāiqǐ VPN de qíngkuàng xià liánjiē miǎnfèi Wi-Fi,　diànzǐ yóujiàn、　zhànghù mìmǎ nǎizhì

金融信息都有可能被窃取。
jīnróng xìnxī dōu yǒu kěnéng bèi qièqǔ.

　此外，黑客还会通过仿冒的OTT平台登录页或"订阅更新"
Cǐwài, hēikè hái huì tōngguò fǎngmào de OTT píngtái dēnglù yè huò "dìngyuè gēngxīn"

提示进行钓鱼攻击，诱导用户输入个人资料。Surfshark指出，
tíshì　jìnxíng diàoyú gōngjī,　yòudǎo yònghù shūrù gèrén zīliào.　Surfshark　zhǐchū,

近期利用AI生成的伪造网页活动愈发频繁，部分假页面与官方
jìnqī lìyòng AI shēngchéng de wěizào wǎngyè huódòng yù fā pínfán, bùfen jiǎ yèmiàn yǔ guānfāng

界面几乎难以区分，用户稍有疏忽便可能中招。为此，该公司
jièmiàn jīhū nányǐ qūfēn, yònghù shāo yǒu shūhu biàn kěnéng zhòng zhāo. Wèi cǐ,　gāi gōngsī

建议，假期出行时务必启用VPN、关闭定位类敏感权限，并
jiànyì,　jiàqī chūxíng shí wùbì qǐyòng VPN、　guānbì dìngwèi lèi mǐngǎn quánxiàn, bìng

단어+표현 🎵 082-02

拉响 lāxiǎng 울리다 | 警报 jǐngbào 경보 | 临近* línjìn 근접하다, 가까워지다 | 警告 jǐnggào 경고하다 | 黑客* hēikè 해커 | 攻击 gōngjī 공격하다 | 人流 rénliú 인파 | 密集 mìjí 밀집하다 | 开启 kāiqǐ 열다, 시작하다 | 窃取* qièqǔ 훔치다, 탈취하다 | 仿冒 fǎngmào 모조하다, 사칭하다 | 更新 gēngxīn 갱신하다 | 诱导* yòudǎo 유도하다 | 启用* qǐyòng 개시하다, 사용을 시작하다 | 权限* quánxiàn 권한 | 版本* bǎnběn 버전

避免在AI平台中输入私人信息， 同时保持设备系统为最新版本。
bìmiǎn zài AI píngtái zhōng shūrù sīrén xìnxī, tóngshí bǎochí shèbèi xìtǒng wéi zuìxīn bǎnběn.

🔈 추석이 가까워지면서 외부 활동과 온라인 이용이 늘어나 공용 네트워크 보안 위험도 함께 높아지고 있습니다. 사이버 보안 기업 서프샤크 (Surfshark)는 최근 공공장소의 무료 와이파이와 출처가 불분명한 애플리케이션이 해커 공격의 주요 통로가 되고 있다고 경고했습니다. 특히 공항·호텔 등 인파가 많은 곳에서 VPN을 켜지 않은 채 무료 와이파이에 접속할 경우, 이메일·계정 비밀번호·금융 정보까지 탈취당할 수 있습니다.
또한 해커들은 OTT 플랫폼 로그인 페이지나 '구독 갱신' 알림을 위장한 피싱 수법을 사용해 이용자가 개인 정보를 입력하도록 유도하고 있습니다. 서프샤크는 최근 AI로 생성된 가짜 웹페이지가 급증하고 있으며, 일부는 공식 사이트와 거의 구별이 어려워 이용자가 조금만 방심해도 피해를 입을 수 있다고 지적했습니다. 이에 따라 연휴 기간에는 반드시 VPN을 활성화하고, 위치 정보 등 민감 권한은 비활성화하며, AI 플랫폼에 개인 정보를 입력하지 않는 동시에 디지털 기기의 운영 체제를 항상 최신 버전으로 유지할 것을 권고했습니다.

뉴스 표현 필살기

'便'은 문어체에서 자주 쓰이는 연결 표현으로, '~하면 곧 ~하다, ~하자마자 ~하다, 바로 ~하다'라는 뜻을 나타냅니다. 어떤 행동이나 조건이 충족될 때 즉시 이어지는 결과를 자연스럽게 연결할 때 사용하며, 문장을 더 격식 있고 간결하게 만드는 효과가 있습니다.

一确认数据，系统便自动运行。
Yí quèrèn shùjù, xìtǒng biàn zìdòng yùnxíng.
데이터를 확인하자마자 시스템이 자동으로 작동합니다.

消息公开后，市场情绪便迅速变化。
Xiāoxi gōngkāi hòu, shìchǎng qíngxù biàn xùnsù biànhuà.
소식이 공개된 후 시장 분위기가 곧 빠르게 바뀌었습니다.

条件成熟，他便提出新的计划。
Tiáojiàn chéngshú, tā biàn tíchū xīn de jìhuà.
조건이 갖춰지자 그는 바로 새로운 계획을 제안했습니다.

메이링 쌤의 뉴스 Tip

일상에서 원래 쓰이던 단어가 기술·디지털 환경의 인터넷 보안·플랫폼 운영·계정 관리 등에서 전문적인 새로운 의미로 확장되어 다른 뜻으로 사용되는 경우가 많습니다. 뉴스와 온라인에서 특히 자주 등장하는 세 가지 표현을 살펴보겠습니다.

• 水军 shuǐjūn 해군 (군대)
한국의 '댓글 부대'와 유사한 개념으로, 돈을 받고 인터넷에서 댓글 조작·여론몰이·좋아요·팔로우 증가를 담당하는 조직화된 계정 그룹을 말합니다.

• 木马 mùmǎ 트로이 목마
겉보기에는 정상 파일처럼 보이지만, 내부에 악성 프로그램을 숨긴 소프트웨어를 말합니다.

• 白名单/黑名单 báimíngdān / hēimíngdān
화이트 리스트/블랙 리스트
정보 보안·네트워크·앱 권한 설정 등에서 접근·이용·권한을 허용하는 목록(화이트 리스트)과 차단하는 목록(블랙 리스트)을 가리키는 용어입니다.

UNIST 연구팀,
어디서든 무선 충전이 가능한 신기술 개발

UNIST研究团队开发在任意位置可以无线充电的新技术

🎵 083-01

韩国蔚山科学技术院(UNIST)研究团队开发出了一种新型
Hánguó Wèishān Kēxué Jìshùyuàn (UNIST) yánjiū tuánduì kāifā chūle yì zhǒng xīnxíng

无线**充电**技术，**使得**电子设备在房间内的任意位置都能进行
wúxiàn chōngdiàn jìshù, shǐdé diànzǐ shèbèi zài fángjiān nèi de rènyì wèizhì dōu néng jìnxíng

无线充电。过去的无线充电技术必须将设备放在特定的位置
wúxiàn chōngdiàn. Guòqù de wúxiàn chōngdiàn jìshù bìxū jiāng shèbèi fàng zài tèdìng de wèizhì

上，才能顺利充电，但这项新技术可以在墙壁、地板、空中等
shàng, cái néng shùnlì chōngdiàn, dàn zhè xiàng xīn jìshù kěyǐ zài qiángbì、dìbǎn、kōngzhōng děng

空间任意一处实现充电。该技术利用电场的特性，在一定范围
kōngjiān rènyì yí chù shíxiàn chōngdiàn. Gāi jìshù lìyòng diànchǎng de tèxìng, zài yídìng fànwéi

内提升了充电效率。实验显示，在一个边长为2米的立方体
nèi tíshēngle chōngdiàn xiàolù. Shíyàn xiǎnshì, zài yí gè biān chǎng wéi liǎng mǐ de lìfāngtǐ

空间内，无线充电效率可达46%，优于美国麻省理工
kōngjiān nèi, wúxiàn chōngdiàn xiàolù kě dá bǎi fēn zhī sìshíliù, yōuyú Měiguó MáShěng Lǐgōng

学院(MIT)此前提出的40%效率的技术。
Xuéyuàn (MIT) cǐqián tíchū de bǎi fēn zhī sìshí xiàolù de jìshù.

研究团队通过采用一种特殊的线圈结构，即使设备位置
Yánjiū tuánduì tōngguò cǎiyòng yì zhǒng tèshū de xiànquān jiégòu, jíshǐ shèbèi wèizhì

有所偏差，也能稳定供电，并且可以同时为多台设备进行
yǒusuǒ piānchā, yě néng wěndìng gōngdiàn, bìngqiě kěyǐ tóngshí wèi duō tái shèbèi jìnxíng

充电。负责人卞瑛宰教授表示："这项技术今后有望应用于
chōngdiàn. Fùzérén Biàn Yīngzǎi jiàoshòu biǎoshì: "Zhè xiàng jìshù jīnhòu yǒuwàng yìngyòng yú

단어+표현 🎵 083-02

任意 rènyì 임의의 | **特定*** tèdìng 특정한 | **墙壁** qiángbì 벽 | **电场** diànchǎng 전기장 | **特性*** tèxìng 특성 | **立方体** lìfāngtǐ 입방
체, 정육면체 | **线圈** xiànquān 코일 | **偏差*** piānchā 편차 | **物流** wùliú 물류

智能工厂的物流机器人或自动化系统中。"此项研究得到了韩国
zhìnéng gōngchǎng de wùliú jīqìrén huò zìdònghuà xìtǒng zhōng." Cǐ xiàng yánjiū dédàole Hánguó

政府的支持，并已发表于国际学术期刊。
zhèngfǔ de zhīchí,　　bìng yǐ fābiǎo yú guójì xuéshù qīkān.

울산과학기술원(UNIST) 연구팀이 방 안 어디에서든 전자 기기를 무선으로 충전할 수 있는 새로운 기술을 개발했습니다. 기존의 무선 충전 기술은 기기를 특정 위치에 두어야만 충전이 가능했으나, 이 기술은 벽이나 바닥, 공중 등 공간 어디에서든 충전이 가능합니다. 이 기술은 전기장의 특성을 활용해 일정한 범위 안에서 충전 효율을 크게 높인 것으로, 실험 결과 2세제곱미터의 공간 내에서 무선 충전 효율이 약 46%에 달해, 과거 미국 MIT가 개발한 방식의 40% 충전 효율보다 더 우수한 성능을 보였습니다.
　연구팀은 특수한 코일 구조를 적용해 기기의 위치가 달라져도 안정적으로 전력이 공급되도록 했으며, 여러 대의 기기를 동시에 충전하는 것도 가능해졌습니다. 연구를 이끈 변영재 교수는 "이번 기술은 앞으로 스마트 팩토리의 물류 로봇이나 자동화 시스템에 솔루션으로 활용될 수 있을 것"이라고 설명했습니다. 본 연구는 정부의 지원을 받아 진행됐으며, 관련 성과는 국제 학술지에도 게재됐습니다.

뉴스 표현 필살기

'使得'는 '~하게 만들다, ~을 초래하다, ~의 결과를 낳다'라는 뜻으로, 원인과 결과를 연결하는 문어적 표현입니다.
'让 ràng'보다 더 격식 있고 공식적인 느낌을 주며, 뉴스·보고서·학술 글에서 매우 자주 쓰입니다.

全球需求上升，使得出口企业迎来新机遇。
Quánqiú xūqiú shàngshēng, shǐdé chūkǒu qǐyè yínglái xīn jīyù.
세계적 수요 증가로 인해 수출 기업이 새로운 기회를 맞이했습니다.

新算法的加入，使得系统运行更为稳定。
Xīn suànfǎ de jiārù, shǐdé xìtǒng yùnxíng gèng wéi wěndìng.
새 알고리즘이 적용되면서 시스템이 더욱 안정적으로 작동하게 되었습니다.

极端天气频发，使得城市管理面临挑战。
Jíduān tiānqì pínfā, shǐdé chéngshì guǎnlǐ miànlín tiǎozhàn.
극단적 기후가 잦아지면서 도시 관리가 도선에 직면했습니다.

메이링 쌤의 뉴스 Tip

중국어 '充电'은 원래 '(전기를) 충전하다', 즉 휴대폰·노트북·전기차 등에 배터리를 보충하는 것을 뜻하는 단어지만 현대 중국어에서는 이 표현이 추상적 의미로 확장되었습니다. 한국어와 비슷하게, 일상생활에서 '재충전하다, 쉬면서 에너지를 회복하다', 또는 '능력을 보완하다, 공부하다, 자기 계발을 하다'라는 뜻으로도 널리 쓰입니다.

这周工作太累了，我打算周末在家充充电。
Zhè zhōu gōngzuò tài lèi le, wǒ dǎsuàn zhōumò zài jiā chōngchōngdiàn.
이번 주에 일이 너무 힘들어서, 나는 주말에 집에서 쉬면서 재충전을 하려고 해.

디지털 알고리즘을 이용하여 온실가스 분리 신소재 개발 성공

利用数字算法成功开发分离温室气体的新材料

♪ 084-01

韩国蔚山科学技术院(UNIST)与韩国科学技术研究院(KIST)
Hánguó Wèishān Kēxué Jìshùyuàn (UNIST) yǔ Hánguó Kēxué Jìshù Yánjiūyuàn (KIST)

的研究团队合作，成功开发出三种可用于分离温室气体的新型
de yánjiū tuánduì hézuò，　chénggōng kāifā chū sān zhǒng kě yòngyú fēnlí wēnshì qìtǐ de xīnxíng

材料。这种材料被称为"ZIF"，是一种具有许多微小孔洞的
cáiliào.　Zhè zhǒng cáiliào bèi chēngwéi "ZIF"，　shì yì zhǒng jùyǒu xǔduō wēixiǎo kǒngdòng de

结构，能够有选择性地吸附像二氧化碳这样的气体。因此，
jiégòu，　nénggòu yǒu xuǎnzéxìng de xīfù xiàng èryǎnghuàtàn zhèyàng de qìtǐ.　Yīncǐ，

它被认为在减少空气中温室气体方面具有重要作用。虽然理论
tā bèi rènwéi zài jiǎnshǎo kōngqì zhōng wēnshì qìtǐ fāngmiàn jùyǒu zhòngyào zuòyòng. Suīrán lǐlùn

上可以制造出数百万种ZIF结构，但过去20年里实际合成的
shàng kěyǐ zhìzào chū shù bǎi wàn zhǒng ZIF jiégòu, dàn guòqù èrshí nián li shíjì héchéng de

只有50种。
zhǐyǒu wǔshí zhǒng.

为了解决这一问题，研究团队开发了一种新算法，把化学家
Wèile jiějué zhè yī wèntí，　yánjiū tuánduì kāifāle yì zhǒng xīn suànfǎ，　bǎ huàxuéjiā

的经验和直觉转化为数值，帮助筛选出真正可以合成的
de jīngyàn hé zhíjué zhuǎnhuà wéi shùzhí, bāngzhù shāixuǎn chū zhēnzhèng kěyǐ héchéng de

结构。通过这个算法，研究人员从数百万个候选中选出了
jiégòu.　Tōngguò zhège suànfǎ, yánjiū rényuán cóng shù bǎi wàn gè hòuxuǎn zhōng xuǎnchūle

90个有可能成功的结构，并最终合成出了3种前所未有
jiǔshí gè yǒu kěnéng chénggōng de jiégòu, bìng zuìzhōng héchéng chūle sān zhǒng qiánsuǒwèiyǒu

---

단어+표현　　　　　　　　　　　　　　　　　　　　　♪ 084-02

分离 fēnlí 분리하다 | **温室气体** wēnshì qìtǐ 온실가스 | **微小** wēixiǎo 미세한 | **孔洞** kǒngdòng 구멍 | **吸附** xīfù 흡착하다 | **直觉** zhíjué 직감, 직관 | **数值** shùzhí 수치 | **筛选**＊ shāixuǎn 선별하다 | **命名** mìngmíng 명명하다 | **甲烷** jiǎwán 메탄 | **展现**＊ zhǎnxiàn 드러내다 | **净化** jìnghuà 정화하다

的新ZIF材料，　分别命名为UZIF-31、UZIF-32和UZIF-33。特别是
de xīn ZIF cáiliào,　　fēnbié mìngmíng wéi UZIF sānshíyī、UZIF sānshí'èr hé UZIF sānshísān. Tèbié shì

UZIF-33，在吸附二氧化碳方面的能力比甲烷高出10倍，展现了其
UZIF sānshísān, zài xīfù èryǎnghuàtàn fāngmiàn de nénglì bǐ jiǎwán gāo chū shí bèi,　zhǎnxiànle qí

在温室气体分离与净化方面的巨大潜力。
zài wēnshì qìtǐ　fēnlí yǔ jìnghuà fāngmiàn de jùdà qiánlì.

🔈 울산 과학기술원(UNIST)과 한국 과학기술원(KIST) 공동 연구팀이 온실가스 분리에 효과적인 3종의 신소재를 개발했습니다. 이번에 개발된 소재는 'ZIF(Zeolitic Imidazolate Framework)'라고 불리며 내부에 미세 구멍이 많은 구조로, 이산화탄소 같은 특정 가스를 선택적으로 흡착할 수 있어 공기 중 온실가스를 줄이는 데 중요한 작용을 할 것으로 여겨지고 있습니다. 그러나 이론적으로 만들 수 있는 ZIF 구조는 수백만 가지에 이르지만, 지난 20년간 실제로 합성된 것은 50종에 불과했습니다.
　　문제 해결을 위해 연구팀은 화학자의 경험과 직관을 수치화하여 실제 합성 가능한 구조를 선별할 수 있는 새로운 알고리즘을 개발하고, 이를 통해 가능성이 있는 90개의 구조를 도출한 후, 3종의 새로운 ZIF 소재를 실제로 합성하는 데 성공하여 각각 'UZIF-31', 'UZIF-32', 'UZIF-33'으로 명명했습니다. 특히 UZIF-33은 이산화탄소를 메탄보다 10배 이상 잘 흡착하는 것으로 나타나, 온실가스를 분리, 정화하는 소재로서 큰 가능성을 보였습니다.

⭐ 뉴스 표현 필살기

'在……方面具有重要作用'은 '~분야에서 중요한 역할을 하다'라는 뜻으로, 중국 뉴스·보고서·학술 논문에서 매우 자주 등장하는 공식 표현입니다.

这项技术在能源转型方面具有重要作用。
Zhè xiàng jìshù zài néngyuán zhuǎnxíng fāngmiàn jùyǒu zhòngyào zuòyòng.
이 기술은 에너지 전환 분야에서 중요한 역할을 합니다.

大数据在城市管理方面具有重要作用。
Dàshùjù zài chéngshì guǎnlǐ fāngmiàn jùyǒu zhòngyào zuòyòng.
빅데이터는 도시 관리 분야에서 중요한 역할을 합니다.

品牌信任在市场竞争方面具有重要作用。
Pǐnpái xìnrèn zài shìchǎng jìngzhēng fāngmiàn jùyǒu zhòngyào zuòyòng.
브랜드 신뢰는 시장 경쟁에서 중요한 역할을 합니다.

메이링 쌤의 뉴스 Tip

'前所未有 qiánsuǒwèiyǒu'는 '지금까지 한 번도 없었던, 전례 없는, 유례없는'이라는 뜻으로, 어떤 현상의 규모·강도·영향력이 가장 높은 수준에 이르렀음을 강조할 때 사용되는 표현입니다. 비슷한 의미로 쓰이는 표현들은 다음과 같습니다.

- 空前 kōngqián 전례 없는, 유례없는
  '前所未有'와 거의 동일한 맥락에서 역대 최고 수준의 규모나 성과를 강조할 때 자주 등장합니다.

- 史无前例 shǐwúqiánlì 역사상 전례가 없다
  세 표현 중 가장 격식 있고 역사성을 가장 강하게 강조하는 표현입니다. 주로 정부 발표, 공식 보고서, 학술 문서에서 많이 사용됩니다.

- 罕见 hǎnjiàn (보기) 드물다
  위 두 표현보다 강도가 약하며, 전례가 없다는 의미보다는 빈도나 결과가 매우 드문 상황을 설명할 때 더 자연스럽습니다.

'지브리 스타일' 열풍을 일으킨 챗GPT, 반기지 않은 지브리

ChatGPT掀起"吉卜力风"，吉卜力却并不买账

🎵 085-01

最近，ChatGPT的图像生成功能引发了热潮。在社交媒体
Zuìjìn, ChatGPT de túxiàng shēngchéng gōngnéng yǐnfāle rècháo. Zài shèjiāo méitǐ

上，"吉卜力头像"成为流行，全球ChatGPT用户数量也随之
shàng, "Jíbǔlì tóuxiàng" chéngwéi liúxíng, quánqiú ChatGPT yònghù shùliàng yě suízhī

快速增长。与此热潮形成鲜明对比的，是吉卜力方面冷淡的
kuàisù zēngzhǎng. Yǔ cǐ rècháo xíngchéng xiānmíng duìbǐ de, shì Jíbǔlì fāngmiàn lěngdàn de

态度。吉卜力的代表导演宫崎骏早在一部纪录片中就曾明确
tàidù. Jíbǔlì de dàibiǎo dǎoyǎn Gōngqí Jùn zǎo zài yí bù jìlùpiàn zhōng jiù céng míngquè

表示："用AI模仿我的作品，是对人生的侮辱。"他强调传统
biǎoshì: "Yòng AI mófǎng wǒ de zuòpǐn, shì duì rénshēng de wǔrǔ." Tā qiángdiào chuántǒng

手绘和创作者的情感才是艺术的核心，因此对AI模仿艺术风格
shǒuhuì hé chuàngzuòzhě de qínggǎn cái shì yìshù de héxīn, yīncǐ duì AI mófǎng yìshù fēnggé

持强烈抵触态度。
chí qiángliè dǐchù tàidù.

此外，为了生成高画质图像，ChatGPT需要处理大量运算，
Cǐwài, wèile shēngchéng gāo huàzhì túxiàng, ChatGPT xūyào chǔlǐ dàliàng yùnsuàn,

这对服务器和GPU造成了极大负担。实际上，OpenAI曾因系统
zhè duì fúwùqì hé GPU zàochéngle jídà fùdān. Shíjì shang, OpenAI céng yīn xìtǒng

压力过大而暂时限制了图像生成功能。像"吉卜力风"这样的
yālì guòdà ér zànshí xiànzhìle túxiàng shēngchéng gōngnéng. Xiàng "Jíbǔlì fēng" zhèyàng de

AI图像为人们带来了乐趣和创意空间，但其背后也暴露出
AI túxiàng wèi rénmen dàiláile lèqù hé chuàngyì kōngjiān, dàn qí bèihòu yě bàolù chū

 🎵 085-02

吉卜力 Jíbǔlì (일본의) 지브리 (스튜디오) | 买账 mǎizhàng 인정하다 | 图像 túxiàng 이미지 | 生成* shēngchéng 생성(하다) | 头像
tóuxiàng 프로필 (사진) | 鲜明 xiānmíng 선명하다 | 冷淡 lěngdàn 냉담하다 | 模仿* mófǎng 모방하다 | 侮辱 wǔrǔ 모욕(하다) |
手绘 shǒuhuì 손 그림 | 运算* yùnsuàn 연산 | 服务器* fúwùqì 서버 | 矛盾 máodùn 모순, 갈등 | 性能* xìngnéng 성능

創作者与技术之间的矛盾，以及系统性能方面的挑战。
chuàngzuòzhě yǔ jìshù zhījiān de máodùn, yǐjí xìtǒng xìngnéng fāngmiàn de tiǎozhàn.

최근 챗GPT의 이미지 생성 기능이 폭발적인 인기를 끌고 있습니다. SNS에서는 이른바 '지브리 프사(프로필 사진)'가 유행하며 챗GPT의 글로벌 사용자 수가 급증하고 있습니다. 그러나 이러한 열풍과는 달리, 지브리 측의 반응은 냉담합니다. 지브리의 대표 감독 미야자키 하야오는 과거 한 다큐멘터리에서 'AI로 내 작품을 흉내 내는 건 삶에 대한 모욕'이라고 강하게 발언한 바 있습니다. 그는 손으로 직접 그리는 전통 방식과 창작자의 감성이 예술의 핵심이라고 강조하며, AI가 예술 스타일을 흉내 내는 데 대해 강한 거부감을 보였습니다.
　　또한, 고화질 이미지를 생성하기 위해 챗GPT가 대량 연산을 처리하면서 서버와 GPU에 과부하가 발생했습니다. 실제로 오픈AI는 시스템 부하로 일시적으로 이미지 생성 기능을 제한하기도 했습니다. 이처럼 '지브리 스타일'과 같은 AI 이미지는 사용자들에게 즐거움과 창의성을 제공하지만, 그 이면에는 창작자와 기술 사이의 갈등, 그리고 시스템 성능에 대한 부담이라는 과제도 함께 드러나고 있습니다.

뉴스 표현 필살기

'与……形成对比'는 '～와 대조를 이루다, ～와 대비를 보이다'라는 뜻으로,
두 현상·수치·태도·추세가 명확히 다른 특징을 보일 때 사용되는 문어적 표현입니다.

年轻人的消费习惯与上一代形成对比。
Niánqīngrén de xiāofèi xíguàn yǔ shàng yídài xíngchéng duìbǐ.
젊은 세대의 소비 습관은 기성세대와 뚜렷한 대조를 이룹니다.

他的谨慎态度与团队的激进策略形成对比。
Tā de jǐnshèn tàidù yǔ tuánduì de jījìn cèlüè xíngchéng duìbǐ.
그의 신중한 태도는 팀의 공격적 전략과 대조를 이룹니다.

今年的出口增速与去年同期形成鲜明对比。
Jīnnián de chūkǒu zēngsù yǔ qùnián tóngqī xíngchéng xiānmíng duìbǐ.
올해 수출 증가율은 지난해 같은 기간과 뚜렷한 대비를 보입니다.

메이링 쌤의 뉴스 Tip

'买账 mǎizhàng'은 원래 '남의 계산을 받아 주다'에서 나온 구어 표현으로, 지금은 '(상대의 말·행동·요구를) 인정하다, 받아들이다, 호응하다'라는 의미로 사용됩니다. 따라서 '不买账'은 '인정하지 않다, 받아들이지 않다, 납득하지 않다'에 해당합니다.

他说得再漂亮，我也不买账。
Tā shuō de zài piàoliang, wǒ yě bù mǎizhàng.
그가 아무리 그럴싸하게 말해도, 나는 받아들이지 않습니다.

用户对这种解释并不买账。
Yònghù duì zhè zhǒng jiěshì bìng bù mǎizhàng.
사용자들은 이런 설명을 납득하지 않습니다.

임대차 계약서 위조해 전세 사기…
피해 금액 160억

涉嫌伪造租赁合同实施全租诈骗，涉案金额达160亿韩元

🎵 086-01

韩国一伙人涉嫌实施**全租**诈骗，并利用伪造的租赁合同从
Hánguó yìhuǒ rén shèxián shíshī quánzū zhàpiàn, bìng lìyòng wěizào de zūlìn hétóng cóng

银行骗取贷款，涉案金额高达160亿韩元，近日被警方移送至
yínháng piànqǔ dàikuǎn, shè'àn jīn'é gāodá yìbǎi liùshí yì Hányuán, jìnrì bèi jǐngfāng yísòng zhì

检察机关。据警方介绍，主犯A某在首尔、仁川和一山等地
jiǎnchá jīguān. Jù jǐngfāng jièshào, zhǔfàn A mǒu zài Shǒu'ěr、Rénchuān hé Yīshān děng dì

购买了48套多户住宅和商务公寓。他从36名租户手中
gòumǎile sìshíbā tào duōhù zhùzhái hé shāngwù gōngyù. Tā cóng sānshíliù míng zūhù shǒuzhōng

收取了共88亿韩元的全租保证金，并用于偿还贷款、
shōuqǔle gòng bāshíbā yì Hányuán de quánzū bǎozhèngjīn, bìng yòngyú chánghuán dàikuǎn、

支付利息和个人生活开销。A某利用了所谓"全租差额投资"
zhīfù lìxī hé gèrén shēnghuó kāixiāo. A mǒu lìyòngle suǒwèi "quánzū chā'é tóuzī"

手法进行诈骗。此外，A某还勾结房产中介，将租户的全租合同
shǒufǎ jìnxíng zhàpiàn. Cǐwài, A mǒu hái gōujié fángchǎn zhōngjiè, jiāng zūhù de quánzū hétóng

伪造成月租合同，向12家金融机构申请贷款，共骗得约
wěizào chéng yuèzū hétóng, xiàng shí'èr jiā jīnróng jīgòu shēnqǐng dàikuǎn, gòng piàn dé yuē

71亿韩元。因为正常情况下，全租房很难获得高额贷款，
qīshíyī yì Hányuán. Yīnwèi zhèngcháng qíngkuàng xià, quánzūfáng hěn nán huòdé gāo'é dàikuǎn,

所以通过造假文件来提高贷款额度。
suǒyǐ tōngguò zàojiǎ wénjiàn lái tígāo dàikuǎn édù.

警方去年接到相关情报后**展开**调查，并于上月将
Jǐngfāng qùnián jiēdào xiāngguān qíngbào hòu zhǎnkāi diàochá, bìng yú shàng yuè jiāng

---

단어+표현 🎵 086-02

涉嫌 shèxián 혐의를 받다 | **租赁** zūlìn 임대(하다) | **实施**＊ shíshī 실행하다 | **诈骗**＊ zhàpiàn 사취하다, 사기 치다 | **涉案**＊ shè'àn 사건에 연루되다 | **贷款**＊ dàikuǎn 대출하다 | **移送** yísòng 송치되다 | **检察** jiǎnchá 검찰 | **租户** zūhù 세입자 | **偿还** chánghuán 상환하다, 갚다 | **开销**＊ kāixiāo 지출, 비용 | **造假** zàojiǎ 위조하다, 조작하다 | **逮捕**＊ dàibǔ 체포하다 | **投保**＊ tóubǎo 보험에 가입하다

A某逮捕。 警方提醒， 许多受害人因为没有购买全租保证保险，
A mǒu dàibǔ.　Jǐngfāng tíxǐng,　xǔduō shòuhàirén yīnwèi méiyǒu gòumǎi quánzū bǎozhèng bǎoxiǎn,

导致无法追回保证金。 建议租户务必投保， 以防万一。
dǎozhì wúfǎ zhuīhuí bǎozhèngjīn.　Jiànyì zūhù wùbì tóubǎo,　　yǐfáng-wànyī.

🔊 전세 사기를 저지르고 임대차 계약서를 위조해 은행에서 불법 대출을 받아 총 160억 원을 챙긴 일당이 최근 검찰에 송치됐습니다. 경찰에 따르면, 주범 A씨는 서울, 인천, 일산 등지에서 빌라와 오피스텔 48채를 매입하고, 36명의 세입자로부터 총 88억 원의 전세 보증금을 받아 대출 상환, 이자 납부, 생활비 등으로 사용한 것으로 드러났습니다. A씨는 이른바 '갭 투자' 방식을 악용해 범행을 저질렀습니다. 또한 A씨는 공인 중개사와 공모해 세입자의 전세 계약서를 월세 계약서로 위조하고 금융 기관 12곳에 대출을 신청하여 약 71억 원을 빼돌렸습니다. 일반적으로 전세를 낀 주택은 고액 대출이 제한되기 때문에, 대출 금액을 늘리기 위해 서류를 조작한 것입니다.
　경찰은 지난해 이 같은 내용에 대한 첩보를 입수하고 수사에 착수했으며, 지난달 A씨를 체포했습니다. 경찰 관계자는 많은 피해자들이 전세 보증 보험에 가입하지 않아 보증금을 돌려받지 못하는 사례가 발생하고 있다며, 전세 계약 시 반드시 보험에 가입해 만일의 사태에 대비해야 한다고 당부했습니다.

뉴스 표현 필살기

'展开'는 '펼치다, 전개하다, 확장하다'라는 의미로, 논의·조사·전략과 같은 추상적 개념에 폭넓게 사용하며, 구체적 실행·전개·추진의 뉘앙스를 강조할 때 특히 많이 쓰입니다.

团队即将展开新一轮评估。
Tuánduì jíjiāng zhǎnkāi xīn yì lún pínggū.
팀은 곧 새로운 차수의 평가를 전개할 예정입니다.

会议上，他们展开了深入讨论。
Huìyì shàng, tāmen zhǎnkāi le shēnrù tǎolùn.
회의에서 그들은 심도 있는 논의를 펼쳤습니다.

公司计划在海外展开布局。
Gōngsī jìhuà zài hǎiwài zhǎnkāi bùjú.
회사는 해외에서 사업을 확장할 계획입니다.

메이링 쌤의 뉴스 Tip

중국에는 집값의 큰 비율을 보증금으로 맡기고 거주하는 한국식 '全租(전세)' 제도 자체가 없습니다. 중국의 임대 시장은 대부분 보증금+월세 조합이며 계약 기간은 보통 6개월 또는 1년입니다. 부동산 계약에 자주 등장하는 표현을 반드시 알아두시는 게 좋습니다.

押金 yājīn 보증금

押一付三 yā yī fù sān 보증금 1개월+월세 3개월치를 한 번에 선불로 납부

押一付一 yā yī fù yī 보증금 1개월+월세 1개월씩 매달 납부

中介费 zhōngjièfèi 중개 수수료 (일부 플랫폼은 한 달치 월세의 35%~100%까지 부과)

管理费/物业费 guǎnlǐfèi/wùyèfèi 관리비

水电费 shuǐdiànfèi 수도·전기 요금, 계량기 기준 실사용량만큼 납부

'청약 통장', 33개월 만에 증가…
청년 주택 정책에 관심 집중

"购房申请专用账户"时隔33个月首次回升，青年住房政策引发关注

🎵 087-01

时隔33个月，韩国用于申请新建公寓的"购房申请
Shígé sānshísān gè yuè, Hánguó yòngyú shēnqǐng xīnjiàn gōngyù de "gòufáng shēnqǐng

专用账户"注册人数首次出现回升。所谓"购房申请
zhuānyòng zhànghù" zhùcè rénshù shǒucì chūxiàn huíshēng. Suǒwèi "gòufáng shēnqǐng

专用账户"，是指想购买新建公寓的人提前开设并定期存款
zhuānyòng zhànghù", shì zhǐ xiǎng gòumǎi xīnjiàn gōngyù de rén tíqián kāishè bìng dìngqī cúnkuǎn

的账户。只有满足一定的存款时间和金额条件，才能获得申请
de zhànghù. Zhǐyǒu mǎnzú yídìng de cúnkuǎn shíjiān hé jīn'é tiáojiàn, cái néng huòdé shēnqǐng

分房及优先购房的资格。而"分房"则是建筑公司将新建住房
fēnfáng jí yōuxiān gòufáng de zīgé. Ér "fēnfáng" zé shì jiànzhù gōngsī jiāng xīnjiàn zhùfáng

出售给普通市民的过程。此前，该账户的注册人数已连续32
chūshòu gěi pǔtōng shìmín de guòchéng. Cǐqián, gāi zhànghù de zhùcè rénshù yǐ liánxù sānshí'èr

个月减少。但近期"第二顺位"注册者数量增加，带动了整体
gè yuè jiǎnshǎo. Dàn jìnqī "dì-èr shùn wèi" zhùcèzhě shùliàng zēngjiā, dàidòngle zhěngtǐ

人数的回升。
rénshù de huíshēng.

特别值得关注的是，政府去年推出的"青年住房梦想购房
Tèbié zhídé guānzhù de shì, zhèngfǔ qùnián tuīchū de "qīngnián zhùfáng mèngxiǎng gòufáng

账户"吸引了大量年轻人。这项政策面向年收入在5000万
zhànghù" xīyǐnle dàliàng niánqīngrén. Zhè xiàng zhèngcè miànxiàng nián shōurù zài wǔqiān wàn

韩元以下、没有自有住房的青年。专家指出，此次人数增加可能
Hányuán yǐxià、méiyǒu zì yǒu zhùfáng de qīngnián. Zhuānjiā zhǐchū, cǐcì rénshù zēngjiā kěnéng

---

💙 단어＋표현 🎵 087-02

专用 zhuānyòng 전용하다 | **回升*** huíshēng 반등하다 | **注册** zhùcè 가입하다, 등록하다 | **开设*** kāishè (계좌를) 개설하다 | **定期** dìngqī 정기적인 | **存款** cúnkuǎn 저금하다 | **优先*** yōuxiān 우선하다, 우대하다 | **面向** miànxiàng ～로 향하다 | **年收入** nián shōurù 연 소득 | **自有** zì yǒu 자기 소유의 | **刺激** cìjī 자극하다, 진작하다 | **房地产*** fángdìchǎn 부동산 | **供应** gōngyìng 공급 | **过剩*** guò shèng 과잉(되다) | **首都圈** shǒudūquān 수도권

是政策刺激带来的短期现象，是否能转变为长期趋势仍需进一步
shì zhèngcè cìjī dàilái de duǎnqī xiànxiàng, shìfǒu néng zhuǎnbiàn wéi chángqī qūshì réng xū jìnyíbù

观察。目前地方房地产仍存在供应过剩，而首都圈则因供应
guānchá. Mùqián dìfāng fángdìchǎn réng cúnzài gōngyìng guòshèng, ér shǒudūquān zé yīn gōngyìng

紧张竞争激烈。因此，对购房申请账户的实用性仍存在不同看法。
jǐnzhāng jìngzhēng jīliè. Yīncǐ, duì gòufáng shēnqǐng zhànghù de shíyòngxìng réng cúnzài bùtóng kànfǎ.

🔊 33개월 만에 아파트 청약을 위한 '청약 통장' 가입자 수가 다시 증가세로 전환됐습니다. '청약 통장'은 신축 아파트를 구매하려는 사람이 미리 가입해 일정 기간 정기적으로 저축하는 전용 계좌입니다. 일정한 가입 기간과 납입 금액 기준을 충족해야 분양 신청 및 우선 구매 자격을 얻을 수 있습니다. 참고로 '분양'은 건설사가 새로 지은 주택을 일반 소비자에게 판매하는 과정입니다. 그동안 청약 통장 가입자 수는 32개월 연속 감소세를 보여왔으나, 최근 들어 '2순위 가입자'가 늘면서 전체 가입자 수가 증가한 것으로 나타났습니다.
　지난해 정부가 내놓은 '청년 주택 드림 청약 통장'이 많은 청년들을 끌어들인 것도 특히 주목할 점인데요, 이 정책은 연 소득 5,000만 원 이하의 무주택 청년을 대상으로 하고 있습니다. 전문가들은 이번 가입자 수 증가가 정책 효과에 따른 일시적 현상일 수 있어, 장기적인 상승세로 이어질지는 좀 더 지켜봐야 한다고 지적했습니다. 현재 지방 부동산 시장은 여전히 공급 과잉이나, 수도권은 공급 부족으로 경쟁이 치열해 청약 통장의 실효성에 대한 의견은 엇갈리고 있습니다.

'时隔'는 특정 시점으로부터 일정 시간이 지난 뒤에 어떤 사건이 다시 발생함을 나타내는 표현입니다. 주로 신문 기사, 공식 발표, 데이터 분석 등에서 사용되는 격식 있는 문어체로, '~만에, ~기간이 지난 후에'라는 의미로 이해하면 됩니다.

时隔两年，项目终于重新启动。
Shígé liǎng nián, xiàngmù zhōngyú chóngxīn qǐdòng.
2년 만에 프로젝트가 마침내 재가동되었습니다.

时隔半年，他们再度签署合作协议。
Shígé bàn nián, tāmen zàidù qiānshǔ hézuò xiéyì.
반년 만에 그들은 다시 협력 협약을 체결했습니다.

时隔数月，市场情绪出现明显反转。
Shígé shù yuè, shìchǎng qíngxù chūxiàn míngxiǎn fǎnzhuǎn.
수개월 만에 시장 심리가 뚜렷한 반전을 보였습니다.

중국에서도 젊은 세대가 느끼는 주택 구매 부담은 매우 큽니다. 특히 베이징·상하이·광저우·선전과 같은 1선 도시에서는 집값이 소득보다 훨씬 높아, 집을 산다는 것은 곧 장기간의 대출을 떠안는다는 의미입니다. 이 때문에 중국 인터넷에서는 '用青春换房子 (청춘을 집과 바꾸다)', '月薪三千，月供一万 (월급은 3천 위안인데, 매달 갚는 주택 대출은 1만 위안이다)'과 같이 현실을 자조하는 다양한 표현들이 유행하고 있습니다.

'주 4일제', 시범 운영에서 제도화로?

每周工作四天，从试点走向制度化?

🎵 088-01

韩国国会图书馆近日发布的《Data+》报告指出，随着人们
Hánguó guóhuì túshūguǎn jìnrì fābù de 《Data+》 bàogào zhǐchū, suízhe rénmen

对"工作与生活平衡"的重视不断提高，以及就业结构的变化，
duì "gōngzuò yǔ shēnghuó pínghéng" de zhòngshì búduàn tígāo, yǐjí jiùyè jiégòu de biànhuà,

"每周四天工作制"正逐渐成为韩国及其他国家的重要政策
"měi zhōu sì tiān gōngzuòzhì" zhèng zhújiàn chéngwéi Hánguó jí qítā guójiā de zhòngyào zhèngcè

议题。根据一项针对1,000名上班族的调查，58.1%
yìtí. Gēnjù yí xiàng zhēnduì yìqiān míng shàngbānzú de diàochá, bǎi fēn zhī wǔshíbā diǎn yī

支持实行四天工作制，但如果工资因此减少，则有49.8%
zhīchí shíxíng sì tiān gōngzuòzhì, dàn rúguǒ gōngzī yīncǐ jiǎnshǎo, zé yǒu bǎi fēn zhī sìshíjiǔ diǎn bā

表示反对。这表明，虽然人们希望减少工作天数，但对工资
biǎoshì fǎnduì. Zhè biǎomíng, suīrán rénmen xīwàng jiǎnshǎo gōngzuò tiānshù, dàn duì gōngzī

保障也非常敏感。
bǎozhàng yě fēicháng mǐngǎn.

目前，首尔、忠清北道和京畿道等地正在试行"每天工作
Mùqián, Shǒu'ěr, Zhōngqīngběidào hé Jīngjīdào děng dì zhèngzài shìxíng "měitiān gōngzuò

10小时、每周工作四天"的制度，以满足育儿或家庭照护等需求。
shí xiǎoshí, měi zhōu gōngzuò sì tiān" de zhìdù, yǐ mǎnzú yù'ér huò jiātíng zhàohù děng xūqiú.

政界方面，一些政党已将四天工作制列入总统选举公约。
Zhèngjiè fāngmiàn, yìxiē zhèngdǎng yǐ jiāng sì tiān gōngzuòzhì lièrù zǒngtǒng xuǎnjǔ gōngyuē.

但现任政府态度较为谨慎，认为在未提高生产效率的前提下，
Dàn xiànrèn zhèngfǔ tàidù jiàowéi jǐnshèn, rènwéi zài wèi tígāo shēngchǎn xiàolǜ de qiántí xià,

---

❤ 단어＋표현 .... 🎵 088-02

试点 shìdiǎn 시행하다, 시범 운영하다 | **平衡**＊ pínghéng 균형, 밸런스 | **议题**＊ yìtí 의제, 이슈 | **实行** shíxíng 실행하다 | **保障** bǎozhàng 보장하다 | **敏感** mǐngǎn 민감하다, 예민하다 | **照护** zhàohù 돌보다 | **政党** zhèngdǎng 정당 | **公约** gōngyuē 공약 | **现任** xiànrèn 현직, 현역 | **谨慎**＊ jǐnshèn 신중하다 | **缩短**＊ suōduǎn 단축하다, 줄이다 | **负面**＊ fùmiàn 부정적인 면

全面缩短工时可能带来负面影响。未来，如何在制度化与灵活性
quánmiàn suōduǎn gōngshí kěnéng dàilái fùmiàn yǐngxiǎng. Wèilái, rúhé zài zhìdùhuà yǔ línghuóxìng

之间找到平衡，将成为政策讨论的关键。
zhījiān zhǎodào pínghéng, jiāng chéngwéi zhèngcè tǎolùn de guānjiàn.

🔊 최근 한국 국회도서관이 발간한 『Data+』 보고서에 따르면, '워라밸'에 대한 관심이 높아지고 고용 구조가 변화함에 따라, '주 4일제'가 한국을 비롯한 여러 국가에서 중요한 정책 과제로 떠오르고 있습니다. 직장인 1,000명을 대상으로 한 조사에 따르면 58.1%가 주 4일제 시행에 찬성했지만, 급여가 줄어드는 조건이 붙을 경우 49.8%가 반대한다고 답했습니다. 이는 근무일이 줄어드는 것을 기대하지만, 임금 보장에 대해서도 민감하다는 것을 보여줍니다.

현재 서울, 충청북도, 경기도 등 일부 지역에서는 '하루 10시간, 주 4일 근무제'를 시범 운영하며, 육아나 가족 돌봄 등의 수요를 반영하고 있으며, 정치권에서도 일부 정당이 주 4일제를 대선 공약에 포함시키기도 했습니다. 하지만 현 정부는 생산성 향상이라는 전제 없이 근무 시간을 줄이면 부정적 영향이 있을 것이라며 신중한 태도를 보이고 있습니다. 향후 제도화와 유연성 사이에서 어떤 균형을 이룰 수 있을지가 정책 논의의 핵심이 될 전망입니다.

뉴스 표현 필살기

'在……的前提下'는 어떤 조건을 전제로 그 범위 안에서만 성립되는 상황을 설명할 때 쓰는 표현입니다.

在资金稳定**的前提下**，项目才能按期推进。
Zài zījīn wěndìng de qiántí xià, xiàngmù cái néng ànqī tuījìn.
자금이 안정적이라는 전제하에서 프로젝트가 일정대로 진행될 수 있습니다.

在不影响质量**的前提下**，我们将优化流程。
Zài bù yǐngxiǎng zhìliàng de qiántí xià, wǒmen jiāng yōuhuà liúchéng.
품질에 영향을 주지 않는다는 전제하에 공정을 최적화할 것입니다.

在合法合规**的前提下**，企业可以扩大投资。
Zài héfǎ héguī de qiántí xià, qǐyè kěyǐ kuòdà tóuzī.
합법적이고 규정을 준수한나는 조건에서 기업은 투자를 확대할 수 있습니다.

메이링 쌤의 뉴스 Tip

중국에서도 젊은 세대를 중심으로 직장인의 현실과 감정을 표현하는 신조어가 크게 유행하고 있는데요, 특히 아래 표현들은 중국 직장인 문화의 핵심 키워드로 자주 언급됩니다.

- **打工人** dǎgōngrén 알바생, 일꾼, 근로자
  중국 젊은 세대가 '먹고살기 위해 일하는 평범한 직장인'인 자신을 가볍게 자조하며 부르는 말입니다.

- **社畜** shèchù 회사의 가축, 회사 노예
  '社畜'는 원래 일본어에서 들어온 표현으로, 회사와 업무에 종속된 직장인의 현실을 과장되게 풍자한 말입니다. '打工人'보다 더 피곤하고, 더 무기력한 느낌이며, 한국어로는 '회사 노예', '프로 야근러'가 유사한 표현입니다.

- **摸鱼** mōyú 월루하다, 몰래 쉬기, 망중한
  '摸鱼'는 직역하면 '물고기를 만지작거리다'인데, 업무 시간에 커피 마시거나 SNS를 보며 잠깐 쉬거나 한숨 돌리는 행동을 가볍게 표현할 때 사용합니다.

안정에서 성장으로…
Z세대 직업관의 조용한 변화

从稳定到成长：Z世代择业观正在悄然转变

♪ 089-01

韩国最新调查显示，Z世代求职者中，选择进入私企的比例
Hánguó zuìxīn diàochá xiǎnshì, Z shìdài qiúzhízhě zhōng, xuǎnzé jìnrù sīqǐ de bǐlì

首次超过公务员。就业平台Jinhaksa Catch对2,074名Z世代
shǒucì chāoguò gōngwùyuán. Jiùyè píngtái Jinhaksa Catch duì liǎngqiān líng qīshísì míng Z shìdài

进行调查发现，在"月薪相同为300万韩元"的假设下，
jìnxíng diàochá fāxiàn, zài "yuèxīn xiāngtóng wéi sānbǎi wàn Hányuán" de jiǎshè xià,

53%表示更愿选择私企，47%选择公务员。
bǎi fēn zhī wǔshísān biǎoshì gèng yuàn xuǎnzé sīqǐ, bǎi fēn zhī sìshíqī xuǎnzé gōngwùyuán.

关于是否考虑报考公务员，69%的受访者表示"没有
Guānyú shìfǒu kǎolǜ bàokǎo gōngwùyuán, bǎi fēn zhī liùshíjiǔ de shòufǎngzhě biǎoshì "méiyǒu

意愿"，仅10%正在准备考试。这表明公务员职业在
yìyuàn", jǐn bǎi fēn zhī shí zhèngzài zhǔnbèi kǎoshì. Zhè biǎomíng gōngwùyuán zhíyè zài

年轻人中的吸引力明显下降。
niánqīngrén zhōng de xīyǐnlì míngxiǎn xiàjiàng.

调查显示，Z世代不愿选择公务员的首要原因是"工资低
Diàochá xiǎnshì, Z shìdài bú yuàn xuǎnzé gōngwùyuán de shǒuyào yuányīn shì "gōngzī dī

(42%)"，其次为"工作内容不合适(20%)"、"缺乏成长
(bǎi fēn zhī sìshí'èr)", qícì wèi "gōngzuò nèiróng bù héshì (bǎi fēn zhī èrshí)"、"quēfá chéngzhǎng

空间(10%)"、"组织文化保守僵化(9%)"等。这说明
kōngjiān (bǎi fēn zhī shí)"、"zǔzhī wénhuà bǎoshǒu jiānghuà (bǎi fēn zhī jiǔ)" děng. Zhè shuōmíng

仅靠提高薪资，难以吸引Z世代加入公共部门。专家指出，
jǐn kào tígāo xīnzī, nányǐ xīyǐn Z shìdài jiārù gōnggòng bùmén. Zhuānjiā zhǐchū,

---

💜 단어+표현 ··· ♪ 089-02

悄然 qiǎorán 조용하다 **|** 求职者 qiúzhízhě 구직자 **|** 私企 sīqǐ 사기업 **|** 公务员 gōngwùyuán 공무원 **|** 月薪 yuèxīn 월급 **|** 假设
jiǎshè 가정하다 **|** 报考 bàokǎo (시험에) 응시하다 **|** 吸引力*xīyǐnlì 매력, 흡인력 **|** 僵化 jiānghuà 경직되다 **|** 薪资*xīnzī 급여 **|** 应对*
yìngduì 대응하다, 대처하다 **|** 亟需*jíxū 시급하다

Z世代将工作视为实现自我成长的平台，而不仅仅是"稳定的岗位"。
Z shìdài jiāng gōngzuò shìwéi shíxiàn zìwǒ chéngzhǎng de píngtái, ér bùjǐnjǐn shì "wěndìng de gǎngwèi".

他们更关注薪资、发展机会和自我价值实现。 为应对这一趋势，
Tāmen gèng guānzhù xīnzī、fāzhǎn jīhuì   hé zìwǒ jiàzhí shíxiàn.   Wèi yìngduì zhè yī qūshì,

韩国公共机构也亟需调整制度与文化，以吸引年轻人才。
Hánguó gōnggòng jīgòu yě jíxū tiáozhěng zhìdù yǔ wénhuà,   yǐ xīyǐn niánqīng réncái.

🔊 최근 조사에 따르면 Z세대 구직자들 사이에서 공무원보다 민간 기업을 선호하는 비율이 처음으로 더 높게 나타났습니다. 취업 플랫폼 진학사 캐치가 Z세대 2,074명을 대상으로 실시한 조사에서, 월급이 300만 원으로 동일하다는 가정하에 53%가 민간 기업을 선택하겠다고 응답했으며, 공무원을 선택한 비율은 47%였습니다. 공무원 시험 준비 의향에 대해서는 69%가 "준비할 생각이 없다"고 답했고, 현재 실제로 시험을 준비 중인 비율은 10%에 그쳤습니다. 이는 공무원이라는 직업에 대한 젊은 세대의 선호도가 크게 줄어들고 있음을 보여줍니다.

　조사에 따르면, Z세대가 공무원을 기피하는 가장 큰 이유는 '낮은 연봉(42%)'이며, 그 외에도 '직무 적합성 부족(20%)', '성장 가능성 부족(10%)', '보수적인 조직 문화(9%)' 등이 뒤를 이었습니다. 이는 단순한 급여 인상만으로는 Z세대를 공공 부문으로 편입시키기 어렵다는 점을 시사합니다. 전문가들은 Z세대가 직장을 단순히 '안정적인 자리'가 아닌 '자기 성장의 무대'로 인식하며, 이들은 연봉, 성장 기회, 자아 실현을 더 중요한 기준으로 삼기 때문에, 한국의 공공 기관도 젊은 인재를 끌어들이기 위해 제도와 조직 문화를 시대 흐름에 맞게 조정하는 것이 시급하다고 지적하고 있습니다.

뉴스 표현 필살기

'在……的假设下'는 '~라는 가정하에, ~이라는 조건에서'라는 뜻으로 특정한 가정·조건을 전제로 할 때 그 범위 안에서만 성립되는 상황을 설명하는 문어체 표현입니다.

在经济复苏**的假设下**，投资需求将逐步增长。
Zài jīngjì fùsū de jiǎshè xià, tóuzī xūqiú jiāng zhúbù zēngzhǎng.
경제가 회복된다는 가정하에 투자 수요는 점차 증가할 것입니다.

在成本稳定**的假设下**，企业才能扩大产能。
Zài chéngběn wěndìng de jiǎshè xià, qǐyè cái néng kuòdà chǎnnéng.
비용이 안정적이라는 전제에서 기업은 생산 능력을 확대할 수 있습니다.

在竞争加剧**的假设下**，品牌差异化变得更加关键。
Zài jìngzhēng jiājù de jiǎshè xià, pǐnpái chāyìhuà biànde gèngjiā guānjiàn.
경쟁이 심화된다는 가정하에 브랜드 차별화는 더욱 중요해집니다.

메이링 쌤의 뉴스 Tip

중국 뉴스나 생활 중에 직장과 관련하여 '体制内 tǐzhì nèi'라는 표현이 자주 사용됩니다. 이는 국가 시스템에 속한 직장을 의미하는 사회 용어로, 정부 기관, 공공 기관(국공립 학교, 공립 병원, 연구소 등), 국유 기업이나·국유 은행 등이 포함됩니다. 안정적이고 복지가 좋으며 해고 위험이 거의 없는 직장의 의미로, 예전 한국의 공무원이 '철밥통'으로 여겨졌던 이미지와 비슷합니다. 하지만 요즘 중국의 '주링허우(90后)', '링링허우(00后)' 세대는 승진이 느리고, 조직이 보수적이며 발전 기회가 적다는 이유로 '体制外 tǐzhì wài'인 민간 기업이나 IT 업종을 더 선호하는 경향도 있습니다.

MBTI 면접 결과에 영향?
한국 대기업 "거의 활용 안 해"

MBTI真能影响面试结果？韩国大型企业回应：几乎不用

🎵 090-01

MBTI性格测试在韩国Z世代中掀起热潮，成为热门话题。
MBTI xìnggé cèshì zài Hánguó Z shìdài zhōng xiānqǐ rècháo, chéngwéi rèmén huàtí.

许多求职者思考是否需要根据企业偏好调整自己的MBTI类型，
Xǔduō qiúzhízhě sīkǎo shìfǒu xūyào gēnjù qǐyè piānhào tiáozhěng zìjǐ de MBTI lèixíng,

以提高面试成功率。但最新调查显示，大多数韩国企业在招聘
yǐ tígāo miànshì chénggōnglǜ. Dàn zuìxīn diàochá xiǎnshì, dàduōshù Hánguó qǐyè zài zhāopìn

过程中并不参考MBTI结果。韩国雇佣劳动部与韩国雇佣
guòchéng zhōng bìng bù cānkǎo MBTI jiéguǒ. Hánguó Gùyōng Láodòngbù yǔ Hánguó Gùyōng

信息院近日对752家企业人事负责人进行调查，结果显示，
Xìnxīyuàn jìnrì duì qībǎi wǔshí'èr jiā qǐyè rénshì fùzérén jìnxíng diàochá, jiéguǒ xiǎnshì,

仅有3.1%的企业（23家）在招聘过程中参考求职者的
jǐnyǒu bǎi fēn zhī sān diǎn yī de qǐyè (èrshísān jiā) zài zhāopìn guòchéng zhōng cānkǎo qiúzhízhě de

MBTI类型，其中实际对录用有明显影响的企业仅占2.3%
MBTI lèixíng, qízhōng shíjì duì lùyòng yǒu míngxiǎn yǐngxiǎng de qǐyè jǐn zhàn bǎi fēn zhī èr diǎn sān

（17家）。尤其是在大型企业和中坚企业中，MBTI的使用率
(shíqī jiā). Yóuqí shì zài dàxíng qǐyè hé zhōngjiān qǐyè zhōng, MBTI de shǐyònglǜ

几乎为零。
jīhū wéi líng.

调查还指出，企业最重视的还是"岗位匹配度"。不论是
Diàochá hái zhǐchū, qǐyè zuì zhòngshì de háishì "gǎngwèi pǐpèidù". Búlùn shì

新入职员工还是具备工作经验的求职者，工作经验、专业背景、
xīn rùzhí yuángōng háishì jùbèi gōngzuò jīngyàn de qiúzhízhě, gōngzuò jīngyàn、zhuānyè bèijǐng,

---

💙 단어+표현　　🎵 090-02

回应 huíyìng 반응(하다) | 性格 xìnggé 성격 | 热门 rèmén 인기 있는 | 偏好* piānhào 선호하다 | 招聘 zhāopìn 구인하다, 채용하다
| 雇佣 gùyōng 고용(하다) | 录用 lùyòng 채용하다 | 中坚 zhōngjiān 중견(의) | 岗位* gǎngwèi 직무, 직장 | 匹配度* pǐpèidù 적합
도 | 入职 rùzhí 입사(하다) | 因素 yīnsù 요소 | 紧要 jǐnyào 중요하다 | 履历* lǚlì 이력 | 堆砌* duīqì 나열하다, 쌓다

职位匹配度仍是最关键的录用因素。相比之下，MBTI或无关紧要
zhíwèi pǐpèidù réng shì zuì guānjiàn de lùyòng yīnsù.　　Xiāngbǐzhīxià,　　MBTI huò wúguān jǐnyào

的"履历堆砌"并不会带来太大优势。
de "lǚlì duīqì"　　bìng bú huì dàilái tài dà yōushì.

🔊 MBTI 성격 유형 검사는 최근 한국 Z세대 사이에서 큰 인기를 끌며 화제가 되고 있습니다. 많은 구직자들은 기업이 선호하는 유형에 자신의 MBTI 를 맞춰 면접에 성공할 확률을 높여야 하는지 고민합니다. 그러나 최근 조사에 따르면 대다수 한국 기업은 채용 과정에서 MBTI 결과를 참고하지 않는 것으로 나타났습니다. 고용 노동부와 한국 고용 정보원이 최근 752개 기업의 인사 담당자를 대상으로 조사한 결과, MBTI를 채용 과정에서 활용한다 고 응답한 기업은 전체의 3.1%(23개)에 불과했으며, 그중 실제로 채용에 영향이 있다고 밝힌 기업은 2.3%(17개)에 그쳤습니다. 특히 대기업과 중견기 업에서는 MBTI를 거의 활용하지 않는 것으로 조사됐습니다.

한편, 기업들이 채용 시 가장 중요하게 고려하는 요소는 '직무 연관성'인 것으로 조사됐습니다. 신입이든 경력직이든 관계없이, 실무 경험, 전공, 직 무 연관성이 여전히 가장 중요한 채용 요소이며, 반면에 MBTI나 직무와 무관한 스펙 등은 채용에 큰 영향을 미치지 않는 것으로 나타났습니다.

👉 뉴스 표현 필살기

'仅有'는 '단지 ~에 불과하다, 겨우 ~이다'라는 뜻으로 숫자나 비율이 매우 적음을 강조하는 표현입니다.

参与者中，仅有少数人通过复试。
Cānyùzhě zhōng, jǐnyǒu shǎoshùrén tōngguò fùshì.
참가자 중 단지 극소수만이 2차 면접을 통과했습니다.

在众多方案中，仅有两个具有可行性。
Zài zhòngduō fāng'àn zhōng, jǐnyǒu liǎng gè jùyǒu kěxíngxìng.
많은 방안 중 겨우 두 개만 실현 가능성이 있습니다.

符合条件者仅有百分之五。
Fúhé tiáojiànzhě jǐnyǒu bǎi fēn zhī wǔ.
조건에 부합하는 사람은 단 5%에 불과합니다.

메이링 쌤의 뉴스 Tip

중국에서는 MBTI만큼이나 '星座 xīngzuò (별자리)'가 Z세대 사이에서 매우 인기 있는 대화 소재입니다. 처음 만난 사람과, 직장 동료와 인사할 때, 심지어 온라인 채팅에서도 "너 무슨 별자리야?"라는 질문은 가볍고 자연스러운 아이스 브레이킹으로 자주 사용됩니다. 중국의 젊은 층은 별자리를 일종의 자기 '캐릭터로 설정 (人设)'하거나 자신을 설명하는 도구로 활용하기 도 합니다. 물론 과장된 이미지지만 중국에서는 이런 별자리 고정 관념이 재미 요소로 널리 사용됩니다.

狮子座 shīzizuò 사자자리 (자신감 있음, 리더십 강함)　　**处女座** chǔnǚzuò 처녀자리 (꼼꼼함, 완벽주의)
双鱼座 shuāngyúzuò 물고기자리 (감성적, 예민함)　　**双子座** shuāngzǐzuò 쌍둥이자리 (똑똑함, 반전 매력)

2025년 한국 최저 시급 1만 원 돌파

韩国2025年最低时薪突破一万韩元

♪ 091 - 01

自2025年起，韩国最低时薪将提高至10,030韩元，
Zì èr líng èr wǔ nián qǐ, Hánguó zuìdī shí xīn jiāng tígāo zhì yíwàn líng sānshí Hányuán,

这意味着"每小时收入超过一万韩元"的时代正式来临。
zhè yìwèizhe "měi xiǎoshí shōurù chāoguò yíwàn Hányuán" de shídài zhèngshì láilín.

与前一年度相比，此次上调幅度为1.7%。回顾2005年
Yǔ qián yī niándù xiāngbǐ, cǐcì shàngtiáo fúdù wéi bǎi fēn zhī yī diǎn qī. Huígù èr líng líng wǔ nián

最低时薪仅为2,840韩元，20年来已上涨至原来的
zuìdī shí xīn jǐn wéi liǎngqiān bābǎi sìshí Hányuán, èrshí niánlái yǐ shàngzhǎng zhì yuánlái de

约3.5倍。另外，韩国实行"周休制度"，根据该制度，以每周
yuē sān diǎn wǔ bèi. Lìngwài, Hánguó shíxíng "zhōu xiū zhìdù", gēnjù gāi zhìdù, yǐ měi zhōu

工作5天、每天8小时的标准来看，若满足条件，将额外获得
gōngzuò wǔ tiān、měitiān bā xiǎoshí de biāozhǔn lái kàn, ruò mǎnzú tiáojiàn, jiāng éwài huòdé

8小时的带薪"周休补贴"，相当于一周总工时为48小时。
bā xiǎoshí de dài xīn "zhōu xiū bǔtiē", xiāngdāngyú yìzhōu zǒng gōngshí wéi sìshíbā xiǎoshí.

以此计算，适用2025年最低时薪，实际月薪约为209万韩元，
Yǐ cǐ jìsuàn, shìyòng èr líng èr wǔ nián zuìdī shí xīn, shíjì yuèxīn yuē wéi èrbǎi líng jiǔ wàn Hányuán,

对应的实际时薪为12,036韩元。
duìyìng de shíjì shí xīn wéi yíwàn liǎngqiān líng sānshíliù Hányuán.

不过，实际体感收入仍因职业类型而异。例如，兼职人员
Búguò, shíjì tǐgǎn shōurù réng yīn zhíyè lèixíng ér yì. Lìrú, jiānzhí rényuán

或临时工可能因不满足条件而无法领取周休补贴；一些全职
huò línshígōng kěnéng yīn bù mǎnzú tiáojiàn ér wúfǎ lǐngqǔ zhōu xiū bǔtiē; yìxiē quánzhí

♥ 단어+표현 ♪ 091 - 02

时薪 shí xīn 시급 | 来临 láilín 이르다, 오다 | 上调* shàngtiáo 인상하다, 상향하다 | 幅度 fúdù 폭 | 回顾* huígù 회상하다, 되돌아보다 | 上涨* shàngzhǎng 오르다, 인상되다 | 补贴* bǔtiē 보조금, 수당 | 对应 duìyìng 대응하다, 상응하다 | 体感* tǐgǎn 체감 | 兼职 jiānzhí 겸직, 아르바이트 | 领取 lǐngqǔ 받다

员工则表示，尽管最低工资有所上涨，但住房、食品和交通等物价
yuángōng zé biǎoshì, jǐnguǎn zuìdī gōngzī yǒusuǒ shàngzhǎng, dàn zhùfáng, shípǐn hé jiāotōng děng wùjià

持续上涨，生活成本的上升速度更快，经济压力并未明显缓解。
chíxù shàngzhǎng, shēnghuó chéngběn de shàngshēng sùdù gèng kuài, jīngjì yālì bìng wèi míngxiǎn huǎnjiě.

🔊 2025년부터 한국의 최저 시급이 10,030원으로 인상되며, '시간당 소득 1만 원 시대'가 본격적으로 열리게 됐습니다. 이는 전년도 대비 1.7% 상승한 수준으로, 2005년 당시 최저 시급 2,840원과 비교하면 20년 동안 약 3.5배 인상된 것입니다. 또한 한국에는 '주휴 제도'가 존재합니다. 이 제도에 따르면 주 5일, 하루 8시간 근무 기준으로 조건을 만족했을 때 8시간분의 '주휴 수당'이 추가되어 결과적으로 주당 근로 시간은 총 48시간이 됩니다. 이를 2025년 최저 시급에 적용하면 월 약 209만 원, 실질 시급은 약 12,036원에 달합니다.
　　다만 이러한 임금 상승이 모든 근로자에게 동일하게 체감되는 것은 아니며, 아르바이트생이나 비정규직 근로자의 경우 주휴 수당 요건을 충족하지 못해 적용을 받지 못할 수 있습니다. 또한 일부 정규직 근로자들도 최저 임금이 다소 상승했지만, 주거비, 식비, 교통비 등 물가의 지속적인 상승으로 생활비 상승 속도가 더 빨라 여전히 경제적 부담을 덜기 어렵다고 지적하고 있습니다.

🌟 뉴스 표현 필살기

'适用'은 특정 규정·기준·제도·정책이 어떤 대상에게 적용된다는 뜻으로, 일상 표현이 아니라 격식 있는 공식 용어입니다.

这项补贴不适用于兼职员工。
Zhè xiàng bǔtiē bú shìyòng yú jiānzhí yuángōng.
해당 보조금은 아르바이트 직원에게는 적용되지 않습니다.

新的收费标准将适用于所有大型门店。
Xīn de shōufèi biāozhǔn jiāng shìyòng yú suǒyǒu dàxíng méndiàn.
새로운 요금 기준은 모든 대형 매장에 적용됩니다.

此规定仅适用于一年以上的正式员工。
Cǐ guīdìng jǐn shìyòng yú yì nián yǐshàng de zhèngshì yuángōng.
이 규정은 근속 1년 이상의 정규직 직원에게만 적용됩니다.

메이링 쌤의 뉴스 Tip

중국어의 '倍'라는 표현은 술어에 따라 뜻이 달라질 수 있기 때문에, 한국어로 단순히 '〜배'라고 해석하기는 어렵습니다. 뉴스를 이해하기 위해 이 차이를 알아 둘 필요가 있습니다.

增加了2倍
zēngjiāle èr bèi
2배 증가했다, 두 배가 늘어났다 (기존 값에서 2배만큼 더 증가함, 예를 들면 100원이 300원이 됨)

增加到2倍
zēngjiā dào èr bèi
2배까지 증가했다, 두 배 수준이 되었다 (정확히 기존 값의 2배가 된 상태, 예를 들면 100원이 200원이 됨)

금값 급등, MZ세대가 이끄는 새로운 투자 열풍

黄金价格飙升，MZ世代引领新一轮投资热潮

🎵 092 - 01

近期，黄金价格大幅上涨，引发了投资者的广泛关注。
Jìnqī, huángjīn jiàgé dàfú shàngzhǎng, yǐnfāle tóuzīzhě de guǎngfàn guānzhù.

2024年4月，国际黄金期货价格一度升至每盎司
Èr líng èr sì nián sì yuè, guójì huángjīn qīhuò jiàgé yídù shēng zhì měi àngsī

2,331.70美元，创下历史新高。这一波金价飙升
liǎngqiān sānbǎi sānshíyī diǎn qī Měiyuán, chuàngxià lìshǐ xīngāo. Zhè yī bō jīn jià biāoshēng

不仅仅源于市场需求的增加，更是多种全球性复杂因素共同
bùjǐnjǐn yuányú shìchǎng xūqiú de zēngjiā, gèng shì duō zhǒng quánqiúxìng fùzá yīnsù gòngtóng

作用的结果。俄乌战争、美中紧张关系加剧、能源价格高涨
zuòyòng de jiéguǒ. É-Wū zhànzhēng、Měi-Zhōng jǐnzhāng guānxì jiājù、néngyuán jiàgé gāozhǎng

等多重因素，进一步加剧了市场对通胀的担忧。在这一背景下，
děng duōchóng yīnsù, jìnyíbù jiājùle shìchǎng duì tōngzhàng de dānyōu. Zài zhè yī bèijǐng xià,

黄金作为传统的"安全资产"，再次受到投资者青睐。黄金
huángjīn zuòwéi chuántǒng de "ānquán zīchǎn", zàicì shòudào tóuzīzhě qīnglài. Huángjīn

具有抗风险能力强、价值波动相对较小、流动性高等特点，
jùyǒu kàng fēngxiǎn nénglì qiáng、jiàzhí bōdòng xiāngduì jiào xiǎo、liúdòngxìng gāo děng tèdiǎn,

即使在高通胀环境下也能保持实际购买力。
jíshǐ zài gāo tōngzhàng huánjìng xià yě néng bǎochí shíjì gòumǎilì.

与此同时，MZ世代的黄金投资热情也在迅速升温。社交
Yǔcǐ tóngshí, MZ shìdài de huángjīn tóuzī rèqíng yě zài xùnsù shēngwēn. Shèjiāo

媒体和线上投资平台的普及显著提升了信息获取的便捷性，
méitǐ hé xiàn shàng tóuzī píngtái de pǔjí xiǎnzhù tíshēngle xìnxī huòqǔ de biànjiéxìng,

---

단어+표현 🎵 092 - 02

飙升 *biāoshēng 급등하다 | **引领** *yǐnlǐng 이끌다 | **期货** qīhuò 선물 | **一度** yídù 한때 | **盎司** àngsī 온스 | **新高** xīngāo 사상 최고 가격 | **波** bō 차례 | **俄乌** É-Wū 러시아-우크라이나 | **能源** *néngyuán 에너지 | **通胀** *tōngzhàng 인플레이션 | **担忧** dānyōu 걱정 하다 | **波动** *bōdòng 변동하다 | **流动性** liúdòngxìng 유동성 | **升温** shēngwēn 활발해지다 | **资讯** zīxùn 정보 | **倾向** qīngxiàng 경향 | **金条** jīntiáo 금괴

年轻投资者们能够通过这些平台获取多样化的投资资讯，并与他人
niánqīng tóuzīzhěmen nénggòu tōngguò zhèxiē píngtái huòqǔ duōyànghuà de tóuzī zīxùn, bìng yǔ tārén

交流意见、积累实战经验。MZ世代倾向于使用ETF、黄金期货、
jiāoliú yìjiàn、 jīlěi shízhàn jīngyàn. MZ shìdài qīngxiàng yú shǐyòng ETF、 huángjīn qīhuò、

小额金条等多样化的投资工具，在投资理念上也更注重长期
xiǎo'é jīntiáo děng duōyànghuà de tóuzī gōngjù, zài tóuzī lǐniàn shàng yě gèng zhùzhòng chángqī

增长与资产稳定性。
zēngzhǎng yǔ zīchǎn wěndìngxìng.

최근 금값이 큰 폭으로 상승하면서 투자자들의 폭넓은 관심을 끌고 있습니다. 2024년 4월 기준, 국제 금 선물 가격은 온스당 2,331.70달러까지 오르며 사상 최고치를 경신했습니다. 이번 금값 급등은 시장 수요 증가뿐만 아니라 전 세계적으로 다양한 요인들이 복합적으로 작용한 결과로, 러시아-우크라이나 전쟁, 미·중 갈등 심화, 에너지 가격 급등 등 여러 요인들이 인플레이션에 대한 우려를 키우고 있습니다. 이러한 상황에서, 금은 전통적인 '안전 자산'으로 다시 주목받고 있습니다. 금은 높은 리스크 회피 능력, 비교적 낮은 가격 변동성, 뛰어난 유동성을 갖추고 있어 높은 인플레이션 환경에서도 실질 구매력을 유지할 수 있는 자산으로 평가받습니다.

이와 동시에 MZ세대의 금 투자 열기도 빠르게 확산되고 있습니다. SNS와 온라인 투자 플랫폼의 보급으로 정보 접근성이 크게 향상되었고, 젊은 투자자들은 이런 플랫폼에서 다양한 투자 정보를 얻고 의견을 나누며 실전 경험을 쌓습니다. MZ세대는 ETF, 금 선물, 소형 금괴 등 다양한 투자 수단을 활용하며, 단기 수익보다는 장기적인 성장과 자산 안정성을 더욱 중시하는 경향을 보이고 있습니다.

뉴스 표현 필살기

'加剧'는 어떤 부정적 상황·문제·갈등·위험 요소가 '더 심해지다, 악화되다'라는 의미로, 격식 있는 문어체 표현입니다.

全球局势加剧了市场的不确定性。
Quánqiú júshì jiājùle shìchǎng de búquèdìngxìng.
글로벌 정세가 시장의 불확실성을 심화시켰습니다.

能源价格上涨加剧了企业的经营压力。
Néngyuán jiàgé shàngzhǎng jiājùle qǐyè de jīngyíng yālì.
에너지 가격 상승이 기업의 경영 부담을 가중시켰습니다.

通胀预期不断升温，加剧了投资者的担忧。
Tōngzhàng yùqī búduàn shēngwēn, jiājùle tóuzīzhě de dānyōu.
인플레이션 우려가 계속 커지며 투자자들의 불안이 증폭되었습니다.

메이링 쌤의 뉴스 Tip

중국어에는 '沉默是金 chénmò shì jīn'이라는 성어가 있는데요, '침묵은 금이다', '말을 아끼는 것이 지혜다'라는 말과 일맥상통합니다. 하지만 단순히 말을 적게 해야 한다는 것이 아니라, 상황을 정확히 판단하고, 불필요한 말로 문제를 키우지 않으며, 감정적 대응을 자제하고 신중하게 행동한다는 의미까지 포함합니다.

他说得越多越容易误会，有时候沉默才是金。
Tā shuō de yuè duō yuè róngyì wùhuì, yǒushíhòu chénmò cái shì jīn.
그는 말을 많이 할수록 오해만 생기는데, 때로는 침묵이 진짜 금이다.

한국 직장인 연말 정산 시작, "잘하면 13월의 월급 받는다?"

韩国上班族年终结算开始，退税拿第13个月工资?

🎵 093-01

每年一到1月，韩国职场人就会开始一项"必修课"——
Měinián yí dào yī yuè, Hánguó zhíchǎngrén jiù huì kāishǐ yí xiàng "bìxiūkè"

年终结算。简单来说，就是国家把你一整年工资里多扣或少
niánzhōng jiésuàn. Jiǎndān lái shuō, jiùshì guójiā bǎ nǐ yì zhěngnián gōngzī lǐ duō kòu huò shǎo

扣的税，重新算一遍，然后多退少补。这也是为什么很多人说，
kòu de shuì, chóngxīn suàn yíbiàn, ránhòu duōtuì-shǎobǔ. Zhè yě shì wèi shéme hěn duō rén shuō,

做好年终结算，就能拿到"第13个月工资"。年终结算其实
zuò hǎo niánzhōng jiésuàn, jiù néng ná dào "dì-shísān gè yuè gōngzī". Niánzhōng jiésuàn qíshí

掌握几个关键点，就能轻松上手。韩国税务局现在推出了
zhǎngwò jǐ yè guānjiàndiǎn, jiù néng qīngsōng shàngshǒu. Hánguó Shuìwùjú xiànzài tuīchūle

"资料一键提交服务"，你只要登录国税厅系统看一眼资料
"zīliào yíjiàn tíjiāo fúwù", nǐ zhǐyào dēnglù Guóshuìtīng xìtǒng kàn yìyǎn zīliào

对不对，有问题补充一下就行。
duì búduì, yǒu wèntí bǔchōng yíxià jiù xíng.

那怎么退税? 关键看这三点: 你交了多少税、有哪些能
Nà zěnme tuìshuì? Guānjiàn kàn zhè sān diǎn: nǐ jiāole duōshǎo shuì、yǒu nǎxiē néng

减税的支出、政府给你的优惠政策。比如，用信用卡、坐公交、
jiǎnshuì de zhīchū、zhèngfǔ gěi nǐ de yōuhuì zhèngcè. Bǐrú, yòng xìnyòngkǎ、zuò gōngjiāo、

捐款，这些都可能帮你少交税。2023年起，有几个重要
juānkuǎn、zhèxiē dōu kěnéng bāng nǐ shǎo jiāo shuì. Èr líng èr sān nián qǐ, yǒu jǐ gè zhòngyào

变化: 租房的上班族，房租抵税比例提高到了15%; 全税
biànhuà: zūfáng de shàngbānzú, fángzū dǐshuì bǐlì tígāo dàole bǎi fēn zhī èrshíwǔ; quán shuì

💙 단어+표현 🎵 093-02

年终结算 niánzhōng jiésuàn 연말 정산 | **职场人** zhíchǎngrén 직장인 | **必修课** bìxiūkè 필수 과목 | **扣** kòu 공제하다 | **多退少补** duōtuì-shǎobǔ 많으면 환급하고 부족하면 추가로 내다 | **关键点** guānjiàndiǎn 핵심, 키포인트 | **上手** shàngshǒu 시작하다, 손대다 | **一键** yíjiàn 원터치 | **提交** tíjiāo 제출하다 | **登录** dēnglù 로그인하다 | **减税** jiǎnshuì 세금을 감면하다 | **优惠** yōuhuì 특혜의, 우대의 | **公交** gōngjiāo 대중교통 | **捐款** juānkuǎn 기부하다 | **抵税** dǐshuì 세금 공제 | **利息** lìxī 이자 | **抵扣** dǐkòu 공제(하다) | **额度** édù 한도액 | **搭配** dāpèi 조합하다, 결합하다 | **借记卡** jièjìkǎ 체크 카드

贷款利息的抵扣额度增加到了400万韩元；信用卡抵税政策延长到
dàikuǎn lìxī de　dǐkòu édù zēngjiā dàole sìbǎi wàn Hányuán;　xìnyòngkǎ dǐshuì zhèngcè yáncháng dào

2025年，还可以搭配使用现金和借记卡来提高抵扣额。
èr líng èr wǔ nián, hái kěyǐ dāpèi shǐyòng xiànjīn hé jièjìkǎ　lái tígāo dǐkòu'é.

🔊 매년 1월이 되면 한국 직장인들은 반드시 챙겨야 할 '연말 정산 시즌'을 맞이합니다. 쉽게 말해, 1년 동안 월급에서 더 내거나 덜 낸 세금을 국가가 다시 계산해 환급하거나 추가로 걷는 과정입니다. 그래서 많은 사람들이 "연말 정산만 잘해도 13월의 월급을 받을 수 있다"라고 합니다. 연말 정산은 몇 가지 핵심만 잘 이해하면 쉽게 할 수 있습니다. 국세청이 '간소화 자료 일괄 제공 서비스'를 도입해, 근로자들은 홈택스 시스템에 로그인해 자료를 확인하고 필요한 부분만 수정·보완하면 됩니다.

　그렇다면 어떻게 환급을 받아야 할까요? 핵심은 크게 세 가지입니다. 올해 얼마나 세금을 냈는지, 어떤 지출이 공제 대상인지, 정부의 세제 혜택이 무엇인지 파악하는 것입니다. 예를 들어, 신용 카드 사용, 대중교통 이용, 기부금은 세금 공제를 받을 수 있는 항목입니다. 2023년부터는 몇 가지 중요한 변화가 있었습니다. 무주택 근로자의 월세 공제율이 15%로 상향됐고, 전세 자금 대출 이자의 공제 한도도 400만 원으로 확대되었습니다. 신용 카드 소득 공제는 2025년까지 연장됐으며, 현금 및 체크 카드를 병행하면 더 많은 공제 혜택을 누릴 수 있습니다.

뉴스 표현 필살기

'只要A，就B'는 'A하기만 하면 B하다, A하기만 하면 B하기에 충분하다'라는 의미로, 조건이 충족되면 바로 결과가 이어지는 것을 나타내는 표현입니다.

只要资料准备齐全，就能顺利申报。
Zhǐyào zīliào zhǔnbèi qíquán, jiù néng shùnlì shēnbào.
자료만 완비되면 바로 순조롭게 보고할 수 있습니다.

只要达到条件，就可以享受税额抵扣。
Zhǐyào dádào tiáojiàn, jiù kěyǐ xiǎngshòu shuì'é dǐkòu.
조건만 충족하면 세액 공제를 받을 수 있습니다.

只要核对无误，就能一键提交。
Zhǐyào héduì wúwù, jiù néng yíjiàn tíjiāo.
확인만 정확히 하면 원클릭 제출이 가능합니다.

메이링 쌤의 뉴스 Tip

한국 직장인들은 4대 보험에 의무 가입하는데요, 중국은 '五险一金 wǔ xiǎn yì jīn'이라는 제도가 있습니다.

- 五险 wǔ xiǎn 다섯 가지 사회 보험

  养老保险 yǎnglǎo bǎoxiǎn 퇴직 후 연금을 수령하는 제도 (국민연금, 퇴직 연금)

  医疗保险 yīliáo bǎoxiǎn 병원 진료·약값 지원 제도 (의료 보험)

  失业保险 shīyè bǎoxiǎn 실직 시 일정 기간 급여 지급 및 재취업 지원 (실업 급여)

  工伤保险 gōngshāng bǎoxiǎn 업무 중 사고·질병 발생 시 치료비·보상 제공 (산재 보험)

  生育保险 shēngyù bǎoxiǎn 출산 관련 의료비·휴가·보조금 지원

- 一金 yì jīn (住房公积金 zhùfáng gōngjījīn)
  직장인 주거 안정을 위해 주택 구입·대출 등에 사용하도록 회사와 직원이 함께 납부하는 제도 (주택 공적금)

'소유'에서 '사용'으로…
구독 경제가 새로운 소비 트렌드?

从"拥有"到"使用"，订阅经济为何成了新潮流？

♪ 094-01

近年来，订阅制正在悄然改变我们的消费方式。无论是
Jìnnián lái, dìngyuèzhì zhèngzài qiǎorán gǎibiàn wǒmen de xiāofèi fāngshì. Wúlùn shì

家电、清洁服务，还是各类生活类产品与内容，越来越多的
jiādiàn、 qīngjié fúwù, háishì gè lèi shēnghuó lèi chǎnpǐn yǔ nèiróng, yuèláiyuè duō de

消费者开始选择订阅服务，而不是一次性购买并长期持有。
xiāofèizhě kāishǐ xuǎnzé dìngyuè fúwù, ér bú shì yícìxìng gòumǎi bìng chángqī chíyǒu.

那么，是什么推动了订阅经济的兴起？
Nàme, shì shénme tuīdòngle dìngyuè jīngjì de xīngqǐ?

首先，是人们消费观念的变化。相比一次性支付高昂费用，
Shǒuxiān, shì rénmen xiāofèi guānniàn de biànhuà. Xiāngbǐ yícìxìng zhīfù gāo'áng fèiyòng,

订阅模式可以将支出分摊至每月，更符合现代人的预算管理
dìngyuè móshì kěyǐ jiāng zhīchū fēntān zhì měi yuè, gèng fúhé xiàndàirén de yùsuàn guǎnlǐ

方式。特别是对租房一族、双职工家庭来说，订阅不仅减轻了
fāngshì. Tèbié shì duì zūfáng yìzú、 shuāngzhígōng jiātíng lái shuō, dìngyuè bùjǐn jiǎnqīngle

管理和维护的负担，还提供了更高的灵活性。其次，"使用权
guǎnlǐ hé wéihù de fùdān, hái tígōngle gèng gāo de línghuóxìng. Qícì, "shǐyòngquán

大于所有权"的价值观逐渐流行。许多年轻人更看重的是
dàyú suǒyǒuquán" de jiàzhíguān zhújiàn liúxíng. Xǔduō niánqīngrén gèng kànzhòng de shì

"当下是否实用"。在这样的大环境下，愿意为体验付费、为
"dāngxià shìfǒu shíyòng". Zài zhèyàng de dà huánjìng xià, yuànyì wèi tǐyàn fùfèi、 wèi

灵活选择买单的消费态度成为主流。此外，数字化生活方式的
línghuó xuǎnzé mǎidān de xiāofèi tàidù chéngwéi zhǔliú. Cǐwài, shùzìhuà shēnghuó fāngshì de

♥ 단어+표현 ·· ♪ 094-02

订阅* dìngyuè 구독(하다) | 清洁 qīngjié 청소 | 持有 chíyǒu 소지하다 | 兴起 xīngqǐ 흥기하다 | 高昂 gāo'áng 비싸다 | 模式*
móshì 모델 | 分摊* fēntān 분담하다, 나눠서 부담하다 | 预算 yùsuàn 예산 | 减轻 jiǎnqīng 덜다, 줄이다 | 买单 mǎidān 지불하다 |
生鲜* shēngxiān 신선식품 | 配送 pèisòng 배송(하다) | 渗透 shèntòu 스며들다, 침투하다 | 弹性* tánxìng 탄력성

普及也是一大推动力。从在线影音、音乐，到生鲜配送、AI工具，
pǔjí yě shì yí dà tuīdònglì. Cóng zàixiàn yǐngyīn、yīnyuè、dào shēngxiān pèisòng、AI gōngjù,

订阅服务正以更便捷、更个性化的形式渗透到人们的日常。在这个
dìngyuè fúwù zhèng yǐ gèng biànjié、gèng gèxìnghuà de xíngshì shèntòu dào rénmen de rìcháng. Zài zhège

快速变化的时代，灵活、弹性的消费方式，或许正是我们需要的答案。
kuàisù biànhuà de shídài, línghuó、tánxìng de xiāofèi fāngshì, huòxǔ zhèng shì wǒmen xūyào de dá'àn.

🔊 최근 몇 년 사이, 구독 서비스가 조용히 우리의 소비 방식을 바꾸고 있습니다. 가전제품이나 청소 서비스는 물론, 다양한 생활용품과 콘텐츠까지도 이제는 한 번에 구매해 소유하는 대신, 구독 서비스를 선택하는 사람이 늘고 있습니다. 그렇다면 무엇이 이러한 구독 경제의 확산을 이끌고 있을까요?
첫째, 소비자들의 인식 변화입니다. 한 번에 큰돈을 지불하는 것보다 비용을 월 단위로 나눠 부담할 수 있는 구독 모델이 현대인의 예산 관리 방식에 더 적합합니다. 특히 1인 가구나 맞벌이 부부들은 구독을 통해 유지·관리의 부담을 줄이고, 상황에 따라 유연하게 선택할 수 있습니다. 둘째, '소유보다 사용'이라는 가치관의 변화가 있습니다. 많은 젊은 사람들이 '지금 필요한가'를 더 중요하게 여기는 경향이 뚜렷해졌습니다. 경험에 비용을 지불하고, 자유롭게 선택할 수 있는 소비 방식이 점차 주류가 되고 있는 것입니다. 마지막으로, 디지털 생활 방식이 보편화 된 것도 구독 경제 확산에 한몫하고 있습니다. 온라인 영상과 음악 스트리밍부터 신선식품 배송이나 AI 툴까지 보다 편리한 맞춤 구독 서비스가 일상에 자리 잡고 있습니다. 빠르게 변화하는 시대에 유연하고 탄력적인 소비 방식이 우리가 찾는 답일지도 모릅니다.

✊ 뉴스 표현 필살기

'或许'는 '어쩌면, 아마도, 혹시'라는 뜻으로 상당히 격식 있고 부드러운 추측을 나타냅니다.

或许，灵活消费将成为未来的主流。
Huòxǔ, línghuó xiāofèi jiāng chéngwéi wèilái de zhǔliú.
어쩌면 유연한 소비 방식이 미래의 주류가 될지도 모릅니다.

当前的趋势或许只是一个开始。
Dāngqián de qūshì huòxǔ zhǐshì yí gè kāishǐ.
현재의 흐름은 어쩌면 시작에 불과할지도 모릅니다.

技术的进步或许会彻底改变我们的生活方式。
Jìshù de jìnbù huòxǔ huì chèdǐ gǎibiàn wǒmen de shēnghuó fāngshì.
기술 발전이 아마 우리의 생활 방식을 완전히 바꿀 수도 있습니다.

메이링 쌤의 뉴스 Tip

'潮流'와 '趋势'는 한국어로 모두 '트렌드'로 번역할 수 있지만, 어감·지속 기간·사용되는 분야에서 차이가 있습니다.

● 潮流 cháoliú 트렌드
유행·패션·문화·라이프스타일 등 감성적·시각적 분야에서 주로 사용합니다.

时尚潮流 패션 트렌드
生活方式潮流 라이프 스타일 트렌드
引领潮流 트렌드를 이끌다

● 趋势 qūshì 추세, 트렌드
경제·사회·산업·기술 등 분야에서 구조적 변화, 장기적 방향, 분석적 용어 등을 설명할 때 사용합니다.

人口结构变化趋势 인구 구조 변화 추세
数字化趋势 디지털화 추세
订阅经济成为一种明显趋势。구독 경제가 뚜렷한 추세가 되고 있다.

생필품은 아껴도, 여행은 포기 못 해…
경험 소비에 지갑 여는 사람들

日常开支省吃俭用，旅行绝不手软——"为体验花钱"

♪ 095-01

在高通胀环境下，韩国消费者在日常生活支出上变
Zài gāo tōngzhàng huánjìng xià, Hánguó xiāofèizhě zài rìcháng shēnghuó zhīchū shàng biàn

得愈发谨慎，但在旅行相关消费上却展现出相对宽容的态度。
de yùfā jǐnshèn, dàn zài lǚxíng xiāngguān xiāofèi shàng què zhǎnxiàn chū xiāngduì kuānróng de tàidù.

相较于食材、书籍等实物消费，消费者更愿意将预算用于机票、
Xiāng jiào yú shícái, shūjí děng shíwù xiāofèi, xiāofèizhě gèng yuànyì jiāng yùsuàn yòngyú jīpiào、

住宿等"体验型"消费。
zhùsù děng "tǐyànxíng" xiāofèi.

据数据分析公司IGAWorks统计，2025年第一季度韩国
Jù shùjù fēnxī gōngsī IGAWorks tǒngjì, èr líng èr wǔ nián dì-yī jìdù Hánguó

信用卡与借记卡消费数据显示，奢侈品消费同比大跌19%，
xìnyòngkǎ yǔ jièjìkǎ xiāofèi shùjù xiǎnshì, shēchǐpǐn xiāofèi tóngbǐ dà diē bǎi fēn zhī shíjiǔ,

图书与食品类也分别下滑14.3%和9%。但与此同时，
túshū yǔ shípǐn lèi yě fēnbié xiàhuá bǎi fēn zhī shísì diǎn sān hé bǎi fēn zhī jiǔ. Dàn yǔcǐ tóngshí,

机票与打车支出激增20.7%，旅行和住宿消费也上升
jīpiào yǔ dǎchē zhīchū jīzēng bǎi fēn zhī èrshí diǎn qī, lǚxíng hé zhùsù xiāofèi yě shàngshēng

5.5%。这表明即便在节省日常开销的情况下，
bǎi fēn zhī wǔ diǎn wǔ. Zhè biǎomíng jíbiàn zài jiéshěng rìcháng kāixiāo de qíngkuàng xià,

消费者仍不愿意减少旅行带来的满足感。
xiāofèizhě réng bú yuànyì jiǎnshǎo lǚxíng dàilái de mǎnzúgǎn.

专家指出，随着物价上涨与经济不稳定持续，人们正在
Zhuānjiā zhǐchū, suízhe wùjià shàngzhǎng yǔ jīngjì bù wěndìng chíxù, rénmen zhèngzài

---

단어+표현 ♪ 095-02

开支* kāizhī 비용 | 省吃俭用 shěngchī-jiǎnyòng 먹고 쓰는 것을 절약하다 | 手软 shǒuruǎn 모질지 못하다, 마음이 약하다 | 愈发 yùfā 더욱 | 宽容 kuānróng 너그럽다, 관대하다 | 实物 shíwù 실물 | 评估* pínggū 평가하다 | 压抑* yāyì 억누르다 | 释放* shìfàng 분출되다 | 回忆* huíyì 추억하다

重新评估支出优先级。 尤其是在疫情之后， 被压抑的旅行需求逐渐
chóngxīn pínggū zhīchū yōuxiānjí.　Yóuqí shì zài yìqíng zhīhòu,　bèi yāyì de lǚxíng xūqiú zhújiàn

释放，越来越多人倾向于将钱花在"值得回忆的体验"上。
shìfàng,　yuèláiyuè duō rén qīngxiàng yú jiāng qián huā zài "zhídé huíyì de tǐyàn" shàng.

🔊 고물가 환경에서 한국 소비자들은 일상생활 비용에는 점점 더 신중해지고 있지만, 여행 관련 소비에는 오히려 관대한 태도를 보이며, 식료품이나 도서 같은 실물 소비보다는 항공권이나 숙박 등 '경험 중심' 소비에 예산을 더 많이 지출하고 있습니다.
　데이터 분석 기업 IGAWorks의 통계에 따르면, 2025년 1분기 기준 한국의 신용·체크 카드 소비에서 명품 소비는 전년 동기 대비 19% 급감했으며, 도서 및 식료품 관련 소비도 각각 14.3%, 9% 감소했습니다. 반면, 항공권과 택시 관련 지출은 20.7% 증가했고, 여행 및 숙박 부문도 5.5% 늘어난 것으로 나타났습니다. 이는 소비자들이 일상 비용을 아끼면서도 여행에서 얻는 만족감만큼은 줄이고 싶지 않다는 인식을 보여줍니다.
　전문가들은 물가 상승과 경제 불안정이 이어지는 가운데 소비자들이 지출의 우선순위를 다시 평가하고 있다고 분석합니다. 특히 팬데믹 이후 억눌려 있던 여행 수요가 점차 회복되면서, 점점 더 많은 사람들이 '추억할 만한 경험'에 돈을 쓰는 것이 더 가치 있다고 여기고 있는 것으로 보입니다.

👉 뉴스 표현 필살기

'即便A，仍/也B'는 '비록 A일지라도, 그래도/여전히 B하다'라는 뜻으로 어려움·제약·불리한 조건이 있어도 결과가 변하지 않을 때 사용됩니다.

即便物价上涨，许多人仍选择投资体验型消费。
Jíbiàn wùjià shàngzhǎng, xǔduō rén réng xuǎnzé tóuzī tǐyànxíng xiāofèi.
비록 물가가 오르더라도, 많은 사람들은 여전히 체험형 소비를 선택합니다.

即便预算有限，年轻人也不愿放弃旅行。
Jíbiàn yùsuàn yǒuxiàn, niánqīngrén yě búyuàn fàngqì lǚxíng.
설령 예산이 부족해도, 젊은이들은 여전히 여행을 포기하지 않습니다.

即便经济不稳定，消费者仍保持一定的消费意愿。
Jíbiàn jīngjì bù wěndìng, xiāofèizhě réng bǎochí yídìng de xiāofèi yìyuàn.
비록 경제가 불안정하더라도, 소비자들은 여전히 일정 수준의 소비 의향을 유지합니다.

메이링 쌤의 뉴스 Tip

경제 뉴스나 통계 보고서에 자주 등장하는 표현인 '同比'와 '环比'는 둘 다 증가·감소를 비교하는 방식이지만, 기준이 완전히 다르기 때문에 반드시 구분해야 합니다.

- 同比 tóngbǐ 전년 동기 대비, 지난해 같은 기간과 비교
  今年一季度消费支出同比增长5.2%。
  Jīnnián yī jìdù xiāofèi zhīchū tóngbǐ zēngzhǎng bǎi fēn zhī wǔ diǎn èr.
  올해 1분기 소비 지출이 전년 동기 대비 5.2% 증가했습니다.

- 环比 huánbǐ 전월 대비, 직전 기간 대비, 바로 직전의 기간과 비교
  本月机票销量环比上升12%。
  Běnyuè jīpiào xiāoliàng huánbǐ shàngshēng bǎi fēn zhī shí'èr.
  이달 항공권 판매량이 전월 대비 12% 증가했습니다.

"많이 내고도 못 받는다?" 한국 청년들, 국민연금 개혁에 의문 제기

"缴得多却不确定能领?" 韩国年轻人质疑国民年金改革

♫ 096 - 01

随着韩国政府推进国民年金制度改革，　年轻一代对未来
Suízhe Hánguó zhèngfǔ tuījìn guómín niánjīn zhìdù gǎigé,　niánqīng yídài duì wèilái

负担的担忧不断加深。　不少人担心，　等他们老了，　年金可能
fùdān de dānyōu búduàn jiāshēn.　Bùshǎo rén dānxīn,　děng tāmen lǎole,　niánjīn kěnéng

已经发不出来了，　但现在却要缴更多的钱。　政府在3月通过
yǐjīng fā bù chūláile,　dàn xiànzài què yào jiǎo gèng duō de qián.　Zhèngfǔ zài sān yuè tōngguò

的改革方案中，　把国民年金的缴费率从原来的9%提高到
de gǎigé fāng'àn zhōng, bǎ guómín niánjīn de jiǎofèilǜ cóng yuánlái de bǎi fēn zhī jiǔ tígāo dào

13%，　将在2026年开始分阶段实施。　同时，　把退休后领取的
bǎi fēn zhī shísān, jiāng zài èr líng èr liù nián kāishǐ fēn jiēduàn shíshī. Tóngshí, bǎ tuìxiū hòu lǐngqǔ de

"所得替代率"从40%提高到43%。　虽然这样可以把年金
"suǒdé tìdàilǜ" cóng bǎi fēn zhī sìshí tígāo dào bǎi fēn zhī sìshísān. Suīrán zhèyàng kěyǐ bǎ niánjīn

基金枯竭时间从2056年延长到2071年，　但年轻人仍然
jījīn kūjié shíjiān cóng èr líng wǔ liù nián yáncháng dào èr líng qī yī nián, dàn niánqīngrén réngrán

不放心。
bú fàngxīn.

　　目前，　韩国政界正在讨论两种改革方向。　一种是引入
Mùqián, Hánguó zhèngjiè zhèngzài tǎolùn liǎng zhǒng gǎigé fāngxiàng. Yì zhǒng shì yǐnrù

"自动调整机制"，　根据出生率下降和人均寿命增加的情况，
"zìdòng tiáozhěng jīzhì", gēnjù chūshēnglǜ xiàjiàng hé rénjūn shòumìng zēngjiā de qíngkuàng,

自动减少年金的发放金额。　另一种则是扩大国家财政的投入。
zìdòng jiǎnshǎo niánjīn de fāfàng jīn'é.　Lìng yì zhǒng zé shì kuòdà guójiā cáizhèng de tóurù.

♥ 단어＋표현　　　　　　　　　　　　　　　　　　　♫ 096 - 02

缴* jiǎo 납부하다 | 质疑* zhìyí 의문을 제기하다 | 年金 niánjīn 연금 | 缴费率 jiǎofèilǜ 납부율 | 领取 lǐngqǔ 받다, 수령하다 | 所得 suǒdé 소득 | 替代率 tìdàilǜ 대체율 | 基金* jījīn 기금 | 枯竭* kūjié 고갈되다, 소진되다 | 寿命 shòumìng 수명

共同民主党认为，自动调整机制会增加国民负担，因此主张政府
Gòngtóng mínzhǔdǎng rènwéi, zìdòng tiáozhěng jīzhì huì zēngjiā guómín fùdān, yīncǐ zhǔzhāng zhèngfǔ

每年拿出相当于GDP1.25%的资金来支持年金制度。
měinián náchū xiāngdāngyú GDP bǎi fēn zhī yī diǎn èr wǔ de zījīn lái zhīchí niánjīn zhìdù.

🔊 한국 정부가 국민연금 제도 개혁을 추진하면서, 젊은 세대의 불안감도 점점 커지고 있습니다. 많은 청년들은 "나이 들어서 연금을 받지 못할 수도 있는데, 지금 왜 더 많이 내야 하느냐"고 의문을 제기하고 있습니다. 정부는 지난 3월, 국민연금 보험 요율을 기존 9%에서 13%로 인상하는 방안을 통과시켰으며, 2026년부터 단계적으로 적용할 계획입니다. 또한, 은퇴 후 받게 되는 '소득 대체율'은 기존 40%에서 43%로 상향 조정하였습니다. 이로 인해 연금 기금의 소진 시점은 2056년에서 2071년으로 늦춰졌지만, 청년층의 불안은 여전히 해소되지 않고 있습니다.

현재 정치권에서는 두 가지 추가 개혁안이 논의되고 있습니다. 하나는 출산율 감소와 기대 수명 증가에 따라 연금 수급액을 자동으로 줄이는 '자동 조정 장치'를 도입하자는 의견이며, 또 다른 하나는 국가 재정을 더 투입하자는 방안입니다. 더불어민주당은 '자동 조정 장치'가 모든 국민의 부담을 늘릴 수 있다며 반대 입장을 보이고 있으며, 대신 매년 GDP의 1.25%를 국민연금 재정에 지원하는 방안을 제시하고 있습니다.

뉴스 표현 필살기

'引入'는 새로운 제도·기술·자원·방식을 '도입하다, 받아들이다'라는 의미로, 주로 공식 문서·뉴스·정책·비즈니스 상황에서 사용되는 격식 높은 표현입니다.

政府计划引入新的评估体系。
Zhèngfǔ jìhuà yǐnrù xīn de pínggū tǐxì.
정부는 새로운 평가 체계를 도입할 계획입니다.

这家公司成功引入海外投资。
Zhè jiā gōngsī chénggōng yǐnrù hǎiwài tóuzī.
이 회사는 해외 투자를 성공적으로 유치했습니다.

学界正在讨论是否应引入自动调整机制。
Xuéjiè zhèngzài tǎolùn shìfǒu yīng yǐnrù zìdòng tiáozhěng jīzhì.
학계에서는 자동 조정 장치를 도입해야 하는지 논의 중입니다.

메이링 쌤의 뉴스 Tip

한국의 국민연금과 가장 비슷한 제도는 중국의 '基本养老保险 jīběn yǎnglǎo bǎoxiǎn (기본 양로 보험)'입니다.
퇴직 후 기본 소득 보장을 목표로 하는 국가 보험으로, 두 가지 유형이 있습니다.

- **城镇职工基本养老保险** chéngzhèn zhígōng jīběn yǎnglǎo bǎoxiǎn 도시 종업원 기본 양로 보험

  기업 직원, 회사원 등 재직자를 대상으로 하며 기업과 개인이 공동으로 납부하는 방식입니다. 구조와 운영 방식에서 한국의 국민연금과 가장 유사합니다.

- **城乡居民基本养老保险** chéngxiāng jūmín jīběn yǎnglǎo bǎoxiǎn 도시·농촌 주민 기본 양로 보험

  고정적인 직장이 없는 주민을 대상으로 하며 개인이 납부 등급을 선택하여 가입합니다.

일자리와 청년, 모두 수도권으로…
지방은 '만성 저성장'에 빠져

就业机会和年轻人都去了首都圈，地方陷入"慢性低增长"

🎵 097-01

最近10年内，全国新增的工作岗位中，几乎一半集中在
Zuìjìn shí niánnèi, quánguó xīn zēng de gōngzuò gǎngwèi zhōng, jīhū yíbàn jízhōng zài

首都圈的新城市。而地方城市则面临工作减少、年轻人流失的
shǒudūquān de xīn chéngshì. Ér dìfāng chéngshì zé miànlín gōngzuò jiǎnshǎo、niánqīngrén liúshī de

双重危机。韩国就业信息院的报告显示，从2013年到2023
shuāngchóng wēijī. Hánguó Jiùyè Xìnxīyuàn de bàogào xiǎnshì, cóng èr líng yī sān nián dào èr líng èr sān

年，全国就业人数增加了331万人，其中约150万人
nián, quánguó jiùyè rénshù zēngjiāle sānbǎi sānshíyī wàn rén, qízhōng yuē yìbǎi wǔshí wàn rén

集中在水原、华城等首都圈南部城市。这些地区交通方便，
jízhōng zài Shuǐyuán、Huáchéng děng shǒudūquān nánbù chéngshì. Zhèxiē dìqū jiāotōng fāngbiàn,

住房条件好，因此成为新的就业中心。相反，地方城市的情况
zhùfáng tiáojiàn hǎo, yīncǐ chéngwéi xīn de jiùyè zhōngxīn. Xiāngfǎn, dìfāng chéngshì de qíngkuàng

不容乐观。例如全罗北道的淳昌、江原道的旌善等地，青年
bùróng-lèguān. Lìrú Quánluóběidào de Chúnchāng、Jiāngyuándào de Jīngshàn děng dì, qīngnián

就业率只有2%左右。
jiùyèlǜ zhǐyǒu bǎi fēn zhī èr zuǒyòu.

随着产业结构变化，工资差距也在扩大。2013年，高工资
Suízhe chǎnyè jiégòu biànhuà, gōngzī chājù yě zài kuòdà. Èr líng yī sān nián, gāo gōngzī

的前20个地区中有8个位于地方，但到了2023年只剩下6个，
de qián èrshí gè dìqū zhōng yǒu bā gè wèiyú dìfāng, dàn dàole èr líng èr sān nián zhǐ shèngxià liù gè,

而且前10名中除了世宗市，其他都是首都圈城市。专家指出，
érqiě qián shí míng zhōng chúle Shìzōng shì, qítā dōu shì shǒudūquān chéngshì. Zhuānjiā zhǐchū,

💙 단어+표현

🎵 097-02

慢性 mànxìng 만성의 ┃ 集中 jízhōng 집중하다 ┃ 流失* liúshī 유출되다, 빠져나가다 ┃ 双重* shuāngchóng 이중 ┃ 不容乐观*
bùróng-lèguān 낙관할 수 없다, 좋지 않다 ┃ 差距 chājù 차이 ┃ 减弱 jiǎnruò 약화하다 ┃ 交织 jiāozhī 뒤섞이다, 맞물리다

青年流失、产业基础减弱和老龄化就业结构交织在一起，让地方
qīngnián liúshī、 chǎnyè jīchǔ jiǎnruò hé lǎolínghuà jiùyè jiégòu jiāozhī zài yìqǐ, ràng dìfāng

进入了"慢性低增长"的状态。为了吸引年轻人留下，住房、文化和
jìnrùle "mànxìng dī zēngzhǎng" de zhuàngtài. Wèile xīyǐn niánqīngrén liúxià, zhùfáng、 wénhuà hé

教育条件变得非常重要。
jiàoyù tiáojiàn biàn de fēicháng zhòngyào.

🔊 지난 10년간 전국에서 새로 생긴 일자리 가운데 거의 절반이 수도권의 신도시에 집중된 것으로 나타났습니다. 반면 지방 도시는 일자리 감소와 청년 인구 유출이라는 이중 위기에 직면해 있습니다. 한국 고용정보원의 보고서에 따르면, 2013년부터 2023년까지 전국 취업자 수는 331만 명 증가했으며, 이 중 약 150만 명이 수원, 화성 등 수도권 남부 지역에 몰렸습니다. 이들 지역은 교통이 편리하고 주거 여건이 좋아 새로운 고용 중심지로 자리 잡고 있습니다. 반대로 지방 도시는 상황이 좋지 않습니다. 예를 들어 전라북도 순창, 강원도 정선 등 지역에서는 청년 고용률이 2% 안팎에 불과합니다.

임금 격차 또한 확대되고 있습니다. 2013년에는 전국 고임금 상위 20개 지역 중 8곳이 지방이었지만, 2023년에는 6곳으로 줄었고, 상위 10개 지역 가운데 세종시를 제외한 모든 지역이 수도권에 위치했습니다. 전문가들은 청년 유출, 산업 기반 약화, 고령화된 고용 구조가 맞물리면서 지방이 '만성적인 저성장' 상태에 빠졌다고 분석합니다. 청년들이 지방에 머물도록 하기 위해서는 주거, 문화, 교육 인프라가 매우 중요하다고 강조했습니다.

뉴스 표현 필살기

'指出'는 문제·현상·원인·관점 등을 '지적하다, 지적하여 밝히다'라는 뜻으로, 주로 보고서·연구·언론·전문가 의견과 같이 공식적이고 격식 있는 문맥에서 사용됩니다.

专家指出，地方城市的竞争力正在减弱。
Zhuānjiā zhǐchū, dìfāng chéngshì de jìngzhēnglì zhèngzài jiǎnruò.
전문가는 지방 도시의 경쟁력이 약화되고 있다고 지적했습니다.

报告指出，青年人口持续外流已成结构性问题。
Bàogào zhǐchū, qīngnián rénkǒu chíxù wàiliú yǐ chéng jiégòuxìng wèntí.
보고서는 청년 인구의 지속적인 유출이 구조적 문제로 자리 잡았다고 밝혔습니다.

研究指出，交通与住房条件会影响就业选择。
Yánjiū zhǐchū, jiāotōng yǔ zhùfáng tiáojiàn huì yǐngxiǎng jiùyè xuǎnzé.
연구에서는 교통과 주거 조건이 취업 선택에 영향을 준다고 지적합니다.

메이링 쌤의 뉴스 Tip

중국에서는 경제가 빠르게 성장하고, 일자리 기회가 많으며, 젊은이들이 가장 가고 싶어 하는 대도시를 말할 때 종종 '北上广深成杭渝'라고 표현합니다. 이것은 중국에서 가장 핵심적이고 영향력 있는 7개 도시의 약칭입니다.

北京 Běijīng 베이징 → 北 Běi / 京 Jīng
上海 Shànghǎi 상하이 → 上 Shàng / 沪 Hù

广州 Guǎngzhōu 광저우 → 广 Guǎng
深圳 Shēnzhèn 선전 → 深 Shēn
成都 Chéngdū 청두 → 成 Chéng
杭州 Hángzhōu 항저우 → 杭 Háng
重庆 Chóngqìng 충칭 → 渝 Yú

물가가 떨어지면 왜 금리를 내릴까요?

为什么物价下降时要降息?

🎵 098-01

物价和利率到底有什么关系呢？ 利率是由像韩国银行
Wùjià hé lìlǜ dàodǐ yǒu shénme guānxì ne? Lìlǜ shì yóu xiàng Hánguó yínháng

这样的中央银行决定的。当基准利率下降时，商业银行的贷款
zhèyàng de zhōngyāng yínháng juédìng de. Dāng jīzhǔn lìlǜ xiàjiàng shí, shāngyè yínháng de dàikuǎn

利率也会随之下调。这样一来，企业和家庭更容易借到钱，
lìlǜ yě huì suízhī xiàtiáo. Zhèyàng yìlái, qǐyè hé jiātíng gèng róngyì jièdào qián,

从而带动消费和经济活力。但如果市场上的资金太多，物价又
cóng'ér dàidòng xiāofèi hé jīngjì huólì. Dàn rúguǒ shìchǎng shàng de zījīn tài duō, wùjià yòu

可能重新上涨。因为消费需求增加后，可能超过市场供给，
kěnéng chóngxīn shàngzhǎng. Yīnwèi xiāofèi xūqiú zēngjiā hòu, kěnéng chāoguò shìchǎng gōngjǐ,

导致商品和服务价格上涨。所以中央银行通常会在物价
dǎozhì shāngpǐn hé fúwù jiàgé shàngzhǎng. Suǒyǐ zhōngyāng yínháng tōngcháng huì zài wùjià

稳定后才选择降息。这次韩国的物价涨幅已经降到2%以下，
wěndìng hòu cái xuǎnzé jiàngxī. Zhè cì Hánguó de wùjià zhǎngfú yǐjīng jiàngdào bǎi fēn zhī èr yǐxià,

因此具备了降息的条件。
yīncǐ jùbèile jiàngxī de tiáojiàn.

同时，贷款增加也是一个重要考量。在高利率的情况下，
Tóngshí, dàikuǎn zēngjiā yě shì yí gè zhòngyào kǎoliáng. Zài gāo lìlǜ de qíngkuàng xià,

住房贷款仍不断增加，带动首都圈房价上涨，使韩国
zhùfáng dàikuǎn réng búduàn zēngjiā, dàidòng shǒudūquān fángjià shàngzhǎng, shǐ Hánguó

银行一直不敢轻易降息。但由于政府加强了贷款限制，从9月
yínháng yìzhí bùgǎn qīngyì jiàngxī. Dàn yóuyú zhèngfǔ jiāqiángle dàikuǎn xiànzhì, cóng jiǔ yuè

🎵 098-02

降息 jiàngxī 금리를 인하하다 | **基准利率** jīzhǔn lìlǜ 기준 금리 | **下调*** xiàtiáo 인하하다, 하향하다 | **供给** gōngjǐ 공급 | **涨幅***
zhǎngfú 상승 폭, 상승률 | **考量** kǎoliáng 고려하다 | **放缓*** fànghuǎn 완화하다 | **负债*** fùzhài 부채 | **适度** shìdù 적절하다, 적당하다
| **紧缩*** jǐnsuō 긴축하다

起家庭贷款增长速度开始放缓，也让本次降息成为可能。韩国
qǐ jiātíng dàikuǎn zēngzhǎng sùdù kāishǐ fànghuǎn, yě ràng běn cì jiàngxī chéngwéi kěnéng. Hánguó

银行表示："在物价稳定、家庭负债增长放缓的背景下，适度降低
yínháng biǎoshì: "Zài wùjià wěndìng, jiātíng fùzhài zēngzhǎng fànghuǎn de bèijǐng xià, shìdù jiàngdī

紧缩政策的强度是合适的选择。"
jǐnsuō zhèngcè de qiángdù shì héshì de xuǎnzé."

🔊 물가와 금리는 어떤 관계일까요? 금리를 결정하는 기관은 한국은행 같은 중앙은행입니다. 기준 금리가 내려가면 시중 은행의 대출 금리도 함께 내려갑니다. 그러면 기업이나 가정이 돈을 더 쉽게 빌릴 수 있어, 소비를 촉진하고 경제에 활력을 주게 되는 것이죠. 하지만 시중에 돈이 많이 풀리면 물가가 다시 오를 수도 있습니다. 소비가 많아지면 수요가 공급을 넘어서면서 상품과 서비스 가격이 오르기 때문입니다. 그래서 중앙은행은 물가가 안정된 후에야 금리를 인하하려 합니다. 최근 물가 상승률이 2% 아래로 떨어지면서 금리 인하의 조건이 갖춰진 셈입니다.
　　또한 대출 증가도 중요한 고려 대상입니다. 고금리 상황에서도 주택 담보 대출이 늘며 수도권 집값이 오르자 한국은행은 쉽게 금리를 내리지 못했습니다. 하지만 정부의 대출 규제로 9월부터 가계 대출 증가세가 꺾이면서 이번 금리 인하가 가능했던 것입니다. 한국은행은 "물가가 안정되고 가계 부채 증가도 둔화된 만큼, 긴축 정책 강도를 적절히 완화하는 것이 적합하다고 판단했다"라고 밝혔습니다.

👉 뉴스 표현 필살기

'放缓'은 속도를 '늦추다, 완화하다'라는 의미로, 경제·정책·시장·수치 변화 등을 설명할 때 쓰는 격식 있는 표현입니다.

经济增速正在放缓。
Jīngjì zēngsù zhèngzài fànghuǎn.
경제 성장 속도가 둔화되고 있습니다.

专家指出，物价上涨趋势已明显放缓。
Zhuānjiā zhǐchū, wùjià shàngzhǎng qūshì yǐ míngxiǎn fànghuǎn.
전문가는 물가 상승 추세가 뚜렷하게 완화되었다고 지적했습니다.

政策实施后，家庭贷款增长开始放缓。
Zhèngcè shíshī hòu, jiātíng dàikuǎn zēngzhǎng kāishǐ fànghuǎn.
정책 시행 후 가계 대출 증가가 둔화되기 시작했습니다.

메이링 쌤의 뉴스 Tip

중국어를 배우는 한국인이 자주 혼동하는 표현 중 하나가 바로 '合适'와 '适合'입니다. 두 단어 모두 '맞다, 알맞다'라는 뜻을 가지고 있지만, 문장에서의 역할(품사)과 강조하는 의미가 다릅니다.

● **合适** héshì 적절하다, 알맞다, 상황에 맞다 **(형용사)**
뒤에 목적어를 직접 붙일 수 없으며, 사물이나 상황이 적절한지 여부를 나타내기 때문에 '합당하다, 적절하다'라는 의미에 가깝습니다.
这件衣服很合适。 이 옷은 아주 적절해요 (잘 맞아요).

● **适合** shìhé ~에 어울리다, 적합하다 **(동사)**
반드시 목적어(대상)가 필요하며, 사람·대상과의 적합성을 강조하기 때문에 '어울리다, ~에게 적합하다'에 가깝습니다.
这件衣服适合你。 이 옷은 당신에게 잘 어울려요.

미중 무역 전쟁 격화…
한국 수출 경제에 큰 위협

中美贸易战加剧，韩国出口经济面临严峻挑战

♫ 099 - 01

随着中美贸易战不断 升级，高度依赖出口的韩国经济正
Suízhe Zhōng-Měi màoyì zhàn búduàn shēngjí, gāodù yīlài chūkǒu de Hánguó jīngjì zhèng

面临日益严峻的外部风险。 自2018年美国政府对中国
miànlín rìyì yánjùn de wàibù fēngxiǎn. Zì èr líng yī bā nián Měiguó zhèngfǔ duì Zhōngguó

加征关税以来，受限产品范围持续扩大。 韩国金融研究院在
jiāzhēng guānshuì yǐlái, shòu xiàn chǎnpǐn fànwéi chíxù kuòdà. Hánguó Jīnróng Yánjiūyuàn zài

最新报告中指出，这种背景下，韩国企业与金融机构无意间
zuìxīn bàogào zhōng zhǐchū, zhè zhǒng bèijǐng xià, Hánguó qǐyè yǔ jīnróng jīgòu wúyìjiān

违反国际制裁规定的风险也在增加。 尤其是韩国的核心出口
wéifǎn guójì zhìcái guīdìng de fēngxiǎn yě zài zēngjiā. Yóuqí shì Hánguó de héxīn chūkǒu

产业——半导体、汽车、造船等，依赖复杂的全球供应链，
chǎnyè bàndǎotǐ、 qìchē、 zàochuán děng, yīlài fùzá de quánqiú gōngyìngliàn,

难以完全避开与被制裁国家或企业的接触。 一旦企业卷入制裁，
nányǐ wánquán bìkāi yǔ bèi zhìcái guójiā huò qǐyè de jiēchù. Yídàn qǐyè juǎnrù zhìcái,

银行等金融机构可能因担心高额罚款与声誉受损而停止资金
yínháng děng jīnróng jīgòu kěnéng yīn dānxīn gāo'é fákuǎn yǔ shēngyù shòusǔn ér tíngzhǐ zījīn

支持，严重影响企业融资能力。
zhīchí, yánzhòng yǐngxiǎng qǐyè róngzī nénglì.

专家建议，韩国应建立国家层面的制裁信息共享平台，
Zhuānjiā jiànyì, Hánguó yīng jiànlì guójiā céngmiàn de zhìcái xìnxī gòngxiǎng píngtái,

强化公私合作网络，并培养应对制裁的专业人才。 同时，还
qiánghuà gōngsī hézuò wǎngluò, bìng péiyǎng yìngduì zhìcái de zhuānyè réncái. Tóngshí, hái

---

💟 단어+표현 ·· ♫ 099 - 02

升级 shēngjí 확대되다, 심화되다 | **依赖**＊yīlài 의존하다 | **加征** jiāzhēng 추가로 징수하다 | **违反** wéifǎn 위반하다 | **制裁**＊zhìcái 제재
(하다) | **半导体** bàndǎotǐ 반도체 | **供应链**＊gōngyìngliàn 공급망, 공급 체인 | **避开** bìkāi 피하다 | **卷入** juǎnrù 연루되다, 말려들다 |
声誉 shēngyù 명성, 명예 | **融资**＊róngzī 융자, 자금 조달 | **层面** céngmiàn 차원, 방면 | **共享**＊gòngxiǎng 공유하다 | **提议** tíyì 제안
하다 | **冲击** chōngjī 충격, 타격

提议设立"金融制裁应对基金"，为受到制裁冲击的企业提供必要
tíyì shèlì　　　 "jīnróng zhìcái yìngduì jījīn",　　　 wèi shòudào zhìcái chōngjī de qǐyè tígōng bìyào

的财政支持。
de cáizhèng zhīchí.

🔊 미국과 중국 간 무역 전쟁이 계속해서 격화되면서, 수출 의존도가 높은 한국 경제의 외부 리스크가 점점 커지고 있습니다. 2018년 미국 정부가 중국에 대한 추가 관세를 부과한 이후 통제 대상 품목이 점차 확대되고 있습니다. 한국 금융연구원은 최근 발표한 보고서에서, 이러한 상황에서 한국 기업과 금융 기관이 본의 아니게 국제 제재를 위반할 위험도 함께 커지고 있다고 지적했습니다. 특히 반도체, 자동차, 조선 등 한국의 핵심 수출 산업은 복잡한 글로벌 공급망에 의존하고 있어, 제재 대상 국가나 기업과의 접촉을 완전히 피하기 어렵습니다. 기업이 제재에 연루될 경우, 은행 등 금융 기관은 고액의 벌금이나 평판 훼손을 우려해 자금 지원을 중단할 수 있으며, 이는 기업의 자금 조달에 심각한 악영향을 미칠 수 있습니다.
　전문가들은 이에 대응하기 위해 국가 차원의 제재 정보 공유 플랫폼 구축, 공공–민간 협력 네트워크 강화, 제재 대응 전문 인력 양성이 필요하다고 강조했습니다. 아울러 '금융 제재 대응 기금'을 조성해 제재로 타격을 입은 기업에 재정적 지원을 제공해야 한다는 제안도 나왔습니다.

뉴스 표현 필살기

'难以'는 '～하기 어렵다, ～하기 힘들다'라는 의미의 격식 있고 문어적인 표현입니다.

供应链过于复杂，风险难以完全控制。
Gōngyìngliàn guòyú fùzá, fēngxiǎn nányǐ wánquán kòngzhì.
공급망이 지나치게 복잡해 리스크를 완전히 통제하기 어렵습니다.

在当前局势下，企业难以预测未来的市场变化。
Zài dāngqián júshì xià, qǐyè nányǐ yùcè wèilái de shìchǎng biànhuà.
현재의 정세에서는 기업이 향후 시장 변화를 예측하기 어렵습니다.

缺乏制裁信息时，金融机构难以迅速作出判断。
Quēfá zhìcái xìnxī shí, jīnróng jīgòu nányǐ xùnsù zuòchū pànduàn.
제재 정보기 부족할 때 금융 기관은 신속하게 판단하기 어렵습니다.

메이링 쌤의 뉴스 Tip

중국어에서 '升级 shēngjí'라는 단어는 매우 폭넓게 쓰이기 때문에, 한국어로 번역할 때 문맥에 따라 다른 표현을 써야 자연스럽습니다.

● **국제 관계·갈등 상황:** 격화되다, 고조되다, 심화되다
　贸易战不断升级。 무역전쟁이 계속 격화되고 있다.

● **기술·제품·시스템:** 업그레이드하다, 고도화하다
　软件需要升级。 소프트웨어를 업그레이드해야 한다.

● **기준·규모·등급 상승:** 상향되다, 상향 조정되다
　安全标准全面升级。 안전 기준이 전면 상향 조정되었다.

● **서비스·환경·경험 개선:** 개선되다, 향상되다
　城市公共服务全面升级。 도시 공공 서비스가 전면적으로 개선되었다.

제21대 대통령 선거,
해외 체류 중 투표 방법은?

韩国第21届总统选举期间，在海外如何投票？

♪ 100-01

韩国第21届总统选举将于6月3日举行。如果你在选举
Hánguó dì-èrshíyī jiè zǒngtǒng xuǎnjǔ jiāng yú liù yuè sān rì jǔxíng. Rúguǒ nǐ zài xuǎnjǔ

当天因出国出差、留学或旅游等原因不在韩国境内，是否就
dàngtiān yīn chūguó chūchāi、liúxué huò lǚyóu děng yuányīn bú zài Hánguó jìngnèi, shìfǒu jiù

无法投票了呢？为保障海外公民的投票权，韩国中央
wúfǎ tóupiàole ne? Wèi bǎozhàng hǎiwài gōngmín de tóupiàoquán, Hánguó Zhōngyāng

选举管理委员会设立了"提前投票"与"海外投票"两种方式。
Xuǎnjǔ Guǎnlǐ Wěiyuánhuì shèlìle "tíqián tóupiào" yǔ "hǎiwài tóupiào" liǎng zhǒng fāngshì.

国内选民可于5月29日（周四）至30日（周五）上午6点至下午
Guónèi xuǎnmín kě yú wǔ yuè èrshíjiǔ rì (zhōu sì) zhì sānshí rì (zhōu wǔ) shàngwǔ liù diǎn zhì xiàwǔ

6点前往各地提前投票站投票，无需事先申请，携带有效
liù diǎn qiánwǎng gèdì tíqián tóupiàozhàn tóupiào, wúxū shìxiān shēnqǐng, xiédài yǒuxiào

身份证即可。如果当日无法投票，请务必利用好这次机会。
shēnfènzhèng jí kě. Rúguǒ dàngrì wúfǎ tóupiào, qǐng wùbì lìyòng hǎo zhè cì jīhuì.

而计划出国或选举当天身在海外的选民，也可通过"海外
Ér jìhuà chūguó huò xuǎnjǔ dàngtiān shēn zài hǎiwài de xuǎnmín, yě kě tōngguò "hǎiwài

选民登记"或"境外缺席申报"在国外投票。"海外选民登记"
xuǎnmín dēngjì" huò "jìngwài quēxí shēnbào" zài guówài tóupiào. "Hǎiwài xuǎnmín dēngjì"

适用于无韩国居民登记的公民；已登记且将在投票日前离境、
shìyòng yú wú Hánguó jūmín dēngjì de gōngmín; yǐ dēngjì qiě jiāng zài tóupiàorì qián líjìng、

选举后回国的旅客、留学生、出差人员等，可进行"境外缺席
xuǎnjǔ hòu huíguó de lǚkè、 liúxuéshēng、 chūchāi rényuán děng, kě jìnxíng "jìngwài quēxí

♥ 단어+표현 ♪ 100-02

选举 xuǎnjǔ 선거(하다) | **投票** tóupiào 투표(하다) | **境内** jìngnèi 경내, 국내 | **选民** xuǎnmín 유권자, 선거인 | **投票站** tóupiàozhàn 투표소 | **携带** xiédài 휴대하다, 지니다 | **境外** jìngwài 경외, 국외, 해외 | **缺席** quēxí 결석, 부재 | **申报** shēnbào 신고하다 | **离境** líjìng 출국하다 | **使领馆** shǐlǐngguǎn 대사관과 영사관의 총칭

申报"。申报须在4月24日前完成，并于5月20日至25日期间
shēnbào". Shēnbào xū zài sì yuè èrshísì rì qián wánchéng, bìng yú wǔ yuè èrshí rì zhì èrshíwǔ rì qījiān

前往当地韩国使领馆等指定地点完成投票。
qiánwǎng dāngdì Hánguó shǐlǐngguǎn děng zhǐdìng dìdiǎn wánchéng tóupiào.

🔊 제21대 대한민국 대통령 선거가 오는 6월 3일에 실시됩니다. 선거 당일 출국 예정이거나 출장, 유학, 여행 등의 이유로 해외에 체류 중이라면 투표를 할 수 없는 것일까요? 해외에 거주하거나 일시적으로 체류 중인 국민도 투표권을 행사할 수 있도록 중앙선거관리위원회는 '사전 투표'와 '재외 투표' 제도를 운영하고 있습니다. 국내 유권자는 5월 29일(목), 30일(금) 오전 6시부터 오후 6시까지 각 지역 사전 투표소를 방문하여 별도의 신청 없이 신분증만으로 투표할 수 있습니다. 선거 당일 투표가 어려우시다면 반드시 이 기간을 활용하시기 바랍니다.

출국 예정이거나 선거 당일 해외에 체류 중인 유권자는 '재외선거인 등록' 또는 '국외부재자 신고'를 통해 해외에서도 투표할 수 있습니다. '재외선거인 등록'은 한국에 주민등록이 없는 국민이 대상이며, 이미 주민등록이 되어 있고 사전투표 이전에 출국하여 선거 이후에 귀국하시는 여행자, 유학생, 출장자 등은 '국외부재자 신고'를 하면 됩니다. 국외부재자 신고는 4월 24일까지 완료해야 하며, 5월 20일부터 25일 사이에 해당 국가의 주재 한국 대사관 또는 총영사관 등 지정 장소에서 투표해야 합니다.

'务必'는 '반드시, 꼭, 어떤 일이 있어도 반드시 해야 한다'는 의미로, 아주 격식 있고 공식적인 문어 표현입니다.
정부 공지, 회사 지시, 공식 안내문, 계약서 등에서 자주 사용됩니다.

请务必在截止日期前提交材料。
Qǐng wùbì zài jiézhǐ rìqī qián tíjiāo cáiliào.
마감 날짜 전에 반드시 자료를 제출해 주시기 바랍니다.

为了安全，请务必佩戴好安全设备。
Wèile ānquán, qǐng wùbì pèidài hǎo ānquán shèbèi.
안전을 위해 꼭 안전 장비를 착용해 주십시오.

出国前务必确认投票申报是否完成。
Chūguó qián wùbì quèrèn tóupiào shēnbào shìfǒu wánchéng.
출국 전에 투표 신고가 완료되었는지 반드시 확인해야 합니다.

'如何'는 한국어의 '어떻게'에 해당하는 표현이지만, 일상 회화보다는 뉴스·보고서·공식 안내문에서 더 자주 쓰이는
격식 있는 문어 표현입니다. 또한 '如何'는 문장 안에서 쓰일 때와 문장 끝에 올 때 의미가 조금 달라집니다. 문장 중간에는
'어떻게 ~할 것인가?', 문장 끝에서는 '어떠한가요?'라는 뜻을 가집니다.

我们应该如何应对这种情况？
Wǒmen yīnggāi rúhé yìngduì zhè zhǒng qíngkuàng?
우리는 이런 상황을 어떻게 대처해야 할까?

最近工作如何？
Zuìjìn gōngzuò rúhé?
요즘 일은 어떻습니까?

MP3 파일 다운로드
및 실시간 재생 서비스

뉴스 어휘 리스트
PDF 다운로드

지은이 권미령
펴낸이 정규도
펴낸곳 (주)다락원

초판 1쇄 발행 2026년 4월 10일

편집장 이상윤
편집 김현주
디자인 윤지영
조판 최영란
일러스트 이진희(낫노멀)
사진 Shutterstock
성우 王乐, 朴龙君, 권영지, MURF AI(워크북 일부)

다락원 경기도 파주시 문발로 211
전화 (02)736-2031(내선 250~252/내선 430, 561)
팩스 (02)732-2037
출판등록 1977년 9월 16일 제406-2008-000007호

ISBN 978-89-277-2360-8 13720

Photo Credits (Shutterstock)
Academia Centrum Limited (p.11) | ad-foto (p.35) | Tada Images (p.39, 57,
181) | QINQIE99 (p.41) | ThamKC (p.43) | Robert Way (p.47, 113, 159) |
Zhongxinyashi_Photo (p.53) | Radio kafka (p.65) | Ki young (p.73) | Shan_shan
(p.83) | atiger (p.103) | Dr David Sing (p.105) | Lushengyi (p.119) | BENNYLAN
(p.143) | Brookgardener (p.185)

---

www.darakwon.co.kr
다락원 홈페이지를 방문하시면 상세한 출판 정보와 함께 동영상 강좌, MP3 자료 등
다양한 어학 정보를 얻으실 수 있습니다.

A 녹음을 듣고 빈칸에 올바른 한어병음을 써보세요.　　　　　　　🎵 W-001

(1) Cháng shíjiān dītóu huò qián qīng de zīshì huì ＿＿＿＿＿＿＿ jǐngzhuī
zhèngcháng de C xíng qūxiàn xiāoshī.

(2) Jǐn bǎi fēn zhī qī ＿＿＿＿＿＿＿ biǎoshì měirì néng huòdé shēndù shuìmián.

(3) Zhè yī yǐnshífǎ zhǔzhāng yòng jūnhéng、tiānrán de shíwù ＿＿＿＿＿＿＿ xīnlà、
cìjīxìng de shíwù.

(4) Jiāshàng rén yǔ rén zhījiān jiēchù ＿＿＿＿＿＿＿ , róngyì yǐnfā xiāngduì
＿＿＿＿＿＿＿ , jìn'ér jiāzhòng xīnlǐ fùdān.

(5) Liùshíwǔ suì yǐshàng lǎonián cānbǎorén hái kě xiǎngshòu bùfen yìchǐ hé
＿＿＿＿＿＿＿ de bǎoxiǎn bàoxiāo.

B 녹음을 듣고 빈칸에 올바른 번호를 써보세요.　　　　　　　🎵 W-002

❶延缓　　　❷至少　　　❸则以　　　❹激素　　　❺引发

(1) 韧带过度紧张，从而 ＿＿＿＿ 疼痛。

(2) 其中男性多反映睡眠时间不足，女性 ＿＿＿＿ 睡眠障碍为主。

(3) 通过健康的饮食和生活习惯来 ＿＿＿＿ 身体的衰老进程。

(4) 专家认为，日照时间骤增、气温变化以及社会压力等综合因素会打乱
大脑内的 ＿＿＿＿ 平衡，导致抑郁症状加剧。

(5) 因此，建议每年 ＿＿＿＿ 进行一次洗牙。

C 녹음을 듣고 빈칸에 올바른 한자를 써보세요.　🎵 W-003

(1)　有助于 ＿＿＿＿＿＿＿ 症状。

(2)　尽管不少人使用智能设备改善睡眠，但近半数用户 ＿＿＿＿＿＿＿ 效果不佳。

(3)　"低速衰老饮食"的核心在于 ＿＿＿＿＿＿＿ 低血糖指数的杂粮饭。

(4)　健康饮食与适度运动，有助于改善 ＿＿＿＿＿＿＿ 与抑郁情绪。

(5)　及时 ＿＿＿＿＿＿＿ 附着在牙齿表面的牙结石，以预防口腔疾病。

D 녹음을 듣고 주어진 뜻에 맞는 중국어 문장을 써보세요.　🎵 W-004

(1)　심한 경우에는 만성 통증, 두통, 수면 장애가 발생할 수 있습니다.

甚至＿＿＿＿＿＿＿＿＿＿＿＿＿＿＿＿＿＿＿＿＿＿＿＿＿＿

(2)　낮 동안 20분 정도의 짧은 낮잠이 회복에 도움이 되는 것으로 나타났습니다.

白天＿＿＿＿＿＿＿＿＿＿＿＿＿＿＿＿＿＿＿＿＿＿＿＿＿＿

(3)　이러한 식단은 건강한 체중을 유지하는 데 도움이 될 뿐만 아니라, 에너지 유지에 효과적입니다.

这种＿＿＿＿＿＿＿＿＿＿＿＿＿＿＿＿＿＿＿＿＿＿＿＿＿＿

(4)　우울감이 2주 이상 지속된다면 무작정 버티지 말고 병원을 찾는 것이 좋습니다.

若＿＿＿＿＿＿＿＿＿＿＿＿＿＿＿＿＿＿＿＿＿＿＿＿＿＿＿

(5)　매년 1회 스케일링에 대해 건강 보험 혜택을 받을 수 있으며, 연 1회를 초과할 경우에는 본인이 전액을 부담해야 합니다.

每年＿＿＿＿＿＿＿＿＿＿＿＿＿＿＿＿＿＿＿＿＿＿＿＿＿＿

A 녹음을 듣고 빈칸에 올바른 한어병음을 써보세요.　　　　♫ W-005

(1) Zhèxiē chǎnpǐn bú shòu chuántǒng yāncǎo fǎguī _______________.

(2) _______________ K-POP、Hánjù děng Hánliú quánqiú _______________, jìnyíbù tíshēngle Hánzhuāng chǎnpǐn de guānzhùdù.

(3) Jìnnián lái, K-Beauty qūshì zhújiàn xiàng tiānrán chéngfèn、dī cìjī、zhēnduìxìng gōngnéng chǎnpǐn _______________.

(4) Y2K fēng zé yǐ liǎngqiān niándài yuánsù wéi _______________.

(5) Tā shì yì zhǒng dǎpò xìngbié _______________、_______________ duōyuán biǎodá de shèhuì wénhuà xiànxiàng.

B 녹음을 듣고 빈칸에 올바른 번호를 써보세요.　　　　♫ W-006

❶ 引领　　　❷ 核心　　　❸ 崛起　　　❹ 监管　　　❺ 流程

(1) 专家呼吁尽快完善法律，堵住 ＿＿＿＿ 漏洞，防止青少年受到更多危害。

(2) 韩妆的快速 ＿＿＿＿ 离不开本土企业对研发的持续投入与全球化营销战略。

(3) "10步护肤法"成为追求健康肌肤的标准 ＿＿＿＿。

(4) 进入2025年，MZ世代依然是 ＿＿＿＿ 全球时尚趋势的核心力量。

(5) 无性别时尚的 ＿＿＿＿ 并不是"男女皆可穿"，而是强调"每个人都可以穿"。

(1) 关于将合成尼古丁纳入烟草 ＿＿＿＿＿＿ 的修法提案已有6项提交
国会，等待审议通过。

(2) 同时中东和欧洲地区对 ＿＿＿＿＿＿ K-Beauty产品的需求也持续增长。

(3) 韩国的K-Beauty ＿＿＿＿＿＿ 护肤理念和产品效果，受到全球消费
者的高度关注。

(4) MZ世代已不再 ＿＿＿＿＿＿ 流行，而是以"表达自我"为核心。

(5) 近年来，时尚界 ＿＿＿＿＿＿ 了一股打破性别界限的潮流。

(1) 합성 니코틴을 포함한 액상형 전자 담배가 한국 시장에서 광범위하게 유통되고 있습니다.

含合成

(2) 한국 화장품 산업은 뛰어난 기능성을 바탕으로 지속적으로 영향력을 확대하고 있습니다.

韩国

(3) 각 단계는 고유한 기능을 가지고 있습니다.

每一

(4) 그들은 높은 패션 감각과 개성 있는 취향을 드러내고 있습니다.

他们

(5) '젠더리스' 스타일은 점차 마이너 문화에서 주류 트렌드로 자리 잡고 있습니다.

"无性别"

A 녹음을 듣고 빈칸에 올바른 한어병음을 써보세요.　🎵 W-009

(1) Jìnnián lái, quánqiú _______________ pǐnpái fēnfēn jiāng Hánguó liúxíng ǒuxiàng hé yǎnyuán nàrù pǐnpái dàshǐ hángliè.

(2) Suízhe xiàjì de dàolái, SPA pǐnpái jíjiāng zhǎnkāi jīliè de _______________ zhàn.

(3) Tánghúlu zhuānmàidiàn de _______________ tóngbǐ zēngzhǎng bǎi fēn zhī yìqiān liùbǎi qīshíbā, xiǎnshì chū qí jīngrén de zēngzhǎng shìtóu.

(4) Hánguó de "jiētóu miànbāodiàn" zhèng yǐ dútè mèilì _______________ fùxīng.

(5) "K-tiándiǎn" zhèng shòudào hǎiwài MZ shìdài xiāofèizhě de _______________.

B 녹음을 듣고 빈칸에 올바른 번호를 써보세요.　🎵 W-010

❶ 推陈出新　　❷ 策略　　❸ 扩张　　❹ 差异化　　❺ 审视

(1) 虽然品牌大使 ______ 可带来商业回报，但企业亦需关注其社会影响力。

(2) 不如重新 ______ 它们的价值。

(3) 各类延伸产品如麻辣炒年糕、方便面、猪蹄、零食等不断 ______，
形成一股持续的"麻辣热潮"。

(4) 它们通过" ______ 生存"吸引了本地顾客和游客的注意。

(5) 与此同时，新兴品牌"优格家"也在加速海外 ______。

(1) 这些K-明星发布的内容，往往能带来高达数亿韩元的 ＿＿＿＿＿＿＿＿＿＿。

(2) 快时尚的特点是迅速 ＿＿＿＿＿＿＿＿ 潮流，每隔一到两周就推出新款，有时甚至一天内商品就会更替。

(3) ＿＿＿＿＿＿＿＿＿＿＿＿＿＿＿ ，Z世代在追求口味的同时，也逐渐展现出对健康的重视。

(4) 与标准化的连锁品牌相比，街头面包店 ＿＿＿＿＿＿＿＿ 更高的自由度和创造力。

(5) 彩色年糕在牛奶中翻滚的画面不仅 ＿＿＿＿＿＿＿＿ ，也带来了趣味性，极具传播力。

(1) 청소년 팬층은 비합리적인 소비 충동을 겪기 쉽습니다.

青少年

(2) 2023년 기준 전국에서 버려진 폐의류는 무려 12만 톤에 달합니다.

2023年

(3) 마라탕 역시 배달 앱에서 검색 순위 1위를 차지하며 꾸준한 인기를 끌고 있습니다.

麻辣烫

(4) 이는 단순한 향수의 귀환이 아니라, 소비자들의 소비 트렌드를 보여주는 결과입니다.

这不仅

(5) 올해는 호주와 중국에도 매장을 열며 시장 확장에 박차를 가하고 있습니다.

今年

A 녹음을 듣고 빈칸에 올바른 한어병음을 써보세요. W-013

(1) Suízhe Hánguó kāfēi shìchǎng de xùnsù fāzhǎn, kāfēi xiāofèi qūshì yě zài búduàn ______________.

(2) Zài cānyǐn zhěngtǐ wùjià yǐ liánxù sìshíliù gè yuè ______________ de qíngkuàng xià, jiǔlèi jiàgé "______________" yóuwéi tūchū.

(3) "Chúnsùshí" zhújiàn cóng xiǎozhòng xuǎnzé yǎnbiàn wéi ______________ xiāofèi qūshì.

(4) Guānfāng tǒngjì yùnyíng zhōng wúrén shāngdiàn wéi liùqiān sānbǎi yú jiā, shízé ______________ yǐ chāoguò shí wàn jiā.

(5) ______________ bǎi fēn zhī sānshísān de shuìjīn hòu, shí dàoshǒu jīn'é jǐn yuē wǔyì wǔqiān èrbǎi líng sānwàn Hányuán.

B 녹음을 듣고 빈칸에 올바른 번호를 써보세요. W-014

❶ 免征　　❷ 放缓　　❸ 与此同时　　❹ 评定　　❺ 范畴

(1) 所谓"精品咖啡"，是指在国际精品咖啡协会 ＿＿＿＿ 中获得80分以上的优质咖啡豆。

(2) 在韩国经济 ＿＿＿＿ 和外食需求减少的背景下，烧酒与啤酒价格罕见地同时下跌。

(3) 纯素食已超越饮食 ＿＿＿＿ 。

(4) 但 ＿＿＿＿ ，因缺乏现场人员管理，无人商店在安保方面较为脆弱，盗窃、设备破坏等问题频发。

(5) 值得注意的是，包括英国、日本等国家的乐透奖金均 ＿＿＿＿ 所得税。

(1) 再到如今，以"第三波浪潮"著称的精品咖啡正成为 ______________。

(2) 过去能拉动餐饮消费的"低价酒类"如今反而成了 ____________ 消费的因素。

(3) 不仅在本地市场获得 ____________，企业也正通过大型超市、电商平台及海外 ____________ 拓展国际市场。

(4) 创业时虽然进入 ____________ 较低，但若缺乏长期的利润策略和行销手段，也容易导致倒闭。

(5) 因此对于是否下调税率，需要 ____________ 审视。

(1) 다양한 국내 브랜드들도 고급 맞춤형 서비스를 도입하며 스페셜티 커피 시장에 적극적으로 진입하고 있습니다.

多家 ____________________________________

(2) 이것이 가격 하락의 주요 요인입니다.

这是 ____________________________________

(3) 이런 변화에 맞춰 식품업계는 다양한 비건 제품을 앞다투어 출시했습니다.

应对 ____________________________________

(4) 무인점포의 가장 큰 장점은 인건비 절감과 24시간 운영이라는 높은 효율성에 있습니다.

无人 ____________________________________

(5) 요즘은 기부와 나눔의 목적으로 복권을 구매하는 경우가 많습니다.

如今 ____________________________________

A 녹음을 듣고 빈칸에 올바른 한어병음을 써보세요.　　　　　　🎵 W-017

(1) Zhè zhǒng xīnlǐ ＿＿＿＿＿＿ bèi chēngwéi "chǒngwù shīluò zōnghézhēng".

(2) Rúguǒ yùdào yuǎn dīyú shìjià de wùpǐn, yīng tígāo ＿＿＿＿＿＿ .

(3) Qí ＿＿＿＿＿＿ yìngyòng jiāng dàilái duōfāngmiàn de biàngé.

(4) Zài gāo wùjià yǔ gāo ＿＿＿＿＿＿ bìngcún de jīngjì huánjìng xià, Hánguó MZ shìdài zhújiàn xíngchéngle yì zhǒng bèi chēngwéi "dī xiāofèi héxīn" de xīn shēnghuó fāngshì.

(5) Tóngshí yònghù zìshēn yě xū jiāqiáng zìwǒ ＿＿＿＿＿＿ yìshí, yǐ dǎpò yīlài de èxìng ＿＿＿＿＿＿ .

B 녹음을 듣고 빈칸에 올바른 번호를 써보세요.　　　　　　🎵 W-018

❶ 伪造　　❷ 养宠　　❸ 上瘾性　　❹ 排放　　❺ 重塑

(1) 据统计，韩国　　　　家庭已占总家庭的30.7%。

(2) 诱导先付款后失联、出示　　　　的交易凭证骗取信任。

(3) 相比传统直升机，具有更高的安全性和零　　　　等优势。

(4) 这股风潮不仅改变了年轻人的消费观，也正在　　　　韩国的零售与商品开发模式。

(5) 短视频具有高度　　　　，会促使用户频繁使用在线视频平台，从而提高智能手机依赖的风险。

(1) 周围人应以尊重和 ＿＿＿＿＿＿＿ 的态度对待宠物主人的情感，而非轻率地给予劝导或催促其领养新宠。

(2) 然而，随之而来的 ＿＿＿＿＿＿＿ 风险也在不断上升。

(3) 城市空中出租车在 ＿＿＿＿＿＿＿ 过程中仍面临 ＿＿＿＿＿＿＿ 挑战。

(4) 与此同时，＿＿＿＿＿＿＿ 高价品牌设计的"平替"商品、以及"一物足矣"的实用型消费方式也迅速流行。

(5) 这不仅是个人 ＿＿＿＿＿＿＿ 或技术 ＿＿＿＿＿＿＿ 的问题，更应从经济与社会结构角度理解。

(1) 반려동물의 죽음은 많은 이들에게 깊은 상실감을 안겨줍니다.

宠物

(2) 신용 카드 결제는 문제가 발생했을 때 지불 거절을 신청할 수 있습니다.

信用卡

(3) 도시 지상 교통 체증을 완화하고 이동 효율을 높이는 데 기여할 수 있습니다.

它可以

(4) 이 트렌드는 가격만이 경쟁력의 핵심이 아니라는 것을 의미합니다.

这一

(5) 숏폼 콘텐츠가 한국 20대 젊은 층의 스마트폰 의존을 심화시키고 있는 것으로 나타났습니다.

短视频

A 녹음을 듣고 빈칸에 올바른 한어병음을 써보세요. ♫ W-021

(1) Shǒuxiān xūyào tōngguò kuòdà ànniǔ chǐcùn děng, tíshēng _______________ .

(2) Láodòng shìchǎng de liǎngjí _______________ hé dàxué páimíng _______________ wèntí yīrán yánjùn.

(3) Dàn zài shíjì _______________ guòchéng zhōng cúnzài zhūduō wèntí, zhěngtǐ jiātíng zhèngcè de _______________ shífēn yǒuxiàn.

(4) "Xiǎo bāozhuāng、xiǎo róngliàng" chǎnpǐn zhèngzài xùnsù _______________ Hánguó língshòu shìchǎng.

(5) Chuàngxià Hánguó zì _______________ yǐlái de zuìgāo jìlù.

B 녹음을 듣고 빈칸에 올바른 번호를 써보세요. ♫ W-022

❶ 转向   ❷ 尚未   ❸ 减退   ❹ 刷新   ❺ 需求

(1) 由于视力 ＿＿＿＿ 及缺乏电脑使用经验，老年人在面对触控屏操作时感到极大不便。

(2) 报告指出，2023年韩国的总和生育率仅为0.72，连续 ＿＿＿＿ 全球最低纪录。

(3) 50%不愿意或 ＿＿＿＿ 决定是否生育。

(4) 韩国零售业正逐步从"越多越好" ＿＿＿＿ "高性价比"和"理性消费"，以抓住消费者的心。

(5) 计划通过与地方产业 ＿＿＿＿ 相结合的战略性招生。

C 녹음을 듣고 빈칸에 올바른 한자를 써보세요.

(1) 老年群体，在使用自助终端时面临诸多困难，正逐渐成为被社会
_______________ 的对象。

(2) 教育支出高和房价 _______________ 是主要原因。

(3) 而男性则因经济负担选择 _______________ 婚育责任。

(4) 同时计划允许分装销售熟成奶酪，以扩大奶农销售 _______________ 。

(5) 随着学龄人口减少及大学 _______________ 压力加大，韩国各高校正积极
吸引海外留学生。

D 녹음을 듣고 주어진 뜻에 맞는 중국어 문장을 써보세요.　　W-024

(1) 잦은 실패 경험은 노인들에게 열등감과 무력감을 심어줄 수 있습니다.

频繁

(2) 한국 정부가 출산 장려를 위해 재정 지출을 꾸준히 늘렸음에도 불구하고 효과는 미미합니다.

尽管

(3) MZ세대는 결혼과 출산을 능동적으로 거부하는 것이 아니라, 어쩔 수 없이 '포기를 선택'하는 것입니다.

MZ世代

(4) 편의점과 홈쇼핑 업계 또한 소포장 전략을 적극 추진하고 있습니다.

便利店

(5) 특히 주목할 것은 이공계 전공 유학생 비율이 눈에 띄게 증가했다는 점입니다.

尤其

A 녹음을 듣고 빈칸에 올바른 한어병음을 써보세요.　　　♫ W-025

(1) Zǎojiào jīgòu xùnsù kuòzhāng, yǐnfāle duōfāngmiàn de ＿＿＿＿＿＿＿.

(2) Suīrán jīnnián de kǎoshì nándù zhěngtǐ jiāng yǔ qùnián ＿＿＿＿＿＿＿, dàn cúnzài yídìng ＿＿＿＿＿＿＿.

(3) Yíduàn guānyú ＿＿＿＿＿＿＿＿＿＿ de shìpín zài shèjiāo méitǐ shàng guǎngfàn chuánbō, yǐnfā yúlùn guānzhù.

(4) Shēngchéngshì réngōng zhìnéng jìshù běnshēn réng cúnzài zhūduō xiànzhì, bāokuò ＿＿＿＿＿＿＿ nénglì bóruò、cuòwù shēngchéng (AI huànjué) pínfā děng wèntí.

(5) Qiángtuī jiānkòng shèxiàngtóu zhìdù, kěnéng huì jìnyíbù ＿＿＿＿＿＿＿ jiàoshī de jiàoxué quánwēi yǔ jiàoyù xìnrèn.

B 녹음을 듣고 빈칸에 올바른 번호를 써보세요.　　　♫ W-026

❶ 负面　　　❷ 解答　　　❸ 领域　　　❹ 呼吁　　　❺ 年幼无知

(1) 这类早教不仅对儿童发育产生 ＿＿＿＿ 影响，还加剧了家庭经济压力和社会分化问题。

(2) 所谓"杀手题"，是指仅凭普通学校课堂学习难以 ＿＿＿＿ 的超高难度题目。

(3) 这是 ＿＿＿＿ 时所犯的错误，至今仍在深刻反省。

(4) 原本被视为教育 ＿＿＿＿ 的重大创新，有望通过AI分析学生的学习能力。

(5) 教师工会 ＿＿＿＿ 政府制定更加符合教育现实的安全对策。

 녹음을 듣고 빈칸에 올바른 한자를 써보세요.　　　　　🎵 W-027

(1) 根据EBS ＿＿＿＿＿＿ 获取的政府研究报告，在接受调查的家长中，37.1%为幼儿安排了学科类课外 ＿＿＿＿＿＿ 。

(2) ＿＿＿＿＿＿ 11月13日举行的2026学年度韩国高考预计将延续去年的出题难度。

(3) 随着事件持续 ＿＿＿＿＿＿ ，自称为A某的当事人发布道歉声明。

(4) 由于学生终端设备供应不足，教育厅预算短缺，以及 ＿＿＿＿＿＿ 问题，AI教科书尚未在大多数教室普及。

(5) 韩国国会提出关于强制安装监控摄像头的法案，＿＿＿＿＿＿ 提升校园安全。

D 녹음을 듣고 주어진 뜻에 맞는 중국어 문장을 써보세요.　　　　　🎵 W-028

(1) 잠재적 스트레스가 제때 해소되지 않을 경우, 향후 심각한 정신 건강 문제로 이어질 수 있습니다.

隐性压力

(2) 체계적인 사고력 훈련을 통해서만 수능에 제대로 대비할 수 있습니다.

唯有

(3) 경찰 관계자는 법규에 따라 엄정하게 수사할 예정이라고 밝혔습니다.

警方

(4) 충분한 검증 없이 새로운 기술을 무리하게 도입할 경우, 학생들의 학습에 체계적인 위험을 초래할 수 있습니다.

未经

(5) CCTV가 폭력 예방에 실질적인 효과가 없을 뿐 아니라 오히려 학교 내 갈등과 신뢰 위기를 심화시킬 수 있습니다.

监控摄像头

A 녹음을 듣고 빈칸에 올바른 한어병음을 써보세요.　　　🎵 W-029

(1) Cǐcì shìjiàn yóuqí yǐnfāle guānyú "SIM jiāohuàn" fànzuì de ________________.

(2) Mùqián, ànjiàn jiéguǒ shàngwèi ________________ .

(3) Xuéshēnghuì nǚ dài bèi ________________、nǚxìngxué kèchéng jiǎnshǎo.

(4) Biǎomiàn shàng qiángdiào "líng róngrěn", shízé ________________ jǔbào.

(5) Xiànchǎng liǎng wèi sìyǎngyuán ________________ , duì péibàn Fúbǎo chéngzhǎng de fěnsī biǎodá gǎnxiè.

B 녹음을 듣고 빈칸에 올바른 번호를 써보세요.　　　🎵 W-030

❶ 缩影　　❷ 虚拟货币　　❸ 局限　　❹ 寓意　　❺ 指控

(1) SIM交换是指黑客利用窃取的USIM信息伪造SIM卡，从而盗取受害人的银行账户或 ________ 资产。

(2) 李某方面承认所有 ________，但请求法院在量刑时考虑其目前正在服刑的事实与判决间的平衡。

(3) 桂明大学事件正是这一社会背景的 ________ 。

(4) 为应对"零申报"的 ________ ，一些企业转向了"零容忍"政策，即对所有举报案件进行严厉调查与处罚。

(5) 福宝于2020年7月在疫情期间出生，名字 ________ "带来幸福的宝物"。

C 녹음을 듣고 빈칸에 올바른 한자를 써보세요. W-031

(1) USIM信息 ＿＿＿＿＿＿ 事件，引发全国用户不安。

(2) 李某因在女职员休息室安装 ＿＿＿＿＿＿ 摄像头拍摄而被判处有期徒刑一年六个月。

(3) 女性学科之争不仅关乎一个专业的 ＿＿＿＿＿＿ ，更是对女性主义知识与教育 ＿＿＿＿＿＿ 的一场社会性考验。

(4) 韩国在应对 ＿＿＿＿＿＿ 问题上呈现出范式转变。

(5) 韩国首只自然 ＿＿＿＿＿＿ 的大熊猫"福宝"启程前往中国四川卧龙大熊猫保护研究中心。

D 녹음을 듣고 주어진 뜻에 맞는 중국어 문장을 써보세요. W-032

(1) 전문가들은 이번 사태의 파급력이 과거 정보 유출 사건보다 클 수 있다고 분석했습니다.

专家指出，

(2) 이 씨의 행위가 타인의 사생활과 인격권을 심각하게 침해했습니다.

李某的

(3) 한국 사회는 '페미니즘 리부트'라고 불리는 성평등 운동 조류를 경험했습니다.

韩国

(4) 이 정책은 때로는 피해자에게 심리적으로 큰 부담을 줍니다.

这种

(5) 100년이 지나도 너는 영원히 우리의 아기 판다.

就算

A 녹음을 듣고 빈칸에 올바른 한어병음을 써보세요. ♫ W-033

(1) Bìxū tígāo gōngzhòng ________________ , yīnwèi yì kē xiǎo huǒxīng yě kěnéng yǐnfā zāinànxìng de shānhuǒ.

(2) Lèisì shìfàng xiànxiàng kěnéng zài běijí dìqū guǎngfàn cúnzài, bìng kěnéng xíngchéng "qìhòu ________________ huílù".

(3) Duì hǎiyáng shēngtài、shípǐn ānquán shènzhì réntǐ jiànkāng zàochéng ________________.

(4) Líng nénghào jiànzhù shì zhǐ tōngguò jiénéng shèjì yǔ ________________ de lìyòng, shǐ jiànzhù nián nénghào jiējìn "líng" de huánbǎo jiànzhù lèixíng.

(5) Zhēnzhèng fù zérèn de qǐyè, yīng ________________ shízhìxìng huánbǎo xíngdòng, ér bùjǐnjǐn tíngliú zài kǒuhào.

B 녹음을 듣고 빈칸에 올바른 번호를 써보세요. ♫ W-034

❶ 碳中和　　❷ 在于　　❸ 延缓　　❹ 气候异常　　❺ 纳入

(1) 随着全球 ________ 加剧，包括韩国在内的多个国家频繁发生难以预测的大规模山火。

(2) 他们强调，需要将冰川甲烷排放 ________ 北极地区甲烷排放总量评估中，以深化对气候变化的理解并制定更有效的应对措施。

(3) 海洋垃圾的严重性不 ________ 数量，而 ________ 其广泛且持续扩大的影响范围。

(4) 零能耗建筑还能有效减少碳排放，对实现国家 ________ 目标具有重要意义。

(5) 绿色洗白还可能 ________ 真正的环保技术发展，甚至在某些国家可能被视为违反消费者保护法规，带来法律风险。

(1) 韩国岭南地区接连爆发山火，造成 ＿＿＿＿＿＿＿＿＿＿＿＿ 的破坏。

(2) 挪威研究团队在北极冰川下发现了大量甲烷气体正通过冰川融水和地下水泉 ＿＿＿＿＿＿＿。

(3) 但受限于洋流和风向变动，难以准确 ＿＿＿＿＿＿ 其位置。

(4) 无需依赖外部电力 ＿＿＿＿＿＿ 独立运行。

(5) 部分企业却借此进行"绿色洗白"，即夸大或歪曲自身产品或服务的环保 ＿＿＿＿＿＿＿。

(1) 예방 의식과 제도적 기반을 강화해야만 그 파괴력을 줄일 수 있습니다.

唯有

(2) 메탄은 열을 가두는 효과가 이산화탄소보다 약 80배 강한 강력한 온실가스입니다.

甲烷

(3) 각국은 플라스틱 생산과 사용에 대한 규제를 강화하고 있습니다.

各国

(4) 2030년부터는 제로 에너지 건축 의무화가 전면 시행될 예정입니다.

自2030年起,

(5) 실제로는 환경 보호 노력이 미흡합니다.

实质上

A 녹음을 듣고 빈칸에 올바른 한어병음을 써보세요.   ♫ W-037

(1) Shèhuì duì jiānguǎn de hūshēng rìyì _______________ .

(2) Bànlǚ jiān jiāng chéngdān tóngjū、_______________ 、hézuò děng yìwù, bìng _______________ rìcháng dàilǐquán.

(3) Suīrán bùfen qǐyè wèi shèdìng gōngsī tǒngyī jiàqī, dàn pǔbiàn gǔlì yuángōng _______________ shǐyòng niánjià.

(4) Quèbǎo xīnxíng jiāotōng gōngjù zài biànjié chūxíng de tóngshí bù _______________ gōnggòng ānquán.

(5) Duō qǐ hángbān fāshēng yīn biànxiéshì _______________ yǐnfā de jīcāng huǒzāi shìgù.

B 녹음을 듣고 빈칸에 올바른 번호를 써보세요.   ♫ W-038

❶ 回忆　　❷ 变相　　❸ 现行　　❹ 平衡点　　❺ 务必

(1) 民主社会需在信息安全与表达自由之间找到 ______。

(2) 甚至视为"______ 合法化同性婚姻"。

(3) LG电子更包场昌原机器人乐园，让员工家庭留下特别 ______。

(4) 为降低事故风险，应将 ______ 法定最高时速从25公里降至20公里。

(5) 为确保飞行安全，请 ______ 访问航空公司官网，了解相关信息并严格遵守规定。

C 녹음을 듣고 빈칸에 올바른 한자를 써보세요.

(1) 理由是其未配合调查平台上传播的未成年人性 ＿＿＿＿＿＿＿ 内容。

(2) 旨在 ＿＿＿＿＿＿＿ 非婚伴侣类似于婚姻关系的法律地位与权利。

(3) 并鼓励员工与家人 ＿＿＿＿＿＿＿＿＿＿。

(4) 部分无证驾驶情况普遍，＿＿＿＿＿＿＿ 出对驾驶资格管理的迫切需求。

(5) 所有便携电池必须 ＿＿＿＿＿＿＿ 于座位下方。

D 녹음을 듣고 주어진 뜻에 맞는 중국어 문장을 써보세요.

(1) 하지만 일각에서는 정부의 과도한 규제가 표현의 자유를 침해할 수 있다는 우려도 제기됩니다.

然而，

(2) 생활 동반자 관계는 가정 법원과 지방 자치 단체에서 등록 및 관리합니다.

生活

(3) 한국 주요 대기업들이 가족 친화적인 복지 제도를 시행하였습니다.

韩国

(4) 특히 머리 부위 손상 비율이 42.4%에 달합니다.

其中

(5) 기내 반입이 가능한 배터리 용량 기준은 다음과 같습니다.

可携带

A 녹음을 듣고 빈칸에 올바른 한어병음을 써보세요. ♫ W-041

(1) Hán Jiāng yīn qí "duì lìshǐ chuāngshāng de kàngzhēng yǔ duì rénlèi cuìruò
shēngmìng de shēnkè _______________" ér huòjiǎng.

(2) Hánjù shòu huānyíng de lìng yī guānjiàn zàiyú Nàifēi de _______________ tóuzī yǔ
_______________ zhìzuò.

(3) Zhè bù diànyǐng jǐn xīyǐn yuē yìbǎi wàn míng guānzhòng, yuǎn wèi dádào liùbǎi
wàn de _______________ _______________________________.

(4) Rújīn, diànyǐng _______________ bùjǐn chéngwéi jìlù guānyǐng de jìniàn, gèng shì
yánxù diànyǐng gǎndòng de zhòngyào _______________.

(5) Tāmen tōngguò jiémù zhōng chūyǎnzhě de duìhuà fāngshì、_______________
biǎodá、chōngtū jiějué děng chǎngmiàn, jiāng qí zuòwéi xiànshí liàn'ài de cānkǎo.

B 녹음을 듣고 빈칸에 올바른 번호를 써보세요. ♫ W-042

❶ 仅次于　　　❷ 激发　　　❸ 灌输　　　❹ 殊荣　　　❺ 截然不同

(1) 2024年诺贝尔文学奖由韩国作家韩江获得，成为首位获此 _______ 的
韩国作家及亚洲女性作家。

(2) 自2023年以来，韩国产内容的全球观看时长占比达8%至9%，_______
美国产内容的56%至59%。

(3) 然而，今夏上映的《我的僵尸女儿》和《全知读者视角》却呈现出 _______
的命运。

(4) 借助角色、道具、标志等电影元素 _______ 收藏欲望。

(5) 此类节目往往过度渲染戏剧化情节或理想化条件，容易给观众 _______
脱离现实的恋爱期待值。

C 녹음을 듣고 빈칸에 올바른 한자를 써보세요. 　　　　♪ W-043

(1) 面对长期投入创作历史题材的身心 ＿＿＿＿＿＿，韩江曾表示，《少年来了》和《不告而别》 ＿＿＿＿＿＿ 九年完成。

(2) 去年下半年在奈飞 ＿＿＿＿＿＿ 的韩国作品前100名中，超过一半为奈飞原创内容。

(3) ＿＿＿＿＿＿《财阀家的小儿子》《社内相亲》＿＿＿＿＿＿，多部人气网漫被搬上大银幕。

(4) 有观众仅为领取赠品而购票却不观影，甚至有人囤货转售至二手平台，＿＿＿＿＿＿ 差价。

(5) 节目中出演者的形象与现实存在明显距离，节目 ＿＿＿＿＿＿ 也常为了收视效果而放大情绪 ＿＿＿＿＿＿。

D 녹음을 듣고 주어진 뜻에 맞는 중국어 문장을 써보세요. 　　　　♪ W-044

(1) 한국 문학사에 역사적인 한 페이지를 썼을 뿐만 아니라, 아시아 여성 문학의 중요한 진전을 보여주고 있습니다.

不仅 ＿＿＿＿＿＿＿＿＿＿＿＿＿＿＿＿＿＿＿＿＿＿＿＿＿＿＿＿＿

(2) 이러한 전략이 K-콘텐츠의 글로벌 인기를 지속하는 데 기여할 것입니다.

这一 ＿＿＿＿＿＿＿＿＿＿＿＿＿＿＿＿＿＿＿＿＿＿＿＿＿＿＿＿＿

(3) 각색이 지나치면 반발은 피하기 어렵습니다.

如果 ＿＿＿＿＿＿＿＿＿＿＿＿＿＿＿＿＿＿＿＿＿＿＿＿＿＿＿＿＿

(4) 주요 영화사들은 개봉 전부터 굿즈 증정을 통해 인지도와 관객 호감도를 높이려 노력합니다.

各大 ＿＿＿＿＿＿＿＿＿＿＿＿＿＿＿＿＿＿＿＿＿＿＿＿＿＿＿＿＿

(5) 시청자 또한 이성적인 태도를 유지하여, 프로그램 속 관계를 현실 연애와 동일시하지 않고, 균형 잡힌 시각을 유지하는 것이 무엇보다 중요합니다.

观众 ＿＿＿＿＿＿＿＿＿＿＿＿＿＿＿＿＿＿＿＿＿＿＿＿＿＿＿＿＿

A 녹음을 듣고 빈칸에 올바른 한어병음을 써보세요.   ♫ W-045

(1) Guólì Zhōngyāng Bówùguǎn bú zài zhǐshì chuántǒng zhǎnlǎn kōngjiān, érshì zhúbù yǎnbiàn wéi ＿＿＿＿＿＿＿ shěnměi、＿＿＿＿＿＿＿、xiāofèi yú yìtǐ de "wénhuà yóulèchǎng".

(2) Búguò, zhè yī qūshì yě yǐnfāle bùfen ＿＿＿＿＿＿＿.

(3) Zhè xiàng "lǎopài" ＿＿＿＿＿＿＿ zhèngzài yǐ quánxīn zītài huíguī.

(4) Màn lǚxíng qiángdiào zài yí gè dìqū cháng shíjiān tíngliú, bìng zài màn ＿＿＿＿＿＿＿ zhōng xúnzhǎo fàngsōng yǔ zhìyù.

(5) "Yírì tǐyànkè" chéngwéi gōngzuò ＿＿＿＿＿＿＿ de shàngbānzú hé xuésheng qúntǐ de rèmén xuǎnzé.

B 녹음을 듣고 빈칸에 올바른 번호를 써보세요.   ♫ W-046

❶ 手办　　❷ 冥想　　❸ 成就感　　❹ 配套　　❺ 扩展

(1) BTS成员也购买"半跏思惟像"＿＿＿＿＿，引发粉丝效应。

(2) 对MZ世代而言，跑步已不仅是锻炼，更是一种追求"＿＿＿＿＿"的生活方式。

(3) 重复的穿线与绕线动作不仅带来成就感，更让人进入专注的＿＿＿＿＿状态。

(4) 随着长期旅行需求的增加，与当地生活相关的＿＿＿＿＿服务也逐渐受到关注。

(5) 如今已＿＿＿＿＿至皮革工艺、K-POP舞蹈、毛线手工、插花等多样主题。

C 녹음을 듣고 빈칸에 올바른 한자를 써보세요.　　🎵 W-047

(1) 韩国国立中央博物馆正在迅速 ＿＿＿＿＿＿＿＿ 为MZ一代的 ＿＿＿＿＿＿
　　 "打卡圣地"。

(2) 因噪音或 ＿＿＿＿＿＿＿＿＿＿＿＿ 问题引发投诉。

(3) YouTube上"2小时完成手工包"等教学视频播放量 ＿＿＿＿＿＿＿＿
　　 数十万。

(4) 很多AI翻译应用都具备图像识别翻译和 ＿＿＿＿＿＿＿＿ 使用功能。

(5) 在"小确幸"与"工作生活平衡"理念 ＿＿＿＿＿＿＿＿ 的当下，一日体验课
　　 正成为现代人解压与自我成长的全新方式。

D 녹음을 듣고 주어진 뜻에 맞는 중국어 문장을 써보세요.　　🎵 W-048

(1) 국립중앙박물관은 젊은 관람객에게 현대적 '힐링 명소'로 인식되고 있습니다.

国立中央

(2) 달리기가 20~30대 젊은 층 사이에서 인기 있는 여가 활동으로 자리 잡고 있습니다.

奔跑

(3) 코바늘 하나, 실 한 뭉치만 있으면 몰입과 힐링에 빠질 수 있습니다.

只需

(4) 오늘날 슬로우 트래블은 여행 방식이자, 새로운 삶의 태도이기도 합니다.

如今,

(5) 경제적·시간적 부담이 점점 커지는 상황에서 '가볍게 즐기는 취미'가 각광받는 것도 자연스러운 흐름입니다.

在经济

A 녹음을 듣고 빈칸에 올바른 한어병음을 써보세요. ♫ W-049

(1) Yǐ wǔ bǐ sì ＿＿＿＿＿＿ lǎo duìshǒu Zhōngguó duì, zhāidé tuántǐ xiàngmù jīnpái, liánxù dì-shí cì zhànshàng Àoyùn zuìgāo lǐngjiǎngtái.

(2) Shíwǔ rì dàngtiān, quánguó sì gè bàngqiúchǎng gòng xīyǐn chāoguò qīwàn qīqiān míng guānzhòng, zuìzhōng ＿＿＿＿＿＿＿＿ zhè yī jùyǒu lìshǐ yìyì de shíkè.

(3) Dāngshí zuìhòu yì chǎng bǐsài shì zài Hánguó jìnxíng de, yīncǐ wúfǎ huídào Lúndūn zài zhǔchǎng xiàng qiúmí ＿＿＿＿＿＿.

(4) Dǐngjiān gāo'ěrfū qiúyuán bùjǐn zài guójì dàsài zhōng ＿＿＿＿＿＿ huò jiājì, yě ＿＿＿＿＿＿ guómín de zìháogǎn yǔ cānyù rèqíng.

(5) Yóuqí shì dì-èr jú, tā ＿＿＿＿＿＿ zhìshèng gōngchén.

B 녹음을 듣고 빈칸에 올바른 번호를 써보세요. ♫ W-050

❶ 遗憾   ❷ 无疑是   ❸ 竞技   ❹ 首次   ❺ 收入囊中

(1) 三人首次征战奥运便展现出强大实力与冷静心态，成功将金牌　　　　。

(2) 这是自1982年KBO成立以来，时隔42年的　　　　突破。

(3) 他对离开效力十年的托特纳姆热刺时未能正式向主场球迷告别感到　　　　。

(4) 综合来看，强大的　　　　实力、压力释放功能、社会象征性与媒体扩散，共同推动了韩国高尔夫热度持续升高。

(5) 而韩国选手"Faker"李相赫　　　　这一潮流的象征。

(1)　自1988年以来，韩国从未在该项目中失手，牢牢 ＿＿＿＿＿＿ 世界
最强宝座。

(2)　最终于中秋假期的9月15日 ＿＿＿＿＿＿ 千万大关。

(3)　孙兴慜在与达拉斯队的比赛中，＿＿＿＿＿＿ 上半场第6分钟通过一记
右脚 ＿＿＿＿＿＿ 打入个人在MLS的首球。

(4)　韩国高尔夫如今已从"强国"＿＿＿＿＿＿ 为世界舞台上的主导者地位。

(5)　Faker的胜利 ＿＿＿＿＿＿ 巴黎现场，粉丝热情高涨，欢呼声
＿＿＿＿＿＿＿＿＿。

(1)　한국 여자 양궁 대표팀이 다시 한 번 정상을 차지했습니다.

韩国＿＿＿＿＿＿＿＿＿＿＿＿＿＿＿＿＿＿＿＿＿＿＿＿＿＿＿＿＿

(2)　2000년대 초반 침체기를 겪었으나, 2008년 베이징올림픽에서 한국 야구가 금메달을 따내며 다시 관중이
늘기 시작했습니다.

2000＿＿＿＿＿＿＿＿＿＿＿＿＿＿＿＿＿＿＿＿＿＿＿＿＿＿＿＿＿

(3)　또한 그는 43.5%의 높은 지지를 받으며 북미 지역에서의 높은 인기를 입증했습니다.

他也＿＿＿＿＿＿＿＿＿＿＿＿＿＿＿＿＿＿＿＿＿＿＿＿＿＿＿＿＿

(4)　한국에서 골프는 왜 이토록 사랑받는 것일까요?

在＿＿＿＿＿＿＿＿＿＿＿＿＿＿＿＿＿＿＿＿＿＿＿＿＿＿＿＿＿＿

(5)　e스포츠는 더 이상 마니아층의 전유물이 아닌, 전 세계적으로 빠르게 성장하고 있는 문화 현상입니다.

电子＿＿＿＿＿＿＿＿＿＿＿＿＿＿＿＿＿＿＿＿＿＿＿＿＿＿＿＿＿

A 녹음을 듣고 빈칸에 올바른 한어병음을 써보세요.　　　　　W-053

(1) Cǐcì bólǎnhuì yóu Wénhuà Tǐyù Guānguāngbù ＿＿＿＿＿＿＿ , Hánguó Gōngyì Shèjì Wénhuà Zhènxīngyuàn ＿＿＿＿＿＿＿ .

(2) Jìnrù liǎngqiān niándài hòu, Hánguó huǒzànglǜ dàfú tíshēng, dìguān de juésè zhújiàn ＿＿＿＿＿＿＿＿＿＿ .

(3) Rénmen kāishǐ ＿＿＿＿＿＿＿ dàitì rénqún biǎodá sùqiú, wǎnlián huāquān zhújiàn chéngwéi "fēi miànduìmiàn kàngyì" de yǒuxiào shǒuduàn.

(4) Suǒwèi "wú hūnlǐ", bìng bú ＿＿＿＿＿＿＿ bù jiéhūn, érshì zhǐ bù jǔxíng chuántǒng hūnlǐ yíshì, zhǐ tōngguò jiéhūn ＿＿＿＿＿＿＿ biàn kāishǐ gòngtóng shēnghuó.

(5) Qiǎokèlìpài cháng bèi shìwéi jiérì gòngpǐn hé ＿＿＿＿＿＿＿ lǐwù.

B 녹음을 듣고 빈칸에 올바른 번호를 써보세요.　　　　　W-054

❶ 趋向　　　❷ 涵盖　　　❸ 追溯　　　❹ 加持　　　❺ 逐步

(1) 博览会展示内容　　　　　传统韩服、饰品、配件等。

(2) 地官的职能也　　　　　被现代殡仪馆所取代。

(3) 韩国抗议现场首次大规模使用挽联花圈可　　　　　至2006年。

(4) 　　　　　以更务实和个性化的方式纪念结婚这一人生重要时刻。

(5) 随着社交媒体的　　　　　与消费者口碑传播，K-Food的国际影响力仍在不断扩大。

(1) 传统婚礼服或王妃服等形式不再是唯一焦点，特别是 ＿＿＿＿＿＿＿＿
现代服饰元素的"现代韩服"。

(2) 韩国电影《破墓》上映至今已吸引超850万名观众，＿＿＿＿＿＿＿ 千万
大关。

(3) 由于花圈制作成本低、＿＿＿＿＿＿＿ 空间大，再加上合法合规，花圈
抗议也意外成为花卉业界的"＿＿＿＿＿＿ 市场"。

(4) 这不仅减少了因婚礼引发的家庭 ＿＿＿＿＿＿＿ 和社会压力，也使新人
能够将有限的预算投入到共同生活或旅行等更具实际意义的方面。

(5) 继K-POP与韩剧之后，K-Food也在全球范围内 ＿＿＿＿＿＿＿ 热潮。

(1) 전통 한복과 현대 한복의 경계에 관해서는 여전히 의견이 엇갈리고 있습니다.

围绕

(2) 엉화의 흥행과 힘께 극 중 등장한 득수 직업과 한국 상례 문화 선반에 대한 관심도 높아지고 있습니다.

随着

(3) 화환에 적힌 문구를 통해 직접적이고 구체적인 메시지를 전달할 수 있습니다.

写在

(4) 노 웨딩은 결혼의 본질에 집중하고, 진정한 행복을 추구하려는 현대인의 새로운 결혼 문화로 자리 잡고
있습니다.

无婚礼,

(5) 불닭볶음면은 특유의 매운맛과 분홍색 패키지로 미국 여러 대형 마트에서 꾸준한 판매량을 기록하고 있습니다.

火鸡面

A 녹음을 듣고 빈칸에 올바른 한어병음을 써보세요. ♫ W-057

(1) Tóngshí ＿＿＿＿＿＿＿＿ liǎng xiàng kēxué wèixīng, bèi rènwéi shì NASA gāoxiào yánjiū cèlüè de diǎnfàn zhī yī.

(2) Xiāngxūn làzhú cháng bèi yòngyú jiātíng huò kāfēidiàn zhōng ＿＿＿＿＿＿＿＿ làngmàn、fàngsōng de fēnwéi.

(3) Zhuānjiā biǎoshì, zhèxiē fāxiàn shuōmíng jìyì bùjǐnjǐn yīlài ＿＿＿＿＿＿＿＿ , gèng yǔ dànǎo nèibù xìnxī chǔlǐ de xiàolǜ mìqiè xiāngguān.

(4) Zuìxīn yánjiū xiǎnshì, chíxù gāowēn bùjǐn ＿＿＿＿＿＿＿＿ rén búshì, shènzhì kěnéng ràng rén "＿＿＿＿＿＿＿＿ biànlǎo".

(5) Rénmen huì búduàn zhuīqiú gèng qiángliè de cìjī, zuìzhōng xíngchéng ＿＿＿＿＿＿＿＿ .

B 녹음을 듣고 빈칸에 올바른 번호를 써보세요. ♫ W-058

❶ 起源　　❷ 深层次　　❸ 加深　　❹ 思路　　❺ 浓度

(1) SPHEREx接下来将在为期两年的主要任务中，探索宇宙的 ＿＿＿＿ 与生命的线索。

(2) 超细颗粒物和极细颗粒物 ＿＿＿＿ 会上升到较高水平。

(3) 研究人员认为，这种细胞可能与阿尔茨海默病等记忆障碍有关，为未来治疗提供了新 ＿＿＿＿ 。

(4) 气候变暖对健康的影响远不止中暑或疲劳，还可能 ＿＿＿＿ 影响人体老化过程。

(5) 然而，随着依赖程度不断 ＿＿＿＿ ，其背后的"上瘾危机"也愈加严重。

C 녹음을 듣고 빈칸에 올바른 한자를 써보세요.

(1) 凭借 ＿＿＿＿＿＿＿ 的极低温真空设备与光谱性能测试技术，展示了
世界一流的科研实力。

(2) 一定要保持良好通风，＿＿＿＿＿＿ 坐得较远，也不能 ＿＿＿＿＿＿＿＿＿。

(3) 研究团队发现记忆形成的关键在于大脑对"新信息"的处理和"记忆
＿＿＿＿＿＿＿＿"过程是否能够顺利同步。

(4) 研究通过检测血液中的DNA甲基化变化来 ＿＿＿＿＿＿＿＿ 生物年龄。

(5) 从脑科学的角度来看，这种过度 ＿＿＿＿＿＿＿＿ 其实是一种"奖赏系统
失衡"的现象。

D 녹음을 듣고 주어진 뜻에 맞는 중국어 문장을 써보세요.

(1) 특히 적외선 관측을 통해 우리가 눈으로 볼 수 없는 먼 은하와 별의 정보를 수집하고, 전체 우주의 광원
분포도를 그려낼 계획입니다.

该卫星＿＿＿＿＿＿＿＿＿＿＿＿＿＿＿＿＿＿＿＿＿＿＿＿＿＿＿＿＿＿＿＿＿

＿＿＿＿＿＿＿＿＿＿＿＿＿＿＿＿＿＿＿＿＿＿＿＿＿＿＿＿＿＿＿＿＿＿＿

(2) 향초를 켜면 실내 공기 중 미세 먼지 농도가 크게 증가합니다.

香薰＿＿＿＿＿＿＿＿＿＿＿＿＿＿＿＿＿＿＿＿＿＿＿＿＿＿＿＿＿＿＿＿＿

(3) 연구팀이 기억력 차이의 뇌 속 메커니즘을 밝혀냈습니다.

研究＿＿＿＿＿＿＿＿＿＿＿＿＿＿＿＿＿＿＿＿＿＿＿＿＿＿＿＿＿＿＿＿＿

(4) 노출 시간이 길어질수록 그 영향이 점차 누적되는 것으로 나타났습니다.

随着＿＿＿＿＿＿＿＿＿＿＿＿＿＿＿＿＿＿＿＿＿＿＿＿＿＿＿＿＿＿＿＿＿

(5) 이들은 모두 뇌의 보상 회로를 반복 자극해 도파민을 다량 분비하게 만듭니다.

它们＿＿＿＿＿＿＿＿＿＿＿＿＿＿＿＿＿＿＿＿＿＿＿＿＿＿＿＿＿＿＿＿＿

A 녹음을 듣고 빈칸에 올바른 한어병음을 써보세요. ♫ W-061

(1) Diànchí nèibù bǎohùcéng zài wēndù dádào shèshì yìbǎi yīshí dù zuǒyòu shí kāishǐ fāshēng ＿＿＿＿＿＿ fǎnyìng, jìn'ér yǐnfā rè shīkòng.

(2) Rúguǒ dì-yī zhēn hé dì-èr zhēn yìmiáo ＿＿＿＿＿＿ zài tóngyī cè shǒubì, miǎnyì xìtǒng huì gèng kuài、gèng qiángliè de chǎnshēng fǎnyìng.

(3) Yánjiū tuánduì ＿＿＿＿＿＿ tāmen de yǔyīn、xíngwéi、pífū fǎnyìng、tǐwēn děng duō zhǒng shùjù.

(4) Měiguó jìn bǎi fen zhī sìshíqī de gǎngwèi zài wèilái èrshí niánnèi kěnéng bèi AI ＿＿＿＿＿＿.

(5) Guòqù suī yǒu bùfen qǐyè chángshì tuīchū ＿＿＿＿＿＿ zhīfù fúwù, dàn yóuyú shèbèi chéngběn gāo、yònghù jiēshòudù dī děng wèntí, pǔjí jìnzhǎn huǎnmàn.

B 녹음을 듣고 빈칸에 올바른 번호를 써보세요. ♫ W-062

❶ 模拟　　❷ 共存　　❸ 基础设施　　❹ 优化　　❺ 情绪

(1) 研究团队通过实验和＿＿＿＿分析，追踪了电池内部保护层在高温下的反应过程。

(2) 这项发现不仅有助于＿＿＿＿疫苗接种策略，还为未来设计更高效、接种次数更少的新型疫苗提供了重要线索。

(3) 研究人员成功推出可识别呼叫中心客服等＿＿＿＿劳动者"＿＿＿＿性工作负荷"的AI模型。

(4) 专家强调，为了与AI＿＿＿＿，社会应积极开展职业再培训与岗位转型支持，提前做好应对准备。

(5) 公司并通过旗下终端机设备加速＿＿＿＿的铺设。

C 녹음을 듣고 빈칸에 올바른 한자를 써보세요.

(1) 此次研究成果有望为开发更安全的下一代电池技术 ＿＿＿＿＿＿ 坚实基础。

(2) 相反，如果在另一侧手臂 ＿＿＿＿＿＿ 第二针，＿＿＿＿＿＿ 细胞需要重新启动识别过程，因此反应相对较慢、较弱。

(3) 这项人工智能技术可实时 ＿＿＿＿＿＿ 情绪劳动者的心理压力。

(4) 运输与快递员等岗位被认为最易被自动化 ＿＿＿＿＿＿。

(5) 在 ＿＿＿＿＿＿ 意识相对较弱、亟需 ＿＿＿＿＿＿ 金融系统的发展中国家，该技术具备较大应用潜力。

D 녹음을 듣고 주어진 뜻에 맞는 중국어 문장을 써보세요.

(1) 전기차 시장이 확대되면서 배터리 안전성 확보는 점점 더 중요한 과제가 되고 있습니다.

随着＿＿＿＿＿＿＿＿＿＿＿＿＿＿＿＿＿＿＿＿

(2) 이 과정은 면역 체계를 활성화하고 힝체 생성이 빠르게 이루어지는데 도움이 됩니다.

这一＿＿＿＿＿＿＿＿＿＿＿＿＿＿＿＿＿＿＿＿

(3) 이 AI 기술은 앞으로 감정 노동자의 정신 건강 모니터링 앱(App)에 활용될 것으로 보입니다.

该AI＿＿＿＿＿＿＿＿＿＿＿＿＿＿＿＿＿＿＿＿

(4) AI 기술의 비약적인 발전이 고용 시장에 미치는 영향이 날로 커지고 있습니다.

随着AI＿＿＿＿＿＿＿＿＿＿＿＿＿＿＿＿＿＿

(5) 태블릿 얼굴 인식으로 입장이 가능합니다.

仅＿＿＿＿＿＿＿＿＿＿＿＿＿＿＿＿＿＿＿＿＿

A 녹음을 듣고 빈칸에 올바른 한어병음을 써보세요. W-065

(1) Mùqián, diàochá rényuán réng xū réngōng zhúyī fēnxī ＿＿＿＿＿＿ shìpín hé wěizào yǔyīn, xiàolǜ dīxià.

(2) Gōnggòng chǎngsuǒ de miǎnfèi Wi-Fi yǔ bùmíng láiyuán de yìngyòng chéngxù zhèngzài chéngwéi hēikè ＿＿＿＿＿＿ de zhǔyào rùkǒu.

(3) Jíshǐ shèbèi wèizhì yǒusuǒ ＿＿＿＿＿＿, yě néng wěndìng gōngdiàn.

(4) Tōngguò zhège ＿＿＿＿＿＿, yánjiū rényuán cóng shù bǎi wàn gè hòuxuǎn zhōng xuǎnchūle jiǔshí gè yǒu kěnéng chénggōng de jiégòu.

(5) Zuìjìn, ChatGPT de túxiàng ＿＿＿＿＿＿ gōngnéng yǐnfāle rècháo.

B 녹음을 듣고 빈칸에 올바른 번호를 써보세요. W-066

❶ 特定　　❷ 伪造　　❸ 展现　　❹ 权限　　❺ 运算

(1) 为此，警方计划引入多模态检测算法，提升对深度＿＿＿＿视频的自动识别能力。

(2) 假期出行时务必启用VPN、关闭定位类敏感＿＿＿＿。

(3) 过去的无线充电技术必须将设备放在＿＿＿＿的位置上，才能顺利充电。

(4) 在吸附二氧化碳方面的能力比甲烷高出10倍，＿＿＿＿了其在温室气体分离与净化方面的巨大潜力。

(5) ChatGPT需要处理大量＿＿＿＿，这对服务器和GPU造成了极大负担。

(1)　警方 ＿＿＿＿＿＿＿ 原始发布源，从而实现假新闻的早期 ＿＿＿＿＿＿＿。

(2)　黑客提示进行钓鱼攻击，＿＿＿＿＿＿＿ 用户输入个人资料。

(3)　研究团队开发出了一种新型无线充电技术，＿＿＿＿＿＿＿ 电子设备在房间内的任意位置都能进行无线充电。

(4)　新算法把化学家的经验和直觉转化为数值，帮助 ＿＿＿＿＿＿＿ 出真正可以合成的结构。

(5)　与此热潮 ＿＿＿＿＿＿＿ 鲜明 ＿＿＿＿＿＿＿ 的，是吉卜力方面冷淡的态度。

(1)　음성 주파수와 시간 분석 등으로 딥보이스를 정밀 판별합니다.

通过 ＿＿＿＿＿＿＿＿＿＿＿＿＿＿＿＿＿＿＿＿＿＿＿

(2)　일부 가짜 사이트는 공식 사이트와 거의 구별이 어려워 이용자가 조금만 방심해도 피해를 입을 수 있습니다.

部分 ＿＿＿＿＿＿＿＿＿＿＿＿＿＿＿＿＿＿＿＿＿＿＿

(3)　이 기술은 전기장의 성질을 활용해 일정한 범위 안에서 충전 효율을 크게 높인 것입니다.

该技术 ＿＿＿＿＿＿＿＿＿＿＿＿＿＿＿＿＿＿＿＿＿＿

(4)　공기 중 온실가스를 줄이는 데 중요한 작용을 할 것으로 여겨지고 있습니다.

它被 ＿＿＿＿＿＿＿＿＿＿＿＿＿＿＿＿＿＿＿＿＿＿＿

(5)　그 이면에는 창작자와 기술 사이의 갈등, 그리고 시스템 성능에 대한 부담이라는 과제도 함께 드러나고 있습니다.

但其 ＿＿＿＿＿＿＿＿＿＿＿＿＿＿＿＿＿＿＿＿＿＿＿

A 녹음을 듣고 빈칸에 올바른 한어병음을 써보세요.　　　　　　🎵 W-069

(1) Jǐngfāng jiànyì zūhù wùbì _______________ , yǐfáng-wànyī.

(2) Zhǐyǒu mǎnzú yídìng de cúnkuǎn shíjiān hé jīn'é tiáojiàn, cái néng huòdé shēnqǐng fēnfáng jí _______________ gòufáng de zīgé.

(3) Zài wèi tígāo shēngchǎn xiàolǜ de qiántí xià, quánmiàn _______________ gōngshí kěnéng dàilái _______________ yǐngxiǎng.

(4) Zhè biǎomíng gōngwùyuán zhíyè zài niánqīngrén zhōng de _______________ míngxiǎn xiàjiàng.

(5) Búlùn shì xīn rùzhí yuángōng háishì jùbèi gōngzuò jīngyàn de qiúzhízhě, gōngzuò jīngyàn、zhuānyè bèijǐng、zhíwèi pǐpèidù réng shì zuì guānjiàn de _______________ yīnsù.

B 녹음을 듣고 빈칸에 올바른 번호를 써보세요.　　　　　　🎵 W-070

❶ 薪资　　　❷ 保障　　　❸ 回升　　　❹ 仅有　　　❺ 开销

(1) 他收取了共88亿韩元，并用于偿还贷款、支付利息和个人生活　　　　　。

(2) 时隔33个月，韩国用于申请新建公寓的"购房申请专用账户"注册人数首次出现　　　　　。

(3) 这表明，虽然人们希望减少工作天数，但对工资　　　　　也非常敏感。

(4) 这说明仅靠提高　　　　　，难以吸引Z世代加入公共部门。

(5) 结果显示，　　　　　3.1%的企业（23家）在招聘过程中参考求职者的MBTI类型。

C 녹음을 듣고 빈칸에 올바른 한자를 써보세요.

(1) 韩国一伙人涉嫌 ＿＿＿＿＿＿＿ 全租诈骗，并利用伪造的租赁合同从
银行骗取贷款，＿＿＿＿＿＿＿ 金额高达160亿韩元。

(2) 目前地方 ＿＿＿＿＿＿＿ 仍存在供应 ＿＿＿＿＿＿＿，而首都圈则因
供应紧张竞争激烈。

(3) "每周四天工作制"正逐渐成为韩国及其他国家的重要政策 ＿＿＿＿＿＿＿。

(4) 在"月薪相同为300万韩元"的 ＿＿＿＿＿＿＿ 下，53%表示更愿选择私企。

(5) 许多求职者思考是否需要根据企业 ＿＿＿＿＿＿＿ 调整自己的MBTI类型。

D 녹음을 듣고 주어진 뜻에 맞는 중국어 문장을 써보세요.　W-072

(1) 경찰은 지난해 이 같은 내용에 대한 첩보를 입수하고 수사에 착수했으며, 지난달 A씨를 체포했습니다.

警方

(2) 이것은 신축 아파트를 구매하려는 사람이 미리 가입해 일정 기간 정기적으로 저축하는 전용 계좌입니다.

这是

(3) 하지만 현 정부는 신중한 태도를 보이고 있습니다.

但

(4) 이러한 추세에 대응하기 위해 한국의 공공 기관도 제도와 조직 문화를 시대 흐름에 맞게 조정하는 것이
시급합니다.

为应对

(5) 기업들이 가장 중요하게 고려하는 요소는 '직무 연관성'인 것으로 조사됐습니다.

调查

A 녹음을 듣고 빈칸에 올바른 한어병음을 써보세요. ♪ W-073

(1) Yǔ qián yī niándù xiāngbǐ, cǐcì _______________ fúdù wéi bǎi fēn zhī yī diǎn qī.

(2) Zhè yī bō jīn jià _______________ bùjǐnjǐn yuányú shìchǎng xūqiú de zēngjiā, gèng shì duō zhǒng quánqiúxìng fùzá yīnsù gòngtóng zuòyòng de jiéguǒ.

(3) Jiǎndān lái shuō, jiùshì guójiā bǎ nǐ yì zhěngnián gōngzī lǐ duō kòu huò shǎo kòu de shuì, chóngxīn suàn yíbiàn, ránhòu _____________________.

(4) Zài zhège kuàisù biànhuà de shídài, línghuó、 _______________ de xiāofèi fāngshì, huòxǔ zhèng shì wǒmen xūyào de dá'àn.

(5) Zài gāo _______________ huánjìng xià, Hánguó xiāofèizhě zài rìcháng shēnghuó zhīchū shàng biàn de yùfā jǐnshèn, dàn zài lǚxíng xiāngguān xiāofèi shàng què zhǎnxiàn chū xiāngduì kuānróng de tàidù.

B 녹음을 듣고 빈칸에 올바른 번호를 써보세요. ♪ W-074

❶ 搭配　　❷ 分摊　　❸ 体感　　❹ 倾向于　　❺ 即便

(1) 不过，实际 ▢▢▢▢ 收入仍因职业类型而异。

(2) MZ世代 ▢▢▢▢ 使用ETF、黄金期货、小额金条等多样化的投资工具。

(3) 信用卡抵税还可以 ▢▢▢▢ 使用现金和借记卡来提高抵扣额。

(4) 相比一次性支付高昂费用，订阅模式可以将支出 ▢▢▢▢ 至每月，更符合现代人的预算管理方式。

(5) 这表明 ▢▢▢▢ 在节省日常开销的情况下，消费者仍不愿意减少旅行带来的满足感。

(1) ______________ 2005年最低时薪仅为2,840韩元，20年来已上涨至原来的约3.5倍。

(2) 美中紧张关系加剧、______________ 价格高涨等多重因素，进一步加剧了市场对通胀的担忧。

(3) 全税贷款利息的抵扣 ______________ 增加到了400万韩元。

(4) 从在线影音、音乐，到生鲜配送、AI工具，订阅服务正以更 __________、更个性化的形式 ______________ 到人们的日常。

(5) 被 ______________ 的旅行需求逐渐释放，越来越多人倾向于将钱花在"值得回忆的体验"上。

(1) 아르바이트생이나 비정규직 근로자의 경우 주휴 수당 요건을 충족하지 못해 적용을 받지 못할 수 있습니다.

兼职

(2) 금은 높은 리스크 회피 능력, 비교적 낮은 가격 변동성, 뛰어난 유동성을 갖추고 있습니다.

黄金

(3) 근로자들은 홈택스 시스템에 로그인해 자료를 확인하고 필요한 부분만 수정·보완하면 됩니다.

你

(4) 최근 몇 년 사이, 구독 서비스가 조용히 우리의 소비 방식을 바꾸고 있습니다.

近年来,

(5) 물가 상승과 경제 불안정이 이어지는 가운데 소비자들이 지출의 우선순위를 다시 평가하고 있습니다.

随着

A 녹음을 듣고 빈칸에 올바른 한어병음을 써보세요. W-077

(1) Yì zhǒng shì _______________ "zìdòng tiáozhěng jīzhì", gēnjù chūshēnglǜ xiàjiàng hé rénjūn shòumìng zēngjiā de qíngkuàng, zìdòng jiǎnshǎo niánjīn de fāfàng jīn'é.

(2) Suízhe chǎnyè jiégòu biànhuà, gōngzī _______________ yě zài kuòdà.

(3) Zhè cì Hánguó de wùjià _______________ yǐjīng jiàngdào bǎi fēn zhī èr yǐxià, yīncǐ jùbèile jiàngxī de tiáojiàn.

(4) Màoyì zhàn búduàn _______________, shòu xiàn chǎnpǐn fànwéi chíxù kuòdà.

(5) Búzài Hánguó _______________, shìfǒu jiù wúfǎ tóupiàole ne?

B 녹음을 듣고 빈칸에 올바른 번호를 써보세요. W-078

❶ 流失　　　❷ 放缓　　　❸ 务必　　　❹ 难以　　　❺ 负担

(1) 他们认为，自动调整机制会增加国民 ______，因此主张政府每年拿出资金来支持年金制度。

(2) 专家指出，青年 ______、产业基础减弱和老龄化就业结构交织在一起，让地方进入了"慢性低增长"的状态。

(3) 从9月起家庭贷款增长速度开始 ______，也让本次降息成为可能。

(4) 尤其是韩国的核心出口产业——半导体、汽车、造船等，依赖复杂的全球供应链，______ 完全避开与被制裁国家或企业的接触。

(5) 如果当日无法投票，请 ______ 利用好这次机会。

C 녹음을 듣고 빈칸에 올바른 한자를 써보세요.

(1) 虽然这样可以把年金基金 ＿＿＿＿＿＿ 时间从2056年延长到2071年，但年轻人仍然不放心。

(2) 相反，地方城市的情况 ＿＿＿＿＿＿＿＿＿。

(3) 在物价稳定、家庭负债增长放缓的背景下，适度降低 ＿＿＿＿＿＿ 政策的强度是合适的选择。

(4) 一旦企业卷入制裁，严重影响企业 ＿＿＿＿＿＿ 能力。

(5) 申报须在4月24日前完成，并于5月20日至25日期间前往当地韩国 ＿＿＿＿＿＿ 等指定地点完成投票。

D 녹음을 듣고 주어진 뜻에 맞는 중국어 문장을 써보세요.　W-080

(1) 연금을 받지 못할 수도 있는데, 지금 더 많이 내야 합니다.

年金 ＿＿＿＿＿＿＿＿＿＿＿＿＿＿＿＿＿＿＿

(2) 반면 지방 도시는 일자리 감소와 청년 인구 유출이라는 이중 위기에 직면해 있습니다.

而地方 ＿＿＿＿＿＿＿＿＿＿＿＿＿＿＿＿＿

(3) 기준 금리가 내려가면 시중 은행의 대출 금리도 함께 내려갑니다.

当 ＿＿＿＿＿＿＿＿＿＿＿＿＿＿＿＿＿＿＿＿

(4) 전문가들은 이에 대응하기 위해 국가 차원의 제재 정보 공유 플랫폼을 구축해야 한다고 제안했습니다.

专家 ＿＿＿＿＿＿＿＿＿＿＿＿＿＿＿＿＿＿＿

(5) 별도의 신청 없이 신분증만으로 투표할 수 있습니다.

无需 ＿＿＿＿＿＿＿＿＿＿＿＿＿＿＿＿＿＿＿

NEWS 001~005

A (1) dǎozhì
(2) shòufǎngzhě
(3) qǔdài
(4) pínfán, bōduógǎn
(5) zhòngzhíyá

B (1) ⑤　(2) ③　(3) ①　(4) ④　(5) ②

C (1) 缓解
(2) 反馈
(3) 摄入
(4) 焦虑
(5) 去除

D (1) 甚至会引发慢性疼痛、头痛、睡眠障碍。
(2) 白天小睡20分钟有助于恢复精力。
(3) 这种饮食方式不仅有助于维持健康体重，还能保持能量。
(4) 若抑郁情绪持续两周以上，建议不要硬撑，应尽快就医。
(5) 每年可享受一次洗牙的健康保险报销，超过1次则需自费。

NEWS 006~010

A (1) yuēshù
(2) Jiāzhī, fēngmì
(3) qīngxié
(4) línggǎn
(5) biāoqiān, chàngdǎo

B (1) ④　(2) ③　(3) ⑤　(4) ①　(5) ②

C (1) 范畴
(2) 高端
(3) 凭借
(4) 盲目追随
(5) 掀起

D (1) 含合成尼古丁的液态电子烟在韩国市场上广泛流通。
(2) 韩国化妆品产业凭借卓越的功能性持续扩大影响力。
(3) 每一步骤都有其特定功能。

(4) 他们展现出高度的时尚敏感度和个性化品味。
(5) "无性别"风格正逐步从小众文化演变为主流趋势。

NEWS 011~015

A (1) shēchǐ
(2) zhékòu
(3) xiāoshòu'é
(4) qiǎorán
(5) zhuīpěng

B (1) ②　(2) ⑤　(3) ①　(4) ④　(5) ③

C (1) 媒体价值
(2) 捕捉
(3) 值得注意的是
(4) 展现出
(5) 吸睛

D (1) 青少年粉丝群体容易产生非理性购买冲动。
(2) 2023年全国废弃衣物高达12万吨。
(3) 麻辣烫也在外卖平台的搜索量中稳居第一。
(4) 这不仅是对怀旧情怀的回归，更反映出消费者的追求。
(5) 今年已进驻澳大利亚、中国，进一步拓展市场。

NEWS 016~020

A (1) yǎnbiàn
(2) shàngzhǎng, nìxíng
(3) zhǔliú
(4) gūsuàn
(5) Kòuchú

B (1) ④　(2) ②　(3) ⑤　(4) ③　(5) ①

C (1) 焦点
(2) 抑制
(3) 响应，渠道
(4) 门槛
(5) 谨慎

D (1) 多家本土品牌纷纷推出高端定制服务，
　　加速布局精品咖啡市场。
(2) 这是造成价格下滑的重要原因。
(3) 应对这一变化，食品行业积极推出
　　多样化的纯素产品。
(4) 无人商店的最大优势在于节省人力
　　成本和全天候营业的高效率。
(5) 如今购买彩票的人，很多是出于公益
　　和捐赠目的。

A (1) chuāngshāng
(2) jǐngtì
(3) shāngyèhuà
(4) lìlǜ
(5) tiáojié, xúnhuán

B (1) ②　(2) ①　(3) ④　(4) ⑤　(5) ③

C (1) 倾听
(2) 诈骗
(3) 普及，诸多
(4) 仿制
(5) 自控力，成瘾

D (1) 宠物的离世给许多人带来巨大的失落感。
(2) 信用卡支付在发生问题时可以申请拒付。
(3) 它可以缓解城市地面交通拥堵，提升
　　出行效率。
(4) 这一趋势意味着：价格不再是唯一
　　竞争力。
(5) 短视频内容正加剧韩国20多岁年轻
　　群体的智能手机依赖问题。

A (1) yìyòngxìng
(2) fēnhuà, gùhuà
(3) zhíxíng, chéngxiào
(4) chóngsù
(5) tǒngjì

B (1) ③　(2) ④　(3) ②　(4) ①　(5) ⑤

C (1) 边缘化
(2) 飙升
(3) 回避
(4) 渠道
(5) 财务

D (1) 频繁的失败体验容易让老年人产生
　　自卑感与无力感。
(2) 尽管韩国政府不断加大财政投入以
　　鼓励生育，但效果甚微。
(3) MZ世代并非主动拒绝婚育，而是被迫
　　"选择放弃"。
(4) 便利店和电视购物行业也在积极推进
　　小包装战略。
(5) 尤其值得关注的是，理工科专业留学
　　生的比例显著提高。

A (1) fùzuòyòng
(2) chípíng, biànshù
(3) xiàoyuán bàolì
(4) tuīlǐ
(5) xuēruò

B (1) ①　(2) ②　(3) ⑤　(4) ③　(5) ④

C (1) 独家，辅导
(2) 将于
(3) 发酵
(4) 供应链
(5) 旨在

D (1) 隐性压力一旦未能及时排解，就可能
　　演变为严重的心理健康问题。
(2) 唯有通过系统性的思维训练，才能
　　真正做好高考准备。
(3) 警方相关负责人表示，将依法依规
　　展开严肃处理。
(4) 未经充分验证的新技术，可能对学生
　　学习造成系统性风险。
(5) 监控摄像头不仅无法有效预防暴力，
　　反而可能加剧校内矛盾与信任危机。

NEWS 036~040

A
(1) dānyōu
(2) xuānpàn
(3) jiěsàn
(4) yāzhì
(5) zhìcí

B (1) ② (2) ⑤ (3) ① (4) ③ (5) ④

C
(1) 泄露
(2) 隐藏
(3) 存废，存续
(4) 职场霸凌
(5) 繁育

D
(1) 专家指出，此次事件的波及范围可能超过过去的信息泄露事件。
(2) 李某的行为严重侵犯了他人隐私权和人格尊严。
(3) 韩国社会经历了"女性主义重启"浪潮。
(4) 这种政策往往给受害者带来巨大心理负担。
(5) 就算百年过去，你也永远是我们的熊猫宝贝。

NEWS 041~045

A
(1) jǐngjué
(2) fǎnkuì
(3) wēixié
(4) kězàishēng néngyuán
(5) zhìlì yú

B (1) ④ (2) ⑤ (3) ② (4) ① (5) ③

C
(1) 前所未有
(2) 释放
(3) 追踪
(4) 即可
(5) 属性

D
(1) 唯有强化预防意识与制度建设，才能降低其破坏力。
(2) 甲烷是一种强效温室气体，其锁热效应约为二氧化碳的80倍。
(3) 各国正试图加强塑料生产与使用的监管。
(4) 自2030年起，将全面实行零能耗建筑义务化。
(5) 实质上却缺乏真正的环保努力。

NEWS 046~050

A
(1) gāozhǎng
(2) fúyǎng, xiǎngyǒu
(3) línghuó
(4) wēijí
(5) chōngdiànbǎo

B (1) ④ (2) ② (3) ① (4) ③ (5) ⑤

C
(1) 剥削
(2) 赋予
(3) 共度时光
(4) 凸显
(5) 放置

D
(1) 然而，也有人担忧过度监管会损害言论自由。
(2) 生活伴侣关系将由家庭法院及地方自治团体进行登记和管理。
(3) 韩国主要大企业纷纷推出家庭友好型福利措施。
(4) 其中头部受伤占比高达42.4%。
(5) 可携带上飞机的便携电池容量必须符合以下标准。

NEWS 051~055

A
(1) jiēshì
(2) dàguīmó, yuánchuàng
(3) yíngkuī, pínghéngdiǎn
(4) zhōubiān, zàitǐ
(5) qíngxù

B (1) ④ (2) ① (3) ⑤ (4) ② (5) ③

C
(1) 消耗，耗时
(2) 上线
(3) 继，之后
(4) 谋取
(5) 剪辑，冲突

Ⓓ (1) 不仅为韩国文学界写下了历史性一页，
　　也标志着亚洲女性文学的一个重要突破。

(2) 这一战略将有助于巩固K内容在全球的
　　持续热潮。

(3) 如果改动过大，质疑的声音在所难免。

(4) 各大电影公司在上映前通过赠送宣传
　　品来提高知名度与观众好感度。

(5) 观众也应保持理性态度，避免将节目
　　中的关系模式等同于现实中的恋爱。

NEWS 056~060

Ⓐ (1) rónghé, liáoyù

(2) zhēngyì

(3) shǒuyì

(4) jiézòu

(5) fánmáng

Ⓑ (1) ①　(2) ③　(3) ②　(4) ④　(5) ⑤

Ⓒ (1) 崛起，新晋

(2) 阻碍通行

(3) 动辄

(4) 离线

(5) 盛行

Ⓓ (1) 国立中央博物馆被年轻观众视为现代
　　"心灵疗愈之所"。

(2) 奔跑已成为韩国20至30多岁年轻人
　　之间备受欢迎的休闲方式。

(3) 只需一根钩针和一团毛线，就能让人
　　沉浸于专注与疗愈。

(4) 如今，慢旅行既是旅游方式，又是
　　一种生活态度。

(5) 在经济与时间成本压力越来越大的情
　　况下，"轻量兴趣"受欢迎也顺理成章。

NEWS 061~065

Ⓐ (1) zhànshèng

(2) cùchéngle

(3) zhìyì

(4) lǔ, jīfāle

(5) kānchēng

Ⓑ (1) ⑤　(2) ④　(3) ①　(4) ③　(5) ②

Ⓒ (1) 占据

(2) 跨越

(3) 于，任意球

(4) 跃升

(5) 引爆，此起彼伏

Ⓓ (1) 韩国女子射箭代表队再度登顶。

(2) 2000年代初期陷入低迷，但2008年
　　北京奥运韩国队夺金后逐步回暖。

(3) 他也以43.5%的高支持率展示了其在
　　北美地区的高人气。

(4) 在韩国高尔夫为何如此受欢迎呢？

(5) 电子竞技早已不是小众娱乐，而是
　　发展迅猛的全球文化现象。

NEWS 066~070

Ⓐ (1) zhǔbàn, chéngbàn

(2) biānyuánhuà

(3) jiècǐ

(4) yìwèizhe, dēngjì

(5) gāodàng

Ⓑ (1) ②　(2) ⑤　(3) ③　(4) ①　(5) ④

Ⓒ (1) 融合

(2) 逼近

(3) 利润，蓝海

(4) 纷争

(5) 掀起

Ⓓ (1) 围绕"传统"与"现代"韩服之间的界限
　　仍然存在争议。

(2) 随着电影热度飙升，片中出现的特殊
　　职业和整体殡葬文化也引发了观众的
　　广泛讨论。

(3) 写在挽联上的标语也能直接传达具体
　　诉求。

(4) 无婚礼，正在成为现代人回归婚姻
　　本质、追求内在幸福的新风尚。

(5) 火鸡面则凭借其独特的辛辣口感和
　　粉色包装，在美国各大超市持续热卖。

NEWS 071~075

A (1) dāzài
(2) yíngzào
(3) tiānfù
(4) lìng, jiāsù
(5) shàngyǐn

B (1) ① (2) ⑤ (3) ④ (4) ② (5) ③

C (1) 自研
(2) 即使, 掉以轻心
(3) 储存
(4) 推算
(5) 依赖

D (1) 该卫星将通过红外线观测收集肉眼所无法看到的遥远星系与恒星信息, 绘制宇宙总光分布图。
(2) 香薰蜡烛点燃后, 室内空气中的微尘浓度会明显上升。
(3) 研究团队揭示了记忆力差异背后的大脑机制。
(4) 随着暴露时间的增加, 这种影响还会逐渐积累。
(5) 它们都会反复刺激大脑的奖赏回路, 促使多巴胺大量分泌。

NEWS 076~080

A (1) fēnjiě
(2) jiēzhòng
(3) cǎijíle
(4) qǔdài
(5) shuāliǎn

B (1) ① (2) ④ (3) ⑤ (4) ② (5) ③

C (1) 奠定
(2) 接种, 免疫
(3) 监测
(4) 替代
(5) 隐私, 构建

D (1) 随着电动车市场的持续扩大, 电池安全问题愈发受到重视。

(2) 这一过程有助于激活免疫系统并迅速产生抗体。
(3) 该AI技术未来有望应用于情绪劳动者的心理健康监测App。
(4) 随着AI技术的飞速发展, 其对就业市场的影响日益显著。
(5) 仅通过平板设备进行人脸识别即可入场。

NEWS 081~085

A (1) fǎngzhēn
(2) gōngjī
(3) piānchā
(4) suànfǎ
(5) shēngchéng

B (1) ② (2) ④ (3) ① (4) ③ (5) ⑤

C (1) 追踪, 拦截
(2) 诱导
(3) 使得
(4) 筛选
(5) 形成, 对比

D (1) 通过语音频率与时间分析等手段, 精准辨别伪造音频。
(2) 部分假页面与官方界面几乎难以区分, 用户稍有疏忽便可能中招。
(3) 该技术利用电场的特性, 在一定范围内提升了充电效率。
(4) 它被认为在减少空气中温室气体方面具有重要作用。
(5) 但其背后也暴露出创作者与技术之间的矛盾, 以及系统性能方面的挑战。

NEWS 086~090

A (1) tóubǎo
(2) yōuxiān
(3) suōduǎn, fùmiàn
(4) xīyǐnlì
(5) lùyòng

B (1) ⑤ (2) ③ (3) ② (4) ① (5) ④

Ⓒ (1) 实施，涉案
(2) 房地产，过剩
(3) 议题
(4) 假设
(5) 偏好

Ⓓ (1) 警方去年接到相关情报后展开调查，
并于上月将A某逮捕。
(2) 这是指想购买新建公寓的人提前开设
并定期存款的账户。
(3) 但现任政府态度较为谨慎。
(4) 为应对这一趋势，韩国公共机构也
亟需调整制度与文化。
(5) 调查指出，企业最重视的还是"岗位
匹配度"。

Ⓐ (1) shàngtiáo
(2) biāoshēng
(3) duōtuì-shǎobǔ
(4) tánxìng
(5) tōngzhàng

Ⓑ (1) ③　(2) ④　(3) ①　(4) ②　(5) ⑤

Ⓒ (1) 回顾
(2) 能源
(3) 额度
(4) 便捷，渗透
(5) 压抑

Ⓓ (1) 兼职人员或临时工可能因不满足条件
而无法领取周休补贴。
(2) 黄金具有抗风险能力强、价值波动
相对较小、流动性高等特点。
(3) 你只要登录国税厅系统看一眼资料
对不对，有问题补充一下就行。
(4) 近年来，订阅制正在悄然改变我们的
消费方式。
(5) 随着物价上涨与经济不稳定持续，
人们正在重新评估支出优先级。

Ⓐ (1) yǐnrù
(2) chājù
(3) zhǎngfú
(4) shēngjí
(5) jìngnèi

Ⓑ (1) ⑤　(2) ①　(3) ②　(4) ④　(5) ③

Ⓒ (1) 枯竭
(2) 不容乐观
(3) 紧缩
(4) 融资
(5) 使领馆

Ⓓ (1) 年金可能已经发不出来了，但现在却
要缴更多的钱。
(2) 而地方城市则面临工作减少、年轻人
流失的双重危机。
(3) 当基准利率下降时，商业银行的贷款
利率也会随之下调。
(4) 专家建议，韩国应建立国家层面的
制裁信息共享平台。
(5) 无需事先申请，携带有效身份证即可。

지은이 권미령
펴낸이 정규도
펴낸곳 (주) 다락원

편집장 이상윤
편집 김현주
디자인 윤지영
조판 최영란
일러스트 이진희(낫노멀)
사진 Shutterstock
성우 王乐, 朴龙君, 권영지, MURF AI(워크북 일부)

다락원 경기도 파주시 문발로 211
전화 (02)736-2031(내선 250~252/내선 430, 561)
팩스 (02)732-2037
출판등록 1977년 9월 16일 제406-2008-000007호

ISBN 978-89-277-2360-8 13720

www.darakwon.co.kr
다락원 홈페이지를 방문하시면 상세한 출판 정보와 함께 동영상 강좌, MP3 자료 등 다양한 어학 정보를 얻으실 수 있습니다.